生命新语·生命教育系列

U0665709

生命新语

生命教育家长操作手册

主 编：曹 娟

顾 问：陈理宣 胡 斌

编 委：（以姓氏拼音为序）

陈 燕 梁伟虹 蒲春燕

宋 茜 叶晓燕 周 英

编写人员：（以姓氏拼音排序）

白德秀 陈萌萌 陈雪梅

邓涵文 尕金磋 高郡遥

李 静 李玲愉 刘杜娟

沈继红 王朝英 吴 翠

许 璐 游予虹 周立音

北京师范大学出版集团
BEIJING NORMAL UNIVERSITY PUBLISHING GROUP
北京师范大学出版社

图书在版编目（CIP）数据

生命新语·生命教育家长操作手册 / 曹娟主编. -- 北京：
北京师范大学出版社，2024.11
（生命新语·生命教育系列）
ISBN 978-7-303-29635-4

Ⅰ．①生… Ⅱ．①曹… Ⅲ．①生命哲学－小学－教学
参考资料 Ⅳ．①G623.103

中国国家版本馆CIP数据核字(2023)第241552号

营 销 中 心 电 话　　010-58808083
家教和少儿科普事业部　　010-58806648

SHENGMING XINYU · SHENGMING JIAOYU JIAZHANG
CAOZUO SHOUCE

出版发行：北京师范大学出版社 www.bnupg.com
　　　　　北京市西城区新街口外大街 12-3 号
　　　　　邮政编码：100088
印　　刷：北京溢漾印刷有限公司
经　　销：全国新华书店
开　　本：889mm×1194mm　1/16
印　　张：24
字　　数：395 千字
版　　次：2024 年 11 月第 1 版
印　　次：2024 年 11 月第 1 次印刷
定　　价：58.00 元

策划编辑：王　芳　　　　责任编辑：江　燕
美术编辑：袁　麟　　　　装帧设计：袁　麟　敖省林
责任校对：段立超　　　　责任印制：李汝星

序

　　生命是世界上最宝贵的东西，然而，现实却不容教育人有丝毫乐观。相当一部分儿童①暴露出人格与心理健康、情绪管理等问题，甚至有个别儿童因与家长、教师产生矛盾冲突而选择终结生命！面对严峻的生命教育现实，我们得充分认识到我国儿童对于生命教育的迫切需要。现实之忧、症结之问、根源之悟，亟须学校以专业精神、研究态度求解"以人为本"的生命教育，解决当前家、校以及儿童生命教育缺失、育人方式偏差、生命意识淡薄的误区。

　　社会发展、文明进步，信息化、智能化、国际化、多元化的大背景下，文化开放、价值多元，对儿童人生观、价值观、生命观等的"生命教育"已迫在眉睫，势在必行。

　　美国学者杰·唐纳·华特士在1968年首次提出"生命教育"，他从人们努力控制儿童自杀率不断攀升的残酷现实出发，提出了预防未成年人自杀的一项权宜之举（在当时认为），引起了全世界广泛关注。从生命教育五十余年发展历程来看，其内涵就是要帮助儿童认识生命的本质、理解生命的意义、提升生命的价值。结合新的时代，我们以为，儿童应该用生命正向的积极态度，客观、全面地了解自己的外在特点、内在特质，正确认知独一无二的自己，勇敢展现自身特点，欣赏生命，充满激情地去学习、去改变、去成长，悦纳自己，与自己和平共处，建立积极的生命信念，做好人生大大小小的正向选择，探索生命的意义与价值，创造一条与自己、他人、环境、生命和谐共处的人生之路，做一个具有生命智慧的幸福之人。

　　生命教育应当是一切教育的前提，还应是教育的最高追求，更应该成为指向人的终极关怀的重要教育理念。我们要帮助儿童认识自己、欣赏自己、悦纳自己，让每一个生命都有其独一无二的尊严和价值。在教学活动中，教师要正确把握生命教育的情感性、科学性、实践性、人文性，与学生之间要建立情感联系，引导学生去思考感悟、行动体验，努力做到知行合一，将生命信念固化。在

---

① 编者按：本书中的"儿童"概念引用自1990年9月2日生效的联合国《儿童权利公约》第1条中的规定，即：儿童系指18岁以下的任何人，除非对其适用之法律规定成年年龄低于18岁。

日常生活中，家长要依据儿童的身心发展现状、认知特点和教育规律，有针对性地实施生命教育活动，用同理心理解和接纳儿童的不足，在生活教育过程中完善认知，使儿童在生活、学习的方方面面触发行为，形成积极的自我信念。

"生命新语"课程是以人的生命为中心展开的人文性的生命教育，依据不同年龄段的目标序列化地呈现，用六个生命教育主题化内容和课程实施的生活化，借助成长档案、家长操作手册、正向反馈法等质性评价方式，积极开展增值评价，增强儿童自主发展的意愿和动力，使他们学习欣赏自己，提升境界，掌握调控方法。课程以自然人的生命存在为基础，以社会人的生命意义为追求，从基础的"生存"，经由现实的"生活"，指向终生的"生长"，增强儿童生命意识与能力，引导其追求生命意义和价值。

生命教育的真正有效落实在于其课程化、生活化，通过学校、教师教育活动和班级管理，发挥学校主导作用，协同家庭、校外资源，引导家庭教育，将生命教育贯穿于日常生活与社会实践中，形成生命教育的协同育人格局，努力建设学校主导，校、家、社会联动育人的生命教育体系。

"生命新语"课程为广大教师、家长示范了个性化的育人方法：以赏识的心态放大儿童的优点，不失时机地给予鼓励和表扬，促进儿童潜能的自主开发；对儿童的认知障碍、心理问题、行为偏差"切片取样"，从细节、细微处发现问题实质，助力儿童走出成长困境。

具体来说，对儿童在学校或家庭中发生的典型事件与行为，从关键环节切入，找准观察入口，尊重儿童，层层深入地追问，以深度思维和科学理性求解育人难题；审视儿童行为、认知、能力，由近及远，预判儿童未来的种种可能，形成美好期待。避免教育中的近视、短视和盲目行为，避免急于求成和拔苗助长。

我虽然与该套书的主编曹娟老师偶然结识，但对她为教育、为儿童所做的工作肃然起敬。作为一位有着三十多年一线教学经验的教师、班主任和管理者，她与学生们斗智斗勇，与家长们积极沟通，自始至终关注儿童生命状态，关注儿童在学校和家庭生活中的情感状态、行为表现和发展倾向，注重对儿童不良情绪和心理的调适，引导其行为习惯的养成，同时对教学方法不断调整。有心人做有心事，曹娟老师二十多年的班主任工作经历，积累了大量成功案例。她通过对案例盘点、梳理，形成了"走进儿童的生活，了解儿童的特点，看到儿童的优点，点燃儿童的亮点，消除儿童的盲点"的教学特点。她将经验与同行分享，对家长进行专业性指导，其生命教育教学体系初见成效，引起了业界的广泛关注。

大家发现，对于儿童成长中的问题，无论多难多复杂，曹老师解决起来都得心应手，举重若轻。她以讲故事的方式交流做法、分享经验，启迪人们解决各自的问题。我认为，在教育教学一线实践中提炼、研究、总结编写出来的《生命新语·生命教育教师用书》《生命树·生命教育学生成长档案》

和《生命新语·生命教育家长操作手册》具备科学性、创新性和实用性，真正把儿童生命教育落到了实处。

我特别希望这项利国利民、功德无量的工作在做好区域研究、实践尝试的同时，辐射影响更多的地方，让这一代儿童及其家庭受益，让我们的国家和社会受益。

北京师范大学心理健康与教育研究所所长

北京师范大学儿童家庭教育研究中心主任

边玉芳

2023 年 6 月 25 日

目 录

总 论

一年级 生命的创造

二年级 生命的奇妙

三年级 生命的独特

四年级 生命的尊严

五年级　生命的责任

六年级　生命的价值

总　论

一、课程开发背景

"生命新语"课程是针对生命教育现状和儿童成长需求，整合学校教师、家长和教育资源，充分运用情绪激发、认知调整、行为引导等方式开发的系列生命教育课程；旨在启发儿童完整理解生命的价值和意义、提升珍爱生命的意识和能力、探索个人生命的最大价值，从而在新时代背景下培养儿童形成科学的生命观，为儿童树立正确的世界观、人生观和价值观奠定基础。

（一）遵循时代要求

1. 立足儿童生命成长，落实立德树人根本任务

用生命教育课程开发与实施来实现儿童的生命成长，是教育工作者全面贯彻党的教育方针，大力培育和践行社会主义核心价值观，落实习近平总书记系列重要讲话精神，落实立德树人根本任务，不断增强德育工作的时代性、科学性和实效性的必然结果。

习近平总书记2018年9月10日在全国教育大会上发表重要讲话，就关系我国教育现代化的重大问题进行了深刻阐述，强调教育是国之大计、党之大计，指出教育的根本任务是立德树人，工作目标是凝聚人心、完善人格、开发人力、培育人才、造福人民。习近平总书记的讲话为我们开展生命教育指明了方向、提供了遵循。每一个儿童的生命发展和人格健全，不仅关系到儿童自身的幸福和生命质量，也关系到每一个家庭的幸福与稳定，更关系到国家、民族的发展和富强。

立德树人就是要准确把握当今儿童的生命成长状况，从珍爱生命、敬畏生命、保护生命、发展生命等角度激发儿童的主观能动性，引导他们积极投身时代，不断进取。教育工作者要始终在思想上、政治上、行动上同以习近平同志为核心的党中央保持高度一致，把推进国家治理体系和治理能力现代化作为履职尽责的重中之重。通过生命教育课程的研发和实施，大力培育和践行社会主义核心价值观，培养学生的良好思想品德和健全人格，切实为国家发展出力。

2. 坚持育人为本、德育为先的工作原则

《教育部关于印发＜中小学德育工作指南＞的通知》指出，中小学德育工作的指导思想是"始终坚持育人为本、德育为先，大力培育和践行社会主义核心价值观，以培养学生良好思想品德和健全人格为根本"。德育目标之一是"形成积极健康的人格和良好心理品质"，内容包括"认识自我、尊重生命"等方面。

健全人格至少包含自我悦纳和接纳他人，人际关系和谐，独立自尊，能够发挥自己的潜能这四点。

前两点，可以从关系维度来理解，即引导儿童处理好自己和他人的关系。当儿童从内心深处感受到"我是好的，他人也是好的，我们可以彼此信任，相互支持"时，其人格的健全就有了扎实的生命基础。

后两点，可以从时间维度来理解，即引导儿童在生命的当下活好，并为未来生命的更多可能性努力。让儿童生活态度乐观向上、积极热情，有正确的人生观与价值观，能够理性应对生活事件，具有自我发展、自我塑造与自我完善的能力，能够创造性地生活，发现生命的意义并选择有意义的生活。

人本主义心理学家马斯洛认为，最健全的人格应该具备15个特征[1]：对现实世界的敏锐洞察力；能接受自己、他人和现实；言行坦率、自然纯真；不过分关注自己，而以问题为中心；具有超然于世的品格和独处的能力；独立自主；对事物有新鲜感；能获得"高峰体验"；对人类充满爱；对亲密的友人感情深厚；具有民主作风；具有强烈的道德感；富有幽默感；有创造性；不盲从。西南大学黄希庭教授把这些特点概括为：自尊、自立、自信、不断地幸福进取。这既是生命教育涉及的具体内容，也是生命教育实现儿童生命成长的价值追求。

学校德育要"坚持学校教育与家庭教育、社会教育相结合"，要重视"心理健康教育。开展认识自我、尊重生命、学会学习、人际交往、情绪调适、升学择业、人生规划以及适应社会生活等方面教育，引导学生增强调控心理、自主自助、应对挫折、适应环境的能力"[2]。从生命教育角度推进具体工作，以班主任为中坚力量开展系列生命教育课程，不仅是对学校德育工作的落地，更是对学校德育内容和形式的丰富与完善。

如上，育人为本的德育工作要求，从生命教育的话语系统来说，就是要促进儿童学会与自己、与他人、与社会、与自然和谐相处。就是要关注儿童真实的生存和生活状态，引导他们提升自我的保护能力、管理好情绪、能正确对待自己与他人。

---

① 参见［美］亚伯拉罕·哈罗德·马斯洛：《动机与人格》，方士华编译，北京，北京燕山出版社，2013。

② 此内容出自《中小学德育工作指南》（教基【2017】8号）。

（二）依据生命教育现状

1. 珍爱生命的意识和能力不足——儿童、家庭、学校的多重危机

《中国教育发展报告（2018）》指出，中小学生自杀问题已成为不容忽视的严峻事实。该报告披露了由 21 世纪教育研究院开展的"中小学生自杀问题研究"调查，统计了 2016 年 10 月至 2017 年 9 月共 392 例儿童青少年自杀死亡及自杀未遂的信息，明确标注为中小学生的信息为 267 例。[1]

中国科学院心理研究所《中国国民心理健康发展报告（2019~2020）》显示，我国青少年抑郁检出率为 24.6%，其中重度抑郁的检出率为 7.4%，检出率随着年级的升高而升高。[2]

归纳中小学生自杀的主要原因，大致可以分为家庭矛盾、学业压力、师生矛盾、心理问题、情感纠纷、校园欺凌及其他问题。其中，占较大比例的三项是师生矛盾、家庭矛盾和学业压力，反映出儿童在处理与他人的关系时遭遇了较大困难。可见，如何处理好与自己、与他人、与外界环境的关系，是生命教育的核心内容和主要话题。

（1）家庭层面：生命教育的危机在于家庭功能的缺损和家庭支持不足

家庭作为儿童最重要的生存基地和安全港湾，如果有健全的功能，有温暖支持的氛围，儿童在应对师生矛盾、学业压力等成长困扰中就不会陷入绝望境地。家庭是孩子的第一课堂，父母在孩子成长中的示范作用不容小觑。当下被广为关注的"原生家庭"问题，其形成自有历史根源，但对于家庭成员间的多边关系和丰富互动，孩子并不是完全无能力承受的，家庭内部的良好回应方式能促使家庭功能向积极正面的方向发展。这是家庭对学校开展生命教育的迫切需求。

（2）学校层面：生命教育的危机在于管理不到位和课程的缺失

学校是学生的主要学习空间和互动场地，如果学校有完整的生命教育课程，有系统的生命教育体验，有持续的生命教育家庭指导，当学生遭遇困境时就会得到专业的帮助。生命教育课程的有效执行会使学校行政管理人员和教师的生命教育意识与能力得到提升。

（3）儿童层面：生命教育的危机在于珍爱生命的意识和能力不足

儿童伤害自己生命、伤害他人生命的新闻报道触目惊心。由于没有正确的价值引导和行为指导，个别儿童陷入了深深的精神迷惘和生命危机之中。面对孩子在成长过程中的生理、心理、生命意义

---

[1] 杨旻、陈昂昂：《我国中小学生自杀问题的现状分析》，见杨东平、杨旻、黄胜利：《中国教育发展报告（2018）》，257~271 页，北京，社会科学文献出版社，2018。

[2] 参见陈雪峰、傅小兰、张佩、陈祉妍：《中国国民心理健康发展报告（2019~2020）》，北京，社会科学文献出版社，2021。

等方面的诉求，家长有时不知如何应对，不知如何引导，常常陷入"只要成绩好，其他都不重要"的思想误区。

2. 生命教育发展不均衡——少数地区领跑、从课程角度先行规范和引导

生命教育在我国各地的发展不均衡，少数地区在十多年前就已经开始了生命教育课程的研发实践。

2005年，《上海市中小学生命教育指导纲要（试行）》正式颁布，提出："整体规划小学、初中和高中生命教育的内容序列，形成学校、家庭与社会优势互补、资源共享的生命教育实施体系。通过多种教育形式，对中小学生进行生命与健康、生命与安全、生命与成长、生命与价值和生命与关怀的教育，使学生学习并掌握必要的生存技能，认识、感悟生命的意义和价值，培养学生尊重生命、爱惜生命的态度，学会欣赏和热爱自己的生命，进而学会对他人生命的尊重、关怀和欣赏，树立积极的人生观。"

2008年9月，黑龙江省教育厅将"生命教育"作为地方课程在全省九年义务教育阶段全面展开。有统一的课程标准、统一的教材，生命教育全部进入黑龙江省初中、小学课堂，当时在全国属首创。

2009年，四川省地方课程"生命·生活与安全"（后更名为"生命·生态·安全"）在全省中小学开设，内容涵盖生命教育、安全教育、健康教育、心理健康教育等方面，小学阶段每周2课时的指导实施意见和连续几年的教师专项培训，有力促进了区域内各学校的生命教育、心理健康教育课程执行力的提升。

2010年，我国首家以生命教育为主题的学术研究机构——北京师范大学生命教育研究中心成立，其与中国生命教育网联合开发和实施的"生命教育"课程，跨度从小学三年级到高中二年级，每个年级都有相应的教材。各个年级教材均围绕"关注生命、尊重生命、珍爱生命、欣赏生命、成全生命、敬畏生命"六个核心理念而展开。

如上，生命教育领跑地区和专业机构，从课程管理角度对生命教育进行规范和引导，其科学性、前瞻性令人瞩目。但在具体实施中，障碍来自校际差异和师资不足。事实上，生命教育的内容极其丰富，我国现行教师培养更多聚焦于学科，学校缺乏专职专业的生命教育教师团队，兼职开展生命教育的教师，往往得不到专业的在职培训，即使有岗位安排和工作要求，课程执行也是参差不齐。

这是有生命教育课程而执行层面不均衡的状况。在更广阔的视野下，全国生命教育发展也表现出课程建设的不均衡。正如《上海市中小学生命教育指导纲要（试行）》指出的那样，开展生命教育的途径包括学科教学、专题教育和课外活动。国家课程本身就包含了大量的生命教育元素。学科

教学中，小学的科学、体育与健康、道德与法治等学科是生命教育的显性课程，蕴含着丰富生命教育内容的语文、音乐、美术等学科则是生命教育的隐性课程。

但学科为主的教学方式、应试为重的选拔机制、专题教育活动为手段的学校德育习惯并没有给开设专门生命课程的广大中小学带来动力和空间，更没有易于操作的成体系教材。简言之，大家都知道生命教育重要，但没出事之前，多数地区或学校要么没动力去做，要么没课程与师资来做，致使学校的生命教育滞后或落空。

一项针对小学 3~6 年级学生开展生命教育课程的调查显示，生命教育的内容在不同学科之间的占比存在差异。其中道德与法治课所占比例最大，其次是科学和体育课。通过对教师的访谈得知，学校生命教育的内容主要集中于生命安全（交通安全、食品安全）以及心理健康教育（高年级开设心理健康课，一周一次）等方面，这些内容主要在道德与法治课和科学课上讲授，其他课程虽有涉及但并不明确，且内容范围较为狭窄，学生在学习过程中对生命教育的感受并不深切。

此项研究揭示了较为普遍的一种现象，即学校生命教育的内容比较局限，实施方式较为零散，重点内容更多指向生命安全的层面，生活幸福和生命价值未得到很好重视，以生命教育为核心的专项课程开发几近空缺。

不可否认，即使有少数地区领跑，其生命教育课程实践也取得了不错成绩，但生命教育实施的系统性和普遍性远不能适应大范围学生发展的需求。随着社会的发展、文明的进步、人工智能的强势崛起、信息传递的高速发展，我们对学生的人生观、价值观、生命观等系统化的生命教育已迫在眉睫，势在必行。

当今社会物质生活日益丰富，但文明素养与社会精神却发展不够。我们需要思考"人的现代化"这一课题，思考"怎样活着，怎样活好，怎样活得有价值"的生命主题。

二、课程目标

（一）总目标

为儿童的幸福人生奠基，是生命教育的总目标和终极追求。它包括两方面的内容：优化儿童当下的生命体验，增加儿童未来更多元的发展可能。

（二）具体目标

第一，培养儿童家国意识、法治意识和社会责任，提升科学素养和文化自信，为其幸福人生奠定坚实的思想基础。

第二，培养儿童良好的道德品质和行为习惯，增强其情绪调控、人际互动、自主自助、应对挫折、适应环境的能力，培养其健全的人格、积极的心态和良好的心理品质。

第三，让儿童习得安全生活、健康生活的基本知识和技能，提升其安全保护能力和生命智慧。

第四，让儿童理解生命的唯一和不可逆，树立珍爱生命、尊重他人、自我激励、自主发展的生命意识。

第五，构建小学生命教育课程体系，为广大学校和一线教师开展生命教育提供线索和资源，为学校引导家庭教育提供方法和素材，为家庭提升家长生命教育能力提供具体内容和操作策略。

三、课程性质与基本理念

（一）课程性质

1. 以"人""生命"为中心开展生命教育

生命教育是美国学者杰·唐纳·华特士于1968年首次提出的，后来在全世界引起了广泛关注。生命教育的提出是基于人们努力控制儿童自杀率攀升的残酷现实，作为预防儿童自杀的权宜之举。从生命教育五十余年的发展历程来看，生命教育的内涵就是要帮助儿童认识生命的本质、理解生命的意义、提升生命的价值；要帮助儿童提升生命意识，使他们明白生命的意义与价值。

如何理解生命呢？《辞海》是这样解释的："由高分子的核酸蛋白体和其他物质组成的生物体所具有的特有现象。能利用外界的物质形成自己的身体和繁殖后代，按照遗传的特点生长、发育、运动，在环境变化时常表现出适应环境的能力。"[1]这是从生物学角度对生命的理解，侧重于生命的自然属性。

与之不同，哲学领域强调生命体在时间和空间上的永恒发展性，以及个体在生命体验过程中的主体性：生命是世界的、绝对的、无限的本原，与物质、意识不同，它是积极、多样、永恒运动着的。它不能借助感觉、逻辑思维来认识，要靠直觉或体验来把握。[2]

我们认为，生命教育所指的生命，不仅包括人的生命，还包括动物、植物的生命。生命教育不仅是"人"对生死的理解，更是"人"在与自己、他人、社会和自然环境的相互关系中对自身精神与价值的实现。

借用冯建军在《生命与教育》中的观点，生命包括自然生命、精神生命和社会生命三个维度。[3]

自然生命是生物的本能生命，是大自然的生命造化。它是生命最基本的、本能性的、自然的存在方式，是生命依存的物质载体，具有唯一性、有限性、不可重复性等特点。精神生命主要指人的精神面貌及精神状态，是情感、意志等互相作用形成的内在生命，表现为物质生命以外的人的心理以及精神风貌，进取、颓废意识等。它是人区别于动物的主要特征，表现为一种意识形态的东西。社会生命指人通过对自身社会"角色"的定位，对自己的社会存在形成一定认识，并凭借该认识开拓、充实、引领自己的自然生命与精神生命，主要表现为人对社会规范的学习与遵守，个人与他人的互相尊重与和谐相处，对一定社会角色的承担。[4]

当前，生命教育作为一种教育理念，正被越来越多的人接受。生命教育作为一种教育行动也在越来越多的地区和学校实施。但生命教育作为一门课程，其性质、地位、目标、内容、资源开发和师资配备都还不够成熟。

我们认为，生命教育就是依据生命的特征，遵循生命发展的规律，通过经历生命的更多美好，发现挫折与磨难的意义，引导生命走向更完整、和谐与无限的境界。它的核心价值是每个生命都是独一无二的，都有其尊严与价值。孩子若能认识自己的生命是有价值的，就能学会尊重自己与他人，善待自己和自然，在未来面对生命的重大决定时，他才有能力做正确的选择，对自己及他人负责，

---

[1]《辞海（第七版）》，1675页，上海，上海辞书出版社，2020。
[2] 参见葛力：《现代西方哲学辞典》，北京，求实出版社，1991。
[3] 冯建军：《生命与教育》，199页，北京，教育科学出版社，2004。
[4] 冯建军：《生命教育与生命统整》，载《教育理论与实践》，2009（8）。

并造福于大众和社会。

生命教育是以"人"、以"生命"为中心的教育，目标是帮助儿童塑造一个丰富而有幸福感的美好生命，树立让自己的生命更有价值的积极信念，因为好的生命才能产生好的品格与行为。正如心理学家马斯洛在《动机与人格》中所说："心若改变，态度跟着改变；态度改变，性格跟着改变；性格改变，人生跟着改变。"生命教育致力于每个人拥有正向积极的生命信念与态度，使其在人生中有能力做出良好的判断与选择，以展现良好的品格与行为，活出生命应有的意义与价值。

2. 从生命教育的内涵看课程性质

（1）积极态度

美国著名心理学家弗兰克说："人会为意义而生。"[1]活着，活好，活得更有意义，建立信心，发挥自我的价值。人生之路不是一帆风顺的，不如意之事十之八九，面对陌生的环境或未知的领域，以及自己无法解决的诸多问题，人们所依靠的力量来源于信心。"生命新语"课程，让儿童从认知自己的外在特点、内在特质，从自己独一无二的体验中，发现自己生命独特的价值，引导他们在人、事、物、我的和谐关系中，以正向积极的生命态度，去活出自己的价值及美好的人生。

（2）正确认知

让儿童认知生命的诞生和生命的有限，认知自己内在、外在的特质，以及自己的潜质、天赋、能力等。在成长过程中，还可以从他人的眼光、语言或自己的表现来认知自己的特点。帮助儿童更客观、更全面地了解自己，自我认识的程度或角度不一样，人生的发展就可能不同。如果我们能够开始探索自我的内在潜质，就会惊叹自己所拥有的身体、心理、生命的每一部分。通过了解自己行为背后的原因，掌握方法来发挥自己的潜能，进而拥有不一样的人生。

（3）欣赏生命

能自我欣赏的儿童更能建立良好的自我形象，也拥有自信、阳光的心态，对环境的适应以及对他人的接纳都更顺畅，对于自己的期许也会较高，并能形成良性循环的成长态势。能自我欣赏的儿童，不会一味去迎合别人的期待而盲目崇拜、效仿别人，反而能快乐地做自己，勇敢地去展现自身的特点，创造属于自己的美好人生！

（4）悦纳自己

新的时代，随着社会的快速发展，让儿童认识自己，肯定自己，欣赏自己，能勇敢地面对困难与挫折，尤为重要。因此，要培养儿童健康的自我，引导他们积极地接纳自己，知道自己的价值并不受外表、能力等因素影响，让其在快乐的情绪下，充满激情地学习、改变、成长。

---

[1] 【美】维克多·F.弗兰克尔，《活出生命的意义》，吕娜译，9页，北京，华夏出版社，2018。

（5）正向选择

人生，几乎每天都要做选择。生命教育就是以建立儿童的积极生命信念为策略，帮助儿童去做人生大大小小的正向选择。就生命个体与外界的关系而言，不外乎面对人、事、物、己。生命教育要将生命信念的内涵，体现在从认知自己的身体到读懂自己的心理，从探索生命的意义与价值，到创造一条与自己、他人、环境、生命和谐共处的人生之路上。

3. 生命教育与学校相关课程的关系

（1）与语文课程的关系

由班主任负责讲授的"生命新语"课程，以"人""生命"为核心开展教育活动，其与语文课程的人文性是高度契合的。"语文是最重要的交际工具，是人类文化的重要组成部分。""工具性与人文性的统一，是语文课程的基本特点。"[1]

"生命新语"课例中大量运用绘本故事，教师带领学生品读、分享、交流、感悟，这个过程和语文教学的阅读、口语交际、综合性学习密切相关。一方面，教师要根据学生实际学习能力运用此课程资源开展生命教育；另一方面，教师借助语文学科内容，充分挖掘文本的人文、情感价值，引导学生生命成长。

（2）与德育课程、心理健康课程、地方课程的关系

2016年起，实施了十多年的中小学德育课程"品德与生活""品德与社会""思想品德"，逐步统一为"道德与法治"，这是2014年10月党的十八届四中全会"把法治教育纳入国民教育体系"的落实，也是"切实推进国家治理体系和治理能力现代化，大力培育和践行社会主义核心价值观，培养学生良好思想品德和健全人格"的具体实践。

"道德与法治"课程中有丰富的生命教育内容。学生自我保护，热爱班级、家庭，与同伴友好相处，热爱大自然，与环境积极互动等内容，都是很好的生命教育课题。作为国家课程，不仅有广大专家、教师开发的若干课程资源，各地各级教育行政部门也有相关政策保障，教育科研部门还有专门的课程解读和实施促进。

近年来基础教育对学生心理健康状况高度关注，不仅各地、各校建立了心理辅导机构，学校配备了专门的心理健康教育教师、安排课时[2]，还有若干丰富的心理健康教育教材可供选用。心理健康教育中的自我、情绪、适应、人际等内容，激发了学生的积极情绪，强化了学生的积极行为，提

---

[1]《义务教育语文课程标准（2022年版）》，1页，北京，北京师范大学出版社，2022年。

[2] 四川成都中小学按照1000名学生配备一名专职心理教师，小学每学期不低于9个课时的标准来执行。

升了学生的积极心理。

以四川为例，四川省地方教材《生命·生态·安全》中，就有专门的"呵护心灵""热爱生命"板块。按照四川省教育厅要求，小学阶段使用《生命·生态·安全》教材每周不少于3课时。从四川学校实践层面看，大多是专职心理教师执教"呵护心灵""热爱生命"板块。在"热爱生命"板块中，引导学生关注生命现象，了解生命科学，激发生命情怀，提升生命质量。

综上所述，不管是国家统一的德育课程，还是心理健康课程或地方课程，其中生命教育相关的课程资源比较丰富。但生命教育相关内容涉及面广，需要教师有较为广博的知识储备，教学方式也有别于学科教学，教学效果参差不齐。"生命新语"课程作为对儿童实施的以珍爱生命为核心的生命教育课程，解决儿童在小学阶段关键节点上出现的生命成长问题，提供积极的生命价值观与教育教学策略，提供保障生命教育教学质量的多种专属资源，无论是德育课程、心理健康课程，还是地方课程，均可结合内容，即插即用。

（二）基本理念

生命教育应当是一切教育的前提，还应是教育的最高追求，更应该成为指向人的终极关怀的重要教育理念。作为一个课程序列，"生命新语"课程的基本理念有四：

1. 每一个生命都有其独一无二的尊严和价值

课程会从人体生理结构角度帮助儿童认识到，"我是独一无二的，我是有价值的"。正如《生命新语·生命教育教师用书》（下称"课例"）中的《小威向前冲》告诉学生的，生命之初，那个构成自己的小精子，能从三亿个伙伴的赛跑中胜出，和柔软的卵子结合，就说明自己足够强大，足够幸运。自己的所有遗传密码，在那一刻就确定了，这是多么神奇的一件事呀。自己不仅有独特的外在特点，还有不断发展、成长的内在特质。这些，都能让每一个人通过其独有的特点体现尊严和价值。课程要帮助儿童认识自己、欣赏自己、悦纳自己，并带着自信，活出自己生命应有的价值。

2. 正确把握生命教育的情感性、科学性、实践性、人文性

（1）联结情感

小学生处于形象思维向抽象思维过渡的阶段，其情绪更外露和明显，需要教师、家长与之建立情感联系，并在教学活动、日常生活中通过情绪激发、榜样示范来引导儿童思考、感悟、体验。由此开展行动，才能做到知行合一，达成生命信念的固化。这是生命教育的情感性原则。

（2）完善认知

生命教育的科学性，首先体现在对生命科学相关知识的准确理解和有效传达上，这是在内容层面上完善认知，同时也体现在生命教育过程中。依据儿童的身心发展现状、认知特点和教育规律，设计、实施有针对性的生命教育活动，用同理心理解和接纳儿童的不足，通过及时反馈来引导改变，这是教育过程中的完善认知，是教师与家长的自我生命修炼。

（3）触发行为

生命教育不是学科课程，目的不是让儿童懂得或记住多少知识，而是引导儿童行为的改变。在日常生活中，珍爱生命、善待自己，保护好自己的身体，主动选择健康的生活方式。在与人交往中，正确认识自己的优势和不足，善于发现他人的美德和善意，尊重他人也自尊自重。形成积极的自我信念，通过行动表现在生活、学习的方方面面。这是生命教育的实践性。

（4）提升境界

"生命新语"课程以人的生命为中心展开，以人的真实样貌为出发点，以人的最优发展和最佳未来为目的，切实将生命课程的目标落细落实。通过内容完善、学段衔接、载体丰富、常态开展的生命课程体系，帮助儿童知道：随着身体的成长，自己的心理、性格、情感、意志等会随之发生变化。了解自己成长的不同变化，掌握调控的方法，学习欣赏自己，这是生命教育的人文性。

3. 增强儿童生命意识与能力，引导其追求生命意义和价值

"生命新语"课程以自然人的生命存在为基础，以社会人的生命意义为追求，从基础的"生存"，经由"生活"，指向终生的"生长"。

（1）生存

生存是生命存在的物质基础。安全教育、健康教育的诸多内容都属于这个范畴，"生命新语"引导儿童了解身体的作用，懂得保护自己，这是相关的基础性内容。

（2）生活

生活是生存之上的一个范畴，也是"生命新语"最为主体的部分。它包括生活能力和生活智慧两方面内容。引导儿童悦纳自己，学习如何面对挫折，如何认知死亡，帮助儿童去思考"我为何而活""生命的意义何在"等问题。儿童唯有找到自己生命的意义，才知道一生努力的方向与目标，才能不仅关注自身生命，还能够关注、尊重、热爱他人以及大自然的生命。

（3）生长

生长是生活过程中实现的积极状态。我们的生命就像大树一样，根深深往下扎，枝干努力向上长。长成一棵参天大树，既享受四季的变换，也帮助人们避雨遮阳。

4. 努力建设学校主导，校、家、社会联动的生命教育体系

生命教育的真正有效落实在于其课程化，也就是将生命教育纳入学校的课程体系。有实用的课程内容，固定的授课时间和授课教师，有相应的评价和研究。这样，生命教育才会逐步成熟和完善，促进儿童真实而完整地成长。

以课程为切入点，通过班主任的教育活动和班级管理，发挥学校主导作用，协同校外资源，努力引导家庭教育，形成校、家、社会联动育人的生命课程格局。课程的情感性、科学性、实践性、人文性，对家庭的育人责任意识是很好的导向，有助于提高家长对孩子成长、成人的重视和参与，形成学校、家庭、社会协调一致的育人合力。

四、课程设计思路

（一）设计依据

1. 依据"活着、活好、活出价值"的内在逻辑

（1）活着

活着指生命教育中的"生存"领域，即安全、自护。儿童在对生命的内涵有一定了解的基础上，学习如何与自然环境、社会环境和谐相处，学习在日常生活中避免意外伤害，学习面对自然灾害时的自护自救等。着重于儿童可能面临的安全问题开展教育，以增强儿童的生存技能，养成良好的行为习惯。

（2）活好

活好指生命教育中的"生活"领域，即生活能力和生活智慧。儿童通过了解生命诞生、成长、发展、死亡全过程，树立起正确的生命意识。此内容重在引导儿童认识自身成长的生理和心理变化，学习认识和欣赏自己，学习悦纳与发展自己，从而为一生的幸福打下基础。

（3）活出价值

活出价值指生命教育中的"生长"领域，即生命意义。通过培育儿童的优良品质来提升儿童的主观幸福感，帮助儿童努力实现生命价值的最大化，在直面挫折、勇于挑战、心怀感恩的生命体验中，形成积极进取的生活态度，追寻生命的价值和意义。

2. 遵循生理发展和心理成长的内在规律

6～12岁的儿童正处于学龄期，随着生理的发展，他们的社会活动范围不断扩大，依赖重心也逐步由家庭转移到学校，这有利于学校通过课程、活动等形式来培养儿童对生命的认识、热爱及敬畏之情。

处于小学阶段的儿童，开始从多个角度思考问题，思考事物的变化过程，也尝试从他人的角度看待问题，根据他人的观点修正自己的看法，凭借表象进行逻辑推理。他们不再将事物看作静止不变的，而会主动去探寻事物内在的逻辑。这有助于引导他们，从对生命的感性认识过渡到理性分析，从主观的愉悦体验过渡到深刻的价值追求上。

卢梭认为，教育应该顺从于大自然的法则，发展人的天性，教育的目标应该是培养符合自然规则的"自然人"。[1]只有在大自然中，儿童才能找到属于他的童年，也只有在"亲近"中，儿童才能认识这个世界、改造这个世界，进而认识生命、发展天性，实现真正意义上的"生命成长"。

回归儿童本位，从儿童的眼光看教育。蒙台梭利研究发现：儿童天生就是有尊严、守纪律的。他们热爱学习，有良好的控制行为及情感的能力，他们善于思考，喜欢发问，也不爱说谎。蒙台梭利通过她的教学实证，告诉我们童年的秘密。这是对童年的正确理解，也是有效开展生命教育的积极信念。

3. 基于生命规律的科学认知和生命质量的切实提升

生命是如何创造出来的？个体如何面对挫折与挑战，不断发现和成就自己独特的一生？如何理解和面对生命的逝去，更好地活出价值和意义？这些都是需要通过课程去澄清的。

儿童生命质量的提升需要教师切实有效地开展课堂教学活动。目前，在实践中发现，小学中不同的课程，虽有丰富的生命教育元素，但依托零散的内容实施生命教育比较困难，普通教师往往有心而无力。缺乏系统的生命教育课程体系，特别是缺乏系统培养的专职生命教育教师，让生命教育缺乏普及性。

"生命新语"课程以生命科学的知识和观点为基础，以生命的价值和意义为追求，以班主任为主导，结合教师岗位优势和专业能力，针对教育的现实需求进行设计、开发，切实推进学校生命教育，帮助学生获得生命质量的提升。

---

[1] 参见 [法] 卢梭：《爱弥儿》，第①卷，北京，商务印书馆，1978。

（二）课程结构

1. 以珍爱生命为核心的六个主题层级

广义的生命教育涉及的领域相当宽泛。"生命新语"课程以珍爱生命为核心，确定了 6 个主题层级：生命的创造、生命的奇妙、生命的独特、生命的尊严、生命的责任、生命的价值。

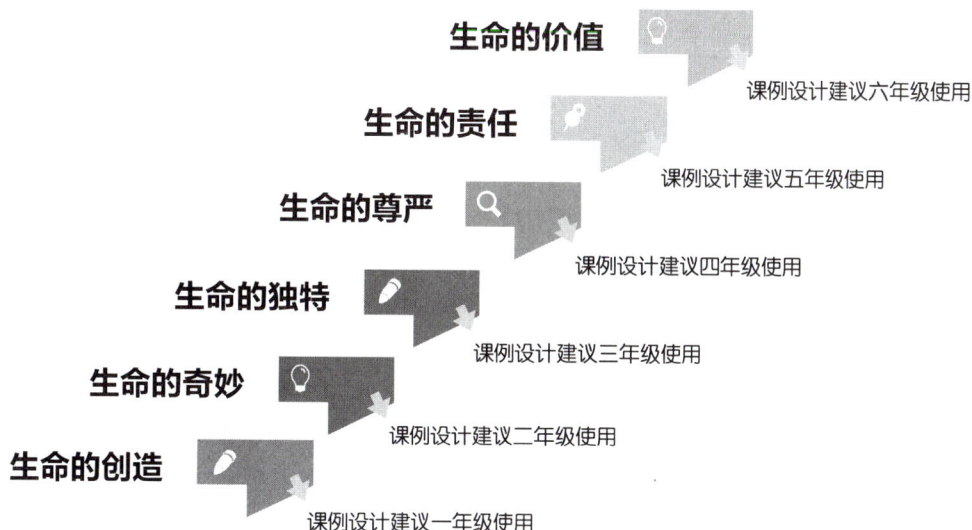

生命的价值
课例设计建议六年级使用

生命的责任
课例设计建议五年级使用

生命的尊严
课例设计建议四年级使用

生命的独特
课例设计建议三年级使用

生命的奇妙
课例设计建议二年级使用

生命的创造
课例设计建议一年级使用

"生命新语"课程的 6 个主题层级

各个主题层级由浅入深，由近及远，螺旋向上，引导儿童了解生命的成长是由生理成长与心理成长共同组成的，心理成长随生理成长变化而变化。由生命的独一无二，激发儿童对生命的欣赏和热爱之情。启发儿童认知生命的珍贵，通过爱护自己的身体、呵护自己的人格，唤醒儿童对生命的悦纳与珍爱之意。帮助儿童理解生命，明白作为社会人，自己的生命与他人、社会、自然万物有割舍不掉的关系，培育儿童与他人、环境、自然和谐共处的能力。

就儿童年龄段而言，这是对课程内容的聚焦。就儿童认知发展而言，这是从感知生命的创造、发现生命的独特到承担生命的责任、实现生命的价值。这是一个逐步升华的过程。

2. 以生命问题为导向的内容选择

在 6 个主题层级下，"生命新语"课程设置了 36 个次主题，即每个主题之下 6 个次主题，每学期 3 个。结合儿童在该年龄段的主要成长困惑，把教学主题转换提炼成核心问题。围绕核心问题来精选内容、设计活动、展开课例设计，以帮助儿童认识并顺应自然界的规律，尤其是人的生命成长规律，尊重并理解生命特有的意义，保护生命，善待生命，积极生存，健康生活，独立发展，进而实现人的生命的最大价值。

3. 以班级活动为载体的学校课程推进模式

课例设计者，大多是优秀的一线班主任。他们与儿童有着密切的情感联系，了解儿童生命成长的方方面面，设计和推进班级活动的能力极强。36个课例都经过了原创者教学实践的检验，在班级生命教育活动中取得了良好的效果。这是"生命新语"课程的特点，也是优势。

4. 以生活实践为家庭教育的操作策略

"生命新语"家庭生命教育课程的核心理念是生活教育，它包括生活能力和生活智慧两方面内容。既强调以生活实践为根本途径，又强调亲子共同设计、共同实践，既强调实践操作性、过程性，又强调结果的事实陈述、过程反思、情感体验，融生命价值创造实践能力、认识能力与体验审美能力培养为一体。充分利用家庭教育的优势，引导、带领儿童通过生活实践来认识、体验、创造生命的价值和意义，明确人生目标努力向上生长，关心、尊重、珍爱自身、他人及大自然的生命。

（三）内容特点

1. 生理成长和心理成长并重

聚焦生命教育的核心问题，"生命新语"课程通过课例中的阅读资料《小威向前冲》和本书中的《我从哪里来》，使孩子了解自己的生命来源于父母精子卵子的结合，感知生命诞生的勇气和幸运，在日常亲子互动中，知道"生日故事""名字的由来"，懂得生命创造的独一无二，帮助孩子形成科学的生命观，从生理到心理，让孩子心中住进一个"我"。在此基础上，进一步认识自己的身体，了解男生女生不一样，并从对生理成长的学习逐步过渡到我们都平等，以及生命如花等心理成长的引导上。这一条线索的核心是感知生命的独特，欣赏不一样的自己。

2. 从珍惜、珍爱自己的生命出发

从课例《妈妈养育我很辛苦》和本书中的《无声的父母之爱》，认知自己的身体、生命来之不易，了解父母生育、养育、教育自己的辛劳与不易，知道生命不仅仅是属于自己的，还承载着父母、亲人、社会的爱与期待，所以不仅要好好保护自己，更要珍爱自己的生命。如课例《我要爱护好我的身体》和本书中的《"读懂"自己的身体》《安全智多星，急时救自己》，做自己的"健康小卫士"，学习自救自护等生存技能，珍爱健康，珍爱生命，更重要的是要主动、积极、健康地发展生命。通过课例《珍惜生命的每一刻，好好道再见》和本书中的《生命中的另一种姿态》直面生死话题可以帮助孩子树立正确的生死观念，让其能以正确的态度去看待生命，从而更加积极地追求生命的价

值和意义。

为什么有些孩子总是不能坚持把一件事从头至尾地做完？为什么有些孩子过于任性自我？为什么有些孩子缺少克服困难的毅力？为什么有些孩子对别人漠不关心？……究其原因，是孩子缺少责任感，课例《责任与担当》和本书中的《当好人生小主人》，帮助孩子明确成长的责任在于自己，要勇于去做人生的小主人，对自己、对家庭、对社会尽到应有的责任，引导孩子从对自己负责做起，成为有责任心、敢于担当的人，让自己的生命过程更充实、更丰沛。这条线索的核心是悦纳与成就自己。

3. 关注儿童作为社会人的生命成长需求

生命的成长离不开环境，儿童要获得人生的幸福，实现生命的价值和意义，必须处理好与他人、与环境、与自然的关系，促进儿童社会性发展。课例《我与他人》《爱如最美的彩虹》《多姿多彩的自然生命》和本书中的《交往的"秘诀"》《正确看待人生中的顺境、逆境、绝境》等内容，旨在帮助儿童主动调试自己，获得友善他人，与大自然和谐共处的能力，积极适应人生变化，持续保持积极乐观的状态，这样的人生才将充满无限的宽度和厚度。

（四）主题总览

主题 建议 年级		次主题	课文主题	核心问题
生命的创造 一年级	上	生命的诞生	让孩子心中住进一个我	我从哪里来？
		生命的不易	无声的父母之爱	父母之爱是什么？
		生命的连接	认识新朋友	怎样认识新朋友？
	下	男女的差异	男孩女孩大不同	男女有什么不一样？
		身体的秘密	"读懂"自己的身体	怎样认识身体？
		相处的方法	交往的"秘诀"	怎样做个有礼有"距"的孩子？
生命的奇妙 二年级	上	成长的快乐	成长魔法	我有什么变化？
		美好的自己	一个特别的精灵	怎样爱自己？
		走近动植物	拥抱生命，感悟自然之美	大自然的生命是怎样的？
	下	我们的差异	生命很奇妙，每个人都不一样	我们有什么不一样？
		勇敢的自己	拥有一颗勇敢的心	遇到困难怎么办？
		多彩的生命	探索自然奥秘	地球上的生命怎样生存？
生命的独特 三年级	上	权利的平等	男性女性，各美其美	男女生各有什么优势？
		生命的有限	尊重生命规律	死亡是什么？
		温暖的港湾	家是孩子最温暖的港湾	家是什么？
	下	了解我自己	与众不同的自己	我有什么特点？
		不断地成长	助力孩子独立成长	成长是什么？
		友爱对他人	用阳光温暖他人	如何做一个受欢迎的人？

续表

主题 建议 年级		次主题	课文主题	核心问题
生命的 尊严 四年级	上	尊重身体界限	恰如其分的距离最美	身体的界限是什么？
		谨守向死而生	生命中的另一种姿态	生死尊严是什么？
		遵循自然规律	循自然之道	大自然在说什么？
	下	了解情绪密码	孩子发脾气，我们可以这样做	怎样认识和表达情绪？
		赢得生命尊严	小不点儿也有尊严	怎样维护人格尊严？
		守护青山绿水	只此青山绿水	怎样和大自然和谐相处？
生命的 责任 五年级	上	乐观拥抱青春	青春泛舟，我护航	青春期有什么特点？
		积极面对挑战	阳光总在风雨之后	如何看待和应对挫败？
		主动沟通合作	这样扩大朋友圈	怎样和人打交道？
	下	智慧应对危险	安全智多星，急时救自己	怎样提高自我保护能力？
		勇于承担责任	当好人生小主人	怎样养成责任习惯？
		提升爱的能力	爱如暖阳，照亮心灵	怎样用行动表达爱？
生命的 价值 六年级	上	创造生命美好	谁说站在光里的才是英雄	怎样培养自信心？
		找到生命价值	让生命在成长中绽放精彩	活着的意义是什么？
		适应人生变化	正确看待人生中的顺境、逆境、绝境	怎样适应生活的变化？
	下	贡献生命温暖	成为那一束光——照亮别人温暖自己	亲社会行为对成长的价值是什么？
		规划人生蓝图	规划人生，铸就未来	怎样找到人生目标？
		守护生命家园	一起携手，守护生命	怎样守护生命的环境？

五、实施建议

（一）板块说明

"生命新语"系列课程之《生命新语·生命教育家长操作手册》，为便于家长在家庭生活情境中开展家庭生命教育，特别强调家长与孩子一起设计、操作、讨论、反思生命教育实践活动。每一学习主题（次主题）下，分设"现象扫描、解锁行为密码、发展水平、我们一起行动、收获与成长、生命语录、本课要点"等七个栏目，教给家长引导孩子认识生命、创造生命、体验生命的一套操作性方法和策略。

"现象扫描"，主要围绕核心问题，真实呈现发生在家庭教育、亲子生活中常见的事例。

"解锁行为密码"，简析事例中核心问题行为、矛盾、冲突产生的原因，科学解锁问题之根本，澄清价值认知。

"发展水平"是关于儿童生命发展的意识、认知与能力的表征，从两方面来看，一是"儿童发展现状"的描述，二是"家庭教育现状"的描述。从"发展水平"描述，观察当前家庭对相关问题的教育的不同的行为表现，家长可以对照、参考，然后再根据自己的实际情况作相应的家庭教育理念、策略、行为的调整。

"我们一起行动"部分，内设三个实践操作和一个亲子阅读活动，都由"活动任务"和"活动步骤与方法"两个环节组成。全手册共设计实践操作活动108个，由亲子协同设计、亲子共同活动、孩子陈述过程、亲子讨论、结合各自行为反思以及写作表达等微环节构成。其中亲子阅读36篇，由亲子共同阅读、孩子陈述内容、亲子共同讨论、启发反思、写作表达等微环节构成。

"收获与成长"，通过回顾总结，提升家长对解决本课核心问题的指导能力，反思解决问题的思维过程，情感体验过程等，收获更加融洽的亲子关系；在有效的亲子沟通中，帮助孩子形成正确认知，激发内动力，建构自我调适方法，收获生命成长智慧。

"生命语录"，引用伟人、历史名人等的经典名言金句，画龙点睛，升华主题并促进价值形成。

"本课要点"，根据课文核心问题和内容特点，用概括性的语言，对本课进行总结，点出主要观点、主要主张，达到统摄全局的作用。

（二）教学方法

生命教育不是一种教导，也不是一种训练，而是真实地触碰儿童心里的需求，是用生命温暖生命，用生命成就生命的过程。这个过程中，学校教学是生动的体验场，教师是温暖的引导者，家庭教育即生活教育，家长是行为的示范者，儿童在动情、明理中，获得更积极的行为方式，最终实现生命的自我超越。

1. 在教育形式上

借助故事、游戏、实践、体验的力量，用众多生命榜样触动儿童，进而让儿童感悟生命的美好，从心底里产生向上的动力。这是儿童内在"生命信念"的建立，是根植于儿童心中使其生命发生改变的过程。操作逻辑为"榜样→感悟→改变""实践→反思→成长"。

2. 在目标达成上

以"榜样案例""思考感悟""体验学习""反思总结"的方法进行，教者分别以榜样案例、阅读欣赏、体验活动为教学手段，引导儿童提问、讨论、辨析，在师生合作、亲子互动中帮助儿童将所学对照自己对生命的认知、经验进行反思，进而感受、领悟出正向的、积极的生命信念，并内化成为其人格发展与行为选择的重要依据。此过程中，教者要重视处境不利、缺少家庭支持或性格比较偏激的一些儿童，给予他们更多的关怀与爱，给予他们更多的力量。操作逻辑为"认知调整→情感激发→行为指导→价值形成"。

3. 在实施路径上

学校以课堂为主渠道，依托班会课、品德课，并适当结合其他学科教育或家长课堂等创新途径和载体，将生命课程融入小学阶段育人全过程。家庭以日常生活为教育契机，强调家长与孩子一起设计、操作、讨论、反思等生命教育实践过程，实现亲子共长，纠正一些家庭中错误、消极、落后的生命价值观以及价值行为。同时，注重学校、家庭、社会对生命教育的共同关注与协作，以此助力儿童的生命信念，成就生命的美好。

（三）评价与反馈

"生命新语"课程的评价，目的不在甄别和选拔，而在于改进教学、激励儿童。对于教师，根据学生、家长的评价和反馈，优化生命教育的课堂教学和课后实践。对于家长，基于孩子生命成长样态，学校、社会的评价和反馈，结合自己的实际情况做相应的家庭教育理念、策略、行为的调整。对于儿童，通过教师、同学的评价和反馈，获得激励，明确努力的方向。基于此，课程评价与反馈需要遵循如下三条原则。

1. 关注过程

关注活动不同阶段中儿童的进步和努力，借助成长档案袋、正向反馈法、水平评价法等评价方式，对儿童开展生命成长的动态评价。

2. 主体多元

课程实施过程中，开展儿童、教师、家长、管理者和教育专家共同参与、交互进行的评价，特别要重视教师、家长、学生对教学过程、学习收获、生命成长的反馈。尊重差异，尊重个体独特的生命体验。

3. 重在激励

借助《生命树·生命教育学生成长档案》与《生命新语·生命教育家长操作手册》资源，适当运用其他方式，用更多元的评价标准和评价形式，从儿童生命认知、态度情感、行为表达、价值形成等方面开展评价和反馈，核心是能激发、保持儿童珍爱生命的意愿和行为。

（四）资源运用与开发

"生命新语"生命教育系列课程，形成了"一纲多本"的课程资源模式，建立起了小学生命教育"课程超市"。

1.《生命新语·生命教育教师用书》

"生命新语"学校教学课程除了教师使用的教学方案外，每一教育主题（次主题）还配备了精心设计，并经过数次课堂实践然后修改调整的教学课件——演示文稿PPT，为广大教师开展生命教育提供了即插即用的课程资源。

每个教育主题中，设计了与主题高度相关的游戏或体验活动，教师除了在课堂上运用外，还可以根据需要推荐给家长，指导家庭开展生命教育，或适当改编，用班级或社团活动的方式进行。

"生命新语"课程中精选了大量的绘本故事、阅读资料，用生动鲜活的生命榜样来触发儿童对生命的感悟，引导儿童行为的改变。教学中，教者除了按照课程设置来引导儿童外，还可以根据时间安排或儿童需求，用情景剧绘本剧表演、绘本仿画、故事续写、收获与反思的记录等方式，联结起榜样和儿童的生命现状，更好地提升生命教育实效。学校课堂也可以借用课程教学方式和内容流程，结合语文、道德与法治等课程的相关内容，根据学生成长需求，创造性地开展更多生命教育活动。

2.《生命树·生命教育学生成长档案》

"生命新语"学校教学课程每一主题都设计了匹配学生的作业单《生命树·生命教育学生成长档案》。教师组织学生按照要求完成作业单内容，既是学生学习效果的反馈，也是对课堂开展生命教育的拓展。合理使用作业单，还可以结合《生命新语·生命教育家长操作手册》中的内容，把家长带入其中，对家庭生命教育也是一种积极的导向。

3.《生命新语·生命教育家长操作手册》

本手册全册共设计亲子实践操作活动 108 个，推荐亲子阅读资料 36 篇，由亲子协同设计、亲子共读、亲子互动活动、亲子讨论交流、结合各自行为总结反思以及表达记录等形态构成。意在充分利用日常家庭生活的优势，家长引导、带领孩子通过生活实践来认识、体验、创造生命的价值和意义，从而实现与学校教育的协调、配合、补充，进而在学校教育的规范、引导下实现生活教育上的主导。

每个教育主题中，依据各主题和需要解决的核心问题，从"儿童发展现状"和"家庭教育现状"两大方面，研究设计出了"意识、认知与能力"的具体行为或态度发展水平的表征内容，教师、家长可参照、对照儿童发展现状与家庭教育现状，进行科学合理的对比、分析，结合实际情况，做出相应的家庭教育理念、策略、情感态度的调整。

每个主题都设计了作业单式的日常生活内容的亲子互动记录，主要从共同设计、观察发现、讨论交流、收获成长、总结反馈等呈现形态，科学性、创新性地在家庭、社会的日常中开展生命教育，真正把生命教育落到实处。（提示：书中每个主题下的记录表格，有的留白较少，可采用粘贴浮页纸张等方式，完成记录内容的留存。谢谢理解！）

一年级　生命的创造

生命的创造·生命的诞生

让孩子心中住进一个我
我从哪里来？

【现象扫描】一天，儿子生生突然神秘地跑到妈妈跟前，问妈妈："好朋友说，孩子都是从垃圾堆里捡的，我也是捡来的吗？"妈妈脑子百转千回，一时不知道该怎样回答，只说你长大了，妈妈慢慢告诉你。生生还是很纳闷，垃圾堆里怎么会有那么多小孩？小孩都是从一个个垃圾堆里捡来的吗？突然，生生大声喊道："妈妈，我知道啦！我过生日那一天就是你们捡到我的那一天，对吗？"妈妈尴尬地笑了笑，作罢。

【解锁行为密码】上述现象中，生生有了自我意识，有了解自我、探索自我的愿望，因此，向家长提出"我从哪里来"这个问题。生生妈妈的反应显得过于紧张，于是遮遮掩掩，这就会让孩子更加不解和好奇。接下来孩子可能靠其他方式去了解、猜测，可能得到不准确的生命成长知识，也容易受到不良生命教育观念影响。

研究表明，6岁左右的儿童在社会性方面有了长足的发展，已经能够形成比较完整的自我概念了。具体来说，3岁儿童能够知道"我是谁，我的名字叫什么，我是哪里人"等一些与"我"有关的表面的信息；到了4岁以后，儿童对自己的认知会更进一步，比如"我是漂亮的，我是好孩子"等；到了学龄期，儿童对自己的看法更为全面，例如"我擅长踢球，我知道我很聪明"等，同时也会进一步思考"我从哪里来"等这类关于自我生命的话题。当孩子问这个问题时，就是一次极好的对孩子进行生命教育的机会。家长要以正向、积极的态度，运用科学、儿童化的方式解释"我"与"我的生命"的关系，对孩子了解相关知识做正向引导，让孩子懂得生命的创造与独一无二，帮助孩子形成科学的生命观，学会尊重和珍爱生命，满足和保护孩子的好奇心。

【发展水平】关于儿童自我生命意识、认知与能力的表征。

下表是关于"儿童发展现状"（指儿童自我生命意识、认知与能力的发展水平）和"家庭教育现状"（指当前家庭对相关问题的不同教育表现）的描述。请家长对照、参考，然后再根据自己的实际情况对家庭教育理念、策略、行为做相应的调整。

关于儿童自我生命意识、认知与能力的表征

指　标	内　容	儿童发展行为及家庭教育类型
儿童发展现状	对生命来源的认知	知道自己是从哪里来的，大致了解相关的科学知识	□ 1. 有较为强烈的想知道自己从哪里来的意识。 □ 2. 对"我从哪里来"的答案理解比较直观。 □ 3. 知道自己生命的到来是父母爱情的结晶。
	对生命规律的认知	清楚自己生命的发展顺序和变化规律	□ 1. 知道人从胎儿到幼儿再到成年等的发展顺序。 □ 2. 能认知并体验到内心的成长。 □ 3. 能感受到自己是社会、集体中的一员。
	对生命养护的认知	大致了解生命养护的方式、内在原因	□ 1. 知道生命体需要营养，自己每天要按时吃饭，营养搭配。 □ 2. 有一定的卫生保健意识，吃饭前需要洗手，避免生病。 □ 3. 为了让身体更健康，有积极参与锻炼的意识。 □ 4. 在外遇到危险，如和大人走散，知道怎么办。
家庭教育现状	家庭教育氛围	孩子是在怎样的家庭氛围中成长的	□ 1. 冲突型：家庭成员自我意识差，自我调控能力差，经常会发生身份、角色、前后言行冲突等。 □ 2. 自觉型：家庭成员都有较强的自我意识和自我调控能力，能够顺利调整自己在不同时空的身份、角色、言行等。 □ 3. 混乱型：家庭成员在自我意识、自我调控能力上，时而清醒，时而混乱，表现出让孩子捉摸不透的现象。
	家庭教育方式	家庭主要教养人对孩子的教育引导方式	□ 1. 榜样式：父母清楚自己的身份、责任，以实际行动对自己的身份、责任负责，不断追求、体验、分享自己的生命发展与成长。 □ 2. 说教式：父母以说教、教训的方式批评、否定孩子的生命成长与发展。 □ 3. 启发引导式：父母启发、引导孩子对自我生命的起源、发生、发展进行认识、体验，感受自我生命的存在、不断发展，培养自我生命能力。

【**我们一起行动**】通过系列亲子活动，家长帮助孩子感受生命创造的美好，让孩子认识生命的宝贵与独一无二，懂得生日的意义，逐步形成自我生命形象，尊重生命和爱惜生命。

人的孕育生长是一个复杂、漫长的过程，各个年龄阶段的孩子都有好奇心和探索的价值取向。面对稚气未脱、刚刚跨入小学校门的孩子，如何讲解？用规范深奥的医学术语解释生命的孕育过程，孩子理解有难度，还会造成更大的迷茫。参与式的体验活动，能够在自然情境中为孩子揭示生命的由来，让孩子真正感受到自己生命的诞生，逐步形成自我生命的发展与成长意识，让孩子感受到父

母带给自己生命的不易以及生命的美好与珍贵，感恩父母与家人。

活动一：爱的结晶——通过收集孩子出生前的素材，使孩子直观了解到自己的生命是在父母和家人爱的包裹下诞生的，感受自我生命的诞生，并感受到生命孕育的不易。

（一）活动任务

第一，帮助孩子认识生命的诞生。

第二，让孩子体验生命成长的快乐。

第三，培养孩子感恩父母与珍爱生命的意识。

（二）活动步骤与方法

1. 收集材料

收集父母年轻时的照片、珍藏品、纪念品、日用品、结婚的照片、视频等。

2. 家长向孩子讲述父母相识相爱到结婚的故事

父母给孩子讲述自己的成长过程，相识相爱的过程以及结婚的故事。以下三点不能少：第一，要讲述父母也是由爷爷奶奶、外公外婆所生；第二，父母也是从小孩子成长起来的，经历了很长时间，付出了很多努力，才长大成人；第三，长成大人后，父母才开始建立爱情关系。

注意，在回答从哪里来的同时，还要建立一种意识，即从小长大，在长大之前，父母都互相不认识，长大了才认识，才建立爱情关系。

3. 向孩子讲出生的故事

（1）如果母亲怀孕的时候录有视频，可借助播放胎儿在妈妈肚子里的动画，让孩子发现小宝宝在妈妈肚子里有很多活动，除了伸展身体、踢踢腿，还会玩脐带、吮吸手指、抓脚等。

（2）父母和孩子回顾、讲述孩子出生后成长过程中的故事。讲述不能少了以下内容：第一，孩子是父母结合的产物；第二，精子和卵子结合成为受精卵后，就在母亲肚子里孕育、发展与成长了；第三，母亲一直保护着胎儿的发展与成长；第四，父母为孩子出生做了什么准备；第五，什么时候出生；第六，出生以后父母是如何保护婴儿成长的。

4. 体验出生不易，成长不易

让孩子根据父母的描述，说说自己对出生不易与成长不易的体会。如果孩子说不出来，父母可以提醒、启发孩子思考。

活动二：生日故事——通过收集出生时物品、出生场景回顾等活动，让孩子认识到生日的意义，增强珍爱生命的意识。

（一）活动任务

第一，帮助孩子进一步了解生日的意义。

第二，培养孩子的自我意识和生长意识。

（二）活动步骤与方法

1. 收集出生物品

收集孩子出生当天家人的照片、视频，以及孩子刚出生时的照片、视频等；收集孩子出生后每年照的照片、拍的视频，穿过的衣服，用过的物品等。总之，凡是与孩子成长有关的东西，能够找到的，都收集起来。

2. 家长和孩子一起观看照片、视频、用品等素材

孩子看着物品，父母就给孩子讲述孩子当时的故事。

3. 回顾成长历程——建立自我意识和生长的意识

通过父母所讲的故事，让孩子讲述一下自己出生、成长的简单历程。

（1）结合收到的关于自己成长经历的材料，孩子讲述出生以后长到现在经历了哪些过程。（重点阐述：从只知道手脚朝天乱舞，手脚并用面朝下、向前爬行，到站立走路，跑步；从咿呀学语，说一个字、两个字，一句话，两句话，到一长串话；什么时候能够说"我"，什么时候知道镜子里的人是谁，什么时候知道自己长高了等。）

（2）父母注意引导孩子心中的"我"的三种样态：过去是什么样子，现在是什么样子，今后是什么样子。回顾成长历程的关键节点，能够帮助孩子建立自我意识和生长意识，从而更好地认识自我。

活动三：名字的由来——通过名字来历调查活动，了解自己的名字承载着家族的传承和家人的祝福。

每个孩子的出生，父母和家人都会满心期待，孩子也给家人带来喜悦，带来美好！孩子是父母爱的结晶，是父母生命的延续，孩子的姓名承载着家族的传承和家人的祝福。

（一）活动任务

第一，了解名字蕴含着父母的期望。

第二，从名字的来历塑造孩子的身份意识。

（二）活动步骤与方法

1. 姓名来历大调查

根据下表内容，父母给孩子讲述姓名的由来。（愿意记录的家长，可在下表中记录。）

孩子姓名	爸爸说	妈妈说	孩子的发现和感受
姓氏：			
名字：			

2. 讨论父母的用意

利用上表内容，引导孩子去发现、去了解自己姓氏名字的由来，提出自己的疑惑和相关问题，与父母讨论。

孩子的名字或许是家族某些方面的传承，或许名字的背后藏着有意思的故事，或许蕴含着美好的期望，它不仅仅是一个简单代号，而是代表了家族的传承以及父母对孩子的祝福与爱。

3. 孩子从名字感受自我身份

引导孩子把名字、心中的形象、所做行为等统一起来。

建议做一个游戏：父母与孩子一起，相互描述形象、行为特征，猜一猜说的是哪一个人（说出名字）。

小贴士

评价儿童自我概念水平必须考虑到心理发展的年龄特征，不同年龄阶段儿童的自我概念成分要素不同。随着年龄增长，自我概念成分不断丰富，儿童对自我认识不断深化，并日趋完整。哈特认为六七岁儿童自我概念的成分要素比较简单，主要涉及认知、身体、同伴和行为四个方面。

父母应该如何帮助孩子正确地认识自我呢？

第一，建立良好的亲子关系和亲子沟通。

在日常生活中，父母可以适度地参与孩子的活动，一起做孩子感兴趣的事情，在这个过程中，既可以使孩子感受到父母的关心和支持，还能够积极引导孩子发展合理的兴趣爱好，探索自我。

第二，营造民主良好的家庭氛围。

在孩子自我意识成长过程中，家长需要给予孩子充分的理解和支持，允许孩子选择自己感兴趣的事情，包容孩子处理问题时所采取的各种策略，并且学会鼓励孩子表达自己的想法，允许孩子按照自己的意愿行事。

第三，理解和正确对待孩子的行为。

可能有的家长很困惑，他们的小乖乖，有时变得不再那么听话了，他们开始尝试原来不被允许做的事情。其实，这是一个好的开始，是孩子自我同一性发展需要，是他们探索自我的一种途径，而非对家长威严的挑战。家长应该接纳孩子，将自己的角色逐渐从起主导作用的教育者转变成孩子成长的引导者，帮助孩子发展自我意识。[①]

活动四·亲子阅读——通过阅读绘本《我从哪里来》，让孩子了解人的生命（也包括自己）是从"两个小东西"相结合，经过漫长的孕育生长，等到成熟，再经过母子（女）共同的艰辛努力、克服困难才诞生出来的过程。

【内容简介】

《我从哪里来》

本书的作者是加拿大作家科里·西尔弗伯格。绘本以生动的图画和文字，解答了孩子最为关心的生命来源问题；解答了孩子对自己性别的疑惑；帮助孩子了解父母与自己的关系，让孩子学会爱父母和尊重父母。该书以爱为基础，把启蒙性教育与生命教育、情感教育连接起来，从小给孩子奠定科学探究问题的基础，促进孩子身心健康的发育，塑造孩子良好的情操和责任。

温馨提示

家长一定要与孩子一起阅读，了解材料内容，才能够与孩子对下面的材料内容进行讨论。如果暂时没有此绘本，可以借用其他与本主题高度一致的阅读作品或影视作品。（本书后面所有篇章"亲子阅读"要求相同。）

（一）活动任务

第一，了解生命诞生的过程。

第二，理解生命孕育的不易。

第三，培养阅读能力。

（二）活动步骤与方法

1. 和孩子一起阅读材料

家长和孩子一起来读读《我从哪里来》绘本，并完成下面的挑战任务，也许"我从哪里来"这个问题就迎刃而解啦！（建议绘本阅读时间为2～3天。）

[①] 边玉芳：《读懂孩子——家庭教育实操手册小学卷（5-6年级）》，9页，北京，北京师范大学出版社，2023。

2. 让孩子陈述绘本内容

家长注意引导、提醒孩子复述关键的内容：两个"小东西"结合，产生了新的"小东西"（即生命的产生），生命经过长时间孕育、生长才准备好了出生，母子（女）共同努力诞生了孩子等完整的过程。

3. 和孩子一起讨论

家长以启发、引导、提问的方式开启讨论，讨论的关键点：两个"小东西"结合产生的是什么？（引导答案：新生命。）新生命经过多长时间发育成长才具备出生的条件？诞生的过程是一个母子（女）共同努力克服困难的过程，单靠一个人的努力行不行？孩子出生后第一次发声是什么时候？这意味着什么？出生之后的状态怎么样？和现在的你相比如何？

【收获与成长】通过回顾总结，家长帮助孩子正确认识生命、理性感知生命。明白生命的发展过程是自个体产生的那刻起，生命就按照已有的特点与规律成长，必然有序经历婴幼儿期、青少年期、成年期和老年期等阶段。

小学阶段应该了解生命各阶段的主要特征，每一阶段都是不可或缺的。孩子只有明白了生命从受精卵、胎儿再到独立个体的不易过程，才能从生命的来之不易中体会生命的珍贵。

如何正确看待童言之"我从哪里来"？用具有真实性、连续性和趣味性的表达，以爱之名，讲述生命起源。

作为家长，我要记录下和孩子回顾成长历程的难忘过程：_____

_____

_____

通过这次回顾，我们帮助孩子提高了对"我从哪里来"的自我生命、身份、成长意识，从而更好地认识自我。

我（儿童）现在更明白了生命的来之不易，感受到了我是带着家人的祝福与爱来到这个世界的，我会成了一个更珍爱自己、珍爱生命的人。

我（儿童）的成长体验收获：_____

_____

温馨
提示
刚刚上小学一年级的孩子，还不怎么会识字和写字，可以让孩子口头表达，父母或家人帮着记录；也可以用孩子喜欢的方式表达，如绘画、贴图等。

生命语录

人的一生如同宝石，是大自然的赠予。是宝石就要熠熠发光，报答人们的辛勤磨砺。

—— [瑞典] 阿尔弗雷德·贝恩哈德·诺贝尔[1]

本课要点

　　家长帮助孩子了解生命因爱产生，知道自己的生命是在家人期盼中诞生的，体会生日故事的美好和幸福，体会自己的名字承载了家人的祝福与希望；帮助孩子从小建立自我生命的意识，让孩子感受自己的独一无二，促进孩子身心健康地成长。

---

[1] 阿尔弗雷德·贝恩哈德·诺贝尔，瑞典化学家、工程师、发明家、军工装备制造商和矽（硅）藻土炸药的发明者，出生于斯德哥尔摩。此句出自《名人名言大全》，湖南教育出版社，2022 年。

生命的创造·生命的不易

无声的父母之爱
父母之爱是什么？

【现象扫描】一天晚上，妈妈看到铭铭做作业时趴在桌子上很不舒服的样子后，赶紧用手背去摸铭铭的额头，感觉很烫，立马叫爸爸拿来体温计，果然，39.6℃，发烧了。爸爸抱起铭铭就往停车场跑。爸爸妈妈带着铭铭赶到医院，医院儿科急诊排满了人，妈妈看着铭铭不舒服的样子急哭了。过了很久，铭铭终于看完医生回到家里。夜已深，爸爸妈妈照顾铭铭吃完药，铭铭已经迷迷糊糊睡着了，爸爸妈妈却一直守在铭铭床边，直到第二天早上。早晨，铭铭醒来看到妈妈手里握着体温计趴在自己的小床边睡着了，爸爸在厨房里做早餐，十分感动。

【解锁行为密码】上述现象中，孩子生病发烧是每个家庭在养育孩子过程中都会遇到的情况。对高烧的孩子，父母的内心是十分担心的；对医院里的排队等待，父母是焦灼难耐的。夜里的悉心照料，是最平凡而伟大的父母之爱的体现。而这一切铭铭也看在眼里，感恩在心。

研究表明，被爱是孩子成长过程中四大心理需要之一。孩子需要父母的爱，被爱使孩子有安全感与价值感。父母对子女示爱时，除了使孩子体验到被爱的满足之外，也使孩子知道因何事而被爱，从而学到是非观念。爱不仅是一种艺术，更是一种能力。因此家长有意识地培养孩子感知爱、发现爱、表达爱、传递爱的能力，对孩子的成长至关重要，从个体情感发生学来看，儿童情感发展起源于父母的抚爱和家庭温馨氛围的熏陶。

【发展水平】关于儿童对父母之爱的意识、认知与能力的表征。

下表是关于"儿童发展现状"（指儿童对父母之爱的意识、认知与能力的发展水平）和"家庭教育现状"（指当前家庭对相关问题不同的教育表现）的描述。请家长对照、参考，然后再根据自己的实际情况对家庭教育理念、策略、行为做相应的调整。

关于儿童对父母之爱的意识、认知与能力的表征

指　标		内　容	儿童发展行为及家庭教育类型
儿童发展现状	父母之爱的认知水平	在日常生活中能够通过具体行为感知父母之爱	☐1.能识别父母行为背后的关爱。 ☐2.能够在生活中感受到父母之爱。 ☐3.有主动对父母表达感恩、爱意的行为。
	感恩意识	能发自内心去实践感恩，实施恰当的感恩行为	☐1.有一定的感恩意识，能够认识需要感恩的直接原因。 ☐2.有一定的主动感恩行为。 ☐3.能够用较为恰当的方式对感恩对象表达出自己的感谢，愿意尽自己的能力去回报他人的关爱。
家庭教育现状	家庭教育氛围	孩子是在怎样的家庭氛围中成长的	☐1.冷漠型：家庭成员之间情感淡漠，缺乏感恩意识与感恩行为。 ☐2.温馨型：家庭成员之间、父母与孩子之间相亲相爱，有感恩意识和感恩行为，相互尊重。 ☐3.自私型：家庭成员都自私心严重，只知索取，不知回报与感恩。
	家庭教育方式	家庭主要教养人对孩子的教育引导方式	☐1.榜样式：家庭成员之间、父母与孩子之间，都以实际行为感恩，行动多于语言。 ☐2.引导启发式：既重视行为榜样，也重视用语言启发、引导培养孩子感恩意识和行为。 ☐3.放任式：对孩子的感恩意识和行为不做任何要求，也不做任何引导，放任不管。

【我们一起行动】通过系列亲子活动，家长帮助孩子了解生命的不易，感受父母之爱。

现在大部分家庭，全家人都把目光放在孩子身上，围着孩子转，认为孩子最重要。难道父母不重要吗？没有父母的支撑，家将如何维持？孩子为家庭又付出了什么努力？很多家长对孩子都是有求必应，哪怕自己省吃省穿也要给孩子，但带来的结果却是孩子只在乎是否满足了自己的需求，忽视家人的感受。

活动一：孵化小鸡行动——通过实际行动，做孵化小鸡的实验，感受生命孕育的不易和母亲的辛劳。

（一）活动任务

第一，提高孩子对生命孕育的感知、认识能力。

第二，帮助孩子感受生命的诞生需要精心呵护。

第三，体会母亲怀孕的不易，进一步感受父母之爱。

（二）活动步骤与方法

1.查资料

家长指导孩子查阅人工孵化小鸡的资料，然后对资料进行学习整理，了解孵化小鸡的相关知识和过程，包括孵化条件、孵化蛋的选择、孵化时间、孵化温度、孵化管理等，做好笔记，整理为几个实施步骤。

2.实施孵化行动

第一步：购买种鸡蛋与孵化器。

孵化之前，首先要做的是种鸡蛋的选择。选择的受精蛋，不是普通超市里的鸡蛋，尽量选择一周以内（3~4天的最佳）受精的蛋，可在网上购买种鸡蛋、孵化工具等。

第二步：对种鸡蛋和孵化器进行消毒。这需要家长协助进行。

第三步：控制温度与湿度。

把种鸡蛋放入孵化器，按要求控制温度、湿度。

第四步：照蛋。

5日后进行。

第五步：增加氧气供应。

孵化18~19天后，应增加氧气供应。

第六步：移盘。

孵化17天或19天后移盘。

第七步：啄壳。

啄壳、出雏时提高湿度，同时降低温度。

第八步：捡雏。

啄壳后，就可以拣去空蛋壳，小鸡绒毛已干时，就可以拣出来，送育雏室。

第九步：送育雏室。

由于刚出壳小鸡的生命力还很脆弱，要送育雏室保护起来，在育雏室要有足够的氧气、通风、散热等，要及时防止脱水，并且适时打预防针。（育雏室各大电商平台均可购买，也可利用废纸箱、温度计、灯泡等进行制作。）

整个孵化期的照顾行为和过程，家长与孩子最好共同做记录。一年级孩子识字、写字量不多，家长可以帮着记录，孩子可以在文字旁边以画画等自己喜欢或自己看得懂的方式记录，以便后面总结和讨论，也让孩子养成科学记录事情经过的习惯。

3.讨论

分享照顾孵化小鸡的感受，体会父母呵护孩子的用心与不易。在孵化小鸡的过程中，有哪几个环节是最关键的？哪些是影响它生命的因素？

4.结合自己谈感受

结合前面的学习材料，聊一聊孩子出生的故事。跟孩子谈一谈，哪些环节与孩子的出生类似？你照顾小鸡孵化仅用21天，妈妈孕育你用了多少天？这21天以来，你的辛苦与妈妈的辛苦相比，差别多大？

做孵化小鸡的实验有困难的家庭，也可尝试见证不同生命诞生的方法，如养蚕。

活动二：感受父母的爱——通过故地重游（或讲旧物件故事）的体验活动，让孩子体会在成长过程中父母倾注的爱，用实际行动感恩父母。

（一）活动任务

第一，提高孩子对生命成长感知、认识能力。

第二，帮助孩子感受成长过程中父母倾注的爱。

（二）活动步骤与方法

1.选择故地或旧物件

（1）家长需要做好前期准备，选择孩子成长中重要的地点或关键事情发生的地方，如幼儿园、兴趣班等。

（2）物品准备方面，爸爸妈妈收集一些孩子成长纪念物，如奶瓶、喂药器、胎毛、乳牙、衣物、学走路照片等。

2.重游故地或讲旧物件的故事

（1）故地重游。

与孩子一起重游以前经常走过的地方，唤起孩子和家长的回忆，将那些或美好或深刻的事情复现，一边走一边回忆经历过的事件、情景。例如，某天，送你上下学的路上，下大雨了，为了你不被淋湿，父母或爷爷奶奶打的伞全倾向你一边，结果你的衣服没有湿，但是父母或爷爷奶奶的衣服却湿了；夏天，在什么地方买了你最爱吃的冰激凌；在什么地方你摔过跤；某天，看见路上蚯蚓被热出了洞。

总之，回忆的过程是一个愉快的过程，也是一个增进感情的过程，增进感情就能培养孩子感恩的意识。其实有好多事情，不用教，只要用事实就能感动人。有一些父母习惯用直接的因果关系来教训、告知孩子，结果效果不好，而与孩子一起活动，一起经历某些事件，效果会非常好。

（2）爸爸妈妈给孩子讲述纪念物背后的故事。

比如两年前的衣物已穿不上，表明长高了；一年前作业本上的文字歪歪扭扭，表明孩子书写能力的发展；幼儿园获得的奖励，表明行为表现好。

我们和孩子一起翻阅旧物，一起回忆成长的历程，可以提示、启发、引导孩子自我形象发展，可以增加成长的意义，可以让孩子感受到父母对他的关注，等等。

温馨
提示

"重游故地"或"讲旧物件的故事"，可根据家庭具体情况，二选一即可。

3. 亲子交流

（1）家长可以通过多种形式的回忆，也可营造充满浓浓爱意的"亲子聊吧"，和孩子一起交流感受。交流过程中，重点让孩子表达，父母适时适当地做出回应，如：微笑，点头，时不时拥抱一下……让孩子体会、表达成长过程中父母倾注的爱。

切记不要用教训的口吻告知孩子感恩父母。只要叙述、回忆父母与孩子一起经历过的事件，就是情感融洽的表现，事件本是带有情感的，叙事是情感教育最好的素材，千万不要告知抽象的道理。只要父母愿意和孩子交流，交流无障碍，交流之中引导、启发成长，这就是最好的教育。

★注意：本次交流我们面对的可能是6岁左右的孩子，可能孩子语言表达还不够清楚，交流还不够流畅，讨论能力更有待发展，但我们应该给孩子锻炼语言表达的机会，让孩子感受这种其乐融融的交流氛围，以培养孩子亲近父母的情感基础。需要注意的是，每次交流时间以30分钟以内为宜。

（2）讨论：我们应该怎么做呢？交流过程中，父亲可以这样说：妈妈生育、养育、教育你，天天操心，非常辛苦，我们应该用怎样的具体行动来体谅、回馈妈妈呢？同样，妈妈也可以这样引导孩子：从你到妈妈肚子里开始，爸爸就无微不至地照顾妈妈和关心你，让你健康快乐地成长，为了我们家庭的幸福，爸爸还要在外面打拼，即使这样的辛苦，仍不忘记陪伴你的成长，我们也应该用具体的行动，来感恩爸爸对我们这个家的付出与照顾！让我们一家人相互陪伴、协作，永远在一起，永远快乐！让我们都成为知恩、感恩的人！

活动三：感恩行动——通过活动让父母和孩子学会发现爱、感受爱、表达爱。

（一）活动任务

第一，提高孩子对父母之爱的感知、认识能力。

第二，感受、体验到父母的辛苦，学会表达爱意。

第二，设计、开展感恩活动，提升仪式感。

（二）活动步骤与方法

1.设计感恩活动方案

父亲节或母亲节，父母带领孩子进行一日感恩活动，通过温馨、浪漫的仪式，教会孩子感恩，带给父亲或母亲幸福感。父亲节由母亲倡议并协助孩子完成感恩行动，母亲节由父亲倡议并协助孩子完成感恩行动。

切记不要由本人来做这个活动。如果父亲节由父亲来做，这就等于索要感恩，索要行为会引起孩子的反感。

父母与孩子一起策划节日当天的感恩活动，比如，以"今天我来当爸爸/妈妈"为主题，为爸爸/妈妈分担家务，也可以采用语言表达、礼物赠送、仪式设计等，还可以使用多种方式。建议最好用具体行动来表示感恩。（下面的表格内容，供参考。）

时 间	活动项目	感恩内容	物品准备
早 晨	早餐	制作父母喜欢的早餐，尽量摆盘精美。	食材或物品，根据家庭情况，自己选定。下同。
上 午	爱的抱抱	拥抱父母，表达爱。	
	打扫卫生	感受父母在日常家务劳动中的付出和爱。	
	做午饭		
中 午	洗碗		
	午间亲子阅读	1.推荐绘本《我爸爸》《我妈妈》。 2.为爸爸或妈妈举行一次"优点轰炸"会，表达爱。	
下 午	下午茶或水果	摆成爱心形状，表达爱。	
	洗衣服	感受父母在日常家务劳动中的付出和爱。	
	做晚饭		
	洗碗		

续表

时　间	活动项目	感恩内容	物品准备
晚　上	饭后散步	陪伴中感受父母之爱的美好。	
	节日仪式	充满仪式感的感恩活动，将今天的节日气氛推向高潮，把感恩的种子种进孩子心里。	DIY贺卡或礼物；音乐；布置"爱的表达"墙；一段感恩父母的话。
	晚安故事	孩子带着一天的体会，父母带着满满的感动，用一个温暖的故事做一个幸福的结尾。	推荐绘本《猜猜我有多爱你》。
爸爸（或妈妈）的收获			
孩子的感言			

温馨提示

●为爸爸妈妈做"优点轰炸"表达方式建议：

我爸爸／妈妈是个 ＿＿＿＿＿＿＿＿，他／她能 ＿＿＿＿＿＿＿＿＿＿。

我爸爸／妈妈是个 ＿＿＿＿＿＿＿＿，我难过时，他／她 ＿＿＿＿＿＿＿＿。

我爸爸／妈妈像 ＿＿＿＿＿＿＿＿ 一样 ＿＿＿＿＿＿＿＿。

我爸爸／妈妈真的、真的、真的很棒！

●家庭"爱的表达"专区：在家里开辟一块区域用以展示"爱的表达"，让爱可视可感。家长和孩子通过图文记录爱。比如"今天出门上班，宝贝对我微笑着说：'妈妈工作愉快！'我感受到了宝贝对我的爱。""我有点儿咳嗽，早晨起床妈妈已经熬好了冰糖雪梨汤让我喝，谢谢妈妈，我爱你！"等。

●"爱的表达"的具体行为还有：家务活儿我来担；爱的拥抱；节日贺卡、礼物赠送仪式等。

2.具体实施

（1）按照方案开展活动。

（2）活动中孩子不能完成的由父亲或母亲协助完成，重在引导孩子感受父母在家庭中的重要性、付出的辛劳以及倾注的爱。

3.总结活动体验

活动结束后，父母和孩子一定要坐下来认真回顾，充分表达。父母与孩子一起可以围绕平日里母亲或父亲的工作、服务社会、家务劳动、照顾老人、陪伴孩子等方面的辛劳付出，进行亲子交流，父母表达对家和孩子的爱，以及享受这个别样活动的温暖与收获，孩子可以表达对父母的爱与感恩，今后怎样用更好的实际行动表达对家人的关爱。最后，把各自的感受写在表中，留存纪念。

父母该如何表达自己的爱呢？

为爱陪伴，有效沟通

美国学者盖瑞·查普曼博士（Dr.Gary Chapman）写的《爱的五种语言》主要讲了人有5种表达和接受爱的语言：①肯定的言辞；②精心的时刻；③接受礼物；④服务的行动；⑤身体的接触。

●肯定的言辞：每个孩子都需要赞美和鼓励，不要吝啬对孩子的欣赏。

●精心的时刻：陪伴孩子的时候，请足够认真和专注，让孩子感受到"我很重要，跟我在一起你很开心"。

●接受礼物：时常给孩子准备一些礼物和惊喜，让他的生活充满仪式感。

●服务的行动：爱孩子最好的结果，是孩子也会学着爱别人。

●身体的接触：多拥抱孩子、摸摸孩子的头、睡前一个简单的晚安吻，这些简单的肢体接触能给孩子备受呵护的感觉，提升孩子的安全感和幸福感。

陪伴是最长情的告白，良好的亲子关系离不开高质量的亲子陪伴。对孩子的爱与教育，需要这些积极正面的表达。

活动四：亲子阅读——阅读绘本《我妈妈》，从孩子的视角描绘妈妈的样子和孩子心目中妈妈的形象。

【内容简介】

《我妈妈》

本书的作者是英国绘本大师安东尼·布朗。绘本中，用孩子的口吻和眼光描述了一位妈妈：身着睡袍、脚踩拖鞋，睡袍像是一座花园，拖鞋则是粉红色的。绘本列举了妈妈的那么多项"职位"，其实是在讲述妈妈的日常辛劳，既当厨师，又当老师，还是心理辅导员。妈妈是全世界最强壮的女人！在阅读中让孩子不仅意识到妈妈的美丽，也会感受到妈妈无私而又伟大的爱，潜意识里的感恩涌现而出。感恩妈妈为孩子创造的一切，感恩辛劳的妈妈奔波于孩子的成长。

（一）活动任务

第一，感受自己逐渐长大、妈妈逐渐老去。

第二，学会感恩父母。

第三，培养阅读理解能力。

（二）活动步骤与方法

1. 和孩子一起阅读材料

和孩子一起来读读绘本《我妈妈》吧！在完成了挑战任务后，你们一定会对"妈妈"这个角色有更多的认识！

2. 让孩子陈述材料内容

家长注意提醒孩子陈述的内容包括以下要素：人物、事件、过程、时间、地点、冲突原因、情绪反应等，以培养孩子清晰、完整、准确地把握材料的能力。

3. 和孩子一起讨论

家长以启发、引导、提问的方式开启讨论：

（1）绘本中的妈妈都有哪些角色？选出让你印象最深的三个角色填在圆圈内。

（2）绘本中反复说"我的妈妈真的很棒"，让孩子说说，在生活中哪些地方感受到自己的妈妈也很棒，然后画一画，写一写。

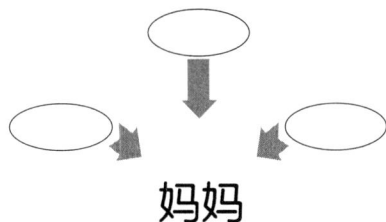

妈妈

小贴士

1. 关于绘本阅读

安东尼·布朗用孩子的口吻和眼光描述了一位妈妈：家居式的打扮，极具亲切感。这是生活中平凡而常见的妈妈形象。这本书的趣味主要由图画传达，运用图画表达文字未尽之处，或是借着图画对文字描述作了拓展、延伸，产生幽默效果。例如，文中谈及妈妈是伟大的画家，图画中的妈妈不是画画，而是涂口红，只是在还没有涂上口红之前，嘴巴居然是空白的，就像画家还没在画布上下笔一样。此外，作者也使用比喻手法，说妈妈美丽得像蝴蝶，柔软得像沙发……妈妈是刚柔并济的结合体：在面对宝贝时，会浮现内心最柔软的一面；在面对琐事与挫折时，妈妈又会表现出坚强的一面。

2.阅读后的收获

通过绘本阅读，孩子意识到妈妈的美丽和辛苦，感受到母爱的伟大，激发孩子潜意识里的感恩之情：感恩妈妈为孩子创造的一切，感恩辛劳的妈妈奔波于孩子的成长。绘本里暗藏玄机，可以引导孩子进一步观察所有图画，发现每一幅图片上都有红红的爱心，代表了妈妈对孩子的爱。

【收获与成长】通过回顾总结，孩子了解了父母生育、养育、教育自己的辛劳与不易，学会发现爱、感知爱，更明白用感恩的行动回报爱、表达爱。

有爱的家庭才能培养出有爱的孩子。每个孩子的心中都住着一个爱的小天使，有爱的父母，懂得呵护孩子心中爱的种子，让其生根发芽，终有一天长成一棵爱的参天大树。爱更要理性地爱，让孩子知道爱是相互的，让孩子既能接纳他人的爱，也懂得去关爱别人。爱需要更智慧的表达，这样孩子才能真正在爱中得到滋养，像野草一样冲破所有的阻碍，在爱中生长！

作为家长，我要记录下和孩子的一次特别的关于我们对他（她）爱的行为或交流经历：_____

_____

通过这次经历，我们把发现爱、感受爱、表达爱的方法和能力与孩子交流，让我们收获了孩子对父母满满的爱的表达，更收获了家庭幸福。

我（儿童）现在能够更好地感受家人、朋友、老师、同学对我的爱，也明白爱是相互的，我要成为一个更加有爱的人。

我（儿童）今后对父母的感恩行动是：_____

_____

生命语录

生命是母亲给我的。我之能长大成人，是母亲的血汗灌养的。
　　　　　　　　　　——中国作家 老舍 散文《我的母亲》[①]

小课要点

父母之爱是一个抽象的概念，通过了解妈妈生育、家人养育自己的不易，明白爱的含义，尊重、珍爱自己的生命，用感恩的行动回报父母，在爱的不断滋养下，在爱的能力不断发展的基础上，才会绽放爱的花朵。

① 老舍原名舒庆春，字舍予。现代小说家、戏剧家、人民艺术家。此句出自傅光明选编的《抬头见喜——老舍散文》，浙江文艺出版社，2007。

生命的创造·生命的连接

认识新朋友
怎样认识新朋友？

【现象扫描】生生是独生子，父母平时工作很忙，上幼儿园时，生生除了上学就是独自在家里玩玩具。刚上一年级，一天早晨生生一直赖床不愿意起来，直到妈妈着急地大声呵斥，生生才含着眼泪从床上爬起来。妈妈感觉到情况不对，赶紧温和下来，试着问道："乖孩子，是有什么原因吧？"生生小声说："我不想去上学。""哦，为什么呢？"妈妈追问。生生继续说："下课我不知道干什么，没有人找我玩。上小学一点儿意思都没有！"这下，妈妈才恍然大悟。

【解锁行为密码】上述现象中，生生渴望在新的环境中能够有同伴一起玩耍，可是他受家庭环境的影响，很少有和其他孩子一起玩耍交流的机会。所以，当生生上小学到了新的环境，完全不知道怎样和不认识的同学交朋友。孩子感到孤独无助，就用"不起床、不上学"来逃避学校里需要面对的陌生环境和人。如果继续下去，久而久之，孩子会变得自我封闭，不爱与人交往，因为在交往中他感到自己总是受挫，得不到人际交往带来的喜悦，得到的多数是压力和不知所措，可能获得习得性无助感。

研究表明，儿童成长时期人际交往能力越强、适应社会的速度越快，长大后会有更多的亲社会行为。因此，父母应培养儿童主动与人交往的意识、技巧与能力。而培养儿童交往能力关键的因素是父母与孩子的交流与沟通，父母引导孩子与他人交流沟通，特别是与其他小朋友交流沟通，通过实际的交往行为来培养交往技巧、互助意识、文明礼貌行为。

【发展水平】关于儿童社交意识、认知与能力的表征。

下表是关于"儿童发展现状"（指儿童社交意识、认知与能力的发展水平）和"家庭教育现状"（指当前家庭对相关问题的不同教育表现）的描述。请家长对照、参考，然后再根据自己的实际情况对家庭教育理念、策略、行为做相应的调整。

关于儿童社交意识、认知与能力的表征

指　标		内　容	儿童发展行为及家庭教育类型
儿童发展现状	人际感受力	对他人的感情、动机、需要、思想等内心活动和心理状态的感知能力，以及对自己言行影响他人程度的感受能力	□1.能识别他人明显的情绪表现。 □2.偶尔能调整自己的情绪去适应他人。 □3.能简单交流自己的想法。 □4.能交流日常生活事实，但往往很少会交流情感。
	人际理解力	从交往者的角度出发，理解别人的思想、感情、行为	□1.基本能理解别人的需求或想法。 □2.在老师或家长的启发、引导下，基本能调整自己的情绪。 □3.有时能从别人的角度去看待一些简单的问题。
	人际表达力	能够向他人清楚、得体地表达自己的想法	□1.基本能表达清楚自己的想法。 □2.有较强烈地表达自己的愿望。 □3.能够向他人表达自己的想法，并聆听他人的想法。
	交往意愿	有一定的同伴交往欲望及交往行为	□1.当同伴发起交往邀请时，表现积极。 □2.交往欲望较强，会主动发起交往。 □3.交往过程中，有一定的维护友谊的意识和行为。
家庭教育现状	家庭教育氛围	孩子是在怎样的家庭氛围中成长的	□1.冷漠型：不喜欢人际交往，对他人的交际邀请感觉不适应。 □2.功利型：人际交往以个人利益为出发点，功利心较强。 □3.热情型：交友欲望强烈，在人际交往上表现主动。 □4.真诚型：在人际交往中对他人真诚以待，热情大方。
	家庭教育方式	家庭主要教养人对孩子的教育引导方式	□1.榜样式：用自己良好的交际行为影响孩子。 □2.说教式：以说教的形式给孩子灌输交友的方法和观念。 □3.启发引导式：能够和孩子在交流讨论中有意识地为孩子提供交友指导，并能给予多维度支持。

【我们一起行动】通过系列亲子活动，家长帮助儿童了解同伴交往的重要性，学会交往方法，提升交友能力。

从人际心理学上来说，受欢迎的人一般都有一些好的行为品质和交往礼貌，比如：良好的交往技巧，尊重他人的隐私，勇于承认及坦诚道歉，不为自己的不当行为找借口，谦虚有礼貌，善解人意等。想让孩子有一个良好的同伴关系，家长就要培养孩子相应的意识、方法和能力。

我们要从最基本的开始教，孩子会模仿他们看到的社交习惯和方式。其中，他们最易学到的是父母在家里接待来访者的习惯和方式，以及在社会中父母与他人打交道的言行。

活动一：找朋友情景秀——通过情景模拟，知道要获得友谊，孩子应该具备哪些友好行为和交往礼貌，懂得交新朋友的基本知识。

（一）活动任务

第一，学会交友的基本方法。

第二，培养孩子友好行为。

第三，提升孩子社交的能力。

（二）活动步骤与方法

成长的路上，我们需要结交朋友、寻找友谊，来滋润生活、充实生命，感受朋友带给自己的快乐与幸福。我们自己应该具备什么样的交往品质，才能结交更多新朋友呢？

1. 情景表演

模拟几种典型的情景：

（1）别人玩玩具时，如何加入。

父母表演：父亲扮演小朋友甲，专心在玩玩具；母亲扮演小朋友乙，想加入一起玩。

（甲专心玩玩具。）

乙：我玩一下好吗？

（甲专心玩玩具，不理睬乙。）

乙：哥哥，你这是什么玩具？

（甲专心玩玩具，还是不理睬乙。）

乙：哥哥，怎么玩？教我一下好吗？

（接下来，两个人就开始玩起来了。）

提示孩子：一般请求别人，要有礼貌，还要有耐心。

（2）其他几个小朋友在玩耍的时候，怎么加入。

母亲扮演甲，孩子扮演乙，父亲扮演丙。

（甲与乙一起玩传球游戏，丙要求参与。）

丙：我也来传球。

（甲、乙专心玩，不理睬。）

丙（再一次）：小妹妹，我可以加入吗？

（甲、乙仍然不理睬。）

（这个时候甲、乙传球掉地上了。丙主动把球捡起来，递给甲。）

甲对乙说：让他和我们一起玩好吗？

乙：好吧，小弟弟，来吧！

提示孩子：主动帮助别人，一般都能赢得好感，从而获得加入的机会。

（3）别人独自待着没事的时候，如何与之攀谈。

母亲扮演甲，独自坐在教室里；父亲扮演乙，前去主动与之攀谈。

乙：同学，你在做什么？

（甲似乎没听见，不理睬。）

乙：大家都走了，你不害怕吗？

（甲看了乙一眼，还是不理睬。）

乙：有人在排练文艺节目，我们去看看好不好？

甲（懒洋洋地说）：谁呀？

（接下来，他们一起去看节目排练。）

提示孩子：有耐心地关心他人，往往能获得好感。

父母可以根据实际情况进行情景模拟，还可以交换角色。

2. 与孩子一起总结

与孩子一起根据情景模拟进行总结：

（1）语言技巧：亲切、礼貌、语速适中、语调温和……

（2）行为技巧：帮助他人、关心他人、讨论、慢慢引导……

（3）态度技巧：温和、中肯、不生气、不强求、征求对方同意……

…………

3. 与孩子一起讨论

父母与孩子一起来讨论，各自在实际的交往过程中，有没有自己不理人、别人不理你，以及对方是怎么做的、自己又是怎么做的等情况，可以交叉提问回答。以下是几个例子，仅供参考。

你遇到哪些不愿意理睬你的人？

你是做了什么，让他们不理睬你？

他们不理睬你，你又做了什么？

你有没有不理睬别人的情况？

他们做了什么，你不理睬他们？

别人要怎么做，你才理睬他们？

…………

温馨
提示

提问讨论，围绕行为品质和交友品质来进行。比如真诚、互助、友善、分享、平等、接纳、信任、豁达、征求同意、礼貌等品质。

活动二：浇灌友谊之花——了解交友应该遵循的基本原则，学习与同伴交往、关心他人的方法，感受关心他人的幸福以及友谊带来的快乐。

（一）活动任务

第一，了解交友的基本原则。

第二，懂得一些关心他人的方法。

第三，初步感受友谊带来的快乐。

（二）活动步骤与方法

孩子的日常交友过程中总会遇到这样那样的问题、冲突，怎样帮助孩子解决问题、化解冲突呢？这就需要孩子遵循交友的基本原则。

1.收集交友、交际的规则

与孩子一起从多种渠道收集有关交友、交往的基本规则的资料。

2.整理交友、交际资料

选择适合小学生理解、日常生活常用、有针对性的内容进行学习。

建议有针对性地分类梳理交友的行为，下面提供几种可能遇到的情景，仅供参考，家长也可以自己总结提炼更多情景。

（1）社区、上下学路上、课间遇见，主动热情而有礼貌地打招呼。（这属于一般礼貌。）

（2）日常中，观察到同伴、朋友有需要帮助的地方，积极上前表达愿意帮助的愿望。（属于朋友的友谊。）

（3）在朋友或他人遇到困难或挫折时，表达关心与问候，并积极献计献策。（如果是朋友，这样的时候就应该帮助，是友谊、友情的表现；如果是其他人，这属于善良的行为，是道德品质好的表现。）

（4）积极支持朋友的正当需求，拒绝不正当的要求，并耐心告知朋友原因，朋友能接受就继续做朋友。（朋友的需求、要求超过自己的界限，礼貌地拒绝，这是安全距离；如果是违纪，坚决地拒绝，并劝诫或告知老师、家长。）

（5）朋友有一些孩子自己不喜欢的习惯或缺点，但又没有超过界限，可以理解、体谅、接纳。（每个人都有自己的个性和习惯，能够理解、体谅、接纳，才能够成为亲密的朋友，也是交更多朋友的基本品质。）

3. 情境识别

（1）准备情景画。（或日常中的真实案例。）

父母收集反映小朋友冲突、吵架或打架的图画或视频。（可以到网络上去收集，一些绘本或视频中有相关的画面。）

（2）请孩子观察图片或视频。

父母与孩子一起仔细观看收集来的图片或视频。

（3）父母引导孩子一起分析产生冲突的原因。

父母要注意把孩子之间的冲突预设为没有恶意性质的行为，只是行为不当或误会等。

自己可以根据收集来的资料预设相应的答案，然后在孩子分析原因的时候进行引导。例如：

①行为过当：抢玩具，拍肩膀用力太重，拍了对方脑袋等，这些交往中的不恰当行为，导致产生矛盾或打架。

②误会：可能先出手拍打同伴的小朋友，最初是想表达和这个小朋友一起玩耍的愿望，但被拍打的小朋友却不知道对方的本意，误认为对方是在打自己或挑衅自己，因此还手或指责对方打自己，这样就起了冲突或打起架来。

③行为习惯差异：可能是两个小朋友各自平常习得的交往方法不同，一个小朋友是用习惯性的拍打方式，想引起对方注意或希望对方用同样的方法回应，这样大家就可以一起玩了；而另一个小朋友则习惯用语言招呼对方等沟通式的交往方式，不了解对方"拍打式"的交往法，自然就产生了冲突或矛盾。

…………

4. 自我反思与反省

（1）讨论：假设你是图画中的小朋友甲，你会怎么做？假如你是图片中的小朋友乙，你会怎么做？

（2）反省：父母与孩子一起各自回忆经历过的冲突事件，反省自己有没有类似的情况或行为。讨去做得好不好，假设发生在现在，又会怎样做。

经验发现：7岁前的孩子之间起冲突，或者发生矛盾，或是上升为打架事件，这些问题背后的真实原因并不复杂，可能最初的原因是交往方法的不恰当，或是解决起冲突小事情的办法不得当，双方都不清楚对方的真实用意而造成的误会。因此，一旦家长发现或碰到这样的情况，恰好是引导孩子正确认识出现问题的原因和指导孩子正确解决问题的最好机会，以达到孩子今后能拥有正确的交往方法和提升解决交往问题能力的目的。

活动三：我们一起做游戏——遵循一起玩耍、一起游戏的规则，奠定友谊基础，提升延续友谊的能力。

（一）活动任务

第一，感受游戏规则的重要性。

第二，提升延续友谊的能力。

第三，感受生命的美好。

（二）活动步骤与方法

本活动设计建议：周末或闲暇时光，组织一次混合（是指父母与孩子的朋友的混合，或者几家大人都各自带上孩子进行混合）游戏活动。父母让孩子邀请几个小伙伴到家里或出游开展混合游戏活动，或者父母邀请都有小孩的朋友一起，开展亲子混合游戏活动，而不是家长们玩大人的"游戏"，小孩玩小孩的游戏。

1.活动准备

父母与孩子一起，讨论策划什么样的活动。具体内容如下：

（1）参加对象：一家人几个孩子，或几家人几个孩子。（父母自己选择。）

（2）活动地点：可以在某一家人的家里，也可以在某一个开阔的游乐场所。

（3）活动形式：可以策划多个游戏，如规则性游戏（智力游戏、音乐游戏、体育游戏、生活游戏等），创造性游戏（角色游戏，结构游戏，表演游戏等）。

（4）游戏主持人：设计多个游戏活动，分别由不同的人来主持，充分发挥孩子的主动性和积极性，尽量让孩子来做主持，父母协助。如果是多个家庭参与的，那就每家的孩子都有主持的机会。哪个活动由谁来主持，尽量根据孩子的特长来选择。

（5）活动时间：某个周末，根据参加的对象与之协商。

如果是多个家庭参加的，有一个初步方案之后，把方案交给多家人征求意见，进一步完善。

2. 开展游戏

开展活动过程中，父母可以有针对性地、循序渐进地扮演不守规则、主动改正、行为误会、习惯差异、理解体谅、积极配合、创造性建议等多种角色，让游戏活动产生一些冲突、化解、和好的情景。

3. 总结与讨论

活动后各自回到家里，开始总结和讨论。

（1）回忆体验。

孩子总是喜欢游戏活动的，因此，首先让孩子体验能力发展带来的快乐。父母要提示或暗示表现好的行为，并给予激励。

（2）总结经验教训。

既要总结经验，又要吸取教训，做到客观、正确评价。

（3）反思反省。

各自反思游戏过程中自己的言行，反省今后的改进措施。注意，父母要把自己扮演的那些特殊角色的行为，进行示范分析、反省，意在引导孩子识别、学习、警示等。

发展友谊的家庭教育策略[1]

●创设交友环境，增加孩子的社交机会

父母应带领孩子多走出家门，去亲友、邻居、同事家做客，去小区公园、广场、游乐场玩耍，让孩子与同龄的伙伴一起活动。另外，还可以邀请小伙伴到自己家里做客，并购置一些图书、玩具，组织小朋友们一起玩乐。孩子有了朋友，一起游戏，共同欢乐，互相依恋，密切了关系，也就架起了友谊的桥梁。

●规范孩子行为，培养基本的社交技能

父母要教导孩子基本的社交技能，培养好的行为习惯，如有礼貌、有耐心、乐分享、愿付出等，让孩子成为一个受欢迎的孩子。

●提供合适建议，教会孩子正确处理人际矛盾

父母要指导孩子控制自己的情绪，如在感到愤怒时等待 3 分钟再采取行动；同时，教导孩子用语言表达自己的不满，学会保护自己。另外，引导孩子学会反思自己的错误，懂得主动道歉，这对缓解双方的负面情绪很有帮助。

（小贴士）

---

[1] 边玉芳：《读懂孩子——家庭教育实操手册小学卷（1-2 年级）》，109 页，北京，北京师范大学出版社，2023。

> ●树立良好榜样，营造温馨和睦的家庭氛围
>
> 父母要从自身做起，营造和睦的家庭氛围，建立良好的人际关系，为孩子树立一个好榜样。

活动四：亲子阅读——和孩子一起阅读材料，帮助儿童了解朋友能带给自己快乐和友谊的重要性，培养儿童主动交往的意识。

【内容简介】

《我有友情要出租》

本书的作者是儿童文学作家方素珍。书中的大猩猩孤单寂寞，却不知如何交朋友。于是大猩猩采取了"出租"的方式，干脆把自己租出去，这一来，不但有朋友陪着一起玩耍，而且还有钱赚，一举两得。刚巧，咪咪出现了，正好没有玩伴，马上租下大猩猩陪她玩。他们玩得很痛快。接下来，咪咪每天都来租友情，也都先付了租金，他们越玩越开心。这一天，大猩猩特地没带装钱的小背包和计时用的沙漏，反而准备了好吃的饼干，要和咪咪共享。谁知她竟然搬走了，留给大猩猩难忘的想念。后来，大猩猩又出租友情了，不过，这一次他特意强调"免费"出租，代表他已经了解友情的真谛，即友情是不能用金钱买卖的。

（一）活动任务

第一，培养交友意识。

第二，理解友谊的真谛。

第三，培养阅读能力。

（二）活动步骤与方法

1.和孩子一起阅读材料

父母和孩子一起仔细阅读绘本（推荐绘本《我有友情要出租》）。

2.让孩子陈述材料内容

父母注意提醒孩子陈述的内容要包括时间、地点、人物、事件、过程、冲突原因、情绪反应等要素，以培养孩子清晰地、完整地、正确地把握材料的能力。孩子陈述不完整的，父母可以提示或暗示。

陈述故事的内容，是培养孩子表达能力的重要方法；陈述有条有理，是培养孩子思维能力的关键，特别是今后写作文的能力；陈述事件要素完整，是培养孩子阅读理解、高度概括能力的关键；其中，注意情绪反应的内容，是培养情商的方式之一。因此，家长要切实重视起来，长期坚持这样做，比直接辅导学科学习更有效果。因为，这样的活动把阅读、理解、表达、写作、提炼、总结能力都包括在里面了。

3. 和孩子一起讨论

家长以启发、引导、提问的方式开启讨论，完成挑战。

（1）小老鼠不断地出现在大猩猩的身旁，然而，大猩猩始终没注意到，它也没主动上前和大猩猩一起玩耍。面对这样的情况，你有什么话要对大猩猩说吗？

家长可引导孩子建议大猩猩大胆一些，主动和对方打招呼，做个自我介绍，提出交友请求等。

（2）找一找绘本图画里的动物，猜一猜，它们在想什么。

家长可以鼓励孩子细心找找图画里的动物，通过它们的表情、动作猜测它们也渴望交朋友，但因为害羞而躲在一旁。通过这一过程让孩子明白，朋友是要去主动找寻的，而且他们就在附近，等着被发现。

（3）你有没有好的建议给孤单的大猩猩呢？

1. 关于绘本阅读

读这本图画书，除了感受作者所传达的真友情外，也要仔细地观察图画里的玄机。画者通过细致的描绘传达了大猩猩和小女孩的精致感情，更大量运用暖色调让友情持续加温，构成温馨感人的画面。此外，画者还特意创造小老鼠这个角色，来隐喻故事背后的另一启示。小老鼠从一开始就不断地出现在大猩猩的身旁，然而，大猩猩始终没注意到，小老鼠也没主动上前和大猩猩一起玩耍，它俩只能默默地等待哪天友谊发芽。此外，图画里还陆续出现许多动物，有狮子、豹、斑马、长颈鹿、鸵鸟等，表示森林里并非没有伙伴，他们也渴望交朋友，却羞怯地躲在一旁，让猩猩感到孤单。因此，阅读时不妨鼓励孩子们细心找找图画里的动物。通过这一游戏让他们了解：朋友是要去找寻的，而且，他们都在附近，等你去发现。

2. 友谊发展的基本规律

友谊发展的基本规律是从简单到复杂，从低级到高级，从不熟练到熟练。心理学研究表明，0~2岁的儿童以单独活动为主，同伴交往较少；3~4岁儿童同伴关系处于混沌期，此时建立的友谊具有随机性和情境性的特点，常常因为一些简单的原因发生冲突，如"他不跟我玩""他的玩具不借给我"等；4~5岁是儿童友谊发展的分化时期，此时受拒绝的幼儿人数最多，其主要原因是消极的交往行为，如"他打我""他批评我"等；5~6岁是友谊发展的稳定期，儿童已经逐渐形成了同伴之间稳定的喜好和拒绝，如有固定的好朋友等；6~10岁的儿童往往有自己的小群体，形成彼此间的亲密关系。父母可根据此规律，判断自己孩子友谊发展的情况。

3. 关于同伴接纳

随着年龄增长，同伴接纳对孩子的影响会逐渐增大。一项对二至六年级小学生的研究结果显示，孩子的同伴关系（尤其是同伴接纳）与学业成绩有一定关系，即越受欢迎的孩子，学习成绩越好；低年级时，同伴关系对孩子成绩的影响较小，高年级时影响较大。因此，随着孩子年龄的增长，父母有必要了解孩子被同伴接纳的情况，在必要时提供帮助和引导。[①]

【收获与成长】通过回顾总结，家长提升了指导孩子遇到交友问题的能力；指导孩子知道交友是有方法、有原则的，让孩子初步感知维护友谊的重要性、建构自我交友的方法。

交往是人的一种基本的心理需要，又是一种重要的学习方式。父母在孩子的成长路上是一个重要的角色，在言行上，一定要给孩子树立最好的榜样。

作为家长，我要记录一次孩子认识新朋友的经历：_____

_____

通过这次经历，我们把学习到的认识新朋友的方法、原则进行了实践、总结和提升。通过观察总结，让我更明白孩子交友的优势和问题，从而更好地帮助孩子。

我（儿童）在学校知道如何结识新的朋友，扩大了朋友圈，能更好地与他人相处。

---

① 边玉芳：《读懂孩子——心理学家实用教子宝典（6~12岁）》，171页，北京，北京师范大学出版社，2014。

我（儿童）结交了更多新朋友的体验是：＿＿＿＿＿＿＿＿＿＿＿＿＿

＿＿＿＿＿＿＿＿＿＿＿＿＿＿＿＿＿＿＿＿＿＿＿＿＿＿＿＿＿＿＿

＿＿＿＿＿＿＿＿＿＿＿＿＿＿＿＿＿＿＿＿＿＿＿＿＿＿＿＿＿＿＿

生命语录

人之相识，贵在相知；人之相知，贵在知心。

——《孟子·万章下》①

本课要点

孩子的成长，离不开友情，朋友能带给孩子快乐与幸福。因此，要引导孩子学习交友的正确方法，了解交友的基本原则，提高与同伴沟通的能力，从而让孩子感受友情的可贵，生命的美好。

---

① 该书由战国中期孟子及其弟子万章、公孙丑等著。该句意思是：人与人的交往，最可贵的是互相了解；人与人的了解，最可贵的是互相知晓心意。

生命的创造·男女的差异

男孩女孩大不同
男女有什么不一样？

【现象扫描】一天，铭铭问妈妈："妈妈，为什么我没有小鸡鸡？"（在后面的引导和相关部分，建议帮助孩子更正"小鸡鸡"类的说法，而称"阴茎"，女性的称"阴道"。因为人也没有对其他器官起外号，对器官一视同仁，让孩子感到不突兀。）妈妈笑着回答："因为你是女孩子呀！"铭铭不解地问："为什么女孩子没有小鸡鸡？"妈妈说："所有的女孩都没有小鸡鸡，因为男孩和女孩生理结构不一样，就像你蹲着尿尿，生生站着尿尿一样。男孩的'小鸡鸡'叫'阴茎'，它和阴囊是男孩的生殖器官。"

【解锁行为密码】上述现象中，铭铭对自己没有小鸡鸡感到疑惑。（还可以另外举例，除了女孩子困惑，男孩子也会困惑。）这其实是她对男女有什么不一样充满好奇。妈妈从性别教育的角度引导铭铭，这是因为男生女生的生理结构不一样。结合案例中的亲子对话，明晰生活中性别教育的重要性及正确的做法。

对儿童早期的性别教育，主要是父母在家庭生活中对孩子的教育，其中首要的一步就是"性别认同"，它依赖于和谐、自然的双性环境和双性影响力；性别教育包括一定的性知识教育，但是性知识教育绝非性别教育的全部。同时，我们要特别注意保护孩子的好奇心和求知欲，从小引导他们科学认知，形成健康的性别意识、性别身份，建设一个健康成长的环境，以保证儿童的身心得到健康成长。

【发展水平】关于儿童性别意识、认知与能力的表征。

下表是关于"儿童发展现状"（指儿童性别意识、认知与能力的发展水平）和"家庭教育现状"（指当前家庭对相关问题的不同教育表现）的描述。请家长对照、参考，然后再根据自己的实际情况对家庭教育理念、策略、行为做相应的调整。

关于儿童性别意识、认知与能力的表征

指　标		内　容	儿童发展行为及家庭教育类型
儿童发展现状	性别认同	知道性别的外在差异，性别之间的界限，悦纳自己的性别	☐ 1. 对性别有好奇心，也会有行为上的探索。 ☐ 2. 凭借性别的外在特征辨别性别，能准确区分男孩、女孩。 ☐ 3. 知道自己是男孩还是女孩，认同、接纳自己的性别。
	性别稳定性	知道性别的天生性、稳定性	☐ 1. 知道人的性别不会随着年龄的增长而改变。 ☐ 2. 是女孩，知道自己长大后将成为女人（妈妈）。 ☐ 3. 是男孩，知道自己长大后将成为男人（爸爸）。
	性别一致性	了解性别的内在与外在的一致性	☐ 知道性别不会因为外表和活动的改变而发生变化。
家庭教育现状	家庭教育氛围	孩子是在怎样的家庭氛围中成长的	☐ 1. 混乱型：家庭成员性别意识、性别身份、性别行为混乱。 ☐ 2. 僵化型：家庭成员性别意识、性别身份、性别行为过于僵化、机械、死板，忽视性别之间许多综合性因素可以互相补充。 ☐ 3. 科学型：有清醒的性别意识、性别身份、性别行为，也能在某些时候互相补充，有男女平等意识和行为。
	家庭教育方式	家庭主要教养人对孩子的教育引导方式	☐ 1. 榜样式：父母的性别行为较为适当，用自己行为教会孩子形成相应的性别意识、性别身份和性别行为以及互补性修养。 ☐ 2. 说教式：父母以说教、唠叨的方式教训孩子要成为什么，但从来不以行为示范引导。 ☐ 3. 知行合一式：既讲道理又行为示范，对孩子的性别意识、性别身份、性别行为以及互补性修养进行科学引导。

【我们一起行动】通过系列亲子活动，家长帮助孩子认识男孩女孩生殖器官、生理的差异，认识自我、接纳自我，尊重性别差异，让孩子知道行为界限、建立正确的性别观念并懂得保护自己的隐私部位。

父母就男孩女孩不一样的主题和孩子进行对话，帮助孩子了解男孩女孩生理上不同的性器官，知道自己的生理性别，形成性别身份认同并建立保护自己隐私部位的意识；在生活中，从衣着外貌、行为方式、性格特征等方面观察男孩女孩的不一样，学会科学的性别认知方法，知道不同性别的人的行为界限，从而尊重他人。

活动一：认识性别——引导孩子发现男孩女孩不一样的根本在于身体结构的不同，知道自己的性别生理，形成性别身份认同并建立起保护自己隐私部位的意识。

（一）活动任务

第一，引导孩子发现男孩女孩不一样的根本在于性器官的不同。

第二，引导孩子学习保护自己的隐私部位，不窥探别人的隐私部位。

（二）活动步骤与方法

1. 认识男性与女性身体结构的差异

找一个科普动画片《男（女）性身体构造图及各系统器官功能》与孩子一起观看，了解各个器官及基本功能（简单的、基本的七岁儿童能懂的功能）。

2. 接纳自己的性别

（1）让孩子陈述基本内容：

第一，各个器官的基本功能（侧重日常的基本生理功能，比如吃饭、消化、如厕、思考、走路、拿东西等）。

第二，男女器官的相同与不同，男女性别器官的标志和基本功能（侧重生理的、生殖的功能差别认识）。

（2）说一说家里人的性别，在家里的作用分别是什么。

3. 隐私部位的保护

（1）让孩子说一说：哪些地方是隐私部位？

（2）和孩子一起讨论：怎样保护自己的隐私部位？怎样尊重他人的隐私部位？

（3）进一步和孩子讨论、交流，当自己遇到下面这些情况时，就要发出警报。

警报发出	具体表现	正确做法
视觉警报	有人要看你的隐私部位或者让你看他（她）的隐私部位。	大声说不； 尽快离开，告诉家长或老师。
言语警报	有人谈论你的隐私部位。	远离这个人，告诉家长或老师。
触碰警报	有人触碰你的隐私部位或者让你触摸他（她）的隐私部位。	大声说不； 尽快离开，告诉家长或老师。
独处警报	单独与陌生人在一起或单独与除父母以外的熟人在一起。	尽量避免与他人在狭小、封闭的空间里单独相处，觉得不舒服或不对劲时，尽快跑到人多的地方去。 （特别提醒孩子注意：父母不在身边，不要接受他人给的糖果或零食。）
拥抱警告	有人突然从后面抱着你，亲吻你。	必须明确拒绝，尽快离开，向家长或老师求助。

4.隐私部位的清洁

引导孩子每天养成独立且正确地清洁生殖器官并更换小内裤的卫生习惯。在幼儿园阶段，家长应该给儿童建立爱护、正确清洁自己隐私部位的意识，母亲负责教会女孩、父亲负责教会男孩正确的清洁方法与步骤，以便让儿童尽快掌握和运用。

活动二：男孩女孩的不一样——引导孩子在生活中，从衣着外貌、行为方式、性格特征等方面观察男女的不一样，学会科学的性别认知方法。

（一）活动任务

第一，引导孩子从多角度识别男女的不一样。

第二，培养孩子科学的性别认知方法。

（二）活动步骤与方法

1.观察与发现——认识性别特征

家长引导孩子在家中观察爸爸和妈妈的外表有什么不同，分别为他们画一张像。爸爸代表男生，妈妈代表女生，大家一起说说男生与女生有什么不同。

爸爸的画像

妈妈的画像

我们发现：男生女生虽然有许多相同之处，但是，从外貌、衣着、行为、兴趣爱好等方面也有很多不一样的地方。

男生的头发_____，女生的头发比较_____。

男生喜欢穿_____，女生喜欢穿_____。

男生喜欢玩_____，女生喜欢玩_____。

男生喜欢的体育运动是_____，女生喜欢的体育运动是_____。

男生还喜欢_____，女生还喜欢_____。

2. 总结男女性别特征与社会功能

（1）男女性别的外在特征。

为什么从外部了解男女性别？（因为性别的生理特征属于隐私部位。）

根据观察爸爸妈妈的结果，有哪些外部特征不同？

（2）男女性别的社会功能。

从爸爸妈妈在家里的作用说起，爸爸妈妈在家里分别承担什么任务，为什么？（父母暗示各自的擅长源于生理特点。）再观察超市、学校教师、建筑工地、警察中的男女性别比例，简单分析男生和女生所从事工作的不同以及原因。（注意：现代社会因为科技与信息技术的快速发展，社会工作的性质也随之而发生变化，很多工种、职业在体力要求上不再重要，因此，社会工作对男女性别与能力的要求不再像原来差距那么大了，但还是有差别的。）

3. 结合自己认同性别身份

让孩子说说自己的外在特征和内在的性格特征，最喜欢自己的哪些方面。爸爸妈妈最喜欢自己的哪些方面？老师、同学喜欢自己的哪些特点？（引导孩子认识自己的优势，认识自己在别人心中的地位，从而认同自己的性别身份和在各种场合的社会身份。）

保护自己的身体，孩子需要具备哪些能力？

（1）建立界限的能力。孩子到了三四岁，父母就应向孩子说明身体的哪些部位是个人隐私区，比如：小背心和小内裤遮挡的地方就是隐私部位，只有自己可以看，任何人包括认识的人都无权看、无权接触。即使到医院做检查，也应要求爸爸妈妈在场监督，要让孩子知道自己的身体自己说了算。

（2）拒绝他人的能力。父母要告诉孩子如果有人要触摸他（她）的隐私部位，一定坚决说"不"，迅速离开，并在第一时间告诉爸爸妈妈，也要让孩子知道不能随意让陌生人拥抱或亲吻。让孩子明白，合理地拒绝并不是不礼貌的表现。一旦自己和陌生人独处时，自己要尽快远离，到人多一点儿的地方，并迅速和爸爸妈妈联系。

（3）向家人求助的能力。父母永远是安全的港湾，是儿童求助的最重要的通道。从小就让孩子知道没有什么事不能告诉爸爸妈妈。如果有人说这件事不能告诉爸爸妈妈，那一定是坏事，更要及时地告诉爸爸妈妈。

小贴士

相信你还有更多好的做法：

_____

_____

活动三：男生女生行为界限——尊重不同性别的人，知道不同的性别在行为上的界限，交往行为要恰当，建立健康的性别观念。

（一）活动任务

第一，帮助孩子厘清不同性别的人的行为边界，交往行为要得当。

第二，培养孩子建立健康的性别观念。

（二）活动步骤与方法

1.共同收集、整理、认识并区分言行界限知识

父母与孩子一起收集整理有关性别言行界限的知识。（注意：缺乏儿童性别教育意识和知识的父母，乘此机会认真学习。）

下面提供的整理知识的线索，仅为参考。

（1）语言上的界限（异性之间的界限、同性之间的界限）。

第一，不能说异性和自己的哪些身体部位。

第二，一个人不愿意让别人知道的隐私、内心秘密。

第三，两个朋友的隐私、秘密不能让第三人知道的内容。

…………

（2）行为上的界限（异性之间的界限、同性之间的界限）。

第一，手不能触碰的部位。

第二，拥抱不能触碰的部位。

第三，亲吻不能触碰的部位。

第四，身体不能触碰的部位。

第五，视觉上不能长时间停留的部位。

第六，身体接近的正常距离。

…………

2.相互提问

父母与孩子相互提问考查是否学会了身体的界限。孩子向父亲提问、孩子向母亲提问，母亲向孩子提问、父亲向孩子提问，并分别由提问者打分。考查结束，评比结果，分别用爱的五种语言激

励对方。

3.结合自己过去的行为反思

父母孩子分别反思：第一，父母对孩子的言行，是否超越了界限，如何改正；第二，孩子与同学之间的言行，是否超越了界限，如何改正；第三，孩子对父母的言行是否超越了界限，如何改正。

小贴士

关于孩子对于性别认知的发展

美国儿童发展心理学家科尔伯格认为孩子对于性别认知的发展，可以分为三个阶段。

（1）性别认同期（3岁之前）：这个阶段孩子可以正确地说出自己的性别，并且能辨别出周围其他人的性别。

（2）性别稳定期（3~5岁）：这个阶段儿童开始明白自己和他人的性别并不会随着年龄或场景的变化而改变。

（3）性别恒定期（6~7岁）：这个阶段孩子对性别的认识逐渐稳定，认识到性别不会随衣着、发型等的改变而改变。

活动四：亲子阅读——和孩子一起阅读材料，引导孩子进一步认识男孩女孩不同的性器官；知道不同性别的行为界限，尊重不同性别的人。

【内容简介】

《小鸡鸡的故事》

日本作者山本直英撰文、佐藤真纪子绘图的《小鸡鸡的故事》是一本正视儿童性教育的经典读本。"男孩和女孩，哪里不一样呢？"作品用温和的画面和温柔的语言，告诉孩子生命的由来，包含了丰富的内容：男女生理结构的不同、生命的诞生、生殖器的清洁、保护自己不要受到性侵害等，表达出"每个孩子都是宝贵的生命"的美好情感。希望孩子能够从书中学会爱、学会尊重、学会保护自己，健康快乐地成长！

（一）活动任务

第一，进一步引导孩子了解男孩女孩不同的性器官。

第二，引导孩子知道不同性别的行为界限，尊重不同性别的人。

第二，培养阅读、理解、表达能力。

（二）活动步骤与方法

1. 和孩子一起阅读材料

建议父母和孩子用 2~3 天时间一起来阅读绘本《小鸡鸡的故事》，完成下面的任务。

2. 让孩子陈述材料内容

父母引导孩子尽可能全面地表达自己的阅读收获，以培养孩子清晰地、完整地、正确地把握材料的能力。

3. 和孩子一起讨论

父母以启发、引导、提问的方式开启讨论：为什么要保护自己的隐私部位、尊重他人的隐私部位？

小贴士

1. 关于绘本阅读

孩子在家庭生活中很容易发现自己的身体与爸爸妈妈的不同，在日常生活中也很容易发现自己和异性小朋友身体上的不同。当他（她）发现异性与自己最大的不同是生殖器部位的时候，他们会对生殖器产生极大的好奇心，并用不同的方式进行探索。很多孩子会问父母"为什么男孩和女孩不一样？""我是从哪里来的？"面对这样的问题，受传统观念影响的父母大都会含糊其词地敷衍过去，然而，这样的敷衍有时可能反而助长孩子的好奇心，导致他们从其他的渠道寻找答案，无法建立起健康的性认知。其实，在孩子的眼里，生殖器和眼睛、鼻子、耳朵一样，是他们身体的一部分，他们希望了解这个器官并由衷地赞美它，就像赞美自己身体的任何其他部位一样。当父母希望和孩子进行适度交流的时候，又觉得难以表达。像《小鸡鸡的故事》这样充满温情的儿童性教育绘本能满足孩子的好奇心，帮助父母和孩子更好地进行沟通。

2. 对孩子进行性别教育的正确做法

（1）男女有别是性别教育的第一步，要在适当的时候退出孩子的私人空间，建立边界感。

（2）男女养育方式不同，不要混淆性别打扮孩子，以避免造成孩子的性别意识模糊。

（3）父母是最好的榜样，父母的配合能让孩子更清晰地理解男性和女性的意义。

（4）和孩子一起观看身体绘本进行交流，正确大方地回应孩子关于性别的问题。

（5）不要武断地限定性别角色，按孩子本身的特质培养。

（6）给予孩子足够的爱抚、感情和安全感。

（7）单亲家庭的孩子多参加各种活动，增加和身边健康安全的男性（或女性）的接触机会。

相信您还有更多好的做法：

_____

_____

【收获与成长】通过回顾总结，家长提升了对孩子形成"性别意识"的指导能力；帮助孩子了解男女的不同，建立健康的性别意识。

孩子的性别教育极为重要，父母是孩子性别教育最好的老师，因此，正确的方法尤为重要。孩子健康的性别意识形成依赖于和谐、自然的父母关系和身边健康男性、女性的影响力，在这样的环境中生活的孩子，能自然地、顺利地认同自己的性别。①

作为家长（或重要他人），我要记录下我对孩子进行的一次特别的"性别教育"经历：

_____

_____

通过这次经历，我们运用学习到的相关知识，帮助孩子认识男女生理的差异，认识自我、接纳自我，尊重性别差异，知道行为界限，建立正确的性别观念，并懂得保护自己的隐私部位，让我们收获到了不一样的教育体验。

我（儿童）在和异性小伙伴相处的过程中，明白男孩女孩不一样，能更好地尊重他（她）的隐私，自己以前关于男孩女孩的一些疑问和烦恼不见了。

我（儿童）的成长体验收获：_____

---

① 温馨提示：如果是单亲家庭，异性别的父与女或母与子，应建立性别边界感，不方便进行某些方面的性教育时，可以请身边孩子信任的同性别亲人或学校同性别老师，对其进行性知识传授。（本书下同。）

生命语录

幼儿比如幼苗，培养得宜，方能发芽滋长！

——人民教育家　陶行知[1]

本课要点

父母要让孩子知道：男生女生是不一样的，不同的生殖器官、衣着、外貌、行为、爱好……要尊重自己和别人的身体，保护好自己的隐私部位，同时欣赏男生和女生的不同特点。

[1] 陶行知，中国人民教育家、思想家，伟大的民主主义战士，爱国者，中国人民救国会和中国民主同盟的主要领导人之一。此句出自《陶行知全集》，四川教育出版社，2005年。

生命的创造·身体的秘密

"读懂"自己的身体
怎样认识身体？

【现象扫描】生生问妈妈："为什么我会有肚脐眼？"妈妈回答："肚脐眼是你和妈妈曾经相连的证明呀！"生生又问："这是个坑坑，怎么相连？"妈妈笑道："有脐带连着，你在妈妈肚子里的时候有，出来剪掉就没有了。"生生又问爸爸："牙齿为什么长在嘴巴里？"爸爸说："牙齿长在外面多难看！"生生答道："可是长在外面的话，刷牙更容易呀……"

【解锁行为密码】上述现象中，生生表现出对自己身体的一些疑问。在孩子的脑海里，似乎永远都存在着数不清的"为什么"，他们希望父母能够解答他们感兴趣的所有问题，特别是对于自己身体的问题。这是因为孩子对世界的认识是从好奇开始的，而对自己身体的探索是他们认知世界的重要途径之一。按照人的认知规律，认识事物是从易到难、从熟悉到陌生，遵循循序渐进的原则，那么孩子要认识世界就自然从认识自己开始。从发展心理学的角度来看，对身体的认知和觉察（即"身体自我"，包括个体对自己相貌、体格、体能、健康状况等的看法、评价和调节管理），是自我建构的重要基础。

【发展水平】关于儿童身体意识、认知与能力的表征。

下表是关于"儿童发展现状"（指儿童的身体意识、认知与能力的发展水平）和"家庭教育现状"（指当前家庭对相关问题教育的不同表现）的描述。请父母们对照、参考，然后根据自己的实际情况，对家庭教育理念、策略、行为做相应的调整。

关于儿童身体意识、认知与能力的表征

指　标		内　容	儿童发展行为及家庭教育类型
儿童发展现状	身体器官	认识身体器官，各器官的基本功能	□ 1. 具备一定的身体构造意识。 □ 2. 知道身体各个器官的简单功能。
	身体器官保护	了解身体器官的保护方法	□ 1. 有保护身体重要器官的意识。 □ 2. 基本能识别对身体有害的直接行为，对损伤器官的间接行为不太明确。 □ 3. 懂得基本的健康常识，知道身体健康发展的重要性。
	性别器官	性别器官的差异及隐私部位保护	□ 1. 基本知道哪些是身体的隐私部位，有一定的自我保护意识。 □ 2. 懂得一些与异性之间的行为界限。 □ 3. 对怎样保护隐私部位的知识基本清楚。
家庭教育现状	家庭教育氛围	孩子是在怎样的家庭氛围中成长的	□ 1. 健康型：具有身体器官保护意识，尊重身体器官健康规律，有身体器官的正确认识，倡导科学地保护身体器官。 □ 2. 忽视型：没有身体器官保护意识，没有相应的科学知识，忽视身体器官保护。
	家庭教育方式	家庭主要教养人对孩子的教育引导方式	□ 1. 启发式：能用恰当的方法和策略引导孩子了解身体各个器官的作用。 □ 2. 责骂式：以教训的语气教育孩子要保护好身体器官，一旦不小心，伤到了什么，就指责、打骂。 □ 3. 被动式：孩子不问就不教，孩子问起来还嫌烦。

【我们一起行动】通过系列亲子活动，家长帮助孩子认知自己的身体特点和身体器官的用处，学习保护身体器官的方法，做一个健康的人，珍爱生命。

父母就身体的秘密这一主题和孩子进行对话，引导孩子在轻松游戏、主题阅读中学习人体构造的知识，让神秘的科学变得可观可感，帮助孩子理解人体的神秘与奥妙，学做自己的"健康小卫士"。

活动一：器官对话——通过亲子游戏认识身体器官以及它们的用处，懂得用科学的方法保护器官以及识别伤害器官的行为。

（一）活动任务

第一，了解身体器官功能及科学使用身体器官的方法。

第二，识别伤害身体器官的行为。

（二）活动步骤与方法

1. 了解身体器官功能及科学使用身体器官的方法

全家人约定休闲时光一家人一起做游戏，进行身体器官知识大比拼，提前确定比拼哪些器官的知识。（选取适合6~7岁段儿童应了解的器官知识，如眼、耳、口、鼻、牙齿、大脑、手、脚等。）提醒孩子，可以通过访问亲朋好友、老师或者查阅能看明白的书籍或在家长允许下查找网络，提前了解这些身体器官的功能、正确使用方法和保养知识等。

（1）情境体验——"我来当考官"。确定角色：亲子互扮身体器官（眼、耳、口、鼻、牙齿、大脑等）进行对话，如：爸爸扮演眼睛，孩子负责提问；孩子扮演牙齿，妈妈提问等。

（2）亲子对话。由提问者发出口令（问题围绕身体各器官的作用及科学使用方法展开），如：

"大脑大脑，我问你——我们的睡眠达到多少小时，才能保护好你呢？"

"牙齿牙齿，我问你——我们为什么每天都要刷牙？"

"眼睛眼睛，我问你——每天我们看电子产品不超过多长时间，才能保护你的健康呢？"

…………

通过了解身体器官功能和科学使用身体器官方法，家庭能够对孩子身体的健康发育起到良好的作用，对营造健康生活的学习氛围起到督促作用。如：按时睡觉保护大脑，科学合理使用电子产品保护视力，等等。

2. 识别伤害器官的行为

（1）情境体验——"我来做老师"。确定角色：亲子互扮身体器官（眼、耳、口、鼻、牙齿、大脑等）；进行问答，如：妈妈扮演耳朵，孩子提问；孩子扮演鼻子，妈妈提问等。

（2）亲子对话。由提问者发出口令（问题围绕伤害身体各器官的行为展开），如：

"牙齿牙齿，我问你——睡觉前可以吃糖吗？"

"耳朵耳朵，我问你——75分贝的噪声对你的耳膜伤害有多大呢？"

"鼻子鼻子，我问你——雾霾天气对你有影响吗？"

…………

这样的亲子互动活动，提升了全家人的健康意识，更让孩子从小懂得哪些不良行为或不良习惯会伤害我们的身体器官，影响我们的健康。

各年龄段应了解的身体秘密

小贴士

0~3岁

1.认识自己的身体器官，能指出或说出身体各个器官的名称。如：眼睛、鼻子、手、脚等。

2.知道男女有别，知道自己是男孩还是女孩。男孩可以站着尿尿，女孩不可以。知道自己身体的每个器官都很重要，要好好保护。

3~6岁

1.在知道自己身体各器官名称的基础上，学会拒绝别人伤害自己的身体。要对自己不舒服的事情坚决说不。

2.知道哪些行为是危险的，不可以做的，要好好保护自己的身体。

6岁以上

1.知道自己的身体在慢慢发生变化，了解正常的成长规律、成长表现。

2.自尊自爱，不妄自菲薄，也不嘲笑别人。

活动二：健康密码我来解——了解如何使身体更健康地发展，学习均衡饮食的相关知识。

（一）活动任务

第一，引导孩子了解怎样才能使身体更健康地发展。

第二，和孩子一起学习均衡饮食的方法。

（二）活动步骤与方法

1.和孩子一起讨论

家长鼓励孩子说一说："怎么做，才会让我们的身体更健康地发展？"

如：充足睡眠，会给儿童带来健康的身体，充沛的精力，健康发育的大脑，提升记忆力和专注力，舒缓情绪，以利建立良好的同伴关系。6~7岁的儿童，每天至少要保证10小时的睡眠时间。

积极运动，让儿童更健康地成长，使身体有更好的协调性，增智健体，提升意志力，培养坚强的性格，促进大脑的发育。6~7岁的儿童，每天参加体育锻炼的时间在1小时左右。

保护视力、健康饮食、合理作息、平和的情绪、参与劳动等，都能使儿童强健体魄，发展智力，培养专注力，为儿童德、智、体、美、劳的全面发展奠定基础。

2.亲子游戏——我来考考你

（1）父母和孩子一起学习《中国学龄儿童膳食指南（2022）》（节选材料），知道孩子身体发育所需的膳食是哪些，了解基本的膳食营养知识。

（材料一）

6~10岁学龄儿童平衡膳食宝塔

（材料二）

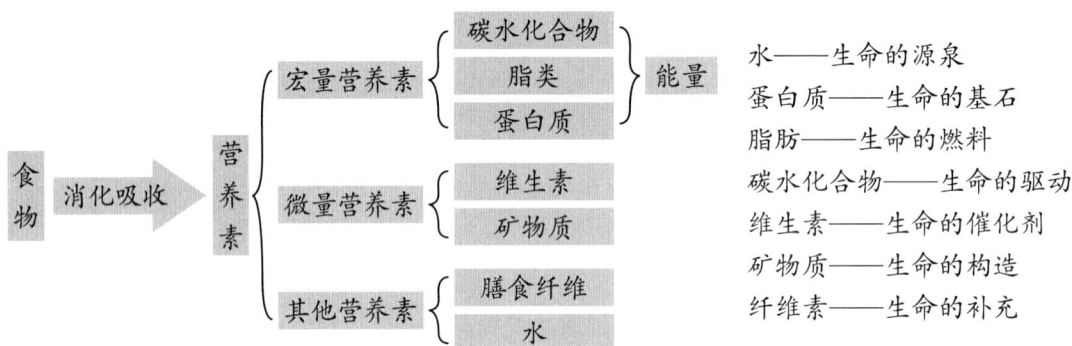

人体需要营养素大科普

营养素	相对应的食物
水	
蛋白质	
脂肪	
碳水化合物	
维生素	
矿物质	

续表

营养素	相对应的食物
纤维素	

（2）学习后填一填。结合日常的生活经验及学习到的营养知识，父母带着孩子一起填写食材营养对照表。

（3）情境体验——"我来当考官"。确定角色：孩子扮演小老师，做考官，爸爸妈妈或其他家人负责答题。角色可互换。

（4）展开竞赛。考官提问，其余家庭成员抢答。如："牛奶为我们提供的营养素是什么？""碳水化合物可以由哪些食物提供？"

小贴士

如何让孩子不挑食？

1. 家长做好榜样

如果家长每天做早、中、晚饭的时间不固定，那么就无法培养孩子正常的饮食习惯。如果从小追着孩子喂饭，会助长孩子挑食的坏习惯。正确的做法是：在正餐时一定要让孩子坐在餐椅上和家人共同进餐并且要定时定量，避免拖延。此外，有的家长喜欢做"美食评论家"，往往不自觉地依照自己的喜好对食物妄加评论，如山药有涩味、芹菜有点儿苦、韭菜闻着臭，殊不知自己言语中的偏见也潜移默化地影响着孩子。

2. 让孩子了解食物与健康的关系

对孩子不太喜欢吃的食物，家长应多讲讲它们有什么营养，吃了对身体有什么好处。比如，家长可以边吃边夸食物的味道有多好，当孩子表示也想尝试的时候，要及时表扬；还可以依靠"情景代入"的方式，给孩子讲故事、做游戏，提高孩子对食物的兴趣，让孩子更直观地感受食物对健康的重要性。

3. 不给或少给孩子买零食

市面上的零食，往往添加大量的防腐剂、糖分和盐分，以及其他添加剂。对于孩子，这些都是非常有害的，不利于身体健康。但是，年幼的孩子往往不具备足够的自制力，难以抗拒零食的诱惑。零食问题，考验的是家长教养孩子的智慧。从源头上：少给孩子购买零食，选购健康的零食；从习惯上：和孩子约定合理的零食量，

不用食物奖励孩子，教育孩子知道零食对健康的危害。

4.让孩子参与制作饭菜

家长可以带孩子去菜市场或超市逛逛，让他们认识瓜果蔬菜，现场教学比照本宣科好多了。当孩子跟着家长一起把食材挑选回家，对没见过的食物会乐于接受，出于好奇，孩子也会想买回去尝一尝。在准备饭菜的过程中，还可以让孩子帮忙洗菜、淘米、打鸡蛋，做些力所能及的事情。孩子享受食物的制作过程，会很有成就感，自己做的饭最香，因为自己参与劳作后，什么都好吃！自己决定吃什么，吃饭的兴趣也会更浓厚。

活动三：亲子阅读——和孩子一起阅读材料，引导孩子了解自己的身体构造。

【内容简介】

《我们的身体》

"我从哪里来？我身体的每一个部位（手、眼、大脑、嘴巴……）都有什么用呢？我为什么突然觉得非常难受呢？他是男孩，我是女孩，我们为什么有这么多的不同？"在成长过程中，每个孩子对自己的身体都是无比好奇的，会产生许多有关身体的疑问。由法国作者艾德兰撰文、巴尔博里尼绘图的《我们的身体》，是一本儿童性教育启蒙立体科普图书，既有有趣又全面的人体百科，还有翻翻、转转、拉拉、触摸等多重趣味互动环节，在教会孩子认识身体的同时，也学会尊重他人和保护自己。

（一）活动任务

第一，引导孩子了解人体的构成。

第二，引导孩子进一步学习人体各器官的作用。

第三，认识人体九大系统之间的简单关系。

第四，培养阅读、理解、表达能力。

（二）活动步骤与方法

1.和孩子一起阅读材料

家长一定要与孩子一起阅读，了解材料内容，重点了解人体的神经系统、运动系统、消化系统、呼吸系统、循环系统与泌尿系统。内分泌系统、免疫系统和生殖系统只需要提示下孩子：内分泌系统、免疫系统是小孩了感觉不到的，甚至人人也感觉不到，却又存在着的；生殖系统要成人后才发挥作用。

2. 与孩子一起做游戏

家长和孩子一起来做游戏。这个活动和阅读结合起来，通过手工模拟使知识变得形象，印象更深刻，更有利于学习，具体做运动系统、消化系统、呼吸系统、循环系统的模型。

（1）运动系统（骨骼）的秘密——棉签骨架人（手工）

通过游戏和孩子深入了解人体的骨骼构造。

每个成人的身体里藏着206块骨头。这么多的骨头像好朋友一样配合默契，一起支撑起我们的身体，帮助我们走路、弯腰……其实骨架也可以很可爱的。几根棉签，再添上几笔，就很有创意。不妨带着孩子拿起小小棉签，一起给骨头兄弟们做个造型吧！

材料准备：胶水、棉签、剪刀、黑色卡纸、黑色签字笔、白纸。

制作方法：先用白纸画出头颅骨骼，剪下来粘贴在黑色卡纸上，再横着粘上几根棉签、竖着粘上1根棉签做骨架，再做出手和脚。（相信你们一定会有更好的创意。）

晒晒我们的作品

（2）消化系统的秘密——肚子里的火车站（手工）

和孩子一起熟悉人体消化系统各器官及作用，学习健康的生活方式。

第一，和孩子一起拓展阅读绘本《肚子里有个火车站》《神奇校车——在人体中游览》，了解人体消化系统的秘密。

第二，和孩子一起用积木或黏土制作一个现实版的"肚子里的火车站"，可以用各种颜色的小积木代表肚子里的小精灵们，分布在轨道不同位置工作，用孩子的玩具挖掘机作为给小火车运送和装载食物的传送车，在轨道中间穿梭……（相信你们一定会有更好的创意。）

晒晒我们的作品

（3）呼吸系统的秘密——二氧化碳工厂（手工）

和孩子一起用吸管和塑料袋组装一个肺的"模拟"形状，让孩子通过呼气、吸气直观看到了塑料袋的充盈和收缩的变化，理解了肺的工作情况，还知道吸入的是人体必需的氧气，呼出的是二氧化碳。

（4）循环系统的秘密——人体的发动机（手工）

第一，试着和孩子一起画一幅血液系统循环图，用红色和蓝色的彩笔代表动脉和静脉系统，让孩子能够一目了然地看到血液在体内的运行轨迹和变化规律。（也可以买一个此类的实验盒子，跟孩子演示。）

第二，记录在不同状态下孩子的心率情况，一起探索发现循环系统和呼吸系统的关系。

心率情况记录表			
看　书	步　行	跳　绳	跑　步
（　　　）次/分	（　　　）次/分	（　　　）次/分	（　　　）次/分

我们发现：运动时，心跳和呼吸会＿＿＿＿＿＿＿＿，因为我们需要更多的血液和吸入更多的氧气来给身体提供能量；静止时，心跳和呼吸会＿＿＿＿＿＿＿。

3.讨论——人体几个重要系统之间什么关系

人体有几大系统？九大系统：神经、运动、呼吸、循环、消化、泌尿、免疫、内分泌、生殖。（重点把握前六个系统。）

人体系统之间是什么关系？神经系统想做什么，运动系统就会做出行动，呼吸就会加速，血液循环也会加速，消化也会加快。（其他系统的功能省略不提。）

哪一个系统是指挥机关？神经系统。

能感觉得到神经系统最喜欢指挥谁？运动系统。

运动系统在神经系统支配下和其他各系统的配合下，能使人体（整体或局部）在空间产生位置变化和人体各部分相互位置发生变动。

系统运行需要什么来支持？能量。

能量是什么东西转化而来的？食物。

运动的结果是什么？促进成长。

4.结合自己的行为和想法反思

反思：家长、孩子各自结合自己以前的行为反思，哪些行为对成长影响不好，哪些知识还不够，是什么思想引起的。（家长可以通过反思自己的行为来暗示孩子的不良行为。）

如：不吃早餐／吃得少，睡懒觉，坐着看电视／手机一动不动，外出不走路而是乘车／开车，吃饭挑食，不学习……

小贴士

运动系统小常识。孩子全身的骨架是由200多块骨头组成的。当他（她）还是个婴儿的时候，全身上下有300多块骨头。其中，有些骨头随着他（她）年龄的增长，会慢慢地长到一起，变成一块骨头。人体内一大半数量的骨头都集中在四肢上。

消化系统小常识。我们需要从食物中获取能量，以维持身体的正常运转。而食物必须被分解成微小的营养物质，才能进入血液中，这个过程就叫作"消化"。

循环系统小常识。血液将氧气、营养物质和激素等输送到身体的各个部位，然后带走二氧化碳和其他代谢物。

【收获与成长】通过回顾总结，家长提升了指导孩子"认识自己身体"的能力；帮助孩子科学系统地了解了人体的构成以及身体器官的用处，懂得如何保护身体。通过科学系统地学习，让孩子对人体、对生命产生一种自然的认识，从而使他们认识生命本质并学会自我保护。

作为家长，我要记录下我对孩子进行的一次特别的"认识自己身体"的经历：＿＿＿＿＿＿＿＿＿＿

＿＿＿

＿＿＿

通过这次经历，我们帮助孩子认识人体的构成、身体器官的作用，帮助孩子习得保护身体、让它健康发展的方法，让我们收获了不一样的教育体验。

我（儿童）现在对自己的身体构造、身体器官的作用、科学保护身体的方法更了解了，我的身体也发育得更好啦!

我(儿童)的成长体验收获:_____

_____

_____

生命语录

生命,那是自然付给人类去雕琢的宝石。

——诺贝尔①

本课要点

家长要让孩子知道:我们的身体充满了秘密,我们应该了解自己身体的结构和身体器官的用处,学习保护身体器官的方法,做自己的"健康小卫士",珍爱健康,珍爱生命。

① 阿尔弗雷德·贝恩哈德·诺贝尔,瑞典化学家、工程师、发明家、军工装备制造商和矽(硅)藻土炸药的发明者,出生于斯德哥尔摩。此句出自《名人名言大全》,湖南教育出版社,2022年。

生命的创造·相处的方法

交往的"秘诀"
怎样做个有礼有"距"的孩子？

【现象扫描】最近，生生从学校回家后，总是闷闷不乐的，妈妈经过询问才知道，原来是生生的好朋友铭铭总是不理他，因为生生不想告诉她自己的秘密。铭铭对生生说："我是你的好朋友，你的一切秘密我都想知道！你不告诉我，我就不和你玩儿了！"妈妈安慰生生："好朋友之间也应该保持距离，不愿意说的秘密可以不说。"

【解锁行为密码】上述现象中，生生因为"不想告诉好朋友自己所有的秘密"而被好朋友冷落，他因此而感到苦恼。这其实是铭铭对朋友间相处的距离感不够明晰导致的。

这个案例中的情景很多孩子都遇到过。在人际交往中，应保持适当的距离，其中包含空间距离与心理距离。对于不同的人，需要保持不同的空间距离。在儿童社会化的过程中，与他人相处是一个重要的技能，需要不断学习并养成。低年龄段的孩子正处于心理与行为发展的关键时期，是学会人际交往的重要阶段。结合案例中的行为分析，让孩子明白每个生命都生活在人群中，生命间要礼貌、友善相待，更应该懂得有礼有"距"。

【发展水平】关于儿童与他人相处意识、认知与能力的表征。

下表是关于"儿童发展现状"（指儿童与他人相处意识、认知与能力的发展水平）和"家庭教育现状"（指当前家庭对相关问题的不同教育表现）的描述。请家长对照、参考，然后再根据自己的实际情况对家庭教育理念、策略、行为做相应的调整。

关于儿童与他人相处意识、认知与能力的表征

指　标		内　容	儿童发展行为及家庭教育类型
儿童发展现状	亲社会性	在社会交往中表现出有利于他人和社会的行为	□1.喜欢结交新朋友，有高兴的事愿意与大家一起分享；喜欢主动亲近老师，主动与老师交往。 □2.能倾听和接受别人的意见，能自行解决和其他小朋友之间的冲突。 □3.能用恰当的方式对不同情境做出适宜情绪反应，主动帮助别人。
	退缩性	在社会交往中表现出胆小、害怕、孤独、退缩，不愿到陌生的环境中去	□1.不敢主动自我表现。 □2.不喜欢和别人玩，喜欢自己一个人玩。 □3.见到客人长辈很害羞，不愿上前说话；别人和我说话不回答别人；经常不高兴，情绪低落或哭泣。
	攻击性	在社会交往中表现出身体伤害、语言伤害、心理伤害等行为	□1.玩游戏时，经常排斥别的小朋友。 □2.当事情结果不如意时，容易发脾气。 □3.会给别人取外号或者叫别人外号；有时与同伴争抢玩具，破坏别人游戏进程；有时会说脏话骂人，欺负别的同学。 □4.时时会侵犯别人的私人空间，不顾及别人的隐私。
家庭教育现状	家庭教育氛围	孩子是在怎样的家庭氛围中成长的	□1.八卦型：喜欢看他人的热闹，谈论他人的八卦新闻，喜欢窥探他人隐私，甚至利用隐私来指责、攻击他人，包括对家人也一样。 □2.尊重型：尊重孩子、尊重家人，不喜欢看他人的热闹，不谈论他人的隐私，更不窥探他人隐私，而且有意识地引导教育孩子尊重他人隐私。 □3.忽视型：父母本身对个人隐私没有意识，言行随意；父母对孩子尊重隐私的教育放任不管，既不鼓励，也不禁止。
	家庭教育方式	家庭主要教养人对孩子的教育引导方式	□1.榜样式：家庭成员之间的关系以及为人处世的行为就是最好的教育，直接给孩子做出榜样，身教胜于言教。 □2.说教式：以说教的方式教育孩子应该如何与人处好关系，指责、告诉多于引导、分析、示范。 □3.启发式：能用恰当的方法和策略引导孩子与他人相处。

【我们一起行动】通过系列亲子活动，家长引导孩子认识与他人相处的意义，让孩子既要懂得礼貌、知晓礼仪、身体上保持安全距离，更要学习如何与不同的人保持心理距离，以习得与人交往的良好习惯，不断提高适应社会生活的能力。

活动一：相处之道——引导孩子尊重家人，习得为子之道，礼貌待客、做客，习得待客、做客之道，接纳、宽容同伴，习得交友之道。

一个人若在交往过程中能够尊重并理解他人，他就能得到别人的尊重和理解，这是高情商与有教养的体现。父母要善于观察生活中孩子与他人的相处方式，及时反馈，帮助孩子建立与人相处的正确之道。

（一）活动任务

第一，帮助孩子做一个有礼貌的人，完成礼貌清单。

第二，在做客与请客体验中感受做客、待客之道。

第三，引导孩子明白交往礼仪的重要性。

（二）活动步骤与方法

日常生活中，时时都有与他人相处的时候，儿童更是离不开与家人、同伴、师长的相处。因此，作为一个独立的人，儿童在家中要学习为子、待客之道，探访亲朋好友时要学习为客之道，从而做一个有礼貌、懂分寸的社会小公民。

父母可根据孩子在这方面的日常表现，与孩子一道交流其言行，引导孩子自我反思、评价自己的言行，也要对孩子的言行表现情况给予真实反馈和给出以鼓励为主的发展性评价。

1. 家庭中的为子之道

这里的"道"，是指道理或原则。《戒子通录》记载，三国时王昶说"为子之道，莫大于宝身、全行、以显父母"，意思是"为人之子，最重要的是要做到爱惜自身、品行高洁、使父母光彩这三个方面"。同样，据《晏子答梁丘据》记载，"为子之道，以钟爱其兄弟，旅行于诸父，慈惠于众子，诚信于朋友，谓之孝"，意思是"做儿子的原则是，要钟爱他的兄弟，（把这种爱心）施加到他的父辈身上，对子侄们慈爱仁惠，对朋友诚实守信，这叫作孝"。

那么，我们现在引导儿童在家中应该有哪些为子之道的行为表现呢？家长可以依据家庭或家族的家训、家规、家风等方面，与孩子一起讨论交流，拟出儿童为子之道的详细内容，以正其行，养其品。

笔者拟出下列通识性"为子之道"行为内容的建议，供参考。

（1）好好吃饭，不挑食，营养均衡。　　　　【已经做到（　　　）；还需努力（　　　）】

（2）按时作息，每天睡眠要保证10小时。　　【已经做到（　　　）；还需努力（　　　）】

（3）使用电子产品的时间每天不超过30分钟（含看电视）。

　　　　　　　　　　　　　　　　　　　　【已经做到（　　　）；还需努力（　　　）】

（4）参加体育锻炼时间每天1小时左右。　　【已经做到（　　　）；还需努力（　　　）】

（5）参与劳动的时间每天30分钟左右（含生活自理行动和家务劳动）。

【已经做到（　　）；还需努力（　　）】

（6）认真完成自己的学业任务（含每天阅读书籍30分钟左右），尽自己最大的责任，保质保量，不偷懒，不拖拉；有困难的学习任务，在自己努力后仍有困难，再寻求家人或老师、同学的帮助。

【已经做到（　　）；还需努力（　　）】

（7）尊重家中每一个人（含家政服务人员），好好说话，不随意发脾气，遇事多沟通；出门和回家时都要和家人打招呼，睡觉前给家人道晚安；与家人意见不统一时，一定要慢慢地、比较清楚地把自己的真实想法表达出来，与家人讨论、沟通。【已经做到（　　）；还需努力（　　）】

（8）敬爱家中老人和长辈，周末闲暇时、节假日，积极建议父母多看望、多陪伴；遇老人或长辈发生特别事件时，配合家人努力做到全力以赴。　【已经做到（　　）；还需努力（　　）】

（9）钟爱家中或家族中的兄弟姐妹，尊重兄长，关爱、照顾幼小，常联系，常交流，尽家庭成员职责。　【已经做到（　　）；还需努力（　　）】

（10）随父母一道常联系、多走访亲朋好友，大家互帮互助，增进情谊。

【已经做到（　　）；还需努力（　　）】

（11）自己的事自己做，需要家人帮助时，要礼貌求助；尽力做到"今日事今日毕"。

【已经做到（　　）；还需努力（　　）】

（12）在家中保持界限感，不随便拿或动用家人的私人物品，如有需求或要动用，要征得拥有该物品的个人的同意，用完立即归还；同时，进入家人的私人空间，要打招呼或敲门。

【已经做到（　　）；还需努力（　　）】

（13）家中之事，要积极参与发表意见或行动，尽家庭成员之责；家人生病或需要帮助时，应主动关心和帮助。　【已经做到（　　）；还需努力（　　）】

（14）文明有礼，诚实守信，爱家，爱校，爱家乡，爱祖国，爱地球，爱大自然。

【已经做到（　　）；还需努力（　　）】

（15）传家训，守家规，行良好家风，尽为子之责，遵为子之道。

【已经做到（　　）；还需努力（　　）】

2.家庭小主人的待客之道

策划一次家宴。家长与孩子共同商议、设计接待客人方案，包括邀请客人的名单、待客流程、活动内容、购物清单、家庭成员分工等。让孩子熟悉内容，或者正式接待前，在家中进行流程和待客之道的演练，可以多演练几次，直到孩子熟悉。

家长与孩子一起讨论待客之道。查阅相关资料，根据资料内容和实际情况，讨论本次接待的缘由和接待的对象，拟出待客之道并记录下来。

笔者拟出下列通识性"待客之道"行为内容的建议，供参考。

（1）客人来访，事先要有准备，家长与孩子分工协作，把家中每一个房间收拾整洁。

【已经做到（　　　）；还需努力（　　　）】

（2）接待时，热情大方，孩子协助父母排座、递茶后可告辞离开；如父母不在家，要以主人身份接待客人，询问访客的来意，并想办法告知父母或家人。

【已经做到（　　　）；还需努力（　　　）】

（3）孩子的同学、朋友来访，应热情迎接；如是初次来访，应给父母逐个介绍，然后把最佳座位让给客人，可用茶水、糖果、玩具、图书等招待；孩子自己应该陪伴其左右，以便回应来客需求。

【已经做到（　　　）；还需努力（　　　）】

（4）父母的朋友带小朋友来访，应陪伴小朋友一同玩耍，一起学习，一起交流，一起游戏，一起讲故事，一起听音乐、看电视；陪伴小客人玩耍，要主动、热情、宽容、大度，切忌发生矛盾纠纷；如小客人之间发生冲突，要立即劝解，尽快平息；孩子自己解决冲突有难度的，要立即悄悄地寻求家中空闲家人的帮助，尽量不打扰、不影响大人们的正常交流或活动。

【已经做到（　　　）；还需努力（　　　）】

（5）吃饭时间到了，如有同学、朋友来访，应主动邀其一同用餐，如果客人申明吃过，先安排客人就座，找些书籍、报刊给他看，自己尽快吃好饭陪伴客人。

【已经做到（　　　）；还需努力（　　　）】

（6）孩子要邀请小朋友或同伴到家中学习、玩耍，首先要征求自己父母的意见，同意后再征求对方家长意见，经得双方家长同意，才能行动；不随意让小朋友在家中留宿。

【已经做到（　　　）；还需努力（　　　）】

（7）送客要送到门外，并表示欢迎客人下次再来。【已经做到（　　　）；还需努力（　　　）】

（8）不要在孩子面前对客人评头论足，说三道四；父母或其他长辈尤其要注意自己的言行对孩子的榜样示范作用。

【已经做到（　　　）；还需努力（　　　）】

总结反思：家宴结束或待客人走后，和孩子一起总结，哪些方面做得好，哪些地方需要改进和提升，还有哪些地方是没有想到的，可以添加在"待客之道"的行为内容中，以便下次注意。

3. 小客人的做客之道

人是群居动物。走亲访友，情感交流，提升幸福指数，是人的精神需求，更是中华民族的传统美德。家长常常会带着孩子到亲朋好友家访问做客，为了儿童个人素养和社会性的培养，可以事先和孩子一起讨论"如何做一个有礼貌的小客人"，然后记录下相关内容和注意事项。

同样，做客回家后，再和孩子一起总结做得好的地方，以及可以进一步做得更好的地方，并做好记录。

笔者拟出下列通识性"做客之道"行为内容的建议，供参考。

（1）计划去亲朋好友家访问做客之前，先与对方做好沟通。沟通内容包括：访问时间、时长、主要目的、需要做的准备。　　　　　　　　　【已经做到（　　　）；还需努力（　　　）】

（2）准备正式访问时，注重自己的外表形象礼仪，讲究个人卫生，衣着干净、整洁，身上无异味；出发前，再次给对方致电告知，让对方有准备。　　　【已经做到（　　　）；还需努力（　　　）】

（3）到达访问家庭门口时，只按一到两次门铃，然后安静等待主人开门。

【已经做到（　　　）；还需努力（　　　）】

（4）见面时，学会正确的称呼，声音响亮，大方自然地问好。

【已经做到（　　　）；还需努力（　　　）】

（5）做客时，如果没有事先得到允许，不能随便触碰访家的任何东西；即使要参观，也得征求主人同意，或由主人带领；如果对方家长委派小主人带着参观，要听从小主人的安排，不能未经小主人同意就按照自己的意见或想法行事，避免产生矛盾纠纷。

【已经做到（　　　）；还需努力（　　　）】

（6）做客时，自己一个人不随便待在访家没人的地方或没人的房间；如遇其他小朋友，大家要文明玩耍，谦让互助，不吵架，不打架，不高声喧哗，不追逐打闹。

【已经做到（　　　）；还需努力（　　　）】

（7）做客时，吃东西也要得到允许，即使桌上原本就摆着茶水点心，也不能直接动手，而要先获得主人的许可，或者受到主人邀请才能动手。

【已经做到（　　　）；还需努力（　　　）】

（8）主动帮助主人做力所能及的事情。洗手后，可以帮忙摆放餐具或者小点心，饭后可以帮忙收拾餐具；注意小心行事，避免打翻物品、打碎餐具或有失范行为发生。

【已经做到（　　　）；还需努力（　　　）】

（9）如果要留在访家吃饭，没开饭时要耐心等待，洗手后也可以到厨房帮忙，自己吃完后需要在餐桌上等待大家都吃好后一起离席，并且主动收拾自己用过的碗筷和吃剩的饭菜。

【已经做到（　　　）；还需努力（　　　）】

（10）访问结束离开时，要说"谢谢"和"再见"，感谢主人的热情款待，邀请主人有机会去自己家做客；见到主人出门送客，要积极回应，如再次致谢请主人留步等。

【已经做到（　　　）；还需努力（　　　）】

总结反思：做客结束回到家中，父母与孩子一起总结反思，哪些方面做得好，哪些地方需要改进和提升，还有哪些地方是没有想到的，以便下次注意。

活动二：有礼有"距"待"熟人"——引导孩子在人际交往中，懂得人与人之间要礼貌相待，但在空间距离与心理距离上都要适当；指导儿童学会与身边的"熟人"有礼有"距"。

（一）活动任务

第一，引导孩子了解哪些是身边应保持距离的"熟人"。

第二，引导孩子判断身边"熟人"的行为是否恰当，能鉴别礼貌行为和侵犯行为。

（二）活动步骤与方法

1. 亲子讨论

家长引导孩子说一说：哪些是身边应礼貌地保持距离的"熟人"？怎样的行为才算是有礼有"距"？如身边的"熟人"，一般指邻居，社区或学校物管、清洁、安保、维修等人员，也指家庭中的亲朋好友等。家长可以根据具体情况指导和帮助孩子。

2. 观察与判断（下列图画，由笔者女儿作）

家长引导孩子观察下列图画，对身边这些常见的"熟人"的礼貌行为和侵犯行为进行判断。

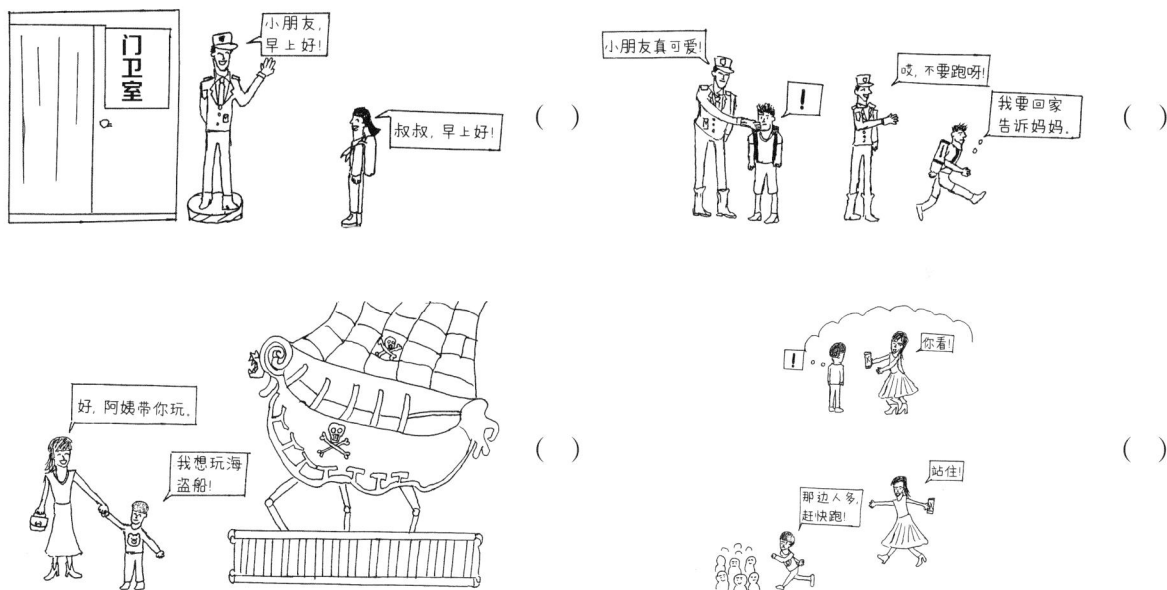

3.亲子交流

请孩子说一说这样判断的原因，引导孩子结合自身经历想一想、说一说，在哪些方面自己已经注意到了，还有哪些方面忽略了……帮助孩子学会判断，做一个懂礼貌、懂距离、懂拒绝的孩子。

如：在和他人交往时，需要根据亲疏远近来保持合适距离。面对家人时，身体和心理距离都可以靠近一些，可以向对方倾吐自己内心的真实想法；和朋友、熟人说话交流时，身体至少要保持礼貌距离1.5米（排队时至少要有半臂距离）；面对陌生人时，不仅要注意身体保持合适的距离，还要注意保持心理距离，让自己有舒服感和安全感；对于不够亲近的人，不能总是询问对方比较敏感、隐私的话题，容易让人感到尴尬。

活动三：如果安全距离被侵犯——帮助儿童学会判断来自身边的"熟人"或者社会上的陌生人对自己的不良用心和不良行为，指导儿童能正确运用应对方法，能大胆地寻求帮助，以保护自己的身心不受侵害。

（一）活动任务

第一，帮助儿童学会判断受欺负的行为，正确应对。

第二，让儿童懂得如何寻求帮助。

（二）活动步骤与方法

1.演示：父母亲自演示，孩子观看

（1）挤公交车或地铁。

（2）排队购物或做其他事。

（3）身边的"不速之客"突然靠近。

（4）正常接触越界。

（5）行为不礼貌。

（6）亲切行为越界。

…………

2.练习

按照上面的案例进行练习：父母分别与孩子进行各项练习，注意同性与异性的差异。因此，父亲与母亲同孩子的练习要有所区别。

3.识别行为动机

在很多公共场合，特别是在拥挤的环境中，身体触碰难以避免。但是，要识别行为动机，是故意还是无意。

以下为举例，仅供参考，由父母分别演示。

（1）无意行为：有外力因素造成的突然、偶发、瞬时触碰行为等，然后伴随道歉。

（2）故意行为：没有外力作用的装作突然、偶发、瞬时触碰行为等；有触碰行为装作不知、视而不见等；不断让步时的慢慢靠近等。

4.反省与反思

在强调别人不能侵犯自己空间的同时，也要注意自己的行为不能侵犯别人的空间。

父母孩子各自回忆一下，自己是否有过无意侵犯别人空间的行为，经过反思总结教育今后要注意的不良行为习惯。

活动四：亲子阅读——和孩子一起阅读材料，引导孩子学习如何与亲人保持恰当的距离，尊重彼此的空间。

【内容简介】

《数学帮帮忙：保持距离》（互动版）

美国作者盖尔·赫尔曼撰文、杰瑞·史麦斯绘图的《数学帮帮忙：保持距离》（互动版），是一本受孩子喜爱的数学绘本。珍妮因为新降生的小妹妹莎莉，不得不和妹妹露西合住一个房间。但是，露西总是把房间弄得乱七八糟，还经常像跟屁虫一样跟着珍妮，忍无可忍的珍妮为了要和露西保持距离，提出要搬到其他房间、邻居家、另外的小镇、别的国家，甚至是月球上。但每次露西都能想出借口，让珍妮难以成行。姐妹俩的争吵引来了妈妈，面对妈妈的询问，两人慢慢冷静下来，意识到姐妹间情谊的可贵，珍妮再也不刻意与妹妹露西"保持距离"，而是幸福地粘在一起。

（一）活动任务

第一，结合阅读，引导孩子了解亲人之间也应该保持距离。

第二，和孩子一起探讨：亲人之间的相处，保持怎样的距离是恰当的？

第三，培养阅读、理解、表达能力。

（二）活动步骤与方法

1. 和孩子一起阅读材料

家长和孩子一起来阅读故事《数学帮帮忙：保持距离》（互动版），完成下面两个任务，也许你和孩子对如何与身边亲近的人相处会有一些新的认识。（建议家长和孩子用2~3天时间阅读绘本，完成下面两个任务。）

2. 让孩子陈述材料内容

家长注意提醒孩子陈述的内容包括以下要素：人物、事件、过程、时间、地点、冲突原因、情绪反应等，以培养孩子清晰地、完整地、正确地把握材料的能力。

3. 和孩子一起讨论

家长以启发、引导、提问的方式开启讨论：

（1）珍妮为什么想要搬到其他房间、邻居家、另外的小镇、别的国家，甚至是月球上去呢？（结合阅读，引导孩子了解亲人之间也应该保持距离。）

（2）你对珍妮和露西接下来的相处有什么建议呢？

（3）亲人之间的相处，保持怎样的距离是恰当的？

小贴士

1. 关于绘本阅读

该绘本把一个家庭中姐妹的日常相处通过小妹妹莎莉的出生进行了展现，让人们更加清晰地了解到家人中的亲密关系是怎样的。随着故事的展开，原来姐妹俩的矛盾都是因为跟屁虫妹妹露西带来的。（1）一开始，珍妮感到郁闷的是，露西需要和她住一个房间，她的私人空间被占领了，而露西还觉得那个房间只归她一人。（2）姐妹俩住在一起后，因为露西的捣乱，比如把床弄得乱七八糟、把珍妮的衣服给她的玩具穿等，让珍妮苦不堪言，想要和露西保持距离，提出要搬到其他房间、邻居家、另外的小镇、别的国家，甚至是月球上。（3）随着莎莉被吵醒，妈妈来到姐妹俩的房间询问情况，姐妹俩又亲密地靠在一起"化敌为友"，毕竟，姐妹间的情谊可贵，好姐妹应该在一起。

2. 关于家人相处的几个时间

（1）从外面回到家时——"奶油时间"。

"奶油时间"，指的是无论大人还是孩子，从外面赶回家后都需要一段时间用来放松和调整，这段时间就应该像奶油那样松松软软，令人舒适自在。

所以，和孩子约定，为每个从外面赶回家的人留一段松松软软的"奶油时间"吧！

①送上热情的欢迎，也许是一句问候、一个拥抱、一双拖鞋或一杯热茶。

②让他（她）自己安静地待一会儿。

（2）入睡前——"蜜糖时间"。

每天睡觉前，孩子可以和爸爸妈妈或兄弟姐妹及其他家庭成员"单独在一起"，说些亲密无间的话。"蜜糖时间"，正是利用孩子入睡前的时间和孩子谈心，让亲密的感觉成为调和亲子关系的"蜜糖"。

重要的是，家人，特别是父母应认真地聆听孩子说话，这样，孩子会慢慢学会跟父母分享他的担忧、希望和心愿。而充满爱意的拥抱、亲吻和抚摸缓解了孩子的不安，让他的身心得到放松和满足，平静地进入甜美的睡梦中。

3. "刺猬效应"

"刺猬效应"来源于西方的一则寓言，说的是在寒冷的冬天里，两只刺猬要相依取暖，一开始由于距离太近，各自的刺将对方刺得鲜血淋漓，后来它们调整了姿势，相互之间拉开了适当的距离，不但互相之间能够取暖，而且很好地保护了对方。

教育心理学家根据这一寓言总结出了教育心理学上著名的"刺猬效应"。这一效应的原理是：教育者与受教育者日常相处只有保持适当的距离，才能取得良好的教育效果。尤其是在家庭教育中，孩子的成长就意味着与父母渐行渐远，逐渐走向独立。爱没有错，但没有边界的爱，就会变成伤害。我们追求一种亲密无间的情感，但这要靠亲密有间的亲子关系维系。家长密不透风的控制感，事无巨细的付出感，在孩子看来，就是一把以爱之名的枷锁。有智慧的父母，不是把孩子囚禁在爱的牢笼里，而是懂得放手，适时退出。每个孩子都是这样，小时候对父母无比依赖和崇拜，而当他意识到成长的时候，他就不再想成为你，而是成为他自己！

【**收获与成长**】通过回顾总结，家长提升了指导孩子"与他人相处"的能力，帮助孩子学会尊重他人并与他人有礼有"距"地相处。

多花点儿时间关注孩子与他人交往的情况，在他生气或愤怒时，和他一起努力，帮助他消除消极的感受；当孩子谈及与同学之间的矛盾时，你可以和他一起进行头脑风暴，想出化解矛盾的巧妙方法……在有效的亲子沟通过程中，对孩子的交往能力进行指导。

作为家长，我要记录下我对孩子进行的一次特别的"如何与他人相处"的教育经历：_____

_____

_____

通过这次经历，我们把学习到的引导孩子与他人相处的方法（为子之道，做客、待客之道，交友之道）运用到做一个有礼有"距"的人的实际行动中，将会收获意外的教育惊喜。

我（儿童）在和他人相处的过程中，不仅能做到有礼貌，更能懂得礼貌地拒绝让自己不舒服的行为，做到自我保护了。

我（儿童）的成长体验收获：_____

_____

_____

> **生命语录**
>
> 无论什么事情，必须具有优雅的办法和态度，才能显得漂亮，得到别人的喜欢。
>
> ——[英]约翰·洛克①

> **本课要点**
>
> 家长要让孩子知道：我们生活在人群中，我们和他人之间要礼貌、友善相待，学会与身边人相处，也要懂得与身边的"熟人"打交道应有礼有"距"，保护自我。

---

① 约翰·洛克，英国哲学家、经验主义的开创人，同时也是第一个全面阐述宪政民主思想的人，在哲学以及政治领域都有重要影响。此句出自约翰·洛克的《教育漫话》，中国妇女出版社，2015年。

二年级　生命的奇妙

生命的奇妙·成长的快乐

成长魔法

我有什么变化？

【**现象扫描**】放学了，生生非常开心地跟爸爸分享他在学校里的故事。他告诉爸爸自己比某某同学高，力气也比同学更大，迫不及待地告诉爸爸自己交了一个好朋友，和好朋友约定周末一起去玩。爸爸着急开车，便跟生生说："好的，我知道了。赶紧上车，待会儿会堵车。"生生想跟爸爸继续分享时，爸爸的电话响了。生生因为没能把话说完而感到非常难过。

【**解锁行为密码**】上述现象中，生生意识到自己的身体发生了一些变化，还非常急切地想要告诉爸爸自己在学校里发生的事情，但爸爸没有认真听生生说话，生生没能成功地跟爸爸分享。此时的爸爸还没有意识到，儿子是多么想要分享自己成长过程中的事情、交友的快乐。由于爸爸忙于其他事情，对孩子有些忽视，孩子感到非常难过。

大人眼中的小事，可能对孩子来说却是大事，都是难忘的记忆。能独立做好一件事，代表着自己的成长。这种成就感，是鼓励孩子勇敢跨出步伐的良方。让孩子看到自己的成长，不论是身体的变化，还是心理、能力的变化，可以让孩子更好地认识自己，感受成长的快乐，拥有自我发展的意识。因此，我们要尽可能地帮助孩子了解自己，随着年龄的长大，身体变化了，认知、能力、思想也变化了。

【**发展水平**】关于儿童自我成长意识、认知与能力的表征。

下表是关于"儿童发展现状"（指儿童自我成长意识、认知与能力的发展水平）和"家庭教育现状"（指当前家庭对相关问题不同的教育表现）的描述。请家长对照、参考，然后再根据自己的实际情况对家庭教育理念、策略、行为做相应的调整。

关于儿童自我成长意识、认知与能力的表征

指　标		内　容	儿童发展行为及家庭教育类型
儿童发展现状	身体发展	清楚自己身体在这个年龄段发生的变化	□1. 能关注自己所发生的变化，并对成长过程中自己身体发生的变化感到好奇。 □2. 知道自己的身体相较于一年级发生了哪些变化。 □3. 经常与家人分享自己身体发生的变化。
	认知发展	直观、具体、形象的思维能力进一步提高，已经具有一定的逻辑思维能力	□1. 很明确自己要做的事情。 □2. 具有一定的直观、具体、形象的理解。 □3. 基本能够做自己想做的事，并能把自己的想法简单记录下来。
	心理发展	情绪是否稳定，显示出一定的个性特征，个人能处理的问题越来越多，自信心不断增强	□1. 对很多事情感到好奇。 □2. 面对问题，愿意尝试解决，认为自己可以试一试，或许可以成功，但情绪可能不稳定。 □3. 显示出一定的个性特征，能处理的问题越来越多，自信心不断增强。
家庭教育现状	家庭教育氛围	孩子是在怎样的家庭氛围中成长的	□1. 冲突型：家庭成员之间，关于孩子教育意见不统一，经常发生冲突，各自为政，以自我为中心，不相互体谅、相互协调、相互配合。 □2. 民主型：家庭成员之间，关于孩子教育与成长的事情，民主协商，相互体谅，相互配合，理性交流与沟通，相互尊重。 □3. 强迫型：家庭成员之间，关于孩子教育与成长的问题，具有强迫行为，将孩子所有的时间、空间等安排得满满当当，孩子完全没有发言权。 □4. 放任型：关于孩子教育与成长的问题，家庭成员都不闻不问，漠不关心，放任自流。
	家庭教育方式	家庭主要教养人对孩子的教育引导方式	□1. 专制型：父母将自己的意愿强加给孩子，认为自己所认定的就一定是对的。 □2. 民主型：与孩子平等沟通交流，遵循孩子的意愿，尊重孩子的想法。 □3. 忽视型：对于孩子的成长不管不顾，任其随意发展，丝毫不干涉。

【我们一起行动】通过系列活动，家长引导孩子感受成长的快乐；让孩子了解随着年龄的增长，不仅身体变化了，认知、能力、思想也变化了；引导孩子体会成长的意义，形成为更好地成长而努力的积极心理品质。

亲子体验活动的开展，重点关注"成长"，建立明确的认识：孩子的成长变化，不仅仅是身体

发生的变化，更是心理与思想的变化。同时，父母对孩子自己认识到这些变化表示鼓励，进一步培养孩子自我发展的意识，体会成长的快乐。

活动一：成长印记（足印卡）——通过记录身高、体重、力量、认知、心理等的变化，对比感受身心成长的奇妙。

（一）活动任务

第一，引导孩子发现成长变化。

第二，感受成长的快乐。

（二）活动步骤与方法

1. 找一找成长变化

（1）家长帮助孩子一起找找自己跟前一年比起来，身高、体重、认知、心理等发生了哪些变化。

（2）再让孩子感受自己从一年级到二年级在知识、能力等方面的变化。

例如：跑步的速度更快些了吗？力气更大些了吗？每天参加体育锻炼的时间增加了吗？识字量增加了吗？自己能独立完成作业了吗？饭吃得更多些了吗？自己能单独睡觉了吗？能自己起床穿衣洗漱了吗？能整理自己的小房间了吗？能和家人一起做力所能及的家务活了吗？喜欢和爸爸妈妈讨论家里饭菜的安排、周末休闲时光的安排、出行计划等诸如此类的家庭事务吗？

2. 说一说成长变化

建议利用周末或节假日的休闲时光，来一场"亲子聊吧"。安排一段完整的时间，家长和孩子各自说一说在这一年中的成长变化或收获。说的过程中，互不打断，要完整而清楚地表达，如：哪方面获得了什么成长或收获，什么原因促成的，发现这个成长后，心情如何，感受是怎样的……家长自主交流，为影响、带动孩子积极参与做榜样，营造良好的家庭氛围。

爸爸：这一年，爸爸努力工作、不断学习，前不久升职了，特别高兴，感谢家人的支持……

妈妈：这一年，妈妈生下妹妹后，细心养育，妹妹健康成长，能咿呀学语了，虽然很辛苦，但也很幸福……

孩子：我已经适应小学的学习生活了，在学校交到了很多好朋友，非常开心。家里，在妈妈一步一步地指点下，我能够把自己的小袜子、内衣裤洗得干干净净了……与去年相比，我长大了……

3. 记一记成长变化

制作一张类似下面的"成长印记卡"，用来记录儿童在成长中的变化和重要的成长时刻。儿童自己为这张成长印记卡取一个好听或喜欢的名字，家长也可建议或协助孩子在布局、色彩以及呈现方式等方面有更多的创意。

记录时间	成长印记			
	我的变化	具体描述	心理感受	对自己说
××年 ××月 ××日	身高	与6个月前相比，长高了3厘米	感觉是真正的小学生了	我要继续好好吃饭，准时睡觉，每天坚持锻炼……

活动二：难忘的事——回忆成长过程中，在学习、生活、交友、运动、兴趣爱好等方面难以忘记的事情，不论挫折还是成功，都是成长的经验。通过回忆把失败转化为经验，把成功转化为动力，促进孩子成长，以培养儿童自我发展意识。

（一）活动任务

第一，感知成长与提高的能力。

第二，反思成长中的事件，形成正确积极的归因。

第三，培养儿童自我发展意识。

（二）活动步骤与方法

1. 难以忘怀的事件——我的成长经验值

父母与孩子一起分享自己最难以忘怀的成长事件，或是成功或是失败，但只需要分享最难以忘怀的那一件。最好是父母分别分享一件积极的和消极的，暗示孩子积极的怎么归因、消极的怎么归因。同时，不论积极还是消极都可以转化为成长的经验和动力，都不是坏事。

注意这个活动与前面活动的区别。前面的活动是总结好的，只要是收获，都需要铭记，意图在于积累正能量。这个活动的意图在寻找印象最深、最令人难以忘怀的事件。如果孩子最难以忘怀的事件是成功的，就说明他的心中没有阴影；如果是挫折的、失败的，就暗示了他心中有阴影或心结，这个心结可能会影响他一生。因此，遇到这样的事情，就一定要疏导好。这个活动意在解决这样的问题。

陈述过程中，重点要讲清楚事件的过程、原因、感受，以及后来的心理影响和生活影响。

2. 分析归因

事实陈述之后，由他人（父亲陈述，母亲分析；母亲陈述，父亲分析；孩子陈述，父／母分析）分析客观的情况和主观的归因。下面的分析举例，仅以积极的分析和积极的归因为例，消极的分析和消极的归因，可以类推。

以失败为例：失败的事件，可能造成两种结果——积累经验成长和遭受打击自卑。由于没有分析客观原因，可能会归因为自己的能力不足，从而产生自卑。

（1）客观情况分析：①能力与问题难度相吻合；②问题难度大于能力；③问题难度小于能力。

（2）分析归因：①努力程度不够，今后可以补救；②客观原因，不能归咎于不努力，是能力不够，努力学习补救；③轻视问题，下次补救。

（3）成长分析：在这件事情或处理这个问题中积累了经验和提升了能力，这是成长；如果没有处理这种事情的经历，不可能获得教训或经验。所以，这是成长的表现。

以成功为例：成功的事情，可能造成两种分析结果——骄傲和激励。

（1）客观情况分析：①能力与问题难度相吻合；②问题难度大于能力；③问题难度小于能力。

（2）正确、积极的归因：①归因为能力强；②归因为努力克服困难；③归因为能力富余。

（3）成长分析：能力强、努力程度够，不论遇到什么困难都能够克服。因此，我收获了：我能行，我努力，我快乐。

可以将分析填入下表：

时　间	事　件	客观情况	归　因	成长经验值

3. 对照他人，反思自己

父亲对照母亲，母亲对照父亲，孩子对照父母等，分别反思最令自己难忘、影响最深刻的事情，整理思绪和情绪，形成积极的情感体验。

结合下面的表格，填写从本次活动中获得的方法。

事　　件	行为结果	消极的情感体验	形成消极的自我	积极的情感体验	形成积极的自我
学习中遇到不会做的题	经过努力完成	好累呀，太辛苦啦	以后不想太累太辛苦	这题超出了我的能力，但我努力克服了困难	我能行，我自信，我快乐
父母不在，我不会做饭	没办法，我只好吃方便面	太难受了，他们也不关心我	我是一个无能的人，是一个不被关心、不被爱的人		
好朋友不理我	我关心她，终于和解				

同样一件事情，我们既可以获得消极的情感体验，形成一个消极的自我形象；也可以获得一个积极的情感体验，形成积极的自我形象，关键在于我们如何去归因和体验。

温馨提示

活动三：我成长了——通过家庭分担行动，懂得成长与责任是同步的；同时，通过实际的行动培养责任意识与责任能力，实实在在地促进孩子全面成长。

（一）活动任务

第一，尽力所能及的责任是成长的表现。

第二，学会用实际行动感恩父母。

第三，体验成长的快乐。

（二）活动步骤与方法

1.项目选择

父母与孩子一起商议，让孩子选择一项自己可以胜任的家务米做。如扫地、浇化、整理客厅、洗碗等。

选定的项目，长期包干。家庭协作劳动时，这项任务不算在内。一星期一总结。

2.过程与总结

家庭聚会时，让孩子总结。总结内容如下，供参考。

（1）过程：是否按时完成，是否保质保量……

（2）意愿：有没有不想做下去的念头，特别是疲劳的时候……

（3）感受：感觉太麻烦，每天都要做；轻轻松松，感觉很充实；感觉很愉快，能够做一个有用的人……

（4）收获：我意外收获了动手能力的提高；耽误了我学习的时间；我的责任意识增强……

3. 引导体验

父母在孩子总结的过程中，一定要注意引导孩子发现他之前没有总结到的品质、能力、素养。然后回顾过程，发现价值和意义，感受能力与品质的发展，体验快乐的情绪和情感。

活动四：亲子阅读——阅读绘本故事，了解成长的意义。

【内容简介】

《波米诺在长大》

法国作家雷蒙纳·巴蒂斯库撰文、邦雅曼·肖绘图的《波米诺在长大》，其主人公波米诺是一只生活在花园里的粉红小象。长长的鼻子，喜欢静静地待在蒲公英下，像一个小哲学家一样爱提问，敏感细腻又超级自信，喜好交友也擅长自娱自乐。

在大人眼里易如反掌的事情，对孩子来说，像座大山一样难以逾越，他们会为此哭鼻子、闹别扭、会生气、会犹豫；但有时候又会发觉他们小小身体里蕴藏着大大的能量，慢慢地，他们长大了，像波米诺一样长大了，去探索世界，并准备好迎接可能遭遇的困难与挫折。

（一）活动任务

第一，感受主人公波米诺的成长过程。

第二，知道成长过程中会面临很多事情，做好准备迎接。

第三，培养阅读能力。

（二）活动步骤与方法

1. 和孩子一起阅读材料

家长和孩子共读绘本《波米诺在长大》，完成下面两个任务，也许你和孩子对成长会有一些新的认识。

2. 让孩子陈述材料内容

父母引导孩子，围绕故事的几个要素陈述内容，分别是时间、地点、人物、事件、过程、结果、原因等。在陈述过程中，如果孩子忽视了某个要素，父母可以通过暗示、提醒的方式，让孩子慢慢形成一种叙事的思维方式。科学的思维方式是发展智慧的根本要求。

> 温馨提示
>
> 陈述的过程，就是一个教育过程，主要目的是认识成长。要求认真、仔细、带有感情地陈述，这本身就会产生情感认同和行为认同，在认知上和行为上孩子都可能模仿故事中的主人公。另外，根据一定的模式来陈述，还可以培养孩子的思维能力，让孩子口头陈述，可以培养表达能力，从而使阅读、理解、记忆、表达等能力都得到培养。

3.讨论反思

和孩子一起讨论：什么是成长？自己有没有像波米诺一样思考过类似的问题？自己有没有像波米诺那样的想法、感受？波米诺代表了谁？为什么波米诺很有自己的主张？

有不少孩子对自己的事毫无主张，事事依赖家长。哪些做法可以培养孩子独立自主的意识呢？结合孩子的实际情况一起来分析、反思下面所列的现象。

关键词	具体描述
做自己的事情	二年级的孩子，已经能做许多力所能及的事情了，但仍然有不少家长，特别是爷爷奶奶、外公外婆常常帮助孩子做许多事情，这样会让孩子不能在学习生活中得到直接经验。例如，孩子本来可以尝试着洗自己的小袜子，但常由家长代劳，孩子就无法获得洗袜子的经验，也不利于培养孩子的独立性。
自己的时间	不少家长认为，孩子还小，不懂得安排自己的时间，所以就完全包办了孩子的时间安排，孩子只是被动地去执行，那样的话，孩子的自主性就很难被培养出来。
锻炼的机会	用拔苗助长这种违反客观规律的做法培养孩子，肯定是要失败的，但消极地采取完全"顺其自然"的态度，也不利于孩子的成长。遵照客观规律，积极创造条件，让孩子去锻炼，这才是我们应该采取的正确做法。
自己去发现	孩子提出问题，成人通常的做法是立刻告诉他答案。这样看起来简单又省事，但孩子长大以后，就不会主动寻找答案，总希望别人能提供现成的答案。这会影响孩子在智力劳动上的自主性。
自己解决困难	孩子在生活中碰到的困难，要请他自己解决，以培养孩子应对困难的能力和意志。这里的困难包括和同伴的冲突等。当孩子向家长诉说自己遇到的诸如人际交往中的矛盾时，家长应鼓励孩子直面矛盾，指导孩子自己解决，而不是逃避，更不宜动辄由家长代替孩子解决问题。
竞争的意识	为了让孩子提高适应社会的能力，必须让孩子从小既学会合作、又学会竞争。有效的办法，就是经常在他的身边树立一个友好的竞争对手。

续表

关键词	具体描述
选择的权利	孩子的自主性在他的自主选择上表现得最为明显。但不少家长怕孩子选择错误，从来不给孩子选择的权利。这样的孩子长大后就不可能适应竞争激烈的社会生活。家长应主动给孩子选择的权利，并告诉孩子要对自己的选择负责。

小贴士

1. 关于绘本阅读

（1）《波米诺在长大》把孩子成长故事中的烦恼用波米诺的口吻进行述说。什么是"长大"？在小朋友看来，长大就是不断地向上长；就是手臂变大、脚变长，就是变得更有力量，就是发现小时候的衣服已经穿不下了……关于长大，孩子的感受是简单却又敏锐的。

（2）关于波米诺，它最打动人的地方在哪儿，每个人都有不同的答案。有人爱它的天马行空、无邪天真，那种一头扎进小日子并喜滋滋乐在其中的投入；有人爱它有个哲学家一样爱思考的小脑瓜，对万事万物的好奇像极了小时候的自己；有人爱它的柔软趣味，法国的浪漫色彩毫无保留地投射到这只小象的身上。它教会我们什么是爱，什么是勇气；教会我们如何将平凡无奇的时刻凝固成诗，教会我们懂得欣赏清晨的露珠和露珠里的自己；教会我们如何在复杂世界始终保存这份天真。

（3）故事的最后，波米诺想迫不及待地翻开下一页，那孩子们是否也像波米诺一样想迫不及待地翻开人生的下一页了呢？

2. 关于成长

成长也许就在一瞬间，猛然发现已经和昨天不一样了，孩子们渴望成长，因为这是一件无比美好的事情，即使过程中充满了挑战。在人的成长过程中，最为重要的是要培养孩子的自主性。而自主性是指人在活动中的独立性和主动性，它表现为个体自由地、独立地支配自己言行的一种状态。孩子的自主性最主要体现为他能自由地选择自己的行为。

【**收获与成长**】通过回顾总结，家长提高了对于孩子成长变化的关注程度，同时帮助孩子了解自己身体、思想、能力等方面的变化，感受成长的快乐，培养儿童自我发展的意识。

家长需要关注孩子成长过程中发生的变化，鼓励孩子积极主动地发现自己成长中的变化。家长要有意识地注重亲子互动，多听孩子说话，让孩子充分体验成长的快乐，进一步培养孩子自我发展的意识。

作为家长，我要记录下与孩子一次成长的重要交流：_____

_____

_____

通过这次经历，我们感受到了成长过程中的变化，也正确地认识了自己的变化。

我（儿童）的成长体验收获：_____

_____

生命语录

> 儿童成长发展的力量在于他自己，是儿童创造了他自己。
>
> ——[意]玛丽亚·蒙台梭利①

本课要点

成长过程中会有很多有趣的变化，希望你能引导孩子认识自己的变化，并记录自己的变化，感受成长的快乐。如果成长过程中遇到问题或者烦恼，引导孩子及时向爸爸妈妈、其他长辈、老师或其他专业人士寻求帮助。

---

① 玛丽亚·蒙台梭利出生于意大利安科纳省，幼儿教育家，蒙台梭利教育法创始人。此句出自玛丽亚·蒙台梭利的《童年的秘密》，载《外国教育名著导读》，诸惠芳、邹海燕编著，人民教育出版社，2005。

生命的奇妙·美好的自己

一个特别的精灵
怎样爱自己？

【现象扫描】快要午饭时，生生和邻居青青正在客厅玩耍，妈妈和邻居阿姨在厨房边聊天边做饭。她们正在讨论两个小朋友，邻居阿姨说："青青期末考了双百。"这时，妈妈插话说："生生不知道怎么回事，花了我多少钱补课，语文才考了97分，唉。"正巧这时，生生不小心打翻了餐桌上的水杯，水洒了一地，妈妈跑出来说："你看看你，什么事情也做不好，学习不努力，还不听话，现在水杯都拿不稳，真是够笨的……"听着妈妈的话，生生羞愧地低下了头，心想：我真笨。

【解锁行为密码】上述现象中，妈妈认为自己为生生付出了时间、精力、钱财，却没有达到令自己满意的效果，可是邻居家的孩子却做到了。由此，对刚巧没拿稳水杯的生生大发雷霆。生生在妈妈的批评下也开始认为自己真的很笨，并进行自我暗示。

父母没有正确认识孩子，同时也没有引导孩子正确地认识自己、找到自己的优势和不足。父母不能接纳孩子，不知道如何爱孩子，孩子也无法悦纳自己，不知道怎样爱自己。

【发展水平】关于儿童自我意识、认知与能力的表征。

下表是关于"儿童发展现状"（指儿童自我意识、认知与能力的发展水平）和"家庭教育现状"（指当前家庭对教育相关问题的不同表现）的描述。请家长对照、参考，然后再根据自己的实际情况对家庭教育理念、策略、行为做相应的调整。

关于儿童自我意识、认知与能力的表征

指　标		内　容	儿童发展行为及家庭教育类型
儿童发展现状	自我外在形象	认识自我、修饰自我外在形象	□ 1. 开始关注自己的外表。 □ 2. 有修饰自己外表的行为。
	自我情绪	认识自我情绪、调整自我情绪的能力	□ 1. 能够感受自己的情绪状态。 □ 2. 能在家长或老师的适当引导下调整自己的情绪状态。 □ 3. 基本能够与同学和睦相处，积极乐观。

续表

指标		内容	儿童发展行为及家庭教育类型
儿童发展现状	自我行为	认识自我行为，预测行为后果	□1. 能够认识自我行为表现。 □2. 基本能够预测行为的直接后果。 □3. 有一定的克服困难、解决问题的能力。
	行为计划	行为与结果之间的关系，规划自己的行为	□1. 有一定规划自己行为的意识。 □2. 能在家长或老师的帮助下，对自己一段时间的行为进行规划。 □3. 能够按照简单的规划执行任务。
	对象意识	从他人身上观察自我，与他人互动改善自我	□1. 基本能够觉察到自己在他人心中的地位。 □2. 基本能够感觉到自己的行为给他人造成的后果。 □3. 基本能够有意识地调整自己的行为以适应对方或改善对方心中的印象。
家庭教育现状	家庭教育氛围	孩子是在怎样的家庭氛围中成长的	□1. 冲突型：家庭成员自我认识、自我评价与自我调整的意识和行为不正确或不稳定，经常发生自我矛盾冲突、家庭成员之间的矛盾冲突。 □2. 清醒型：家庭成员各自都有清醒的自我认识、自我评价、自我反省、自我调节的意识和行为，并与孩子交流沟通，引导孩子具备自我认识、自我评价、自我反省、自我调整的意识与行为。 □3. 自我型：家庭成员各自都以自我为中心，不管他人的感受，没有清醒科学的自我认识、自我评价、自我反省与自我改善的意识与行为。 □4. 自卑型：家庭成员大多数时候都很自卑，生活压抑焦虑，或刻意迎合他人，奉承他人，没有自信。
	家庭教养方式	家庭主要教养人对孩子的教育引导方式	□1. 榜样式：父母用自己的行为示范如何认识自我、评价自我与改善自我。 □2. 放纵式：对孩子的自我意识发展毫不关心，放任自流。 □3. 启发式：能够正确地引导孩子认识自我，评价自我，改善自我，亲切地与孩子沟通交流，尊重孩子的想法，引导孩子悦纳自己，认识自己的优缺点等。

【我们一起行动】通过系列活动，家长引导孩子认识自我、悦纳自我；引导孩子认识自己的优点，树立自信；帮助孩子正确对待自己的缺点，并引导孩子改正；正确评价自己，接纳自己；形成积极的自我认识与自我发展能力。

成长的一个标准是成熟——心理的成熟。心理成熟才能自信，才能够悦纳自我，与自己和解，与世界和解。活在别人的评价里，羡慕别人的"优点"，东施效颦，这样丢失自我的成长是可怕的。当拿孩子与别人做比较时，他们是抗拒的，他们不愿意被迫成长为"复制品"。所以，作为父母要时刻提醒自己：好的家庭教育是"个性化"定制，是帮助孩子成长为"更好的自己"，而非别人的仿制品。每个人都是独立的个体，都有自己的独特之处，每个孩子都是不一样的星星。

活动一：大手牵小手——建立家庭归属感与认同感。

（一）活动任务

第一，感受生命的奇妙。

第二，感受"我"的意义，建立家庭归属感。

（二）活动步骤与方法

1.大手牵小手——让孩子感受生命的奇妙

父母和孩子找找彼此相似的地方，记录下来，比较一下，发现基因遗传的力量，感受生命的奇妙。

<table>
<tr><td colspan="4" align="center">生命的奇妙
（找一找和爸爸妈妈的相似之处，有相似的就请你把笑脸送进表格里吧）</td></tr>
<tr><td>我们的长相</td><td>我们的血型</td><td>我们的性格</td><td>我们的爱好</td></tr>
<tr><td></td><td></td><td></td><td></td></tr>
<tr><td>我们喜欢做的事</td><td>我们喜欢吃的东西</td><td>其他（可以单独进行补充）</td><td></td></tr>
<tr><td></td><td></td><td></td><td></td></tr>
</table>

2.感受"我"的意义——建立孩子在家庭中的价值感

父母带着孩子，一起回忆孩子做了哪些对家庭、对自己有意义的事情，父母的反应和表现又是怎样的。让孩子在父母对自己行为的反馈中，看到父母对自己行为的认可与肯定、鼓励与赞美，看到自己的行为带给父母的快乐与幸福，带给家庭的意义与价值，更要让孩子感受到自己在家人心中、在家庭中的重要性。

孩子的行为	爸爸妈妈的表现（一个拥抱、一句表扬……）
我能自己穿衣服了	
我会系鞋带了	
我做了力所能及的家务（洗碗、拖地）	
我的学习不需要爸爸妈妈提醒	
今天妈妈心情不太好，我给了妈妈一个拥抱	

活动二：听学校的故事——帮助儿童正确面对表扬与挫折。

（一）活动任务

第一，听孩子讲述学校的故事。

第二，分析故事，学习如何正确对待。

（二）活动步骤与方法

1. 认真聆听孩子讲故事

请家长注意，孩子讲述学校的故事时，家长不要随意打断，要适时进行回应、共情，听故事过程中不批评、不责怪、不评对错。

2. 引导孩子一起分析故事的来龙去脉

引导孩子把故事讲长，讲完整。说清楚故事的来龙去脉，可以用上这些引导语：这件事情之前是什么呢？然后呢？之后发生了什么？

3. 事件归因，建立群体归属感与认同感

（1）事情为什么会变成这样呢？和孩子一起来说说吧。

（2）这件事情给孩子带来了什么影响呢？

如果这个影响让孩子很开心、很舒服，是非常积极的影响。父母要充分给予肯定，告诉孩子，你长大了。

如果影响不是那么积极，孩子的感觉也不是很好；那么，要引导孩子正确处理，当孩子明确处理方法后，也要给予肯定。

（3）这件事情给别人带来了什么影响？说说别人是怎么对待这件事情的。例如：

给老师准备了一张贺卡，老师笑嘻嘻地摸了摸我的头，非常开心地回办公室了。

我借给同学一支笔，同学很感激我，第二天，带了一支崭新的笔还给我。

> **小贴士**
>
> **认识自我的重要性**
>
> 《中小学心理健康教育指导纲要》（2012年修订）提出了心理健康教育的具体目标：使学生学会学习和生活，正确认识自我，提高自主自助和自我教育能力。在小学低中段的主要内容有：初步学会自我控制；帮助学生了解自我，认识自我。早在古希腊时期，哲学家苏格拉底就提出了"认识你自己"的口号，这标志着人类自我意识的觉醒。法国著名思想家蒙田说："世界上最重要的事情就是认识自我，因为认识自我是实现自我的第一个条件。"老子曾说："知人者智，自知者明。人贵有自知之明。"

认识自己的能力，在心理学里被称为"自我觉察"（self-awareness），美国组织心理学家塔莎·欧里希在《深度洞察力》一书中提出"自我觉察"是一项可以被习得和提升的技能。我们要去质疑关于自己的种种预设，去积极考证我们在他人眼中的样子，带着一种积极的思维和接纳自我的态度追求真实。真正的自我觉察不仅需要了解我们自己，还需要知道我们在他人眼中是什么样子，通过别人的角度看自己，借此增加对自我更客观全面的认识。[①]

活动三：助人为乐——通过主动帮助他人做事情，感受付出后的快乐。

（一）活动任务

第一，找到别人需要帮助的地方。

第二，为他人提供一次帮助（家庭、班级或者朋友等）。

（二）活动步骤与方法

1. 寻找别人的需求

其实，我们身边的每一个人都需要帮助，不论是孩子，还是成人。在帮助别人之前，孩子们需要注意观察，才清楚别人需要哪些帮助。选择一个你最想帮助的对象，细心观察他需要什么样的帮助，做一件对他有利的事情。

2. 制订计划

和孩子一起商讨怎么做，可以用文字、图画的形式把孩子的计划记录下来。

3. 行动

计划出来啦，快快行动起来吧！通过留心观察，看看你可以为他们做哪些有意义的事情。

爸爸需要的帮助	
妈妈需要的帮助	
老师需要的帮助	
朋友需要的帮助	

4. 说说成长体验

事情做完了，你一定有很多感受吧，快和爸爸妈妈分享分享。

[①] [美]塔莎·欧里希:《深度洞察力》,钱基莲译,24~25页,台北,时报文化出版企业股份有限公司,2018。

活动四：亲子阅读——明晰每个人都是独一无二的个体，喜欢自己最重要。

【内容简介】

《我就是喜欢我》

荷兰作家马克斯·维尔修思的《我就是喜欢我》里的主人公青蛙弗洛格很喜欢自己。它觉得自己很漂亮，还会游泳，它认为做一只青蛙是世界上最幸福的事情。后来，弗洛格发现小鸭会飞，它不会；老鼠会做东西，它不会；小猪会烤蛋糕，它也不会；野兔会看书，它还是不会。弗洛格觉得很难过，觉得自己是一只什么都不会的笨青蛙……在这个绘本故事中，作者以青蛙自我意识的发展为线索，叙述了青蛙弗洛格从欣赏自己到不喜欢自己，然后羡慕他人、模仿他人到发现自己、肯定自己，又重新树立自信心的经历。相信小朋友们从这个故事中能够知道我们每个人都是独一无二的，都有其特别之处。要学会欣赏自己，对自己有信心，懂得"做自己，最快乐"。

（一）活动任务

第一，明确每一个人都是独立的个体。

第二，知道爱自己很重要，初步了解怎样爱自己。

第三，培养阅读、理解、表达能力。

（二）活动步骤与方法

1. 和孩子一起阅读材料

家长和孩子一起来阅读绘本《我就是喜欢我》，完成下面两个任务，也许你和孩子对自我认知会有一些新的认识！

2. 让孩子陈述材料内容

家长注意提醒孩子陈述的内容包括以下要素：人物、事件、过程、时间、地点、冲突原因、情绪反应等，以培养孩子清晰地、完整地、正确地把握材料的能力。

3. 和孩子一起讨论

家长以启发、引导、提问的方式开启讨论，引导孩子认识自己、悦纳自己，同时让自己变得更好。

我还可以这样：_____

_____

_____

1. 关于绘本阅读

①《我就是喜欢我》这个绘本的开头，青蛙弗洛格一边欣赏着自己在水中的倒影，一边说："我漂亮、会游泳，跳水又比其他人跳得好。我是绿色的，而绿色是我最喜欢的颜色。"青蛙弗洛格看着水中自己的倒影，觉得自己很幸运，这个时候它对自己是十分有信心的。这时候的青蛙是爱自己的。可是在它遇到了一系列的事情后，它就不这样想了。比如，和鸭子比，自己不会飞；和小猪比，自己不会做好吃的蛋糕。慢慢地，青蛙觉得自己是这个世界上最笨的青蛙。

②在这个故事中，青蛙的变化是非常明显的。生活中，孩子们也常常会产生这样的心理。儿童心理不健全，对自己的认识不成熟，可能会出现否定自己、厌恶自己某种特征的情况，家长、教师需要引导培养儿童自我接纳的心态。

③孩子只有在充分认识自己的基础上才能爱自己。自我接纳程度影响个体的心理状态、行为选择等，对儿童健康成长有着重要意义。孩子在被肯定过程中能够努力朝自我肯定的方向发展，但否定孩子往往会让孩子自卑，家长也不要总说别人家的孩子怎么好。说多了，孩子可能就真的觉得自己不如别人了。

绘本最后，青蛙遇见了野兔，野兔告诉它：每个人都有每个人的优势。为什么要拿自己的短处和别人的长处比呢？要看到自己的长处，自己会的，别人不一定会。青蛙弗洛格想通了这个道理，于是自己就开心了。他做了一个大大的青蛙跳，心想：这可是只有青蛙才能做到的哟。每个人都有自己的长处，不要总是拿自己的短处和别人比较，要看到自己的长处、自己的特点，并且把它发挥出来，要有勇气说自己是最棒的。

2. 关于悦纳自我

自我接纳是在情感上、态度上对自我的悦纳，指个体能够无条件地面对、接纳自身所具有的所有特征。悦纳自我是心理健康的表现。良好的自我悦纳可以有效缓解发展中的矛盾冲突，使个体得到健康发展。马斯洛的需要层次理论认为：人有尊重的需要，这是仅次于自我实现需要的第二高层次的需要，而满足了尊重的需要，个体才更可能去追求自我实现。

【收获与成长】 通过回顾总结，家长提升了对孩子的认可与接纳，同时帮助儿童了解自己，正确认知自我，不断发展自己；在家人、他人与同伴的评价中，客观认识自己的优缺点，勇于接受；

小贴士

制订自我成长计划，形成积极的自我认识与自我评价，提升自我发展能力。

　　家长们在引导孩子自我认识的过程中也要对自己的行为进行反思，是否悦纳孩子的一切。所有的孩子都是一张白纸，家长怎么描绘，就会有怎样的图画。悦纳孩子，同时带着孩子悦纳他自己，成为自己的主人。相信你一定有话想要跟孩子说吧。

　　每个人都是独特的个体，作为家长，我想要告诉孩子：＿＿＿＿＿＿＿＿＿＿＿＿

＿＿＿

　　通过这次经历，我们把学习到的引导孩子悦纳自我的方法用在了家庭教育中，不仅让孩子更爱自己了，我们也更能接纳孩子了。

　　我（儿童）在家、在学校都有非常强烈的归属感，我不仅能管好自己，还能帮助别人。

　　我（儿童）的成长体验收获：＿＿＿＿＿＿＿＿＿＿＿＿＿＿＿＿＿＿＿＿＿＿

＿＿＿

生命语录

不再执着于纠正缺点，而是开始搭建美好；不再试图让自己少一些不快乐，而是让自己捕捉到更多快乐。

——[美]马丁·塞利格曼[1]

本课要点

　　家长想要孩子知道生命是奇妙的，就要引导孩子了解自己，正确认识自己，并不断发展自己。解锁密码是：引导孩子直面自己的优点，勇敢接受自己的缺点，积极改正，争取做更好的自己，悦纳自我。当然，在孩子认识自己的过程中可能会遇到一些问题，要引导孩子及时向爸爸妈妈、老师或者其他专业人士寻求帮助。

---

[1] 马丁·塞利格曼是美国心理学家，曾获美国应用与预防心理学会的荣誉奖章，并获得终身成就奖，1998年当选为美国心理学会主席。此句出自马丁·塞利格曼的《认识自己，接纳自己》，浙江教育出版社，2020。

生命的奇妙·走近动植物

拥抱生命，感悟自然之美
大自然的生命是怎样的？

【现象扫描】生生在放学路上，发现一只腿部受伤的流浪猫，它看起来很饿也很可怜。生生看到这只流浪猫，心里有些难过，他决定帮助这只流浪猫。

生生把流浪猫带回了家，妈妈看到了，为生生的爱心感到非常欣慰。于是妈妈和生生一起为流浪猫洗澡、包扎伤口，还为流浪猫搭建了温暖的小窝。在生生和妈妈的细心照料下，流浪猫不仅恢复了健康，还有了属于自己的家。

【解锁行为密码】上述现象中，生生发现受伤的流浪猫时，心里很难过，他可怜受伤的流浪猫，甚至决定帮助它，可见生生是一个关爱小动物、珍爱小生命的孩子。生生的妈妈，在看到儿子将受伤的流浪猫带回家时，没有因为孩子的行为生气，而是为生生的爱心感到欣慰，甚至和儿子一起照料受伤的小动物，还为小动物搭建温暖的家，可见生生的妈妈是儿子成长中学习的榜样，是儿子"关爱生命，保护生命"的引导者。

流浪猫也是一条鲜活的生命，每个生命都值得被关爱。面对孩子对小动物的关爱与同情，家长应带头做好对孩子爱心教育和生命教育的引导，帮助孩子建立自然生命意识，让孩子懂得尊重生命、爱护生命。

【发展水平】关于儿童自然生命意识、认知与能力的表征。

下表是关于"儿童发展现状"（指儿童自然生命意识、认知与能力的发展水平）和"家庭教育现状"（指当前家庭对相关问题的不同教育表现）的描述。请家长对照、参考，然后再根据自己的实际情况对家庭教育理念、策略、行为做相应的调整。

关于儿童自然生命意识、认知与能力的表征

指　标		内　容	儿童发展行为及家庭教育类型
儿童发展现状	共情生命	在与生命玩耍或接触过程中，能与生命产生共情，并作出适宜的反应；面对生命能有敬畏心，学会珍惜生命、尊重生命	□ 1. 把动物、植物等生物当作朋友。 □ 2. 能根据动物的状态、声音，植物的形态变化等感知生命的"喜怒哀乐"。 □ 3. 接纳生命，热爱生命，温柔对待生命。
	理解生命	理解自然万物皆有生命，所有生命都值得珍惜	□ 1. 接纳一草一木，能对猫狗、花草虫鱼温柔相待。 □ 2. 理解万物皆有生命，生命皆有"喜怒哀乐"。 □ 3. 能换位思考，用"生命"理解生命。
	爱护自然生命	理解生命，并做出保护生命的行动	□ 1. 能善待生命，与他们相处中做到温柔、耐心、用心。 □ 2. 能珍爱生命，保护自然生命。 □ 3. 对自然怀有敬畏之心，能够走近自然、尊重自然、顺应自然、保护自然。
家庭教育现状	家庭教育氛围	孩子是在怎样的家庭氛围中成长的	□ 1. 征服型：家庭成员持有人类中心主义观点，视自然为征服对象，漠视生命。 □ 2. 和谐型：持自然与人类和谐生存观，尊重自然生命，尊重自然规律。 □ 3. 漠视型：对自然生态、自然生命没有应有的意识和知识，也没有任何感觉、感情，更是忽视对孩子的生命教育引导。
	家庭教育方式	家庭主要教养人对孩子的教育引导方式	□ 1. 榜样式：以身作则，尊重自然，爱护生命，身体力行，带孩子走近自然，亲近自然，与自然和谐相处。对孩子的生命理解能力和行为有引导意识。 □ 2. 启发式：能用恰当的方法和策略引导孩子正确对待自然生命，有意识地思考培养孩子亲近自然生命、尊重和爱护生命的方法或策略。 □ 3. 说教式：往往用空洞的语言、抽象的说教、责怪的语气对孩子进行生命教育。

【我们一起行动】通过系列亲子活动，家长帮助儿童认知生活中常见的生物生长、生存都有着奇妙的生命特性，我们要欣赏、爱护和尊敬。

亲子体验活动的开展，就"生命"主题和孩子进行"情感"对话，通过帮助孩子了解大自然的生命是怎样的，让孩子感受生命的奇妙，尊重生命，热爱生命，与自然生命和谐相处。当孩子慢慢了解、欣赏世间万物的美好，便能体会到，每一个生命都有它存在的理由，都值得被保护和尊重。

活动一：植物妈妈有办法——从生活与自然（植物）之间的密切关系，感受大自然生命的奇妙，培养儿童欣赏、爱护自然的兴趣。

（一）活动任务

第一，观察动植物的生命特征，了解其生长、生存的特性或习性。

第二，引导孩子爱护动植物。

第三，培养孩子欣赏和爱护自然的兴趣。

（二）活动步骤与方法

1.走进植物农场，感受植物的生命特征

（1）家长可以带孩子走进农场亲手种植菜苗，感受植物种植过程，了解植物的生长规律和生命特征；

（2）借助显微镜观察微观世界里的植物，让孩子们去亲身感受，去探索，去学习植物神奇的微观世界、植物的生命特征。

2.走进动物世界，感受动物生命的奇特

（1）家长带孩子亲身走进动物园等，在与动物的亲密接触中感受大自然生命的神奇；

（2）引导孩子完成一篇简短的动物观察小日记或动物世界体验心得，可以是对动物名称的了解，也可以是喜欢某种动物的表达。

3.走进大自然，制订探索大自然的计划

（1）动手与孩子制订不同类别的探寻大自然的计划，在探索自然中感受自然生命的奥秘；

（2）制作一张与下表类似的表格。

主题名称	神奇的大自然		
探寻类别	探寻内容	探寻目的	准备工作（材料或其他）
语言类			
美工类			
科学类			
美食类			

活动二：生命金字塔——通过科普视频和亲子交流，探寻生命的奥秘，了解人类生命与自然生态的联系。

（一）活动任务

第一，提升孩子对生命的探寻能力。

第二，引导了解生命生存与自然生态之间的关系。

第三，建立人与自然和谐相处意识。

（二）活动步骤与方法

1. 观看生命科普小知识

（1）家长与孩子一起观看一段"人类孕育生命的奇迹"动画演示视频；

（2）和孩子探讨观后感受，体会生命的来之不易。

2. 探讨生命规律

（1）和孩子一起探讨，维系人类生存还需要哪些东西，从亲子交流中，引导孩子发现人类生存与大自然的关系；

（2）观看人与自然纪录片，再次引导孩子建立对人类生命与自然生态的共生意识。

3. 结合自己的行为制定保护自然生命的措施

与孩子一起讨论，保护自然生命，如何落实到自己的行为中。反省以往哪些是伤害自然生命的行为。

活动三：请动植物住我家——通过让孩子养护植物，亲近动物，感悟自然生命的美好，培养人与动植物间的友好感情。

（一）活动任务

第一，培养孩子爱护生命的责任心和爱心。

第二，培养孩子的观察能力和共情能力。

第三，培养孩子与自然生命之间的友好感情。

（二）活动步骤与方法

1. 和孩子一起，养护植物

（1）家长和孩子一起亲手种植植物。

（2）家长可以引导孩子准备一些种植容器（如酸奶盒子、花盆、饮料瓶等）并做好标签。准备各种农作物（如小麦、大豆、花生、玉米等）或水果的种子若干，若没有种子可以用萝卜、白菜、大蒜等代替。活动前准备好土壤、水以及所需工具。家长可利用图书、网络等引导孩子了解关于植物生长的一些知识及种植的方法。

（3）通过养蚕、孵化小鸡等观察和了解生命的伟大。

2.和孩子一起，观察生命生长过程

（1）家长和孩子一起，观察植物的生长过程，了解植物的生长规律。家长指导孩子按照正确的步骤进行种植，同时引导孩子在种植的过程中思考：种子种在土壤的什么位置最合适？为什么？给种植好的植物插上标签，选择合适的地方放置，了解种子发芽所需要的基本条件，例如空气流通、阳光充足、浇水方便等。

（2）家长可以根据植物的特点，教给孩子一些照顾植物的正确方法，例如怎样给植物施肥、使用剪刀给植物剪枝叶、翻土、整理植物周边卫生等。

（3）引导孩子观察植物的生长变化，尝试和孩子一起完成植物观察记录，用于记录植物的成长过程。

（4）可以参考下图。

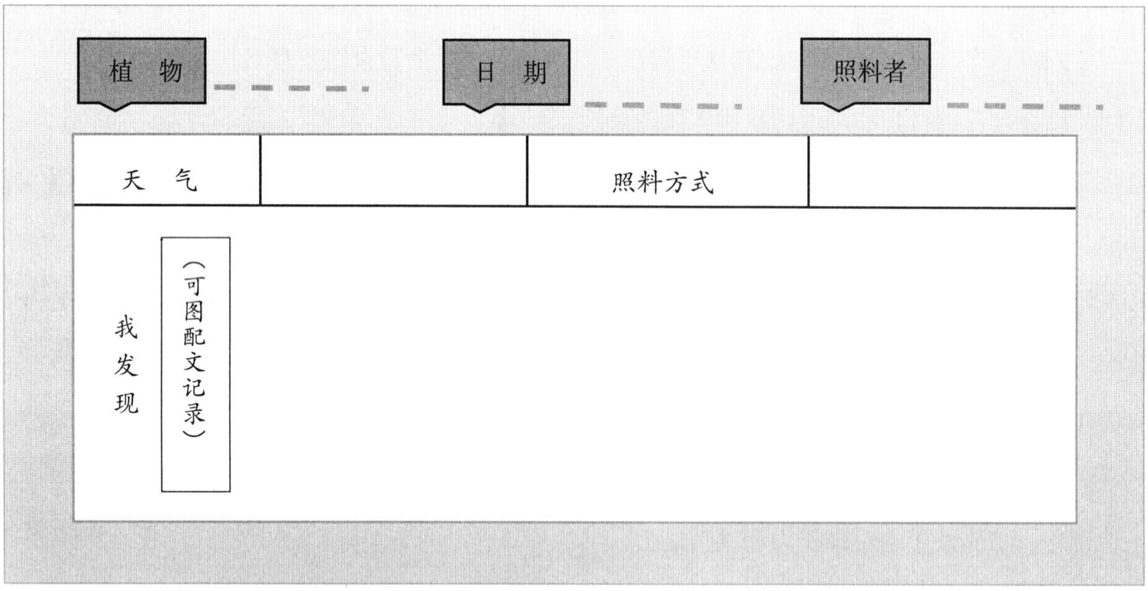

植 物		日 期		照料者	
天 气			照料方式		
我发现	（可图配文记录）				

3.和孩子一起，与动物互动

（1）通过与动物互动，感受生命的美好，培养和动物之间的友好感情，和动物做好朋友。

（2）还可以将孩子与动物之间的互动拍下来，制作成DIY相册。

（3）家长与孩子一起制作多媒体视频，在自媒体上发布。

（4）查看点赞，观看、欣赏、体验。

活动四：亲子阅读——在不同寻常的旅程中走进大自然，读懂大自然，感悟自然生命的美妙。

【内容简介】

"亲近大自然"生态科普绘本

"亲近大自然"生态科普绘本由我国著名儿童文学作家英娃创作，由画家朱世芳绘图。"亲近大自然"生态科普绘本一共四册，该套书通过四个温情动人的故事，让孩子们走进草原、沙漠、雪山和海洋，与小动物们为伴，在一段段不同寻常的旅程中读懂大自然。在"亲近大自然"生态科普绘本中，小动物们因为自然环境的恶化，生存状况堪忧。为实现种族的延续，为了完善生命的价值，他们在严峻的挑战面前，团结一心，勇于拼搏，谱写了一幕幕壮丽的生命画卷。

（一）活动任务

第一，激发孩子对自然生态的好奇心。

第二，引导孩子体会生命存在的意义。

第三，学会与自然生命和谐共处。

（二）活动步骤与方法

1. 和孩子一起阅读材料

孩子是天生的探索家，当他们在阅读中倾听和感受时，会激发对自然的好奇心，慢慢地了解、欣赏世间万物，让美好从心底发芽，自然而然地长出来。和孩子一起来读"亲近大自然"生态科普绘本吧！在完成了阅读任务后，也许孩子可以用主动感受取代被动灌输，体会到每一个生命都有它存在的理由，都值得保护和尊重。阅读这套书，可以给孩子补上生命教育的"必修课"。

建议家长和孩子一起阅读"亲近大自然"生态科普绘本，完成下面任务。也许你和孩子对自然生命会有一些新的认识。（建议家长和孩子用7天时间阅读绘本。）

2. 让孩子陈述材料内容

本材料内容比较多，需要较长的时间阅读。因此，陈述内容就一篇一篇、分多次阅读进行。注意引导孩子抓住材料的主旨来陈述，这个阶段的孩子往往只能记住一些散乱的知识点，而遗漏整体性、全面性的内容。父母要注意引导、提醒或暗示，帮助孩子建立起全面、细致且敏锐的思维，逐渐培养阅读能力、表达能力和思维能力。

3. 和孩子一起讨论

家长以启发、引导、提问的方式开启讨论，分析故事教会了我们什么或带给我们什么样的感受，体会生命存在的意义。

"亲近大自然"生态科普绘本			
《云端上的雪豹》	《草原上的冠军马》	《野骆驼的春天》	《勇敢的企鹅》
亲子讨论			
1.《云端上的雪豹》教会我们什么？			
2.《草原上的冠军马》让我们感受到什么？			
3.《野骆驼的春天》让我们感受到什么？			
4.《勇敢的企鹅》鼓励我们怎么做？			

小贴士

1. 关于绘本阅读

该套绘本每个故事都蕴藏着对自然的热爱和对生命的敬畏。

《云端上的雪豹》讲述的是：因为人类的活动导致草场退化，艰难的生态环境使得动物们生存困难。雪豹吉祥在艰难的环境下，为了活命踏上去雪山之巅寻找爸爸的冒险之旅。看似是对雪豹们生存的考验，然而它们坚强、勇敢拼搏的背后，却体现着人类对濒临灭绝的珍稀动物的滥捕滥杀，对自然生态环境的严重破坏。

《草原上的冠军马》讲述的是：原本美丽和谐的大草原，因人类对草原生态环境的破坏，导致草原荒漠化加剧，也造成了草原动物的生存危机。枣红马闪电的遭遇，也侧面反映出人类治理和保护草原，让它重新成为美好家园的选择迫在眉睫。

《野骆驼的春天》讲述的是：沙漠中的沙暴越来越厉害。为了活命，许多沙漠动物都离开了故乡。只有骆驼群坚守沙漠，饱受眼病的摧残。沙暴的肆虐，鸵鸟群的不幸遭遇，都提醒着我们要关注沙漠化，关注沙漠动物的生存环境。

《勇敢的企鹅》讲述的是：因为人类对海洋环境的破坏，导致麦哲伦企鹅被迫迁徙，大量企鹅在迁徙途中丧生。海洋灾难的发生，小企鹅尼克一家的遭遇，警醒人类要关注海洋污染，保护海洋生活环境。

2. 关于生命

生命是指生物体所具有的活动能力。每个生命的诞生、生长都是奇特而美丽的。我们要试着从不同角度去认识、欣赏生物生命的特点，形成愿意去欣赏、发现自然万物奇妙之美的乐趣。

【收获与成长】通过回顾总结，家长让孩子了解到大自然的生命特征是怎样的；帮助孩子建立生命生态意识，缔结人类生命和自然生态的关系，感受自然的生命，体会大自然生命的奇妙和美好；学会与自然的和谐相处，学会如何尊重、敬畏、爱护自然。

大自然的生命需要人类的共同维护，家长要有意识地注重亲子互动，让孩子逐渐认识到自然生命的奥妙，了解生命的意义，学会欣赏生命、爱护生命和尊重生命。通过探寻植物奥秘或者亲子活动及小日记，一起探寻生命奥妙的过程，一起经历反思解决问题的思维过程和情感体验过程。

作为家长，我要记录下我和孩子的一次特别的关于生命体会的交流经历：＿＿＿＿＿＿＿＿＿

＿＿

＿＿

通过这次经历，我们把学习到的对生命的理解、共情和保护生命的方法，与孩子交流，由此我们收获了更加融洽的亲子关系。

我（儿童）现在认识到了自然生命的神奇，了解到自然生命需要我们去欣赏、爱护和尊重，我成了一个热爱自然、爱护生命的人。

我（儿童）的生命体验收获：＿＿＿＿＿＿＿＿＿＿＿＿＿＿＿＿＿＿＿＿＿＿＿＿＿＿

＿＿

生命语录	万物各得其和以生，各得其养以成，不见其事而见其功，夫是谓之神。
	——荀子[1]

本课要点	家长要让孩子知道：大自然是有生命的。自然是一个生态系统，人与自然是共存关系，解锁密码是：先带孩子走进自然、探寻自然、亲近自然，在与自然互动的过程中感受自然的生命，体会大自然生命的奇妙和美好。让孩子学会欣赏生命、爱护生命、尊重生命和敬畏生命。

[1] 此句出自《荀子·天论》，意思是：天下万物，各自得到各自的和气而生成，各自得到各自的滋养以成长。人们看到造化成就万物，却看不清这背后的动力，于是将其归纳为自然界微妙的变化。

生命的奇妙·我们的差异

生命很奇妙，每个人都不一样
我们有什么不一样？

【现象扫描】生生和铭铭是好朋友，他们的妈妈总是喜欢私下比较他们的学习。一次测试，铭铭的语文得了全班第一，生生却只考了 70 多分。为此生生的妈妈觉得很没面子，从那以后总是板着脸逼生生学习，不仅为生生报了各种语文辅导班，还为生生定下目标"必须赶超铭铭"，不然就不许他玩。在生生妈妈的高压下，生生的成绩越来越不如意，性格也越来越内向了。

【解锁行为密码】上述现象中，因为一次考试生生落后于自己的好朋友铭铭，生生妈妈将生生和铭铭进行比较，觉得面子过不去，逼生生学习，来赶超铭铭。生生妈妈的行为，只考虑到了自己的面子，却没有意识到"生生和铭铭本就不一样"，不同的两个个体，用同样的标准去衡量，只会适得其反。由于生生妈妈对孩子个体差异的不理解，才使得生生成绩越来越不如意，性格也越来越内向。这是导致问题产生的根本原因。

生生和铭铭本就是两个不一样的个体，每个人都是不同的。让生生妈妈焦虑或不满的，其实是自己用"别人的孩子"来要求生生。生生妈妈应该尊重孩子的差异性，了解生生的独特个性，认识到自己孩子的特长，鼓励生生发挥自己的优势来补足自己的短处。每个人都不一样，都应该被看到，都值得被肯定。

【发展水平】关于儿童差异意识、认知与能力的表征。

下表是关于"儿童发展现状"（指儿童差异意识、认知与能力的发展水平）和"家庭教育现状"（指当前家庭对相关问题的不同教育表现）的描述。请家长对照、参考，然后再根据自己的实际情况对家庭教育理念、策略、行为做相应的调整。

关于儿童差异意识、认知与能力的表征

指　标		内　容	儿童发展行为及家庭教育类型
儿童发展现状	了解差异	了解自己的自体特征（独立个体、性格、思想等），同时意识到别人和自己有所不同	☐ 1. 知道自己是独立的个体，别人也是。 ☐ 2. 很了解自己的长处及短处，也能正视别人的长处。 ☐ 3. 懂得人与人之间要互相尊重，取长补短。
	接受差异	接受自己和别人不同，接纳自己的差异性	☐ 1. 能接纳自己的不足。 ☐ 2. 理解"每个人都不同"，要学会换位思考。 ☐ 3. 能换位思考，接纳别人的不同。
	尊重差异	在接纳和尊重自己的同时，接纳并尊重每个人的不同	☐ 1. 能在与别人的相处中，取长补短，团结协作，互相帮助。 ☐ 2. 尊重各行各业的人。 ☐ 3. 在生活中能体会与人合作的乐趣。
家庭教育现状	家庭教育氛围	孩子是在怎样的家庭氛围中成长的	☐ 1. 冲突型：家庭成员之间各自任性，不认可别人的差异，只允许自己的个性，从不相互忍让、相互克制，经常发生冲突。 ☐ 2. 霸道型：家庭里权威者不允许别人有个性、有自由发展空间，都得遵从权威者的认知与意愿发展。 ☐ 3. 民主型：允许差异的存在，尊重个性化、差异性，倡导扬长补短。
	家庭教育方式	家庭主要教养人对孩子的教育引导方式	☐ 1. 封闭教训式：把孩子的个性当作不听话，以教训的方式、保守的价值取向看待孩子个性及个性发展。 ☐ 2. 开放、协商、启发式：对于孩子的差异性、个性持开放的态度，与孩子一起商讨，启发孩子根据自己的特长或意愿发展。 ☐ 3. 随性式：家长随自己的情绪而采取放任或教训的方式教育孩子，一会儿尊重个性差异，一会儿不尊重个性差异。

【我们一起行动】通过系列亲子活动，家长帮助儿童了解自体特征（独立个体、性格、思想等），与他人的关联（协作、相互依存等），学会与他人合作、交流，提高社会参与度。

亲子体验活动的开展，就"生命差异"主题和孩子进行"情感"对话，帮助孩子了解个体的不同，形成开放包容的心态，发展自己的创造力和解决问题的能力与智慧，学会在认同彼此差异的基础上，共同创造和谐幸福的生活，帮助孩子建立和谐人际关系，获得幸福感。

活动一：每个人不一样——每个人都是独立特别的个体，认知、性格、想法都会有所不同，要接纳和尊重别人的不同，在实际案例学习中学会换位思考。

（一）活动任务

第一，引导孩子发现每个人都不相同。

第二，了解每个人都各自有各自的优点。

第三，学会发扬自己的长处，补足自己的短处。

（二）活动步骤与方法

1.选择观察对象

父母与孩子共同选择经常在一起活动的对象来观察。选择2~3人，具体选择对象，父母与孩子一起商讨决定。

2.观察并做好记录

我们有什么不同				
姓　名	行为表现	特　点	优　势	劣　势

3.反思自我，接纳自我

引导孩子和我们一起，做适当的自我反思，对应观察到的人物情况，正视自己的性格、能力、想法等。

4.讨论与分析

与孩子一起分析自己与别人相比的优势与差距，引导孩子接纳自己，改善自己和相信自己。

活动二：我们温暖依存——通过社会实践，帮助孩子认识各个行业的不同，让孩子观察不同职业、不同能力和不同素养及其职业对应的人物的相应个性，在体验中学会尊重各行业和各工种的人。

周末安排亲子出行，在实践中感受每个社会人的工作，社会服务类别不一样，作用和贡献也不一样，认知自己与他人、外部环境相互依存的关系，并尊重各行各业的人。

（一）活动任务

第一，认识行业的差异。

第二，了解不同行业的素养及能力。

第三，体验行业生活，学会尊重行业个性及差异。

（二）活动步骤与方法

1.选择观察对象

和孩子商讨观察对象。结合自己的观察条件，最好选择观察3~5种职业。比如，城市清洁工、警察、消防队员、餐厅服务员、科学家、农民、建筑工人、工厂工人等。

2.实施观察

和孩子一起对选择的对象进行观察，时间长度根据实际情况决定，最好是能够反映职业基本情况的完整时间段，比如1小时、2小时、半天等。观察的同时做好记录。

社会实践职业体验					
职业名称	工作时间	工作地点	工作内容	工作感受	其他（如：性别）

3.尝试体验

可以创造条件让孩子尝试体验一下某些职业。能够动手直接体验的就直接体验，比如城市清洁工，可以让孩子帮助叔叔阿姨扫地；不能够动手直接体验的就在旁边看，模仿性、想象性体验，比如模仿工人坐半天重复一个生产动作、想象消防员在最危险的时候闯入火海等。

4.结合自己谈职业规划

与孩子一起讨论今后的职业选择和职业规划。注意不要带着职业歧视的态度教训孩子。小学生时期的职业规划是想让孩子了解不同的职业，有一个理想性的职业愿景，关键是培养职业平等意识和职业生存意识，让孩子明白一个道理，将来成人以后一定要从事一项职业，以谋生存、为社会服务和获得生命的意义。

活动三：多样化的人类——收集整理各民族的多样化文化、性格特点，让孩子明白从个人到群体都具有多样性，应该尊重生命的多样化、多样性。

（一）活动任务

第一，理解民族文化的多样性。

第二，了解人的个性多样化。

第三，培养尊重生命多样性的意识。

（二）活动步骤与方法

1.收集不同民族的文化资料

家长与孩子一起选择 5 个以上民族作为对象（尽量选择生产方式不同的民族），收集整理各民族的生活特点。下面的表格仅做参考，父母可以与孩子一起商议设计包含更多视角的表格。

民 族	地 域	服 饰	生产劳动	节日庆典	主要食物	待客之道	性格特点

2.让孩子陈述各个民族的文化特点

孩子陈述整理出来的各民族文化特点。

★注意：我们有很多活动都设置了"由孩子来陈述"这个环节。这个环节对于培养孩子的表达能力、记忆能力、思维能力等都很重要。

3.亲子讨论

孩子有问题就提出来，父母与其讨论，千万注意不要脱离资料信口开河。不懂的或不知道的，一定要通过查文献资料来回答。这是一种科学的精神和学习的态度。

如果孩子问题不多，父母可以向孩子提问，比如：

你喜欢哪个民族的服饰？为什么？

你喜欢哪个民族的食物？为什么？

你喜欢哪个民族的节日？为什么？

你喜欢哪个民族的性格？为什么？

你喜欢哪个民族的劳动方式？为什么？

为什么现在大多数民族的劳动方式差不多一样了（现代化）？

为什么现在大多数民族的服饰都差不多一样了，除了节日庆典以外，平时都穿风格、款式类似的服装？

为什么我们要尊重每个民族的生活习俗、文化特点？

…………

活动四：亲子阅读——引导孩子了解差异、尊重差异、面对差异，学会"换位思考"，具有"同理心"。

【内容简介】

《他们都看见了一只猫》

《他们都看见了一只猫》的作者是美国作家布兰登·文策尔。这本书谈的知识点是——视角。书的内容挺简单，语言极尽简短，主要通过精彩的插画来讲故事。作者从不同的视角，描述了一只满世界溜达的小猫在世界万物眼中不同的模样。这只猫可以是作者、是读到书的小朋友、是你我中的任何一个人。作为一个个鲜活而独立的个体，每个人在自己、在他人眼中都是不一样的存在。正是这些不尽相同的方方面面，才构成了个性立体而丰富的我们，让这个世界变得像文策尔笔下那般多姿多彩，也许这就是作者想表达的内容。

（一）活动任务

第一，了解差异，认识不同。

第二，正视差异，接纳不同。

第三，尊重差异，学会换位思考。

（二）活动步骤与方法

1. 和孩子一起阅读材料

父母与孩子一起阅读推荐材料。注意阅读材料的重要信息，如人物、事件时间、地点、主旨等。

2. 让孩子陈述材料内容

注意引导孩子抓住材料的主旨来陈述，往往这个阶段的孩子只能陈述某些点却遗漏了多方面视角所反映的内涵，父母要注意引导、提醒或暗示，帮助孩子建立全面、细致、敏锐的思维，逐渐培养阅读能力、表达能力和思维能力。

3. 与孩子一起讨论

家长以启发、引导、提问的方式开启讨论，分析绘本中涉及的动物在"猫"的眼里有什么不同，"猫"是如何看待自己与万物的，故事带给我们什么样的感受。

"猫"眼中世界万物的不同模样											
小男孩	狗狗	狐狸	金鱼	老鼠	蜜蜂	小鸟	跳蚤	蛇	臭鼬	虫子	蝙蝠

续表

亲子讨论
1. 猫应该如何看待自己？
2. 猫又该怎样看待这些千奇百怪的动物？
3. 猫在水里看到的倒影，能反映真实的猫吗？
4. 猫能找到真实的自己吗？

小贴士

1. 关于绘本阅读

（1）该绘本十分具有教育意义。不同动物看到同样的东西却有如此巨大的不同，主要在于它们的眼睛构造不同，以及各自的生理特点所带来的心理暗示不同。比如，蛇是高度近视眼，靠的是热感应系统视物，所以它看到的东西都呈现亮黄、火红和蓝三种颜色；蝙蝠是通过声波感知世界的，具有回声定位系统，所以它看见的猫通身是由一个个定位点构成；金鱼在水缸中，它看到的猫是模糊而巨大的；老鼠对猫十分恐惧，因此它看到的猫像恶魔一样是黑色的；鸟在天上飞，所以它看见的猫是小小的；而在跳蚤眼中，猫变成了庞然大物，顺滑的猫毛在它看来就像杂草丛似的。它站在一根猫毛上，恐怕只能"不识庐山真面目，只缘身在此山中"。每种动物的眼睛构造都是什么样的原理？为什么同样的事物在它们眼中会有如此巨大的差异？这些都让孩子们充满好奇和疑问，促使他们主动想要去探索和发现。这些都是绘本所蕴含的科普内容，也是这本绘本教育性的体现。

（2）当我们和孩子一起阅读时，可以和孩子一起做互动游戏：我们可以让孩子分别确认每种动物眼中猫的样子。我们可以和孩子轮流猜猜（当孩子多的时候，可以每个人猜一个，轮流进行），充分体现我们和孩子是平等的，我们一起在阅读。

（3）营造轻松愉悦的阅读环境，多用回忆法帮助孩子感知绘本阅读。一只小猫咪，在不同的动物眼中呈现出不同的样子。同样，当我们和孩子一起阅读，让孩子知道我们自己在不同人的眼里也是不一样的，让孩子能够接受不同（这个不同可能是来自不同的人、不同的时间、不同的场景等）。

2. 关于差异

（1）差异。每个人都不同，作为一个个鲜活而独立的个体，每个人在自己、在他人眼中都是不一样的存在。每个人所处的环境不同、文化背景不同、自身需求不同，叶不同的事物就会有不同的视角，不同的观点不不同的立场A们我们各有优妙，各有所长。

（2）补充。每个人的不同都是一种补充，正是因为这份补充，使得世界丰富多彩。

【收获与成长】通过回顾总结，家长需要结合生活实际和亲子体验，有针对性地对孩子实施差异教育，让孩子学会站在不同的角度思考问题，并且在尊重差异的同时，理解人与人之间的个性，感受并领悟生命的奇妙。

尊重生命，接纳生命的差异性，让每个生命绽放。

作为家长，我要记录下我和孩子的一次特别的关于尊重差异的交流经历：＿＿＿＿＿＿＿＿

＿＿＿＿＿＿＿＿＿＿＿＿＿＿＿＿＿＿＿＿＿＿＿＿＿＿＿＿＿＿＿＿＿＿＿＿

＿＿＿＿＿＿＿＿＿＿＿＿＿＿＿＿＿＿＿＿＿＿＿＿＿＿＿＿＿＿＿＿＿＿＿＿

通过这次经历，我们把学习到的对生命差异的认知、理解和尊重差异的知识应用到与孩子的交流中，重视孩子合作能力的培养，让我们收获了更加融洽的亲子关系。

我（儿童）认识到了个体差异的独特性，学会与他人协作、交流，我成了一个爱自己，也尊重别人的人。

我（儿童）的成长体验收获：＿＿＿＿＿＿＿＿＿＿＿＿＿＿＿＿＿＿＿＿＿＿＿

＿＿＿＿＿＿＿＿＿＿＿＿＿＿＿＿＿＿＿＿＿＿＿＿＿＿＿＿＿＿＿＿＿＿＿＿

生命语录

尊重生命、尊重他人，也尊重自己的生命，是生命进程的伴随物，也是心理健康的一个条件。

——［美］艾里希·弗洛姆①

本课要点

家长要让孩子知道：每个个体都是独立的、有差异的。当孩子的表现不如别人让你头疼、焦虑时，解锁密码是：发现孩子的潜在优势，引导孩子意识到每种个性在人类群体中都有互补性。先天的优势要扬长，不足要通过后天的努力及时补短。对自己，我们要学会悦纳、扬长、补短和开发；对别人，我们要学会欣赏和尊重。

---

① 艾里希·弗洛姆是美籍德国犹太人，心理学家、人本主义哲学家、精神分析学家。此句出自艾里希·弗洛姆的《爱的艺术》，上海译文出版社，2008。

生命的奇妙·勇敢的自己

拥有一颗勇敢的心
遇到困难怎么办?

【现象扫描】生生8岁了,他很怕黑,对黑暗有种莫名的恐惧。妈妈给生生讲了很多勇敢的故事,可都无济于事。有一天晚上,爸爸非要拉着生生去散步,想锻炼一下孩子的勇气,生生怎么都不肯,刚刚被拉拽到门口,生生就挣脱爸爸的手,开始哭闹起来。

【解锁行为密码】上述现象中,生生因为害怕黑暗,不敢晚上出门,爸爸采取了比较强硬的方式去逼迫孩子克服困难,结果适得其反。爸爸没有循序渐进地引导生生去克服内心的恐惧,生生也不明确自己要如何才能克服内心的恐惧,无法迈出走向黑夜的那一步。

勇敢对于孩子的幸福生活以及全面发展具有重要作用。孩子一切德行的实现都有赖于"勇敢"品格的建立。孩子自身适当的积极体验加上一些克服困难的方法共同促进孩子勇敢行为的外显。没有积极体验的加持,孩子无法去总结适用于自身的勇敢方法,对自己克服困难的能力也会产生怀疑;没有正确的方法作指导,孩子会像大海中迷失方向的航船。勇敢品格的培养应立足于生活,生活和实践是培养孩子勇敢的最佳契机。

【发展水平】关于儿童勇敢意识、认知与能力的表征。

下表是关于"儿童发展现状"(指儿童勇敢意识、认知与能力的发展水平)和"家庭教育现状"(指当前家庭对相关问题的不同教育表现)的描述。请家长对照、参考,然后再根据自己的实际情况对家庭教育理念、策略、行为做相应的调整。

关于儿童勇敢意识、认知与能力的表征

指　标	内　容	儿童发展行为及家庭教育类型
儿童发展现状	勇敢认知	在日常生活中,能对勇敢行为及表现有一定的认知与判断	□ 1. 能说出自己做过的勇敢行为。 □ 2. 能说出其他情境下的勇敢行为。 □ 3. 能对事例中的行为进行判断,辨别是否是勇敢行为。

续表

指　称		内　容	儿童发展行为及家庭教育类型
儿童发展现状	勇敢行为表现	在日常生活中，能控制自己的情绪，保持正常的心境，并表现出勇敢行为	□ 1. 能在紧张的状态下调整心态，保持内心镇定。 □ 2. 能够想办法应对困难。 □ 3. 具有勇敢的行为表现。 □ 4. 具有坚持克服困难的行为和勇气。
家庭教育现状	家庭教育氛围	孩子是在怎样的家庭氛围中成长的	□ 1. 冒险型：家庭成员有冒险的意识，经常有冒险的行为。 □ 2. 保守型：家庭成员自身就有恐惧心理，或者经常遇到危险情境时不分客观情况，盲目恐慌、惧怕，事事小心谨慎。 □ 3. 勇敢型：家庭成员能够客观分析危险情境，有勇敢的意识、精神和行为。
	家庭教育方式	家庭主要教养人对孩子的教育引导方式	□ 1. 实践锻炼式：创造实践条件，鼓励孩子在实践中表现出勇敢行为后及时鼓励。 □ 2. 启发式：和孩子一起分析事件，启发他自己得出应对办法。 □ 3. 榜样式：有意识地为孩子树立勇敢行为榜样。

【我们一起行动】通过系列亲子活动，家长和孩子能够正确认识勇敢，体验勇敢。孩子在实践中学习克服困难的方法，形成积极的勇敢体验和心理品质。

勇敢是一种抽象的概念。生活中许多令人惊叹或细小的行为都能称为勇敢，勇敢品格的形成需要在生活实践中持续培育。每一次遇到的困难都能转化为收获勇敢的基石。在遇到困难时，切忌因为不信任孩子的能力和抗压水平而过分干预，导致孩子失去应有的锻炼机会。我们可以通过引导孩子辨别危险、分析原因、心理暗示、勇敢体验、总结经验等方式，帮助孩子更好地形成分析问题、解决困难的能力。

活动一：真心话对对碰——通过分享交流，搜集生活中出现的困难，初步总结应对困难的方法。

深入的亲子沟通是增进亲子关系及信任感的有利载体。在繁忙的工作之余抽空陪孩子坐下来，帮助孩子聚焦勇敢的事例，让孩子回忆自己曾有过的勇敢行为，增强孩子积极的情绪体验，并结合实例总结出一些应对困难的方法。

（一）活动任务

第一，培养孩子的勇敢意识。

第二，协助孩子总结应对困难的方法。

（二）活动步骤与方法

1. 家长分享自己的勇敢事迹

（1）分享当时的事情经过。

（2）分享当时自己的心理状态，以及应对方法是什么。

（3）最终是用什么方法来解决困难的。

（4）回顾当时的情景，是否存在当时忽略了的危险因素。

2. 回忆孩子的勇敢事迹

（1）让孩子说说记忆中觉得自己最勇敢的一项事迹。

（2）引导孩子说说自己当时的内心感受。

（3）引导孩子说说是用什么办法来解决困难的。

（4）引导孩子思考有没有当时没有考虑到的危险因素。

（5）鼓励孩子的勇敢行为，对孩子想办法解决问题的做法给予肯定。

3. 讨论分析应对困难的策略

（1）通过分享的案例，以及有针对性的事件，和孩子一起讨论解决问题的方法。

（2）试着做类似的记录。

事件简述	感到困难的原因	应对办法

活动二：和陌生人交流——通过游戏活动引导孩子意识到可以通过心理暗示的方法来增加勇气。

美国著名心理学家马克斯威尔·马尔兹在《你的潜能》[①]一书中提到：你的行动与感觉并不依照事物的本来面目，而是依照你对这些事物所持的意向。积极的心理暗示可以很大程度上提升孩子面对困难的勇气，通过实践小活动帮助孩子掌握利用积极的心理暗示的方法来调整应对困难的心态，缓解焦虑感和恐惧感。

（一）活动任务

第一，通过游戏活动，了解内心的焦虑感和恐惧感不利于自己解决问题。

第二，初步掌握积极的心理暗示法来进行心态调节。

---

① [美] 马克斯威尔·马尔兹：《你的潜能》，晏樵译，20 页，北京，工人出版社，1987。

（二）活动步骤与方法

1. 锁定场合：锁定孩子平时不太敢突破的困境（例如：雨天，去向别人借一把伞）。

2. 分析心态：和孩子交流，遇到这种情况时，自己的心情如何。

3. 分析原因：和孩子一起分析担心的原因是什么，最坏的结果自己能不能接受，以及如何应对这个结果，让孩子明白这样的结果并没有自己想象的那么令人难堪。

4. 心理暗示：通过语言鼓励孩子表达信任，引导孩子进行积极的心理暗示（我可以的，我能尝试）。

5. 尝试解决：在孩子心理建设好之后，可以由孩子独自尝试，也可以由父母带着孩子一起尝试。

6. 表扬总结：不论最终的结果如何，都要表扬孩子勇敢迈出这一步。告诉孩子下次遇到困难时也可以思考担心的原因，并进行积极的心理暗示，调整好心态再尝试。

活动三：实践勇敢——和爸爸妈妈一起去野营。

探险类活动可以很好地锻炼孩子的勇敢品格。在真实的野营事件中，孩子会遇到许多困难考验，鼓励孩子积极面对，切身体验一次"勇敢"。

（一）活动任务

第一，培养孩子判断环境危险性的意识。

第二，通过积极的心理暗示克服内心的恐惧。

（二）活动步骤与方法

1. 阅读激发期待

读一读探险类的书籍，如《汤姆·索亚历险记》，树立学习榜样，同时让孩子对活动产生期待。

2. 活动设计

父母与孩子一起商议，设计一场有趣的户外野营活动，包括时间、地点、活动内容、所带物品等。

3. 物品准备

准备好野营物品全家一起去户外野营。

4. 完成勇气体验任务卡

内　容	自我评价	家长评价
1. 我能坚持走过泥坑、陡峭路段、狭窄路段等不平整路面。	非常棒□　还不错□　需加油□	非常棒□　还不错□　需加油□
2. 我不害怕黑暗。	非常棒□　还不错□　需加油□	非常棒□　还不错□　需加油□

内　容	自我评价	家长评价
3.我能在家长许可的前提下进行小探索。	非常棒□　还不错□　需加油□	非常棒□　还不错□　需加油□
4.我能在家长引导下判断环境的危险性，在安全的情况下做一些以前没有尝试的事情。	非常棒□　还不错□　需加油□	非常棒□　还不错□　需加油□
（总结）通过这次野营活动，我有什么收获？		

5.回顾反思

引导孩子向亲人、朋友分享自己这一次的野营体验，讲讲自己的野营故事，分享自己这次的野营收获。

小贴士

对孩子进行勇敢教育的建议

●引导孩子明确什么是真正的勇敢。真正的勇敢不是无所畏惧，而是面对危险、困难的时候，能够表现出自信，不畏惧、不逃避、迎难而上的一种心理品质。

●家长应多创造锻炼机会。面对陌生事物，我们每个人都会产生本能的恐惧而不愿面对，孩子更是如此。父母要接纳孩子的这种自然反应，孩子有时感到害怕，是因为对事物不熟悉，因此要让孩子在生活中多接触、多体验。

●为孩子解释恐惧现象。孩子的认知水平有限，可能对一些事物和现象感到恐惧，家长可以结合孩子的实际感受和想法为孩子解释恐惧现象，进行心理疏导，给予鼓励，帮助孩子战胜恐惧。

●强化孩子的勇敢行为。如果孩子面对害怕的事情，战胜了自己的恐惧，表现出勇敢行为，家长要及时给予言语或物质上的奖励，强化孩子的勇敢行为，增强孩子信心。

注：家长在培养孩子勇敢品格时，应避免以下误区：（1）消极期望，不相信孩子的能力，从而过度保护；（2）过度关注错误，表现出失望情绪；（3）完美主义倾向，要求孩子表现得尽善尽美。

活动四：和孩子一起读——了解勇敢在日常生活中的存在形式，反观自己的勇敢行为。

【内容简介】

《勇气》

《勇气》是美国作家伯纳德·韦伯所编写的一本绘本故事。这本绘本用孩子能够理解的生活化语言介绍了如何鼓足勇气，尝试一些日常生活中的勇敢行为，巧妙地告诉孩子"哪些行为可以被称为勇敢行为"。勇敢的表现方式有很多种，有的令人敬畏，有的平淡无奇。总之，敢尝试，不退缩，我们才能收获勇敢。

（一）活动任务

第一，了解生活中的"勇敢行为"有哪些。

第二，感受勇敢行为，产生积极体验，正确看待"勇敢"。

第三，培养阅读、理解、表达能力。

（二）活动步骤与方法

1. 和孩子一起阅读材料

建议用1~2天时间和孩子一起读一读《勇气》这个绘本故事。了解材料内容，对材料内容进行讨论，并结合孩子有过的勇敢行为，对照着看看自己有没有这些勇敢行为，并完成下列任务。

2. 让孩子陈述材料内容

让孩子简要陈述阅读材料的内容。父母认真听，如有与材料出入较大的地方，父母要通过提问来帮助孩子回忆，而不是直接告知或是责备。

3. 和孩子一起讨论

（1）和孩子一起讨论，有没有出现过绘本中的"勇敢"行为，并打"√"记录。

（2）和孩子一起讨论，什么行为才算勇敢。

4. 分析总结

通过绘本阅读，我知道了勇敢可以是_____这样的事情，我有过_____次相同的勇敢行为，我觉得自己很_____，爸爸妈妈觉得我很_____。

通过绘本阅读，我对"勇敢"有了新体会：_____

_____。

5.继续创编属于你的《勇气》绘本

勇敢是＿＿＿＿＿＿＿＿＿＿＿＿＿

＿＿＿＿＿＿＿＿＿＿＿＿＿＿＿＿

＿＿＿＿＿＿＿＿＿＿＿＿＿＿＿＿

勇敢是＿＿＿＿＿＿＿＿＿＿＿＿＿

＿＿＿＿＿＿＿＿＿＿＿＿＿＿＿＿

＿＿＿＿＿＿＿＿＿＿＿＿＿＿＿＿

6.作品发表

把创编的绘本作品，经过修改完善，发表在自媒体平台上。

小贴士

1.关于绘本阅读

这部绘本通过呈现日常生活中的勇敢行为来告诉孩子，勇敢并非高不可攀，并不是只有做惊天动地的事情才能够体现勇敢，其实勇敢就在我们的日常生活中，通过阅读可以让孩子正确认识勇敢。这部绘本给我们展现了不同场合下的勇敢表现都有哪些形式，这些场合渗透在我们的游戏中、校园中、家庭中，让孩子明确多种场合下的勇敢行为。

2.关于勇敢

儿童期是勇敢品质养成重要的教育时期，儿童勇敢品质培养宜早不宜晚。在游戏、学习、校园文化、家庭、社会中，儿童都可以接受勇敢品质教育，以养成勇敢的道德行为。①

勇敢品质的培育：儿童期是3~12岁，这个年龄段的孩子活泼好动，游戏是此阶段孩子的大部分业余活动，因此设置一些可以锻炼孩子勇敢品格的游戏可以磨炼孩子的胆量。家庭教育层面，父母要观察孩子是否存在怯懦的行为，一经发现就要着手解决：可以通过和孩子一起阅读勇敢的书籍，体验英雄人物的勇敢情怀，或鼓励孩子与勇敢的人交朋友，潜移默化地影响孩子；此外，家长还应该关注养成教育的持续性，不能因为孩子出现了几次勇敢行为就认为孩子已经形成勇敢的品质，忽视了对孩子的持续培养。

【收获与成长】通过总结回顾，家长帮助孩子在了解勇敢、体验勇敢、收获勇敢的系列活动中学会勇敢，并给予家长一定的勇敢品格培养建议。

---

① 范琐哲、黄秋香：《儿童勇敢品质养成教育探究》，载《陕西学前师范学院学报》，2018（5）。

勇敢就像身体的"钙质"，缺乏勇敢孩子将无法"立"于社会之中。勇敢品质也不是一蹴而就的，儿童期是培养勇敢品质的最佳时期，家长应认真观察、耐心指导，保持养成教育的持续性，让这种良好的行为习惯持续终身。

我与孩子共进步，我的收获：＿＿＿＿＿＿＿＿＿＿＿＿＿＿＿＿＿＿＿＿＿＿＿＿＿

＿＿＿＿＿＿＿＿＿＿＿＿＿＿＿＿＿＿＿＿＿＿＿＿＿＿＿＿＿＿＿＿＿＿＿＿＿＿＿

＿＿＿＿＿＿＿＿＿＿＿＿＿＿＿＿＿＿＿＿＿＿＿＿＿＿＿＿＿＿＿＿＿＿＿＿＿＿＿

我（儿童）的成长体验收获：＿＿＿＿＿＿＿＿＿＿＿＿＿＿＿＿＿＿＿＿＿＿＿＿＿

＿＿＿＿＿＿＿＿＿＿＿＿＿＿＿＿＿＿＿＿＿＿＿＿＿＿＿＿＿＿＿＿＿＿＿＿＿＿＿

生命语录

勇敢产生的非凡而完美的快乐，会因为困难而变得更高尚、更强烈、更美好。

——[法] 米歇尔德·蒙田[①]

本课要点

父母需要从自身做起，为孩子树立坚强勇敢的榜样，多与孩子沟通，多和孩子分享自己的应对经验和体会，多创造一些锻炼胆量的机会，培养孩子评估危机的意识，形成科学的"勇敢观"。鼓励孩子去挑战、感受，在孩子大胆尝试后及时强化孩子的勇敢行为。不断通过实践培养孩子的勇敢品质，坚持下去，不断沉淀，孩子们一定能收获珍贵的"勇气"。

---

① 米歇尔德·蒙田，文艺复兴时期法国思想家、作家。此句出自米歇尔德·蒙田的《蒙田随笔集》，上海译文出版社，2014。

生命的奇妙·多彩的生命

探索自然奥秘
地球上的生命怎样生存？

【现象扫描】科学课上，生生得到了几颗黄豆，老师让小朋友们回家发豆芽。生生希望自己的豆芽能够长得又快又壮，每天都给豆芽浇很多水。眼看着班上其他同学的豆芽都生长起来了，而自己的豆芽在自己一天天的"悉心照顾"下却没有变化，生生很苦恼。这天，生生回家发现，豆子都已经烂臭了。

【解锁行为密码】上述现象中，生生为了能让豆子尽快发出豆芽而过度浇水，没有顾及豆芽真正需要的水量，导致豆子被泡坏，最终没有发出豆芽。生生没有意识到万物都有自己适宜的生长方式，自己的"过度照顾"反而让豆芽无法正常生长。生生了解水和植物生长有密切关联，但不了解不同植物对水分的要求不一样，所以，我们要遵循不同生物自己的生存规律。

地球上的生命是多样的，都有其自身的生长方式和生存法则，有自己成长的规律，我们要科学地对待，也要学习"顺应自然"，尊重自然，达成和谐共生。

【发展水平】关于儿童生命意识、认知与能力的表征。

下表是关于"儿童发展现状"（指儿童生命意识、认知与能力的发展水平）和"家庭教育现状"（指当前家庭对相关问题的不同教育表现）的描述。请家长对照、参考，然后再根据自己的实际情况对家庭教育理念、策略、行为做相应的调整。

关于儿童生命意识、认知与能力的表征

指　标	内　容	儿童发展行为及家庭教育类型
儿童发展现状	生命意识	能结合日常生活实例呈现生命意识	□ 1. 能认识到动植物是有生命的。 □ 2. 能认识到动植物有出生、成长、衰老、死亡的生命过程。 □ 3. 能认识到生命是有周期的。
		相似日常生活中，能尊重生命，爱护生命	□ 1. 能爱护自己的生命。 □ 2. 能爱护动物的生命。 □ 3. 能爱护植物的生命。

指　标	内　容	儿童发展行为及家庭教育类型
儿童发展现状	生命认知	对生物多样性、关联性有一定的认知	☐ 1. 对生物多样性有一定了解。 ☐ 2. 能通过提示对生物间的关联性有一定了解。 ☐ 3. 具有同理心。
儿童发展现状	生命探索能力	在本阶段有一定的生命探索能力水平	☐ 1. 能积极探索，具备一定探索自然的能力。 ☐ 2. 可以判断并做出保护自然的行为。 ☐ 3. 对保护自然、善待动物有一定的认知。
家庭教育现状	家庭教育氛围	孩子是在怎样的家庭氛围中成长的	☐ 1. 冷漠型：家庭成员对自然界及生命持无所谓或漠视态度，如果需要，不惜做出破坏、伤害自然及生命的事情。 ☐ 2. 关爱型：关爱生命，尊重生命，积极保护自然与其他生命。 ☐ 3. 无知型：对自然及自然生命无知，也不关心。
家庭教育现状	家庭教育方式	家庭主要教养人对孩子的教育引导方式	☐ 1. 说教式：以说教、教训的方式，简单告知孩子一些保护自然与生命的知识和规则。 ☐ 2. 启发式：和孩子一起讨论自然现象和生命，创设一些问题或活动启发孩子。 ☐ 3. 榜样式：家庭成员具有爱护自然及生命的意识和行为，并带领孩子一起关爱、保护自然。

【我们一起行动】通过系列亲子活动，家长引导孩子认识生命的秘密和规律，明白生物之间存在密切的关联；了解生物多样性及生物的生存方式，不过度干预生命成长；通过实践活动感受生命的坚韧与可贵。

孩子的认知和感受有限，无法自主理解地球上的生物生存形式及相互关联，家长需要通过一些观察、实践或阅读活动引导孩子感悟生命，感知我们与自然万物之间千丝万缕的联系，才能让孩子更好地理解生命、尊重生命。

活动一：纪录片里话自然——通过观看央视纪录片《自然的运作》，了解生物自然进化的神奇，了解生物之间存在的密切关联。

许多生活在都市的孩子极少有机会真正地去品味自然。因此，我们可以通过和孩子一起观看纪录片的方式与孩子携手探秘自然万物。纪录片里新的科学发现为我们揭开生物间不可置信的相互联系，揭秘生物的奇妙生存法则。

（一）活动任务

第一，了解自然生物独有的生存法则。

第二，了解生物之间的关联性。

（二）活动步骤与方法

1. 观看纪录片

（1）家长和孩子利用空余时间一起观看纪录片《自然的运作》。

（2）孩子不能理解的地方，家长可以和孩子一起搜集资料进行解决。

2. 和孩子一起讨论

（1）边看边引导孩子讨论：介绍的相关物种依靠什么生存？为什么单一物种会影响其他物种的兴亡？

（2）试着讨论下列问题：大象是食草动物，为什么对保护草原有重大意义呢？为什么玳瑁海龟的健康会影响珊瑚礁的健康呢？

试着记录孩子还有哪些新奇的发现：＿＿＿＿＿＿＿＿＿＿＿＿＿＿＿＿＿＿＿

＿＿＿＿＿＿＿＿＿＿＿＿＿＿＿＿＿＿＿＿＿＿＿＿＿＿＿＿＿＿＿＿＿＿＿

＿＿＿＿＿＿＿＿＿＿＿＿＿＿＿＿＿＿＿＿＿＿＿＿＿＿＿＿＿＿＿＿＿＿＿

3. 总结收获

引导孩子说说自己对自然界的这些生命有什么感受，生命之间有没有相互的影响。在发现生命的神奇、发掘自然界生物间的关联之后，让孩子写一写自己的感受以及对大自然说的话。

> 大自然，我（儿童）想对你说：＿＿＿＿＿＿＿＿＿＿＿＿＿＿＿＿＿＿＿
>
> ＿＿＿＿＿＿＿＿＿＿＿＿＿＿＿＿＿＿＿＿＿＿＿＿＿＿＿＿＿＿＿＿＿
>
> ＿＿＿＿＿＿＿＿＿＿＿＿＿＿＿＿＿＿＿＿＿＿＿＿＿＿＿＿＿＿＿＿＿

活动二：感受生命力量——引导孩子走进"动物保护中心"、观看流浪动物视频，去感受生命的脆弱与坚毅，去"临终关怀"体验生命的宝贵，让尊重自然生命的意识在孩子心田扎根。

在许多小动物保护中心，我们经常会看到受伤或流离失所的小动物，它们或被主人遗弃，或被人类伤害，或因流浪而伤痕累累。到这里去，让孩子看看不同的生命状态：许多身体残疾的动物仍然非常顽强地生存着，同孩子一起体验生命的宝贵。

（一）活动任务

第一，体验生命的宝贵与坚毅。

第二，培养孩子的关爱心、责任感。

（二）活动步骤与方法

1. 了解这里的小动物

（1）通过园区的介绍信息了解部分小动物，或通过网络平台了解流浪动物。

（2）了解这些小动物独特的"身世"。

2.临终关怀

（1）关怀一些衰老、垂危的小动物。

（2）和孩子交流感受：看到这样的它，你有什么感受？你想为它做点儿什么？

死亡是生命必然走向的终点，生命如此宝贵，我们需要格外珍惜。

3.喂养身体残疾的小动物

和孩子一起去喂养那些身体不完美的小动物，引导孩子发现，即便身体存在缺陷，它们仍然能够顽强、乐观地生活着，找到自己生命的快乐和价值。生命是宝贵的，不能因为一些缺憾就感到失望，甚至绝望。引导孩子去感受这种永不放弃的乐观精神。

家长的正面引导对孩子的生命教育非常重要，因此家长要温和地与孩子沟通交流。让孩子真实地体验与感受，家长做适当地引导，为孩子树立健康积极的生命观保驾护航。

4.让孩子和他人分享自己的"朋友"及感受

（1）"我的朋友"记录卡，记录孩子准备和朋友分享的一只小动物。

"我的朋友"记录卡		
它的名字		
它的年龄		
它的故事		
我要为它画画像 （可贴和它的合照）	它的画像：	我们的美好时光： （照片）

（2）让孩子和朋友分享在动物保护中心或视频中认识的这位特殊朋友背后的故事。

（3）让孩子思考一下，以后能为这里的小动物们做些什么。

活动三：自然之道——通过阅读故事《安的种子》，了解遵循自然法则的意义，了解我们应该尊重自然生命的规律，不过度干预。

【内容简介】

《安的种子》

《安的种子》的作者是我国著名儿童文学作家王早早。《安的种子》讲述了寺庙里的老师傅，分别给了三个小和尚本、静、安一颗千年莲花种子，让小和尚种莲花。本想要第一个种出莲花，迫不及待地在雪天种下了这粒种子，结果种子被冻死了。静挑选了最好的花瓶，放在最温暖的房间里，静的种子已发出了嫩芽，静用罩子将这珍贵的幼苗保护起来，没想到幼苗得不到氧气，不久就枯死了。安得到种子后不紧不慢地过着自己的生活，等到第二年春天，他才把种子种在池塘的一角，安欣喜地看着种子日益成长，直到在盛夏的阳光下开出耀眼的花朵。

（一）活动任务

第一，了解生物都有其自然发展之道。

第二，通过"种种子"了解自然生物的生存规则。

第三，明确"既要努力进取，又要顺应自然"的奥秘。

（二）活动步骤与方法

1. 和孩子一起阅读材料

家长和孩子共读绘本《安的种子》，了解故事的内容及内涵。（建议和孩子一起在一周内完成阅读及下面的任务。）

2. 讨论激发生命意识的火花

（1）故事讲解员：让孩子给家长讲述这个故事，按照故事的发展顺序进行讲解，讲解过程中关注孩子的完整表达，训练孩子的思维及表达能力。

（2）小朋友会思考：

问　题	家长送我鼓励星 （讲解清晰☆ 积极思考☆ 说清原因☆）
为什么本的种子没有发芽呢？	☆　　☆　　☆
为什么静的幼苗会枯死呢？	☆　　☆　　☆
为什么安的种子能顺利长大呢？	☆　　☆　　☆

家长和孩子一起讨论：假如老和尚给了你一颗莲花种子，你会怎么种呢？

家长的思考任务：假如你知道你的干预会造成不良后果，你会怎样智慧而科学地指导或帮助孩子呢?

3.种花生

（1）了解花生的"喜好"

通过趣味种植活动，孩子真切地感受生物都有自己独特的生存方式，了解种植的过程与种子成长所需的条件。为了让孩子了解到花生的生存条件，第一步我们需要引导孩子去发现花生喜欢的生长条件有哪些，不喜欢的条件又有哪些。让孩子动动小手，把自己对花生生长的发现写下来吧!

☹ 不喜欢   ☺ 喜欢

（2）记录花生成长过程

用孩子喜欢的方式（可以用图画或照片）记录下花生的生长过程，并和家人分享收获。

> 小贴士
>
> 《安的种子》通过讲述三个小和尚种莲花的故事，道出了我们要遵循事物生长规律的真理。这也是一个关于"等待"的故事，可以让孩子学会冷静思考和耐心等待，以平和、淡定的心态去享受生活中的点滴。在孩子的成长过程中，家长也要学会给予孩子适度的成长空间，尊重生命自身的内在规律，不急于求成、不拔苗助长，既要努力进取，又要顺应自然。

活动四：亲子阅读——了解自然界生物的生存方式，增进孩子对生物间相互关联的认知，感受生命的丰富多彩及奇妙珍贵。

【内容简介】

《生命·万物不可思议的连接方式》

《生命·万物不可思议的连接方式》的作者是美国作家米莎·布莱斯。绘本以万物之间紧密相连为主要思想，用色彩艳丽的图画展现了生物的独特存在方式及生物间的相互联系，是帮助孩子了解生物多样性及生物之间相互关系的著名科普绘本。

（一）活动任务

第一，培养保护生态的意识。

第二，理解生物链现象。

第三，培养阅读、理解、表达能力。

（二）活动步骤与方法

1. 阅读推荐材料

建议用 2~3 天时间，父母和孩子一起阅读这部绘本，并完成下面的任务。相信你会对生命之间的生存方式有更深的体会。

2. 与孩子一起完成以下任务

（1）完成下列表格，了解自然事物与人类的联系。

问题描述	我的收获
1. 人类的能量来源是什么？	
2. 水去到了哪些地方？	

（2）让孩子画一画眼中世界万物的链接方式，制作"生命"绘本。

3. 结合自己的行为反思

父母与孩子一起各自反思以前有没有破坏自然生态的行为，今后应该如何改进。

有损自然生态的行为	今后的改进措施

小贴士

　　《生命·万物不可思议的连接方式》是美国作家米莎·布莱斯创作的科普类绘本，是一封充满科学精神和爱的邀请函，邀请我们去爱周围的世界，去爱身边大大小小的生命，同时也要爱我们自己。该绘本以万物之间紧密相连为主要思想，用色彩艳丽的图画展现了生物的独特存在方式及生物间的相互联系，以儿童化的语言让我们感悟到自然的神奇，感受到自然的方方面面都深邃而神秘，并让人由衷感到敬畏。

　　关于微生物的科学知识繁多复杂，但作者用生活化的语言和示例，为孩子们介绍了微生物的长相、生活习性、如何繁殖，以及其他了不起的"魔法"，帮助孩子了解生物多样性及生物之间的相互关系。书的最后写道：最微小的生物，做的却是最了不起的事情。

【收获与成长】通过总结回顾，家长帮助孩子明确万物都有自己的生存方式，各自独立而又紧密关联。爱护自然、尊重自然，是我们每一个自然之子对自然母亲应有的回报。自然教育不仅仅关系到孩子的道德养成，更关系着世界的未来。

作为家长，我要记录下我和孩子一次特别的交流经历：＿＿＿＿＿＿＿＿＿＿＿＿

＿＿＿＿＿＿＿＿＿＿＿＿＿＿＿＿＿＿＿＿＿＿＿＿＿＿＿＿＿＿＿＿＿＿

我（儿童）的成长体验收获：＿＿＿＿＿＿＿＿＿＿＿＿＿＿＿＿＿＿＿＿

＿＿＿＿＿＿＿＿＿＿＿＿＿＿＿＿＿＿＿＿＿＿＿＿＿＿＿＿＿＿＿＿＿＿

生命语录

　　世界上哪里有统一的教育男孩或教育女孩的方法呢，每一个男孩都是他自己，每一个女孩都是她自己，和别的男孩或女孩都不一样。你所能做的是爱这个不一样，理解这个不一样，让这个不一样成为价值。

　　　　　　　　　　　　　　　　　　　　　　——周国平[2]

本课要点

　　家长要让孩子知道：自然生命有着自己独有的生存方式，彼此独立又密切关联。我们可以借助生活与自然这两个载体引导孩子去体验生命的美好、珍贵，帮助孩子树立积极的生存态度，这对孩子的健康成长至关重要。我们爱孩子，也要懂得尊重孩子的自然生长样态，既要教会孩子努力进取，也要顺应自然。

---

① 周国平，中国当代著名学者、作家、哲学研究者。此句出自周国平《叩叩》，湖南文艺出版社，2022。

三年级　生命的独特

生命的独特·权利的平等

男性女性，各美其美
男生女生各有什么优势？

【现象扫描】晚饭后，全家人一起看电视。电视里正在播放"神舟十八号"载人飞船发射成功的新闻。哥哥生生激动地说："妈妈，我长大了要当宇航员，飞上太空俯瞰地球。"妹妹高兴地说："啊！我也要当宇航员，飞去宇宙！"生生在一旁不屑地说："你可不行！只有男生才可以当宇航员！你有我勇敢吗？有我力气大吗？"妹妹连忙争辩说："我要我要！我就要当宇航员，我也很勇敢！"妈妈连忙劝慰道："好啦，不要争了！你们都很棒。只要身心素质强，符合宇航员标准，女性同样可以成为宇航员。你们瞧，王亚平阿姨不就是两次进入太空的宇航员吗？"生生不好意思地说："妹妹，对不起，我不知道原来女孩和男孩一样，都可以成为宇航员。"

【解锁行为密码】从上述现象中的亲子对话可知，孩子之间也存在性别刻板印象。他们往往认为自己的性别优势更适合做某件事，因此会在生活中无意识地进行比较。案例中的母亲能及时关注孩子的语言和行为表现，抓住教育契机，适时引导孩子正确认识性别差异，尊重性别平等。因此，在家庭教育中渗透性别平等意识能帮助孩子消除刻板印象，悦纳自己，尊重他人。

明晰性别平等教育需要从娃娃抓起。随着社会发展，性别平等意识必将成为公民必备素养。性别教育不仅存在于课堂，还存在于孩子生活的方方面面。建立科学的性别平等观念需要家庭中每一个成员不断努力，家长更应该树立起正确的性别观念，给孩子起到良好的示范作用。

【发展水平】关于儿童性别平等意识、认知与能力的表征。

下表是关于"儿童发展现状"（指关于儿童性别平等意识、认知与能力的发展水平）和"家庭教育现状"（指当前家庭对相关问题的不同教育表现）的描述。请家长对照、参考，然后再根据自己的实际情况对家庭教育理念、策略、行为做相应的调整。

关于儿童性别平等意识、认知与能力的表征

指 标		内 容	儿童发展行为及家庭教育类型
儿童发展现状	自我认知	能够清楚认识个性差异，对未来的自己有所期待	☐ 1.能清楚地认识自己的优点和缺点。 ☐ 2.期待自己未来的职业，有清晰的目标。
	尊重差异	能正确认识性别差异，尊重他人	☐ 1.能正确认识男女性别差异。 ☐ 2.能尝试理解异性，欣赏不同性别的优点。 ☐ 3.能够平等对待异性，反对性别歧视现象。
	兴趣偏好	遵从自己的内心，大胆选择	☐ 1.有自己的爱好，敢于表达自己的想法。 ☐ 2.敢于自我尝试和挑战，哪怕与众不同，也要坚持到底。
	观念认同	能正确认识社会刻板印象，反对性别偏见	☐ 1.认同男女平等，反对性别偏见。 ☐ 2.尊重性别角色发展的多样化和差异化，能打破固有印象。
家庭教育现状	家庭教育氛围	孩子是在怎样的家庭氛围中成长的	☐ 1.歧视型：家庭成员有严重的男权主义或女权主义思想。 ☐ 2.冲突型：家庭成员有性别冲突，各自都认为自己的性别有优势，经常发生性别冲突、相互歧视现象。 ☐ 3.平等型：家庭成员之间各自有科学、平等的性别意识与性别观念，男女平等，互相认同、互相尊重。
	家庭教育方式	家庭主要教养人对孩子的教育引导方式	☐ 1.榜样式：家庭成员以实际行为尊重性别差异，相互尊重，男女平等。 ☐ 2.说教式：以说教、责怪、指责等语气教训孩子在性别差异方面的不当言行。 ☐ 3.启发式：有意识地启发、引导孩子认识两性生理差别及特点，愿意尝试改变社会刻板印象，尊重孩子探索多样的可能。

【我们一起行动】通过系列亲子活动，家长帮助孩子正确认识性别差异，建立性别平等意识，遵从自己的内心，尊重每一个独特的灵魂，鼓励孩子悦纳自己，勇敢做自己。

无论是男孩还是女孩，每个孩子都有与生俱来的特质。并非所有的"男孩就应该这样，女孩就应该那样"，既要有性别差异意识，又不能固守刻板的性别印象。家长、老师和社会对他们的理解、尊重和支持就是给孩子们最好的礼物。

活动一：认识性别的差异，了解性别的互补——通过观看视频，进行家庭讨论，共同解读性别生理密码，了解性别在生活、工作、家庭中的不同作用及其互补性。

（一）活动任务

第一，帮助孩子理解男女性别的生理差异。

第二，帮助孩子探索家庭成员的性别互补性。

（二）活动步骤与方法

1. 共同观看视频

利用性别教育绘本或视频进行家庭学习，一起解读性别生理密码。当我们面对孩子关于性别的问题时，正面的回答教育不仅影响孩子一生对性别的认知，也对健全孩子人格有良好的促进作用。在性别平等教育中，帮助孩子正确认识生理结构是接纳尊重的基础。

相关性别教育视频推荐："可可小爱"原创公益广告剧——《男女平等，尊重性别差异》《男女平等，家务劳动一起分担》。（提示：可可和小爱是一对动漫宝贝，主要是通过清新时尚、活泼可爱的形象，演绎"公民道德""生态环保""人文关怀""文明礼仪""生命安全"等爱心公益主题故事。）

2. 回顾视频内容

● 话题一：男生、女生的外在特征有什么不同？

● 话题二：男生、女生的能力特点有什么不同？

3. 进行家庭讨论

小学生正处于性别角色选择时期，面对许多性别角色定位的困惑和焦虑，父母应帮助孩子正确认识性别差异，了解性别的互补性，学会尊重他人。引导孩子在发挥自己性别优势的基础上，注意向异性学习，克服自己性格上的弱势，促进身心的全面发展和人格的完善。

开一个小型的家庭会议，一起探索家庭成员个性特质，用心了解每一位家庭成员。

探索家庭成员性别密码

妈 妈	爸 爸	孩子（女孩）	孩子（男孩）
个性优点：	个性优点：	个性优点：	个性优点：
个性缺点：	个性缺点：	个性缺点：	个性缺点：
我是女性，但我也欣赏男性的一些个性或特质，如：	我是男性，但我也欣赏女性的一些个性或特质，如：	我是女生，但我也欣赏男生的一些个性或特质，如：	我是男生，但我也欣赏女生的一些个性或特质，如：
夸一夸所有的家庭成员：	夸一夸所有的家庭成员：	夸一夸所有的家庭成员：	夸一夸所有的家庭成员：

4.分工完成家务劳动

家长可引导孩子根据自身性别特点及劳动特长，结合家庭实际，认真分配家务劳动。体现家庭责任男女平等，家庭任务人人有责。

一起来完成"家务劳动计划表"吧！

家务劳动计划表

劳动任务	家庭成员	完成时间	备 注
买菜	爸爸或妈妈	每天	根据上班时间提前商量
煮饭	妈妈或爸爸	每天	
洗碗			
收拾餐桌			
倒垃圾			
洗衣			
扫地			
拖地			
整理房间			

活动二：消除刻板印象，尊重性别平等——通过游戏活动，开展家庭辩论会，完成亲子任务，打破性别刻板印象的束缚，引导孩子认识优秀品质男女都有，职业选择男女平等。

（一）活动任务

第一，帮助孩子打破刻板印象。

第二，引导孩子建立性别平等意识。

（二）活动步骤与方法

1.家庭辩论会

来一场家庭辩论会。以"女性适不适合当兵""男性适不适合当护士"等为辩论题目，确定正方反方，开始辩论。相信通过这场辩论，家长和孩子会对"性别"和"职业"有不一样的认识。

2. 家庭游戏挑战

来一场家庭游戏大比拼。挑战内容为：寻找古今中外、各行各业的杰出人士。请家庭成员在规定时间内，通过网络、书籍等资源进行寻找，至少查找 5 个人的资料，看看谁找得快，总结完整，要点抓得准。整理出来的资料，不少于 1 000 字。

古今中外各行各业的杰出人士

职　业	姓名与性别	时　间	国　籍	成　就	性格特点	追求与理想
医学家						
科学家						
文学家						
运动员						
航天员						
工程师						
英雄战士						
政治家						
思想家						

3. 分享自己的成果

各自讲述收集、整理的资料，展示成果（包括文字的和口述的）。

4. 亲子讨论总结

结合自己，分别谈感受。每人不少于 5 分钟。

> 小贴士
>
> 　　刻板印象：《女性心理学》[①]中定义性别刻板印象——基于将人分为性别范畴的自然倾向，我们假定某些特征、行为和角色更多地代表女性，而其他的则代表男性，这些称作性别刻板定性。而这种刻板印象并不能概括所有男性或者女性的特点，比如："女孩要温柔淑女""男孩不该轻易哭泣""男生理科好，女生文科好""男主外女主内"……这些社会性别刻板印象在接受教育、职业选择、社会生活、择偶婚恋等方面深刻地影响着人们。对于孩子而言，固有的性别偏见和观念限制了他们的选择和行动，抹杀了他们的兴趣和能力。

[①] 参见 [美] Claire A. Etaugh，Judith S. Bridges：《女性心理学》，苏彦捷译，北京，北京大学出版社，2003。

活动三：发现自己的闪光点，探索自我发展——通过查找资料或者走进职场，观察发现，了解职业，了解性别与职业的关系，认同自己的性别，全面认知自我，探索自我发展。

（一）活动任务

第一，帮助孩子挖掘自身特质。

第二，帮助孩子探索自我发展。

（二）活动步骤与方法

1. 调查——统计男女职业情况

我们一起走进社区，开展一次职业统计。选择以下表格中的单位，了解该单位中的男女比例，思考男性、女性在某些职业上或要职上的分布情况，得出结论，聊聊其中的发现。

社区男女职业调查表

企事业单位	总人数	男性工作者	女性工作者	我的发现
小学	138人	9人	129人	
中学				
社区医院				
派出所				
连锁超市				
酒店				
工厂				

2. 对比家庭成员职业分析

根据前面"家庭成员性别密码"的探索，我们一起梳理家庭成员各自的性别特质以及职业优势，帮助孩子认识性别优势、特长爱好和职业选择的关系。

家庭成员的职业分析

家庭成员	性别优势、特长爱好	目前职业	目前职业优势	下一步的职业规划
爸爸				
妈妈				
……				

3.探索——孩子的自我发展（或孩子的职场认知）

小学阶段，父母应该有意识地引导孩子对社会职业的种类、性质、环境以及从业人员的性别等方面有所了解和认知。如果学校可以开展职场体验活动，家长应支持与配合。

例如：在孩子6~7岁或更早，可以让孩子了解我们身边的多种社会职业，感知与我们生活息息相关的职业，尊重不同性别的职业人；8~9岁的孩子，父母可以带着孩子走进父母职场，感受父母的工作环境、职责、男女性别比例，体恤父母工作的辛劳；到了小学高年级段，父母可以让孩子走进更广泛的职场，亲自参与，感悟职业的创造与价值，亲身实践，体验不同职业的性别优势。

通过孩子对多种职业的了解、实践、感悟，家长与孩子一起交流、讨论各种职业对不同性别的适合度，帮助孩子认识自身性别的优势、劣势，从自己的兴趣爱好出发，树立理想，建立起职业生涯规划等自我期待与自我发展的意识。

活动四：和孩子共读——帮助孩子树立性别平等观念，引导孩子悦纳自我，突破性别刻板印象的束缚，学会尊重差异，探索充满无数可能性的未来。

【内容简介】

《屠呦呦：理想治愈世界》

本书作者是我国儿童文学界新锐作家王路，其讲述了中国杰出女科学家屠呦呦执着追求科学真理的故事。在饱经战火洗礼的童年，她萌生了治病救人的理想。为了战胜疟疾这个病魔，她向医而行，以身试药，远赴边疆，在实验室中饱经挫折、艰苦奋斗，最终寻找到可以治疗疟疾的青蒿素。本书在采访屠呦呦及同事、亲友的基础上，集合大量翔实的一手资料，还原了一位执着追求科学真理的中国科学家，展现了诺贝尔奖背后的梦想、汗水、智慧、勇气、力量。让我们通过本书，寻访这位伟大科学家的不凡人生，一同品味她带给我们的诸多启示……

（一）活动任务

第一，帮助孩子建立性别平等意识。

第二，帮助孩子感受榜样的力量，探索自我的无限可能。

（二）活动步骤与方法

1.和孩子一起阅读材料

建议家长和孩子一起阅读后完成下面的任务，也许你和孩子对突破固有观念，探索自我发展会有一些新的认识。

2. 让孩子陈述材料内容

家长可提醒孩子回忆人物传记中难忘的片段、故事等，以培养孩子清晰地、完整地、正确地把握材料的能力。

3. 和孩子一起讨论

家长以启发、引导、提问的方式开启讨论，感受书中传递的榜样的力量。

问题一	我们印象中的科学家应该具备哪些能力或品质？
问题二	读完这本书后，探讨屠呦呦成功的原因。
问题三	男女生的性别是否决定了学习能力的差别？
问题四	下面形容词中，你认为常用来形容男生的用蓝色笔圈起来，形容女生的用红色笔圈起来，两者皆可的用黄色笔圈起来。 强壮　温柔　细心　认真　粗鲁　勇敢　爱生气　脾气好　有礼貌　温柔体贴 爱讲话　说话大声　胆小　乐于助人　心地善良　充满爱心　自信　开朗　热爱劳动 活泼大方　害羞　有责任心　耐心　脆弱　积极主动　勤奋上进　好胜心强　善于合作 宽容　坚持
问题五	你的职业梦想是什么？这份职业需要具备什么特质？为了完成梦想，你需要做什么样的努力？

小贴士

1. 阅读解读

"呦呦鹿鸣，食野之蒿"。出自《诗经·小雅·鹿鸣》。《屠呦呦：理想治愈世界》还原了一位中国女科学家执着追求科学真理的故事。屠呦呦是中国第一位获得诺贝尔生理学或医学奖的科学家，她高中毕业后先后进入西医和中医两个领域进行系统学习，从而打通了两个学科之间的联系。在她漫长的职业生涯中，性别没有成为限制，她全力以赴从事医学研究，带着团队一次次进行实验，最终提炼出治疗疟疾的青蒿素，为人类健康做出了重要贡献。

2. 概念解读

性别平等意味着无论男女，都可以享受一样的权益、资源、机会和保护。性别平等并不意味着男女要变得一样，而是没有偏见或歧视。我们应该打破刻板印象，尊重每一个独特的灵魂。儿童的一切发展应该取决于他们的潜质、能力和兴趣，而不仅是他们的性别。尊重个体差异性是为人父母出于尊重孩子需要面对的课题。

【收获与成长】通过回顾总结，我们倡导性别平等，打破性别成见，尊重儿童的个体差异，接纳自我，尊重他人，帮助孩子树立正确的性别平等观念。

不管男孩还是女孩，都是一个家庭中最独特的宝贝。在孩子成长的过程中，我们要尊重孩子的性别特质，引导孩子了解性别的差异、优势及互补性。通过与孩子的沟通交流，帮助孩子建立性别平等意识，尊重并接纳性别角色发展的多样化与差异化，改变固有刻板印象。通过日记表或者亲子之间的聊天进行反思，记录自己的感受。

作为家长，我要记录下我和孩子一次特别的讨论交流经历：_____

_____

_____

_____

通过这次经历，我们认识到性别平等教育的重要性，尊重孩子的性别特质，鼓励孩子探索多种可能，和孩子之间的沟通与交流，让我们收获了更加融洽的亲子关系。

我（儿童）喜欢我的性别，我知道男生女生有各自的性别优势，我会成为一个独特的我，我努力做最好的自己。

我（儿童）的成长体验收获：_____

_____

_____

> 我们平等地相爱，因为我们互相了解，互相尊重。
>
> ——[俄] 列夫·尼古拉耶维奇·托尔斯泰[①]

生命语录

本课要点 每个孩子都是一个独特的个体，他们拥有选择自己人生的机会。家长需要重视性别平等教育，引导孩子正确认识性别差异，尊重并欣赏性别的不同，突破性别的桎梏，鼓励孩子悦纳自我，相信自己，探索更多元、更丰富的可能。

[①] 列夫·尼古拉耶维奇·托尔斯泰，19 世纪中期俄国思想家、作家、哲学家。此句出自列夫·尼古拉耶维奇·托尔斯泰的自传体小说三部曲《童年·少年·青年》，上海文艺出版社，2008。

生命的独特·生命的有限

尊重生命规律
死亡是什么?

【现象扫描】铭铭的爷爷生病去世了,铭铭悲痛极了,整天以泪洗面。她不停地追问妈妈,爷爷去哪里了。妈妈不知道该怎样向铭铭解释"人死不能复生",也不知道该不该用"爷爷去了天堂"这种说法答复孩子。晚上,铭铭做噩梦,哭着醒来叫妈妈。她害怕爸爸妈妈也死了,害怕自己也死了,她抱着妈妈不撒手,不肯再睡觉。

【解锁行为密码】上述现象中,孩子不理解爷爷的去世意味着什么。孩子对于爷爷去世的情绪表现为伤心、难过、恐惧,这些都是正常的情绪,应该得到接纳。妈妈的不知所措是源自不能针对死亡给予孩子合理的解释。家庭中死亡教育的缺失,让很多孩子在第一次面对死亡的时候,显得手足无措,受不了打击,最后沉浸在悲伤之中无法自拔。可见缺乏适时的心理疏导、回避死亡教育,会对孩子造成更大的伤害,带来难以消除的心理阴影。

家长有意识地引导孩子认识死亡,有助于减少孩子在恐惧与焦虑中独自摸索对死亡的理解。家长需要从认知层面帮助孩子认识死亡,从情感层面引导孩子从悲伤到接纳再到理解的转变,帮助孩子通过哀悼等一些纪念行为表达对逝去亲人的哀思,进而从失去亲人的情感体验中帮助孩子加深对生命意义的理解。

【发展水平】关于儿童死亡意识、认知与能力的表征。

下表是关于"儿童发展现状"(指儿童的死亡意识、认知与能力的发展水平)和"家庭教育现状"(指当前家庭对相关问题的不同教育表现)的描述。请家长对照、参考,然后再根据自己的实际情况对家庭教育理念、策略、行为做相应的调整。

关于儿童死亡意识、认知与能力的表征

指　标		内　容	儿童发展行为及家庭教育类型
儿童发展现状	情绪调节与控制	面对死亡的情绪调节与控制	☐ 1. 面对死亡事件时，能正常宣泄情绪，主动与别人倾诉。 ☐ 2. 能正确面对死亡，在家人朋友的安抚下，能缓解悲伤情绪，自我调节，逐步走出情绪阴影。
	对死亡的理解与态度	在面对死亡话题时，能正确认识死亡，尝试接纳死亡	☐ 1. 在老师、家长的启发下，能理解死亡，能正确对待内心恐惧情绪。 ☐ 2. 能认识死亡，接纳死亡，理解生命的有限，能积极面对生活。 ☐ 3. 懂得在有限的生命中，珍惜和身边人相处的时光，让生命更加幸福，更加精彩。
	生命价值与意义	理解生命的有限，懂得生命的意义，面对生活充满正能量	☐ 1. 开朗乐观，喜欢关注生活中有意义的事，愿意分享自己的快乐，享受生活中的每一天。 ☐ 2. 积极面对生活中的困难，充满正能量，敢于面对挫折，勇于挑战困难，不惧怕失败。
家庭教育现状	家庭教育氛围	孩子是在怎样的家庭氛围中成长的	☐ 1. 惧怕型：对死亡感到恐惧，处处回避死亡的话题，经常表现出害怕死亡的行为。 ☐ 2. 直面型：能够直面死亡，对死亡不恐惧，珍惜生命。 ☐ 3. 无知型：既对死亡无知，也不珍惜生命。
	家庭教育方式	家庭主要教养人对孩子的教育引导方式	☐ 1. 榜样式：自己以实际行动表现出能够正确面对死亡，珍惜生命，过好每一天。 ☐ 2. 说教式：以说教、责怪、指责的方式表达不怕死或怕死的观点。 ☐ 3. 启发式：启发、引导孩子理解死亡是正常现象，珍惜生命的每时每刻。

【我们一起行动】通过系列亲子活动，帮助家长引导孩子认识死亡、理解死亡，从而接受死亡。通过实践感知生命的有限，从而形成"向死而生"、尊重生命规律、珍惜生命时光的积极态度。

生老病死是人生的自然过程，对孩子进行"死亡隔离"，只会给孩子造成更大的伤害。家长需要直面"死亡"这一主题，循序渐进地带领孩子认识死亡，让孩子明白，每个人都是这个世界上独一无二的存在，每个人都与众不同，每个人都终会死亡。只要我们热爱生命，呵护生命，我们就会拥有更多的爱与快乐。

活动一：认识死亡——引导孩子通过聊观影感受，初步感知死亡，认识死亡。

（一）活动任务

第一，引导孩子正确认识死亡。

第二，帮助孩子舒缓面对死亡的焦虑情绪。

（二）活动步骤与方法

1. 一起看电影

推荐的电影是皮克斯动画工作室拍摄的《寻梦环游记》。（建议家长和孩子用半天时间观看电影，进行讨论。）

2. 讨论观影感受

在观影过程中或结束后，父母可适当引导孩子共同探讨以下话题：

●话题一：回忆印象最深刻的电影情节，谈谈自己的感受。

●话题二：回忆我们与逝去的亲人、朋友之间美好的故事。

●话题三：对于死亡，父母和孩子各有什么新的感受？

家长还可引导孩子自己提出疑问，并进行家庭讨论。父母不可急于求成，切忌将自己对死亡的观点和看法强加给孩子，重点引导家庭成员各抒己见。

3. 查找资料，了解风俗

家长带领孩子一起查找了解世界各国关于逝去亲人的纪念日，帮助孩子了解相关风俗。

查一查：世界各国纪念逝去的亲人朋友的方式

国　家	纪念日	时　间	习　俗
举例： 中国	清明节	4月5日前后	清明节，又称踏青节、行清节、三月节、祭祖节等。清明节源自上古时代祖先信仰与春祭礼俗，是中华民族最隆重盛大的祭祖大节。清明节兼具自然与人文两大内涵，既是自然节气，也是传统节日。扫墓祭祖与踏青郊游是清明节的两大礼俗主题，自古传承，至今不辍。
墨西哥	亡灵节	11月2日	墨西哥人会制作逝者喜欢的美食，并在墓地铺满万寿菊和金盏花，人们会化装、载歌载舞、制作各种小饰品，来祭奠、怀念亲人。他们在墓地演奏，迎接逝者灵魂的到来。

续表

国　家	纪念日	时　间	习　俗

活动二：寄托哀思——引导孩子郑重面对死亡，尊重生命，通过行动寄托哀思，表达对逝去亲人的怀念。

（一）活动任务

第一，引导孩子郑重面对死亡，尊重生命。

第二，帮助孩子寄托哀思，表达对逝去亲人的怀念。

第三，带领孩子祭拜先人或缅怀革命先烈的丰功伟绩，感知生命的意义。

（二）活动步骤与方法

1.设计一场动物的葬礼

葬礼，即我们为失去生命所准备的最后仪式，是一种对逝去生命的尊重，是我们对逝去生命的最后告别。孩子在成长的过程中，非常需要认识死亡。因为在生命中，我们身边随时可能接触到死亡的事物：植物、动物、陌生人、熟悉的人……如果需要带领孩子参与葬礼，可以事先帮助孩子做好心理准备，通过亲子阅读、查找资料、探索实践等方式，帮助我们顺利打开死亡教育的大门，帮助孩子真正明白生命所赋予的意义。

（1）阅读资料，做好心理预设：推荐阅读绘本《小鸟的葬礼》[①]。在这个故事中，孩子们发现了一只侧躺在路边的小鸟，它闭着眼睛，没有了心跳。孩子们为小鸟感到难过，于是他们决定好好向它告别，为它举行一场葬礼。他们来到公园的树林里，给小鸟做了一座坟墓。他们用温暖的甜蕨草包裹小鸟，铺上鲜花，盖上泥土，他们用一首轻柔的歌送别小鸟。从此，他们每天都回到它的身边为它唱歌。孩子们以葬礼的方式纪念"小鸟"这个逝去的生命。家长引导孩子正确面对死亡，学会尊重生命，成为一个富有爱心的善良人。（家长也可查阅有关葬礼的儿童读物或影视资料。）

[①] 参见 [美] 玛格丽特·怀兹·布朗（文），克里斯蒂安·鲁滨逊（图）：《小鸟的葬礼》，阿甲译，北京，北京联合出版公司，2020。

（2）设计一场葬礼，学会珍惜生命：给动物（小鱼、小虫等）设计一场葬礼（告别仪式）。葬礼设计应该以郑重、感恩、赞美为基调，感悟生命的消逝，学会珍惜生命的美好。

【设计葬礼流程】

第一，准备一个纸盒或木盒，放入死去的动物。

第二，选择合适地点进行埋葬（土埋）。

第三，为生命的逝去写一段悼词，进行告别。

2. 写信怀念逝去的亲人

写一封信给逝去的亲人，回忆曾经温暖的点滴。将思念化作文字，减轻悲伤，寄托怀念和爱。家长也可以在孩子面对亲人或宠物离去时，陪伴孩子整理一本相册，或完成一幅画，帮助孩子回忆快乐时光，留下幸福的瞬间。

3. 扫墓祭拜先人或革命先烈

清明扫墓祭拜先人也是通过行动寄托对亲人的怀念和爱。家长还可以带领孩子参观烈士陵园，缅怀革命先烈的丰功伟绩，更能直观感受生命的价值和意义。

扫墓流程及礼仪	
公墓祭祖流程	公墓祭祖的流程参考：除杂，净碑，检查，摆供，献酒，敬花，墓话，行礼，分福。（建议家长和孩子着深色、整洁服装，祭祖过程庄重，富于仪式感。）
烈士陵园祭扫礼仪	（1）庄严肃穆心怀崇敬，衣着整洁仪态大方。 （2）安全科学防范隐患，遵守规定保护环境。 （3）真切缅怀革命先烈，继承遗志传承美德。

活动三：热爱生命——通过种植物或养动物，观察记录，亲子共同感知生命的美好。

（一）活动任务

第一，帮助孩子认识生命的历程，平静地接受生命的消逝。

第二，引导孩子敬畏生命、欣赏生命、热爱生命。

第三，培养孩子正确的生命观，促进其阳光发展。

（二）活动步骤与方法

1. 种植植物（建议用 1~2 个月来进行此项实践体验活动，亲子共同参与）

选择生命周期较短的植物，比如豆芽（一周左右）、小油菜（50 天左右）、莜麦菜（40 天左右）等，便于观察。家长帮助孩子种植并精心照顾植物。培养孩子热爱生命、服务生命的品质。

2. 观察记录

植物播种、发芽、开花、结果、枯萎，这些重要环节需要亲子共同参与记录。通过体验、记录活动感知植物的生命变化，初步了解生命的诞生、成长、衰败的自然现象。

（1）拍照：用照片记录鲜活的生命成长历程。

（2）观察日记：指导孩子写观察日记，用文字记录植物生长全过程。

（3）写信：记录植物的每个生长阶段和自己想对植物朋友说的话，建立情感纽带。

3. 户外探索

（1）周末踏青：利用周末踏青走进大自然，观察大自然中充满蓬勃生机的植物，拍照记录。

（2）环保行动：带领孩子进行亲子环保实践活动，护绿植树、宣传环保等，将环保意识落实到日常行为中。

4. 拓展延伸

（1）引导孩子感受动物的生命历程。收集资料了解"蝴蝶的一生"：受精卵、幼虫、蛹、成虫四个发育阶段。

（2）孩子可用自己喜欢的方式（画画、习作、舞蹈、诗朗诵、即兴表演等）展示自己对蝴蝶生命历程的认识。

5. 喂养小动物

可根据家庭具体情况尝试喂养一种小动物，建立孩子与动物之间的情感联系。引导孩子珍惜和尊重生命。

活动四：和孩子一起读——引导孩子认识死亡，学会释然、平静地道别，用一颗感恩的心去怀念逝去的亲人。

【内容简介】

《也许死亡就像毛毛虫变成蝴蝶》

《也许死亡就像毛毛虫变成蝴蝶》是荷兰作家皮姆·范·赫斯特创作的一部儿童教育绘本。故事从主人公"小男孩克里斯蒂安"捡到一条毛毛虫开始。他想把毛毛虫放到罐子里，却被爷爷告知毛毛虫有可能会死掉。由此，祖孙间展开了一场生动开放的心灵对话，探讨了生命和死亡的哲学话题。克里斯蒂安与爷爷的对话中自然流动的情感、直白单纯的问题、具体易懂的美丽比喻，搭配绘者温暖的图片，让这本书谈论起死亡来，显得既温柔又平易近人，直击孩子的心灵，进而帮助孩子开启认识生命有始有终的现实意义的大门。

（一）活动任务

第一，引导孩子学会释然，坦然面对死亡。

第二，引导孩子学会感恩，懂得生命的意义。

第三，培养孩子积极面对生活的态度，向死而生。

（二）活动步骤与方法

1. 和孩子一起阅读材料

建议家长和孩子一起来阅读绘本《也许死亡就像毛毛虫变成蝴蝶》，完成下面任务。也许你和孩子能够更加理解生命的价值，享受生命的美好。（建议家长和孩子用2天时间阅读绘本。）

亲子合作完成下表，了解《也许死亡就像毛毛虫变成蝴蝶》主要内容。

死亡会发生在什么时候呢？	死后会怎样呢？	人为什么会死呢？

2. 亲子讨论，围绕下列话题，了解生命的意义

●话题一：生命很独特，既然最终会死亡，为什么还要出生呢？书中有一段这样的描述，爷爷眼里闪着泪花，他点点头："你刚刚教会了我一些非常美好的东西，宝贝。"克里斯蒂安教会了爷爷什么呢？

●话题二：直面死亡需要勇气。书中的爷爷坦然告诉克里斯蒂安："某些时刻，死亡好像很可怕，让我感到很难过。也有些时刻，死亡会让人平和，偶尔还会让我感到满足。"爷爷还说："知道自己终有一天会死，让我感到很安心。"你知道为什么吗？你也会害怕死亡吗？

●话题三：认真读一读全书，书中最后说，克里斯蒂安想到"也许死亡就像毛毛虫变成蝴蝶……"。你知道是为什么吗？

关于绘本阅读

（1）关于作者：皮姆·范·赫斯特，荷兰知名童书作家，创作的童书多关注儿童的心理。通过故事来反映儿童遇到的心理、情绪问题，并给家长提出参考解决方法。

（2）关于本书：同多数死亡主题的绘本不同，这本书没有一个情节鲜明的故事，而是通过一场发生在一对爷孙之间的对话，直接探讨了死亡话题的多个维度。书中对死亡采取不回避、不弱化的态度，既正视事实，又开放包容不同观点，语言严肃

小贴士

又不乏温馨。

（3）关于"谈论死亡"：皮姆·范·赫斯特曾说，"死亡是人生不可或缺的一部分，谈论死亡并不是为了突显它的悲伤沉重，而是为了发现生活的美好"。和孩子谈论死亡并不是容易的事，这本书可以给家长提供一个谈话的范本。书后还附有心理专家对于"如何和孩子谈论死亡"的具体建议，对家长来说具有很强的实际指导意义。

（4）关于"理解死亡"：死亡意味着告别、割舍和说再见。探知死亡，是我们生命教育重要的一环。唯有学习如何面对失去与告别，才能更好地活在这个世界上。死亡是人生中不可避免的，那么就让我们勇敢直视死亡。只有了解，才不会对未知感到恐惧。走好当下的每一步，过好当下的每一天，才不辜负生命的意义。

【收获与成长】 通过回顾总结，家长需要充分认识死亡教育的重要意义，家校协作，结合生活中的具体事例，实施死亡教育，主动地引导孩子理解死亡的意义，感受并领悟生命的价值。

印度诗人泰戈尔说：生如夏花之绚烂，死如秋叶之静美。[①]每个人都是一本书，出生时是封面，死亡时是封底，我们虽无法改变封面前和封底后的事情，但书里的故事，我们却可以自由书写。我们拥有花朵般灿烂美丽的生命，请尊重生命，珍惜生活，用心捍卫生命的尊严。通过观察日记或者亲子之间的聊天进行反思，记录自己难忘的感受。

作为家长，我要记录下我和孩子的一次特别的交流经历：＿＿＿＿＿＿＿＿＿＿

＿＿＿＿＿＿＿＿＿＿＿＿＿＿＿＿＿＿＿＿＿＿＿＿＿＿＿＿＿＿＿＿＿＿＿＿＿＿

＿＿＿＿＿＿＿＿＿＿＿＿＿＿＿＿＿＿＿＿＿＿＿＿＿＿＿＿＿＿＿＿＿＿＿＿＿＿

通过这次经历，我们学习到如何对孩子进行死亡教育的引导，与孩子共同学习和交流让我们更加坦然面对死亡、尊重生命、热爱生命，拥有"向死而生"的乐观与豁达。

我（儿童）懂得了死亡并不可怕，最重要的是要学会敬畏生命、珍惜生命，做一个热爱生活的人。

我（儿童）的成长体验收获：＿＿＿＿＿＿＿＿＿＿＿＿＿＿＿＿＿＿＿＿＿＿

＿＿＿＿＿＿＿＿＿＿＿＿＿＿＿＿＿＿＿＿＿＿＿＿＿＿＿＿＿＿＿＿＿＿＿＿＿＿

＿＿＿＿＿＿＿＿＿＿＿＿＿＿＿＿＿＿＿＿＿＿＿＿＿＿＿＿＿＿＿＿＿＿＿＿＿＿

———————————

① 泰戈尔《飞鸟集》，郑振铎译。

生命
语录

人固有一死，或重于泰山，或轻于鸿毛。

——司马迁①

本课
要点

　　家长要让孩子知道：生命的意义和价值并不会因为死亡而消散。不再惧怕死亡的密码是：正确认识死亡，理解死亡，才能勇于面对死亡，才能懂得生命的价值。通过实践感知生命的有限，从而形成尊重生命规律、珍惜生命时光的积极态度。让我们崇敬生命，继承先辈遗志，延续生命的意义。

---

① 司马迁，我国西汉时期伟大的史学家。此句出自司马迁的《报任安书》。

生命的独特·温暖的港湾

家是孩子最温暖的港湾

家是什么？

【现象扫描】今天，生生在学校里和同学打架，老师批评了他，并电话联系了家长。放学后，生生很忐忑，害怕回家爸爸妈妈会批评他。他在小区外面转了一圈又一圈，直到天黑了才慢慢地走进小区。来到楼下，生生看到家中窗户透出的温暖灯光，不禁加快了上楼的脚步。快到家了，他看到家门敞开着，传来阵阵饭菜的香味，客厅里还播放着他最喜欢的动画片。生生走进家门，眼眶湿润了，他自责地对妈妈说："我今天犯错了……"妈妈摸着他的头说："没关系，你已经知错了。爸爸妈妈正等你回来吃饭呢！"

【解锁行为密码】上述现象中，孩子因为犯错害怕被责骂不敢回家。父母知晓孩子的情绪，并耐心等待孩子回家。家中温暖的灯光、敞开的大门、阵阵饭菜香味、动画片的声音，都是父母给予忐忑不安的孩子归家的信号。在爱的包围中，孩子产生了自责的情绪，勇敢承认错误。妈妈的抚摸、关心的言语，都让孩子感受到家的温暖。于是，孩子对家的眷恋、对父母的爱，在这些生活细节中，越来越深刻。

家庭是孩子最温暖的港湾，父母是孩子最温暖的依靠。一个和谐幸福的家庭是孩子面对困难和挫折的避风港。一对包容理解的父母是孩子成长路上的护盾。无论前进或退缩，无论坚定或迷茫，无论快乐或悲伤，对家的依恋始终是孩子的勇气和力量。

【发展水平】关于儿童爱家情感的意识、认知与能力的表征。

下表是关于"儿童发展现状"（指儿童爱家情感的意识、认知与能力的发展水平）和"家庭教育现状"（指当前家庭对相关问题的不同教育表现）的描述。请家长对照、参考，然后再根据自己的实际情况对家庭教育理念、策略、行为做相应的调整。

关于儿童爱家情感的意识、认知与能力的表征

指　标		内　容	儿童发展行为及家庭教育类型
儿童发展现状	情感交流	在与家人的相处过程中，能进行有效交流和互动	□1.关心家人的情绪，常常能识别家人的情感并做出适宜反应。 □2.能敞开心扉主动与家人深入沟通和互动。
	理解他人	尝试理解家人的看法和想法，换位思考	□1.能关注并理解家人的不同看法或想法，进行有效沟通。 □2.能主动从家人的角度看待问题，并学会体谅。
	情感表达	尝试用多种方式表达对家人的爱	□1.能感受到家人的爱，能够表达自己对家人的爱和感恩。 □2.喜欢用多种方式（语言、文字、图画等）表达自己对家人的感谢。 □3.常常做一些力所能及的事情帮助家人减轻负担和压力。
	热爱家庭	眷念家的温暖，热爱父母、亲人等	□1.能从家人身上感受到爱和温暖，有安全感。 □2.喜欢与家人接近，乐意与家人谈心沟通。 □3.爱父母、爱所有的家庭成员，依恋自己的家。
家庭教育现状	家庭教育氛围	孩子是在怎样的家庭氛围中成长的	□1.冷漠型：不关注孩子的思想与情绪，极少时间沟通和交流，与孩子的关系比较疏远。 □2.平淡型：能照顾孩子的衣食起居，但是不太注重与孩子的思想交流和沟通，没办法走入孩子的内心世界。 □3.冲突型：没有有效的亲子沟通方式，常常与孩子产生冲突，常常相互抱怨。 □4.温暖型：与孩子的关系亲近，时常陪伴孩子，有充分的交流沟通，尊重理解孩子。
	家庭教育方式	家庭主要教养人对孩子的教育引导方式	□1.榜样式：家长以身作则，要孩子做到的，自己首先做到，言传身教，根据孩子的情况采用适当的方法进行教育和引导。 □2.说教式：家长习惯反复叮嘱孩子，不自觉地针对孩子某一行为进行说教。 □3.批评惩罚式：家长面对孩子的错误行为时，常常以语言批评、行为惩罚等方式对孩子进行教育。

【我们一起行动】通过系列亲子活动，帮助家长和孩子理解家庭的意义，感恩家人的付出，学会爱的表达。

家是我们身心的港湾，是我们人生的支撑点，更是我们生活中最大的满足和快乐。父母努力构建一个和谐温暖的家庭就是给予孩子最好的礼物。珍惜和家人在一起的美好时光，让我们拥抱爱吧。

活动一：爱的答卷——你知我心，感恩互动。

（一）活动任务

第一，帮助孩子了解家庭成员，拉近彼此间的距离。

第二，帮助孩子感受家人的爱，学会表达爱。

（二）活动步骤与方法

1. 制作问卷（父母和孩子利用1天时间各自制作并完成答卷，看看家人之间是否相互了解）

了解是信任和尊重的基础。只有不断地了解家人，才能达到有效的沟通和互动，家庭氛围才能更加融洽。爱的答卷给家人间提供了交流沟通的渠道。出题人可以根据自己的需求出题，敞开心扉，让家人更加了解你内心的想法。以下问题仅供参考，出题人可以继续往下补充题目，设置分值。

爱的答卷（妈妈篇）		
出题人：妈妈	答题人1：爸爸	答题人2：孩子
1. 妈妈的生日是哪天？（1分）		
2. 妈妈的身高是多少？（1分）		
3. 妈妈穿多大码的鞋？（1分）		
4. 妈妈最喜欢吃什么菜？（1分）		
5. 妈妈最喜欢吃什么水果？（1分）		
6. 妈妈最害怕什么动物？（1分）		
7. 妈妈一天工作多长时间？（1分）		
8. 妈妈在家负责做什么？（1分）		
9. 妈妈最近的烦心事是什么？（1分）		
10. 妈妈最大的心愿是什么？（1分）		
11. 妈妈最擅长的劳动是什么？（1分）		
12.……（可适当增加题目和分值）		
总分：	得分：	得分：

爱的答卷（爸爸篇）		
出题人：爸爸	答题人1：妈妈	答题人2：孩子
1. 爸爸的生日是哪天？（1分）		

续表

爱的答卷（爸爸篇）		
2. 爸爸的身高是多少？（1分）		
3. 爸爸穿多大码的鞋？（1分）		
4. 爸爸最喜欢吃什么菜？（1分）		
5. 爸爸最喜欢看的电视剧类型是什么？（1分）		
6. 爸爸在家最喜欢干什么？（1分）		
7. 爸爸的工作内容是什么？（1分）		
8. 最容易让爸爸发脾气的是什么事？（1分）		
9. 爸爸一周内加班的次数是多少？（1分）		
10. 爸爸最大的心愿是什么？（1分）		
11. 爸爸最擅长的劳动是什么？（1分）		
12.……（可适当增加题目和分值）		
总分：	得分：	得分：

爱的答卷（孩子篇）		
出题人：孩子	答题人1：妈妈	答题人2：爸爸
1. 孩子的生日是哪天？（1分）		
2. 孩子的身高是多少？（1分）		
3. 孩子穿多大码的鞋？（1分）		
4. 孩子最讨厌吃什么菜？（1分）		
5. 孩子最喜欢吃的零食是什么？（1分）		
6. 孩子最喜欢什么动物？（1分）		
7. 孩子最喜欢看的电视是什么？（1分）		
8. 孩子最害怕的东西是什么？（1分）		
9. 最近孩子在学习上遇到的困难是什么？（1分）		
10. 孩子最近最想做的事是什么？（1分）		
11. 孩子最喜欢做的劳动是什么？（1分）		
12.……（可适当增加题目和分值）		
总分：	得分：	得分：

2.完成答卷

问卷制作完成后，让我们来一场家庭考试吧。半小时内，家庭成员一起来认真作答。看看答题人能得多少分。得分高的家人可以获得出题人的相应奖励。

3.解读分数

答卷人可以通过分数知晓自己是否真正了解家人。分值越高越了解对方。同样的问卷，爸爸妈妈对孩子的了解程度不同可能导致分数不一样。家庭成员之间了解越多，沟通越顺畅。孩子往往也更愿意依赖理解他、支持他的父母。在答卷过程中，引导孩子理解父母为家庭的付出和承担的责任压力。一个充满爱的家庭，感恩和付出是双向循环的。家庭成员应站在对方的角度去理解、包容，实现更加融洽和谐的家庭氛围。

活动二：爱的印记——记录成长足迹，定格时光流年。

（一）活动任务

第一，帮助孩子学会记录生活中的美好时光。

第二，帮助孩子回忆感知家庭的温暖。

（二）活动步骤与方法

看着一个小生命从出生到成长实在是一件令人感动和振奋的事情。由于数码技术的发展，大多数爸爸妈妈已经习惯用手机记录孩子成长的经历。电子相片虽然快捷方便、容易储存，但总是不如纸质相片那般独具意义。特别是亲子相册的制作，更能让父母和孩子一起回忆充满爱的点点滴滴，更能感受到家的意义。（建议每年花1星期的时间搜集打印照片，精心制作相册。）

1.物品准备

手工相册一本、彩笔若干、贴纸装饰若干、胶水、精选照片若干。

2.相册制作

手工亲子相册主要记录孩子成长过程中具有纪念意义的时刻，是父母与孩子的温馨互动。可以按照孩子的年龄阶段精心挑选照片装册，通过粘贴、固定、装饰，父母和孩子发挥创意和想象，将一个个感人、难忘的瞬间定格在手工相册中。在亲子相册的制作过程中，除了图片还可以添加一些文字。文字的内容可以是父母想对孩子说的话或者是父母看到孩子成长产生的感悟，也可以记录每张照片拍摄背后的故事和心情。

3.翻看相册

制作亲子相册的过程中能让孩子感受到父母浓浓的爱，在心中印刻下家的温暖。这份爱的礼物将给予孩子最美好的回忆，使孩子更加珍惜现在的幸福时光。制作完成后，让我们聚在一起，一边翻阅相册，一边回忆过去美好的时光。

活动三：爱的仪式——生活中的仪式感，是让孩子幸福的妙方。

（一）活动任务

第一，策划家庭仪式帮助孩子增加幸福感。

第二，引导孩子感受家的温暖，学会感恩家人。

（二）活动步骤与方法

仪式感是亲子关系的润滑剂，把家人之间的爱和亲情深深地连接起来，增加孩子的幸福感。仪式感将一个时间或时刻赋予特殊的意义，体现家人对生活的重视。生日要唱生日歌，过年要吃饺子，睡前要道晚安，早起后互道一声早安，每年固定一次远足……这些都是生活中的仪式，有的比较普遍，有的是家庭成员间小小的约定，虽然不起眼，却让人分外感觉生活的美好。将仪式感带入生活，增进亲子之间的交流，维持融洽的家庭关系，在家人内心留下美好的记忆，给平凡的日子增添亮色，提升家庭的幸福指数。家庭仪式感，让孩子感受到家庭的温馨，感受到家人的爱，保有对生活的尊重和向往，将美好铭记于心。

1.策划家庭仪式（家人们利用周末时间一起来计划属于你们的家庭仪式吧）

我们的家庭仪式

独具匠心的家庭仪式，能够给你们带来意外的惊喜！可以根据自己家庭的实际情况，建立属于自己家庭的仪式。可以参考表格"日—星期—月—年"的形式来进行梳理，也可以按照日历进行安排。每一个进入家庭仪式的日子或事项，需要家庭全员重视并认真对待。仪式感并不复杂，它和心意相连、和爱意互通，给每一个平凡的日子带来"小惊喜"，让家人感受到浓浓的爱。

爱在每一天	
时　间	我们的约定
早上	见面互道早安，出行前拥抱
晚上	亲子阅读半小时 睡前互道晚安，祝福拥抱
快乐每一周	
时　间	我们的约定
星期六	全家齐动手，一起做饭，快乐劳动
星期天	全家一起看一部电影，享受亲子时光

续表

温暖每一月	
时　间	我们的约定
一月一天外出计划	一家人一起外出去公园／博物馆／图书馆／商场／游乐场……
一月一次家庭日	一月固定一天家庭日，全家人坐在一起用餐、聊天，晚餐后进行家庭会议

幸福每一年	
时　间	我们的约定
妈妈生日（　　月　　日）	爸爸、孩子为妈妈准备礼物／为妈妈做一件事
爸爸生日（　　月　　日）	妈妈、孩子为爸爸准备礼物／为爸爸做一件事
孩子生日（　　月　　日）	爸爸／妈妈为孩子准备礼物
父母结婚纪念日	孩子为爸爸妈妈做一件力所能及的事／送上一份惊喜礼物
儿童节（六月一日）	爸爸妈妈为孩子实现一个愿望
孩子小学、初中、高中毕业日	爸爸妈妈给孩子送上毕业礼物、写寄语、和孩子一起拍照……
……	……

2. 执行家庭仪式

（1）父母心中要先种下"仪式感"的种子。生活中如何营造仪式感，增加孩子的幸福感呢？这是一个值得父母深思的问题。仪式感是一件浪漫的事情，对于亲子关系、夫妻关系，都能带来极大的幸福增效。仪式感对于生活来说是必要的存在，而不是无关紧要的东西，所以父母一定要先有"仪式"的意识。

（2）关注重要的日子，为这个日子的主角准备一份礼物。可以是一束鲜花，也可以是自己亲手制作的礼物，甚至可以是为家人做一件力所能及的事。在重要的日子里，一定要准时参与。在特殊的日子，可以尝试一些平时不做的事情，让这些事情感觉"不一样"。还可以准备一些"小惊喜"送给家人，这样的感动可以带来长久的美好回忆。

小贴士

家庭氛围营造的策略和方法①

● 家庭气氛应保持一种轻松的状态。轻松的家庭氛围有利于孩子的心理健康。在日常生活和子女问题上要彼此尊重和理解。夫妻之间应共同努力维护家庭中温馨和谐的气氛，遇到问题时多沟通，用言语搭建桥梁，缩小心灵之间的距离。父母应

---

① 布海璐，毛维国：《浅析家庭氛围对青少年社会化进程的影响》，载《心理月刊》，2019，14（1）。

尽量避免把在工作中遇到的困难和不快的情绪带给子女，在孩子成长过程中，保持轻松愉快的家庭气氛对其心理健康十分重要。

●家庭成员之间应该相互关心、相互尊重。家庭人际关系的和睦有助于家庭成员互帮互助、相互尊重、相互信任、相互支持，避免心理冲突，使家庭成员保持积极向上的心境，更有助于发挥主观能动性。家庭中父母恩爱和谐，互相沟通良好，时刻向子女传达积极向上的思想，都会在其成长过程中起到十分重要的作用。

●民主是良好家庭气氛中不可缺少的因素。在一个民主的家庭中，父母与子女面对社会和人际交往的处理方式必定是积极和肯定的。作为父母应学会换位思考，给予孩子足够的尊重和理解，给孩子自主选择的权利，主动与孩子沟通，尊重孩子的发言权。在民主和谐的家庭中，重要的决定应该由全体家庭成员一起协商后作出，这个过程很重要的是孩子的参与。家庭成员各自承担与履行自身在家庭中的责任与义务。父母应在工作中保持积极认真的态度，孩子要明确自身定位，成为有价值的人。

●父母应该加强自身修养，提高文化修养和素质，做好榜样。父母对子女的教育从不是简单的说教而已，而是隐含在日常的小事之中。作为父母要时刻注意自己的言行，成为子女学习的标杆。父母应为成为子女学习的榜样而不断努力，提高自身修养的同时带给孩子积极向上的影响，对子女真正做到言传身教。未来的家庭是学习型家庭，父母一定要不断学习各种知识，自身要成长，更要跟得上孩子的成长与发展。

活动四：和孩子一起读——了解家庭对一个人的意义，追根溯源，传承优良家风。

【内容简介】

《曾国藩家风》

本书作者是我国的青年学者姜志勇和孔珍珠。曾国藩家族从乡村的普通农家发展为在全国有影响力的名门望族，只用了几十年的时间，其中的关键就在于家训家风。家训是家族成员的行为规范和价值准则，家风则是贯穿于其中的"魂"。相对于繁复的家训来说，"魂"具有高度的浓缩度，是家族精神的提炼。《曾国藩家风》一书通过对曾国藩家族家训等资料的研究，从中提炼出了八个核心家风——书、勤、和、俭、敬、省、恕、健，并对其一一进行了详细阐述。

（一）活动任务

第一，了解家的意义。

第二，传承优良家风。

第三，培养阅读、理解、表达能力。

（二）活动步骤与方法

1. 和孩子一起阅读材料（建议家长和孩子用 1~2 周的时间完成亲子阅读）

建议家长和孩子一起来阅读书籍《曾国藩家风》，完成亲子讨论话题。也许你和孩子对家风家训会有一些新的认识。

2. 亲子讨论：了解曾国藩的家风故事，学习优良家风家训

●话题一：曾国藩家族核心家风的具体含义是什么？

●话题二：曾国藩家风的相关故事带给我们哪些启发？

●话题三：我们家庭可以学习借鉴哪些良好的家风家训？

3. 制作家谱

建议家长和孩子用 2 周左右的时间一起动手绘制"五代家谱"简图。帮助孩子了解自己家族的发展历史，讲述家族榜样人物的成就与贡献，引导孩子牢记本家族的优良家训和家风。培育良好家风，传承向善能量，是我们每一个家庭的责任与担当。

（1）活动准备：A3 纸一张、彩笔若干、家族照片资料等。

（2）活动要求：亲子共同制作一张家谱，建议用图表形式呈现（五代），从高祖父母到孩子的全部亲属姓名、生卒年月、职业、居住地迁移情况。还可追溯家族发展史，了解家族前辈人生经历、基因传递规律等。

（3）活动意义：亲子制作家谱的过程，让孩子亲身感受家族的优良传统事迹、家风的精神内涵，促进孩子定位自己的理想。这是一种共情、感恩的教育引导。在制作家谱的过程中，家长要顺势引导孩子寻找自己在家族中的地位，思考家族发展链接中自己应该承担的角色，从小培养孩子的责任担当意识。

关于家庭、家教、家风[①]

●家庭为"体"。自古以来，中华民族存在"家国一体"的理念，国家是家庭的扩大和延伸，强调"家"的生存、利益、意志与发展，以个人服从集体，也凸显出"家本位"的理念。

●家教为"术"。家庭作为"本体"，使得家教成为必要，并为家风的形成提供可能。家庭功能和作用的发挥，以及家庭的存在和发展也离不开相应的"中介"——家庭教育。家教作为"中介"之"术"贯穿于家庭之中，协调各种家庭关系、培养子孙后代，从中孕育和呈现出家庭的风范、风尚和作风。家庭教育的好坏对子孙后代的培养、学校教育的进展、社会的和谐安定以及国家的繁荣富强有着直接或间接的影响。

●家风为"魂"。所谓家风，就是"门风"，是指一家或一族世代相传的道德准则和处事方法。也有学者将家风视为家庭的价值观、家庭的信仰，甚至是家庭的意识形态等。可见，在某种程度上讲，"家风"可视为"家庭文化"，其能够发挥"上层建筑"的作用，反作用于家教，并为家庭铸魂。此外家风关系党风，连着政风，影响民风。良好的家风可以实现与党风、政风、民风之间的互相渗透、彼此作用，共同营造社会新风尚。

小贴士

【收获与成长】形式多样的亲子活动，帮助家长和孩子认识"家"的意义，感受家人陪伴的温暖，同时，更加熟悉彼此，真诚沟通，勇敢表达爱。

家的温暖将陪伴我们一生。多年以后，真正能帮助孩子抵抗各种挫折、承受各种压力的，是内心的强大。而父母的爱、家庭的温暖，就是这内心强大的核心。通过日记或者亲子之间的聊天，记录我们陪伴孩子成长的点点滴滴。

作为家长，我要记录下我和孩子的一次特别的家庭交流经历：＿＿＿＿＿＿＿＿＿＿＿＿＿

＿＿＿＿＿＿＿＿＿＿＿＿＿＿＿＿＿＿＿＿＿＿＿＿＿＿＿＿＿＿＿＿＿＿＿＿＿＿＿

＿＿＿＿＿＿＿＿＿＿＿＿＿＿＿＿＿＿＿＿＿＿＿＿＿＿＿＿＿＿＿＿＿＿＿＿＿＿＿

＿＿＿＿＿＿＿＿＿＿＿＿＿＿＿＿＿＿＿＿＿＿＿＿＿＿＿＿＿＿＿＿＿＿＿＿＿＿＿

通过这次经历，我们懂得了如何与孩子沟通交流，让他们感受家人的爱，让家庭成为他们前行

[①] 栾淳钰，王勤瑶：《家庭·家教·家风关系及启示论》，载《贵州社会科学》，2016（6）。

的动力。通过与孩子交流，我们收获了更加融洽的亲子关系。

我（儿童）能深刻体会到家人对我的爱和支持。幸福家庭需要家庭成员的共同维护，我也要学着了解家人感受，表达对家人的关心和爱，成为一个懂得感恩和责任的好孩子。

我（儿童）的成长体验收获：＿＿＿＿＿＿＿＿＿＿＿＿＿＿＿＿＿＿＿＿＿＿＿

＿＿＿＿＿＿＿＿＿＿＿＿＿＿＿＿＿＿＿＿＿＿＿＿＿＿＿＿＿＿＿＿＿＿＿＿＿

＿＿＿＿＿＿＿＿＿＿＿＿＿＿＿＿＿＿＿＿＿＿＿＿＿＿＿＿＿＿＿＿＿＿＿＿＿

生命语录

家庭应该是爱、欢乐和笑的殿堂。

——[日]木村久一[①]

本课要点

家庭是孩子心灵的港湾，是孩子前进力量的源泉。如何让家的力量成为孩子向上、向善的动力呢？倾听、沟通、陪伴、理解、尊重、拥抱、呵护都是家长能够给予孩子的爱的支持。培育优良家风，传承向善能量，是我们每一个家庭的责任与担当。

[①] 木村久一，日本著名的心理学家、教育学家。此句出自木村久一的《早期教育与天才》，江苏人民出版社，2009。

生命的独特·了解我自己

与众不同的自己
我有什么特点？

【现象扫描】亲子运动会上，铭铭的父母因为工作原因无法到校参加，铭铭一个人躲在角落里掉眼泪。老师安慰她时，她哽咽着说："我知道，爸爸妈妈不喜欢我，因为我没有妹妹听话，没有妹妹聪明。妹妹什么都会，我什么都不会，我很笨，所以他们都不愿意来陪我，我是不被喜欢的孩子，我的爸爸妈妈都不爱我。"

【解锁行为密码】上述现象中，铭铭因为父母没来陪她参加亲子运动会而情绪崩溃，看似是一瞬间的爆发，实则是长期负面想法累积的结果。生活中，父母有意无意地将铭铭和妹妹进行比较，目的是想让铭铭更好，可是对于一个三年级的孩子来说，语言和行为上的比较让她压力很大，一旦没有达到父母的期待，就会让铭铭自我否定，从而越来越不自信。长期的打压式教育，长期的自我否定，会让铭铭产生父母只爱妹妹，不爱自己的想法，从而变得自卑，忽视自己身上的优点。

父母的打压式教育，会让孩子忽视自己的优势，变得自卑。而这种"自卑感"一旦形成，会伴随孩子的一生，使他时时刻刻都觉得自己低人一等，从而拒绝迎接生命中出现的任何挑战。自卑的孩子通常表现为羞怯、犹豫不决，在困难和批评面前畏手畏脚，一旦陷入窘境便会心生绝望、放肆哭泣。因此，纠正父母的教育方式，化解孩子的"自卑感"，让孩子充分认识自我、了解自我，发现自己的优势，发扬自己的特长，从而变得阳光自信很重要。

【发展水平】关于儿童自我意识、认知与能力的表征。

下表是关于"儿童发展现状"（指儿童自我意识、认知与能力的发展水平）和"家庭教育现状"（指当前家庭对相关问题的不同教育表现）的描述。请家长对照、参考，然后再根据自己的实际情况对家庭教育理念、策略、行为做相应的调整。

关于儿童自我意识、认知与能力的表征

指 标		内 容	儿童发展行为及家庭教育类型
儿童发展现状	我的形象	能明确地知道自己的外貌、气质、修养，了解自己的整体形象	□ 1. 知道自己的整体形象外貌，且明白自己的外貌是遗传父母。 □ 2. 知道自己的整体气质是什么样子的，明白应该更注重自己的内在修养以提升自己的个人形象。
	我的兴趣	能明确地知道自己的兴趣爱好，并能有意识地培养自己的爱好	□ 1. 知道自己最感兴趣的事情有哪些。 □ 2. 愿意为自己的兴趣付出努力。 □ 3. 愿意接触更多的新鲜事物，拓宽自己的兴趣爱好。
	我的性格	能明确地知道自己是什么性格，并且知道这样性格的优缺点	□ 1. 能清楚地知道自己的性格。 □ 2. 知道这样的性格带来的益处是什么。 □ 3. 知道这样性格的不足是什么，并能在生活中克服不足。
	我的优势	能明确地知道自己较别人的优势是什么，并知道如何发挥自己的优势	□ 1. 知道自己在哪些方面具有优势。 □ 2. 知道这些优势能给自己带来怎样的价值。 □ 3. 愿意有更多的计划发挥自己的优势。
家庭教育现状	家庭教育氛围	孩子是在怎样的家庭氛围中成长的	□ 1. 尊重型：父母尊重孩子的自我意识形成，并能在尊重的基础上引导孩子。 □ 2. 自我型：父母以自我为中心，将自己的想法强加给孩子，按照自己的意愿控制孩子。
	家庭教育方式	家庭主要教养人对孩子的教育引导方式	□ 1. 教训式：父母长期使用语言暴力，压迫孩子，逼迫孩子遵循父母的意愿。 □ 2. 榜样式：父母严格要求自己成为孩子的榜样，或者为孩子树立学习的榜样，在实践中帮助孩子形成自我意识。 □ 3. 启发式：父母在孩子自我意识形成的过程中，帮助孩子分析和梳理自己的特点、优势，鼓励孩子成为理想中的自己。 □ 4. 放羊式：父母对孩子的自我意识发展放任不管，任其发展。

【我们一起行动】通过系列亲子活动，家长帮助孩子了解自己、认识自己的优势、悦纳自己。

活动开始前，家长就"了解自己"这个主题和孩子进行对话，真实坦诚地告诉孩子你眼中的"他"是怎样的。让孩子感受到家长对他的关注、爱护，让孩子愿意放下顾虑，没有负担地和家长一起探讨。和谐亲密的亲子关系，会成为孩子强大的心理依靠，让孩子在安全、尊重的氛围中探索、了解自己。孩子会更加乐意接纳自己、欣赏自己，最后爱上独特的自己。

活动一：自我调查报告——让儿童了解自己的形象、特质，了解自己的优势，明白自己的不足，悦纳自己，发展自己。

（一）活动任务

第一，设计问卷，通过别人对自己的看法间接地认识自我。

第二，通过问卷调查，明晰他人眼中的自己是什么样子的。

第三，调整对自己形象的认知，学习科学认识自己的方法、科学认识事物的方法。

（二）活动步骤与方法

1.与父母一起设计"自我调查报告"

父母和孩子一起，共同设计一份针对孩子自我形象的调查问卷。

★注意：调查问卷的内容要具有正面性，旨在帮助孩子发现自己的特质、积极寻找孩子的闪光点。

参考模板如下：

关于（人的独特性）的自我调查

您好！感谢您抽空来填写这份问卷！本问卷将采取匿名填写的方式进行，您最真实的答案能帮助我更好地认识自己，了解自己。再次感谢您的参与！

1.您和我的关系是

非常熟悉，经常在一起□　　　比较熟悉，偶尔在一起□　　　认识，但是没什么接触□

2.您喜欢我哪些五官？

眉毛□　　　　眼睛□　　　　鼻子□　　　　嘴巴□　　　　耳朵□

3.我的身材是什么类型的呢？

身材匀称□　　　个子高挑□　　　　身材微胖□　　　　个子偏小□

它的优势是＿＿＿＿＿＿＿＿＿＿＿＿＿＿＿＿＿＿＿＿＿＿＿＿。

4.我的性格是什么样的呢？

内向型□　　　外向型□　　　稳定型□　　　冲动型□

5.我最擅长的是下面选项中的哪一项呢？

运动类□　　　艺术类□　　　智力类□　　　手工类□　　　乐器类□

6.我的优点有哪些？

好学□　　　勤奋□　　　善解人意□　　　是非分明□　　　坚强□　　　开朗□

自信□	高尚□	阳光活泼□	才华横溢□	团结□	谦虚□
善良□	细心□	漂亮大方□	热情友善□	冷静□	积极□
有礼貌□	有责任心□	心灵手巧□			

此问卷供参考。家长可结合孩子的自身情况，设计出更符合孩子特点的问卷。

2. 分发、填写、回收、统计整理问卷

（1）分发问卷：请父母帮忙将问卷分发给亲人、朋友；请老师帮忙，将问卷分发给同学和老师。尽量扩大参与的人数，以便收集更多的样本。

（2）填写问卷：做到匿名填写，不影响问卷填写的真实性。

（3）回收问卷：将所有已填写的问卷进行回收，确保每一道题都进行了填写。

（4）统计整理问卷：将问卷结果进行数据统计，整理好问卷结果。

（5）分析问卷：针对问卷结果进行分析，让孩子自己说一说，哪些结果是自己认同的，哪些结果是出乎自己预料的。（当孩子出现了不能接受的结果时，父母要帮助孩子积极面对、积极归因。例如：结果显示孩子的身材出乎预料，那么父母要告诉孩子身高受遗传基因的影响，也受到后天营养补充和运动的影响，帮助孩子正确看待。）

（6）明晰自我：结合问卷调查结果，父母和孩子一起将孩子的自我形象进行完善和补充，形成完整的自我形象。

3. 发展自我，改善自我

（1）统计调查问卷中呈现出来的不足之处。

（2）思考哪些不足之处可以进行纠正和改善，列出改进计划。

家长需要帮助孩子一起斟酌改进措施的科学性和合理性，和孩子一起创意绘制改进计划，并鼓励、督促孩子按照计划进行改善，及时进行记录。例如：

改进内容	改进措施	改进记录
个子较矮	1. 每天进行跳高训练 2. 每天运动至少一小时 3. 多吃营养丰富的食物，例如牛奶、鸡蛋等	月　每天都坚持运动一小时，每天进行一项球类运动。 月　……

活动二：生日派对——指导孩子发现自己的优势，培养孩子的规划、组织、协调能力。

（一）活动任务

第一，让孩子发现自己的优势和特长。

第二，培养孩子的规划、组织、协调能力。

（二）活动步骤与方法

1.策划生日派对

（1）让孩子列举生日派对需要规划的内容有哪些。当孩子说得不全面时，可以适当地进行引导。

（需要规划的内容：活动地点、活动时间、邀请人员、座位安排、餐食饮品、人员分工、活动流程……）

（2）完成内容梳理后，设计生日派对计划。

生日派对

2.举行生日派对

（1）依据孩子的前期计划，以孩子为主导，父母从旁协助，进行活动现场的布置。

（2）孩子依据计划，安排整个生日派对的流程，父母协助处理派对过程中遇到的问题。

（3）父母协助孩子，并认真记录和观察孩子的表现。

观察内容	亮　点	评　价
准备工作		☆☆☆☆☆
语言沟通		☆☆☆☆☆
自信程度		☆☆☆☆☆
组织能力		☆☆☆☆☆
人员协调		☆☆☆☆☆
物品协调		☆☆☆☆☆
应急处置		☆☆☆☆☆

此表格可作为父母观察孩子的依据，也可适当地进行调整。如果在活动过程中，父母记录时间比较紧张，可采取录像或者拍照的方式进行记录，活动完成后再进行相关情况的梳理。父母应该多关注孩子表现优异之处，多鼓励少批评。

3.反思与总结

（1）孩子自我总结：让孩子回顾整个活动中，自己做得好的地方有哪些，觉得还可以改进的地方有哪些。

（2）他人活动评价：打电话询问参与活动的嘉宾，询问他们认为今天印象最为深刻的环节是什么，或者今天最惊喜的内容是什么。

（3）父母反馈今天活动的观察记录表，将孩子今天表现好的地方告诉孩子，委婉地提出下次可以做得更好的地方有哪些。

反思过程中完成下表，让孩子对今天的活动产生更直观的感受。明白自己的优点、发现自己的优势，了解自己的不足，明晰今后努力的方向。

"生日派对"总结

闪亮的自己——将自己的特点转化为优势，将自己的不足进行弥补。

对　象		反思内容
自己	做得好的地方	
	下次可以努力的地方	
	我学到的技能	
客人	印象最深刻的环节	
	评价活动	
	评价小主人的进步之处	
父母	做得好的地方	
	下次可以更好的方面	
	孩子展现的优点	

活动三：名人卡片——收集整理名人事迹，通过整理并对标此名人的优点、为社会做出的贡献，转化为自己的动力和行动。

（一）活动任务

第一，从名人故事中，引导孩子明白如何将特点转化为优势。

第二，明白每个人都有不足，学会扬长补短。

（二）活动步骤与方法

1.收集名人故事

孩子收集名人故事，阅读名人经历，了解这些人取得成功的关键是什么。

2.制作名人简历

依据孩子收集的名人资料，选取3~5位，为他们制作名人简历。

名人简历

姓　名	国　籍	成　就	取得成功的经历	具备的优点

3.结合自己，谈人生规划

结合名人事迹，学习名人对事业的专注、为社会作出的贡献，说说自己的理想与发展计划。

活动四：亲子阅读——帮助孩子正确面对自己的不足和缺点，学会扬长补短，悦纳自己。

【人物简介】

奥运冠军全红婵的故事

全红婵，2007年3月28日出生于广东湛江，中国国家跳水队女运动员。2021年8月，全红婵以五跳中三跳满分总分466.2分，创女子10米跳台历史最高分纪录，夺得"2020东京奥运会"跳水女子单人10米跳台金牌，年仅15岁。2021年8月，全红婵被共青团中央、全国青联授予"中国青年五四奖章"。9月，全红婵以运动员身份获表彰"全国体育系统先进工作者和劳动模范"；同月，中华全国总工会授予全红婵"全国五一劳动奖章"。

2022年6月，全红婵在"2022年世界游泳锦标赛"中勇夺金牌，实现了奥运会、世锦赛和世界杯的金牌大满贯。9月，国家体育总局授予全红婵"国际级运动健将"称号。2023年10月，全红婵获得"第19届亚运会"女子10米跳台冠军。2024年2月，全红婵获得"2024年世界游泳锦标赛"女子10米跳台冠军。"2024巴黎奥运会"上，全红婵分别获得跳水女子双人10米跳台金牌、跳水女子单人10米跳台金牌，成为中国奥运历史上最年轻的三金得主。

（一）活动任务

第一，引导孩子学会认识自己。

第二，培养孩子克服困难、发扬优势的能力。

第三，引导孩子学会反思，明白自己的优势和不足，悦纳自己。

（二）活动步骤与方法

建议家长和孩子一起在网络上收集全红婵的相关资料，新闻或文字介绍，了解全红婵的家庭背景以及她成长成才的经历。

1. 亲子合作，完成下表，了解全红婵

全红婵的家庭情况	全红婵的优势	全红婵经历的困难	全红婵获得的成就

2. 亲子讨论，完成下列话题，学会扬长补短

●话题一：全红婵生来就这么厉害吗？

●话题二：全红婵有着过人的身体条件，这是她的优势，那么她的成功仅仅是因为身体优势吗？

●话题三：从全红婵的故事中，你得到怎样的启示？

儿童的自我意识①

在个体发展的过程中，所有个体都需要建构起关于"自己是谁以及自己如何适应社会"的多层面理论。这种建构以自我意识为核心，是连续统一的。美国心理学家詹姆斯将"自我"的概念分为"主我"和"客我"，主我对客我的认知、评价、体验、控制就是自我意识。自我意识又包括自我认知、自我情感、自我意志三种成分。自我意识的本质出现于儿童能够进行视觉自我识别，能够开始使用像"我""我的"这样的个人词汇时。小学阶段的儿童正处于自我意识从幼稚走向成熟稳定的起步阶段。良好的自我意识对个体的行为、态度具有调节和控制的作用，对个体的自我教育具有推动作用。小学生的自我意识正处于上升期，他们接受学校教育，正通过勤奋努力地学习获得成就感，他们会关注自己和同伴的行为以此来推断内在的思想，但是他们还没有形成独立的、稳定的世界观、人生观、价值观。

小贴士

---

① 李倩：《家庭教育对小学生自我意识发展的影响》，载《科教导刊（上旬刊）》，2020（13）。

【收获与成长】通过回顾总结，家长提升了培养孩子自我了解、自我探索、自我接纳、自我热爱的能力；家长学会欣赏孩子，帮助孩子发现自身优点和明白"三百六十行，行行出状元"的道理。

孩子的成长，需要家长保驾护航。当孩子想要发现自我时，作为家长一定要善于抓住契机，帮助孩子建立起对自我正确的完整认知，给孩子树立信心，给孩子温柔鼓励。同样，家长也可以继续思考是否还有其他的方式帮助孩子寻找自己的特点、寻找自己的优势、找到自己在人群中的价值。

作为家长，我要记录下我和孩子的一次自我发现之旅：＿＿＿＿＿＿＿＿＿＿＿＿＿＿＿＿＿＿

＿＿

＿＿

我（儿童）的成长体验收获：＿＿＿＿＿＿＿＿＿＿＿＿＿＿＿＿＿＿＿＿＿＿＿＿＿＿＿＿

＿＿

＿＿

生命语录

天生我材必有用。

——李白[1]

本课要点

作为家长，我们应该学会如何引导孩子认识自我，明白自己就是独一无二的存在。同时引导孩子发现自己的特点和优势，并不断创造自我，欣赏自我，接纳自我。

---

[1] 李白，唐朝著名诗人。此句出自李白的《将进酒》。

生命的独特·不断地成长

助力孩子独立成长
成长是什么？

【现象扫描】一天，生生突然想独立做一份蛋炒饭，他把想法告诉了妈妈，让妈妈不要帮他。可是妈妈不放心，还是和他一起进了厨房。生生看到妈妈进来后，心里有点儿不开心，但是忍住没说。可是当生生开始制作蛋炒饭时，妈妈不断地指挥他这样做，或者那样做，最后妈妈说："还是算了吧，你让开，我来炒！你一个小孩子能做好才怪。"生生听完后彻底爆发了："烦死了，我想自己做可以吗？你总是这样不相信我！我不要你管我，我长大了！"

【解锁行为密码】上述现象中，生生因为妈妈插手，自己想独立完成一件事情的愿望由此破灭，从而和妈妈产生了矛盾。妈妈的"不放心"，看似关心，却是在折断孩子成长的翅膀，阻碍孩子的长大。妈妈没有意识到，当孩子提出想"独立"做一件事，并且明确提出"不需要帮助"时，是孩子渴望证明自己长大了，自己可以独立自主了。由于妈妈没有意识到孩子的成长，不明白孩子的内心渴求，依旧进行过度干涉、过度帮助，没有尊重孩子的内心需求，导致孩子最后语言上的激烈抗争。

当孩子渴望独立、渴望长大的时候，父母要学会放手，转变教育方式，帮助孩子成长。不会放手的父母，孩子要么会在成长的过程中不断地抗争，成为叛逆的孩子，要么会在成长过程中不敢尝试，成为过度依赖的孩子。这些都不是孩子健康的成长路径。父母和孩子都要明白，成长是一个逐步走向独立的过程，有效的陪伴才能促进孩子的健康成长，父母要接受孩子的成长，孩子要知道自己的成长。

【发展水平】关于儿童成长意识、认知与能力的表征。

下表是关于"儿童发展现状"（指关于儿童成长意识、认知与能力的发展水平）和"家庭教育现状"（指当前家庭对相关问题的不同教育表现）的描述。请家长对照、参考，然后再根据自己的实际情况对家庭教育理念、策略、行为做相应的调整。

关于儿童成长意识、认知与能力的表征

指　标		内　容	儿童发展行为及家庭教育类型
儿童发展现状	身体的成长	关于自己身体和外貌的成长，自己很清楚	□ 1. 能清楚地感知身高体重在不断地发生变化。 □ 2. 能清楚地知道外貌的变化。 □ 3. 能感受到自己体力、力气在不断地增长。
	心理的成长	关于自己的心理是否健康成长，有清晰的判断	□ 1. 能克服不良情绪，做到积极阳光地面对生活。 □ 2. 能克服恐惧心理，面对困难充满挑战的勇气和信心。 □ 3. 能摒弃不好的想法，能够谦虚、礼貌地对待别人。 □ 4. 能具备同理心，站在别人的角度看问题，关心帮助别人。
	能力的成长	各方面的能力比以前有了很大的进步	□ 1. 生活方面，能做简单的家务劳动，自己的事情自己做，并能积极地为父母分担。 □ 2. 学习方面，能主动学习、积极学习，并运用学到的知识解决生活中遇到的问题。 □ 3. 生存方面，能牢记发生危险时的自救办法，能速记家庭基本信息和家周围的情况。
家庭教育现状	家庭教育氛围	孩子是在怎样的家庭氛围中成长的	□ 1. 漠视型：父母不关注孩子的成长情况，对孩子的成长需求不关心。 □ 2. 否定型：父母否定孩子的成长现实，打击孩子的成长信心。 □ 3. 高估型：父母对孩子成长情况过高评价，不符合孩子真实成长情况，导致孩子盲目自信。 □ 4. 积极型：父母积极参与孩子的成长过程，尊重孩子的想法，让孩子阳光自信。
	家庭教育方式	家庭主要教养人对孩子的教育引导方式	□ 1. 榜样式：父母和孩子一起学习，为孩子的成长做出榜样示范，引导孩子健康成长。 □ 2. 包办式：父母全程插手孩子的成长，不给孩子独立机会，不尊重孩子的成长意愿。 □ 3. 放羊式：父母不关心孩子的成长情况，不给予孩子成长引导，放任孩子随意成长。

【我们一起行动】通过系列亲子活动，家长意识到孩子的成长，也让孩子认识成长、感受成长、学会成长、体会成长的快乐。

父母与孩子就成长主题开一次家庭会议，通过沟通让孩子知道父母是他强大的后盾，是他安全的港湾，他可以去尝试、去挑战。当遇到困难时，遭遇危险时，收获成功时，父母都愿意和他一起成长，一起面对，一起收获。

活动一：年终总结——让孩子通过回顾一年的成长经历，认识成长变化，感受成长状态。

（一）活动任务

第一，引导孩子明确自己的成长情况。

第二，引导孩子了解自己的成长变化。

第三，引导孩子为今后的成长定下目标，打下基础。

（二）活动步骤与方法

1. "生命树"记录点滴成长

（1）准备一棵生命树：在家开辟一方天地，用于记录孩子的成长变化。以生命树的形式呈现，生命树可以是贴画，或者一棵稍高的植物。

（2）准备星星卡：和孩子一起准备星星卡，并告知孩子，在什么样的情况下，可以使用星星卡。

（3）记录点滴成长：星星卡用于记录孩子在日常生活中收获的进步、夸奖，或是自己做的一件特别开心自豪的事情，或是自我突破，或是自己独立克服的困难……和孩子一起以书写、贴照片、绘画等方式记录下来，进行粘贴或悬挂。

★注意：生命树的成长记录是一个长期的过程，建议以一学期或一年为记录周期，这样才能更加清晰地看到孩子的成长变化情况。

2. "年终总结"回顾成长

（1）梳理成长变化：将星星卡上的内容进行分类整理，梳理本年度成长变化的情况。

表格内容只做了简单示范，具体的成长变化内容需依据孩子的星星卡填写。因此，在记录过往点滴过程中，父母需要密切关注孩子的进步，及时鼓励，及时记录，让孩子收获成长的信心。

我的成长变化

成长内容	我的变化	星级评价
品德	1. 我比以前更加喜欢帮助同学，助人为乐让我很开心。 2. 3.	☆☆☆☆☆
智慧	1. 2. 3.	☆☆☆☆☆
审美	1. 2. 3.	☆☆☆☆☆

续表

成长内容	我的变化	星级评价
体育	1. 2. 3.	☆ ☆ ☆ ☆ ☆
劳动	1. 2. 3.	☆ ☆ ☆ ☆ ☆

（2）回顾成长变化：孩子梳理表格后，和孩子展开对话

●问题一：一年来，自己进步变化最明显的方面是什么？

●问题二：想一想，为什么能取得这样的成长进步，你做了哪些努力？

●问题三：哪些方面你还可以做得更好？

●问题四：新的一年，自己最想突破的是什么？

活动二："成长"计划——通过亲子活动培养孩子的成长意识，培养孩子规划成长的能力，践行成长诺言。

（一）活动任务

第一，增强孩子的成长意识。

第二，提高孩子规划自我成长的能力，有目的、有目标地实现成长变化。

第三，鼓励孩子努力达成成长目标，践行成长诺言。

（二）活动步骤与方法

1. 制订"成长计划"

（1）商定"成长计划"的任务内容。父母和孩子一起，依据孩子当前的年龄阶段、能力水平，罗列符合孩子实际情况的"成长目标"，内容需涵盖"德、智、体、美、劳"五个方面的内容。保障孩子在"成长目标"的引导下全面发展。

（2）绘制"成长清单"。依据规划好的"成长目标"，绘制孩子的"成长清单"。

2. 落实"成长计划"

（1）依据"成长清单"，执行成长任务。每项任务给自己规划好达成时间，建议以一个月或一学期为时间节点。完成目标后，可以和孩子一起，针对目标任务进行星级评价。

成长清单

成长内容	成长目标	已经做到	还需努力
树德	1. 学会关心他人，理解他人，能站在别人的角度看待问题。		
	2. 学会谦虚、礼貌待人，能虚心接受别人的意见。		
	3. 学会勇敢面对困难，能积极地面对挫折。		
增智	1. 学会课前预习、课后复习。		
	2. 主动选择自己感兴趣的书籍积极地阅读，增长知识面。		
	3. 能主动运用学习到的知识解决生活中遇到的问题。		
	4. 遇到问题，能自主查找知识进行应对。		
	5. 对生活中或阅读中发现的现象，有自己的见解并乐于和他人交流分享。		
强体	1. 每天都能坚持锻炼一小时。		
	2. 能主动学习掌握一项体育技能。		
育美	1. 学习欣赏优秀的艺术作品。		
	2. 尝试学习一门艺术技能。		
爱劳	1. 学习基本的家务劳动，掌握生活劳动技能。		
	2. 主动了解家庭成员的劳动分工，体谅家人的辛苦。		
	3. 主动承担家务劳动，承担家庭成员的责任。		

温馨提示

以上是我们建议的三年级学生需要掌握的关于"德智体美劳"五方面的能力，家长也可根据孩子的具体情况对内容进行修改，确保"成长清单"真正适合孩子的成长。

（2）依据自己的成长情况，修改"成长清单"。孩子的成长不是一成不变的，我们在一段时间后，要和孩子一起关注"成长清单"的完成情况。对没有达到的目标，我们需思考是目标定得过高，还是孩子没有掌握达成目标的办法。对已经完成的目标，我们需要进行难度升级，或者替换当前更加适合的成长目标。通过不断地更新"成长清单"，帮助孩子不断地接受新的学习方法，掌握更多的技能。

活动三："成长"实践——通过活动，孩子锻炼了计划能力，培养了生活能力、劳动能力，感受家人付出，体会成长快乐。

（一）活动任务

第一，提高孩子的计划、规划能力。

第二，提高孩子的生活能力和劳动能力，促进孩子成长。

第三，通过活动，让孩子感受父母的辛苦付出，学会感恩。

第四，独立完成活动，体会成功的喜悦和成长的快乐。

（二）活动步骤与方法

1.制定"小鬼当家之逛超市"活动方案

（1）了解家庭需求：引导孩子通过观察，发现家长所需物品，并进行记录；引导孩子通过询问，了解家庭成员所需物品，并进行记录。记录过程中，要了解每件物品家庭成员习惯使用的品牌、用量。

（2）预估购物经费：让孩子预估每件物品的单价，计算本次购物所需经费。当孩子不太清楚物品单价时，父母可以提供帮助给出大概价格。父母给出的购物经费，要少于孩子计算的经费数额，比例大概为孩子预估经费的70%。

（3）筛选购买物品：经费不足，让孩子思考如何解决。引导孩子明白，物品有必需品和非必需品之别。

让孩子就收集起来的物品清单进行分类，按照必需品、次要品、非必需品分为三类；再将分好类的物品进行排序，列出本次可以购买的物品和无须购买的物品。

类　别	序　号	物　品	预估价格	是否购买
必需品	1			
	2			
	3			
	4			
次要品	5			
	6			
	7			
	8			

续表

类　别	序　号	物　品	预估价格	是否购买
非必需品	9			
	10			
	11			
	12			

★注意：父母要引导孩子学会取舍。

（4）制定购物清单：依据购物经费和物品分类排序后的结果，确定本次购物清单。

小鬼当家之逛超市				
购物地点				
购物时间				
路线规划				
预算金额				
物　品	品牌／喜好	预估价格	是否超出预估	是否购买
安全注意事项：				

2. 实施"小鬼当家之逛超市"活动方案

（1）逛超市的过程中，会遇到很多需要孩子独立思考并解决的问题。我们可以有目的地引导孩子运用知识和生活经验解决问题。

● 问题一：超市的物品是怎样摆放的？

● 问题二：物品的价格是怎样显示的？

● 问题三：在超市里怎样规划路线才能快速拿齐物品？

● 问题四：想买的物品没有，该怎么解决？

● 问题五：购买的物品超出预算金额了怎么解决？

（2）购物过程中，父母陪同，但不插手和帮忙。仔细观察孩子的购物过程，记录孩子做得好的地方，记录孩子解决问题的办法。

3.评价、反思"小鬼当家之逛超市"活动

（1）孩子评价、反思：针对本次购物，让孩子说一说，哪些环节自己做得很好，哪些环节需要再优化；购物过程中遇到了哪些困难，自己是如何解决的；这次活动自己的收获和启示是什么。

（2）父母评价、总结：针对本次购物，家长和孩子说一说，孩子哪些方面做得好，哪些环节可以做得更好，肯定孩子解决问题的方法，表扬孩子本次活动的出色表现。

活动四：亲子阅读——了解成长的过程不是一蹴而就的，需要经历磨炼，才能取得成功。

【人物简介】

李时珍

李时珍是我国古代著名的医药学家。他编写的《本草纲目》被誉为"中国古代的百科全书"，具有很高的价值和地位。李时珍深受父亲的影响，从小立志学医、救死扶伤。他从小就目标明确、勤学好问，终于成长起来。他在行医过程中，还不断研究药物学。他发现古代药物书籍存在严重问题，于是又下定决心要重新修订药物典籍。李时珍经历千难万险，耗费二十七年，重新编写了一本药物学著作——《本草纲目》，为后世留下了宝贵的财富。

（一）活动任务

第一，了解李时珍为了编撰《本草纲目》付出的努力和克服的困难。

第二，学习李时珍不怕艰难、坚持不懈的精神。

第三，获得启示，明白成长过程中会遇到很多困难，但只有坚持不懈，勇敢面对，才能取得成功。

（二）活动步骤与方法

家长和孩子一起来阅读有关李时珍的图书，也可上网寻找一些有关李时珍的影片作为补充材料。

完成下面两个任务后，家长和孩子对成长会有更深刻的认识。

1. 亲子合作，完成下表，了解李时珍

李时珍从小的梦想是什么？	李时珍为什么要重新编写药物书籍？	在编写《本草纲目》的过程中，李时珍经历了哪些困难？

2. 亲子讨论，完成下列话题，了解生命成长的意义

●话题一：从李时珍实现理想的过程中，你感受到了什么？

●话题二：李时珍为什么能取得如此巨大的成就？

●话题三：了解了李时珍的成长经历，你对未来的成长有什么新的想法？

【收获与成长】通过回顾总结，家长提升了对孩子成长的指导能力；帮助孩子认识成长、体察成长、理解成长、适应成长，能够健康、快乐、自信、阳光地长大。

孩子的成长不是一朝一夕、一蹴而就的事情，孩子的成长是一个很漫长的过程。在孩子成长的过程中，父母扮演着最重要的角色。作为父母，我们要学习如何帮助孩子健康成长，成为合格的家长。

作为家长，我要记录下我和孩子的一次特别的成长交流经历：_____

_____

_____

_____

我（儿童）的成长体验收获：_____

_____

_____

生命
语录

青春须早为，岂能长少年。

——孟郊[1]

本课
要点

让孩子有意识地关注自己的成长，认识到自己的成长变化，感受成长变化的过程，学会积极健康地成长，从中体会到成长带来的快乐，接受成长，期待成长，实现成长。

---

[1] 孟郊，唐朝著名诗人。此句出自孟郊的《劝学》。

生命的独特·友爱对他人

用阳光温暖他人
如何做一个受欢迎的人？

【现象扫描】生生上三年级了，有一天，他放学时情绪非常低落，一回家就把自己关在房间里不出来。妈妈上前去问："怎么了，生生？今天发生什么事情了？"生生一听，难过地哭了起来："今天班上竞选小干部，我参加了，他们都把票投给了别人，我一票都没有。妈妈，我平时是不是很令人讨厌啊？我该怎么办？他们都不喜欢我。"

【解锁行为密码】上述现象中，生生因为竞选班级小干部失败，而内心受挫、非常难过。值得关注的是，没有人选他，他也因此开始反思自己平时与同学的关系。此时的生生似乎意识到，同学们好像不太喜欢自己，是不是自己平时与同学的相处方式有问题呢？从生生的疑惑中，可以感知到孩子的内心非常无助，他迫切地想要改变，希望转变同学们对他的看法，希望成为一个受欢迎的人。

小学三年级的孩子如果在学校里面没有好朋友或者不受别人欢迎，是一件很严重的事情，父母必须引起高度重视。孩子的人际关系，不仅影响他的学业成绩，而且关乎孩子今后的心理健康和亲密关系。因此父母必须教会孩子什么是友善，怎样友善待人，如何成为受欢迎的人。

【发展水平】关于儿童友善待人意识、认知与能力的表征。

下表是关于"儿童发展现状"（指儿童友善待人意识、认知与能力的发展水平）和"家庭教育现状"（指当前家庭对相关问题的不同教育表现）的描述。请家长对照、参考，然后再根据自己的实际情况对家庭教育理念、策略、行为做相应的调整。

关于儿童友善待人意识、认知与能力的表征

指　标		内　容	儿童发展行为及家庭教育类型
儿童 发展 现状	人际 交往	在日常生活中，能与他人建立和谐融洽的关系	□ 1.会主动结交新朋友。 □ 2.遇到认识的人，很热情，会主动和他人问好。 □ 3.有很多好朋友，很少与朋友发生矛盾，出现矛盾会主动化解矛盾。

指　　标		内　　容	儿童发展行为及家庭教育类型
儿童 发展 现状	友善 待人	在日常生活中，能 做到主动、真诚、 关爱、尊重	□ 1. 经常主动找朋友玩耍、交流，过程很开心。 □ 2. 能真诚地对待朋友，不对朋友撒谎。 □ 3. 当别人遇到困难时，会主动积极地提供帮助，表达关心。 □ 4. 在与人交往的过程中，尊重别人的想法，尊重别人的做法。
	家风 家规	在日常生活中，能 自觉遵守家风家 规，孝亲敬老	□ 1. 知道自己家的家风家规。 □ 2. 理解家风家规的要求是什么。 □ 3. 在家庭生活中，能自觉践行家规。
	社会 公德	在日常生活中，能 根据不同场合、不 同场所，严格要求 自己的言行，做一 个文明守纪的小 公民	□ 1. 知道不同场合、不同场所应遵守的规矩。 □ 2. 能在公共生活中自觉践行社会公德，做一个文明守纪的人。 □ 3. 公共场所，时刻牢记"不给他人添麻烦"的基本准则，严格要求自己的行为。
家庭 教育 现状	家庭 教育 氛围	孩子是在怎样的家 庭氛围中成长的	□ 1. 乐于助人型：家庭成员之间互帮互助，出门在外乐于助人。 □ 2. 开放友好型：对待他人热情友好，乐意将友善、热情释放。 □ 3. 自私封闭型：以个人为中心，只在乎自己的利益，将自我封闭，极少与人交流。 □ 4. 谨慎冷漠型：对待人际交往非常小心，担心上当受骗，不在乎外界的看法。
	家庭 教育 方式	家庭主要教养人对 孩子的教育引导 方式	□ 1. 榜样式：父母以身作则，建立和谐的人际关系，引导孩子成为受欢迎的人。 □ 2. 说教式：对孩子的人际交往干涉过多，以自己的意愿左右孩子的人际关系，并经常以责问教训的方式进行干预。 □ 3. 放羊式：父母对孩子的人际交往采取放任不管，任其发展的态度，很少给予指导方法。

【我们一起行动】通过系列亲子活动，让孩子明白具有理解、宽容、赞赏、关爱、帮助他人等友善品质是受人欢迎的，学习友善对他人的具体方式，形成关爱他人、乐于奉献的品质。

针对"友善待人"展开对话，让孩子将他现在所面临的人际关系的困境告知父母。父母能够耐心地听孩子讲述，与孩子共情，让孩子感受到父母对他的尊重和理解。让孩子愿说、敢说、乐说，父母才能了解孩子的情况，才能建立起良好的亲子沟通环境。及时地沟通，能够帮助孩子纾解压力，能够帮助孩子度过困境。

活动一：传承好家风——遵家训、守家规、传家风，做父母的乖孩子，做一个受家人欢迎的人。

（一）活动任务

第一，了解家规，理解家规，自觉遵守家规。

第二，让孩子成为守规矩、懂孝顺、知感恩的人。

（二）活动步骤与方法

1. 明晰家规家训

（1）亲子阅读《颜氏家训》

古文内容对孩子来说理解起来有难度，家长可以找相应的白话文材料给孩子进行阅读，或者找一些古人遵守家规家训的小故事。让孩子明白，想要成为一名受欢迎的人，首先从家庭开始，从得到家人的认可开始。同时，让孩子接触中国传统故事，从经典中理解家规家训是我们古人"齐家"的重要方式，为了家庭的和谐融洽，家庭成员都务必严格遵守家规家训。

（2）亲子交流

可以先让孩子尝试说一说，他知道的家里的规矩有哪些，然后父母再进行补充，将家规家训告知孩子，并明确如何遵守家规家训。这个过程中，可以给孩子讲述父母遵守家规家训的小故事，引起孩子的共鸣。让孩子明白，家规家训是每一位家庭成员都必须遵守的规则。

2. 我们的家规

（1）写家规

如果有条件，可以尝试带孩子用毛笔书写家规，给孩子更深刻的仪式感。如果条件不允许，也可和孩子用彩色笔一起绘制家规。一边书写家规，一边让孩子说出每条家规的要求是什么。

（2）念家规

家规书写完成后，全家一起念家规，并约定一起遵守家规。

活动二：抱抱小刺猬——能友善地对待他人，寻找与他人融洽相处的办法，成为伙伴中受欢迎的人。

（一）活动任务

第一，正确理解和看待同伴之间的关系。

第二，提高与同伴之间交往的技巧，掌握结交朋友的方法。

第三，明白友善地对待他人，才能成为同伴中受欢迎的人。

（二）活动步骤与方法

1. 抱抱小刺猬

（1）情景创设：有一只浑身长满刺的小刺猬，看到其他小动物相互拥抱很羡慕，它也想得到一个暖暖的拥抱。可是小伙伴们都嫌它身上有尖尖的刺不敢靠近，不愿意和它拥抱。

请帮帮小刺猬，怎样才能消除小伙伴们的担心，让小刺猬也能得到拥抱呢？

（2）解决办法：

我这样拥抱小刺猬

我的小妙招：

① 例：我要给小刺猬披上一件毛茸茸的披风，这样拥抱起来就是软软的啦。

② _____

③ _____

画画我的小妙招

想好办法后，让孩子挑选他认为最恰当的办法在图上画一画！

通过帮助小刺猬想办法，让孩子明白，关爱身边有困难的人，是一种友善的行为，善意会让别人主动靠近。

（3）思路拓展：和孩子探讨，除了拥抱之外，还有什么与人相处的方法。打开思路，帮助小刺猬交到朋友。

●和孩子探讨，生活中如我们遇到像小刺猬一样的小伙伴，该如何与他友好相处呢？

① 例：细心观察，在他遇到困难时，用他能接受的方式帮助他。_____

② _____

③ _____

●和孩子探讨，自己有没有像小刺猬的时候，我们与人相处时怎样做才能不变成"小刺猬"。

① 例：主动询问，尝试着弄清楚别人疏远我的原因，如果是自己的问题，要积极改正。

② _____

③ _____

通过抱抱小刺猬的活动，让孩子明白，当我们对别人不友善时，就是一只立起尖刺的小刺猬，没有人愿意和我们交朋友。只有当我们想办法收起我们的"刺"，不会伤害别人的时候，才能得到他人温暖的"拥抱"。其次，我们生活中也会遇到像小刺猬一样的同伴，我们要学会善待和接纳，要想办法帮助他们、温暖他们，让他们融入集体，让他们感受善意。帮助小刺猬的过程，也是帮助自己成为更受欢迎的人。

2."微笑问好"打卡

（1）主动问好，收集微笑。为了帮助孩子建立起和谐的人际交往关系，父母可以为孩子制订"微笑""问好"计划，从最基础的微笑开始，传递友好信息；主动问好，传递愿意交流、交往的友善信号。与孩子说明"微笑问好"的规则是什么，需要做到怎样的程度，可以尝试在家先练习，再付诸行动。

（2）每天"微笑问好"打卡。

日　　期	今天主动和多少人打招呼	和同学主动交流几次	今天自己表现怎样	心情怎样（可画表情）
			☆ ☆ ☆ ☆ ☆	
			☆ ☆ ☆ ☆ ☆	
			☆ ☆ ☆ ☆ ☆	
			☆ ☆ ☆ ☆ ☆	
			☆ ☆ ☆ ☆ ☆	

坚持每天为孩子进行"微笑问好"打卡，从孩子羞赧得不敢开口，到孩子能够从容地应对，是需要一段时间的。父母要给孩子鼓励和信心，让他有勇气主动释放善意。每天记录过程中，父母可以通过语言的引导，了解孩子今天的交友情况，引导他主动分享趣事乐事，这样他会更加有信心。

（3）一周"友善行动"打卡。

可以让孩子试着进行"友善行动"打卡一周，让孩子明白，想要交到好朋友，自己必须待人友善，对人友爱。主动帮助别人克服困难，别人会记住我们的善良，会乐意与我们交朋友。

一周"友善行动"打卡

日　　期	友善的行动	我的心情
星期一	今天，（　　　）遇到了（　　　　　　）的困难，我（　　　　　　　　　）给了他帮助。	帮助了别人，我的心情很（　　　），我想对自己说（　　　　　　　）。
星期二		
星期三		
星期四		
星期五		
星期六		
星期日		

（4）一年"友善结环"。

短短的一周，就让孩子交到很多朋友，可能没有那么容易。那么一周之后，我们可以开始"友善结环"的活动，让孩子将自己每天做的友善的事情记录在彩条纸上，一环扣一环，形成孩子交友路上的纪念册，可让孩子发挥创意制作彩环。

活动三：文明公共生活——通过公共生活展现良好行为，做一个守公共秩序、受公众欢迎的人。

（一）活动任务

第一，学习文明守则，了解文明公共生活。

第二，能辨别不文明行为，能自觉遵守社会公德，做文明小市民。

（二）活动步骤与方法

1. 文明守则学习

（1）和孩子一同上网搜索当地市民文明守则公告、视频等资料，一起学习，了解文明公共生活的要求。

（2）让孩子结合文明守则，回顾过往生活中自己经历过的不文明现象。

2. 文明观察报告

（1）设计观察报告：针对社会生活中出现的不文明现象，设计一份观察报告。

一周观察记录

观察时间	观察地点	不文明行为 / 现象	频　次	我的感受

（2）实施观察：观察时间为一周。每天选择不同的公共场所展开观察，关注在公共生活中出现的不文明现象，并简单地表达当天的观察感受。

（3）反思总结：讨论现实生活中不文明现象，这些现象给他人的生活带来了怎样的麻烦，我们应该怎么做。

3. 文明小市民

场景演练——设定一些公共场所，让孩子说一说在这些公共场所我们需要注意什么。同时，和孩子达成协议，从此，在这些公共场所的言谈举止都要文明，相互督促，真正做一个受社会欢迎的高素养公民。

公共场所	我要做到
电影院	
图书馆	
公交车站	
博物馆	
商场	
公园	

活动四：亲子阅读——了解友善待人的力量，学会友善待人。

【内容简介】

《北风和太阳》①

该故事出自《伊索寓言》，讲的是：太阳和北风争论究竟哪个更有力量。它们看到一位穿着棉衣的老人，就打赌说：谁能够让老人把外套脱下来，就承认谁的力量大。北风使劲地向老人吹去，想把老人的外套吹下来。可是它越吹，老人把外套裹得越紧。北风吹累了只好认输。太阳从云的背后走出来，将温暖的阳光洒在老人身上。没多久老人出汗了，就把外套脱了。太阳笑着对北风说："温暖比强硬往往更能达到良好的效果。"

（一）活动任务

第一，阅读寓言故事，明白其中蕴含的哲理。

第二，明白温柔和友善才是最坚定的力量，学会友善待人。

（二）活动步骤与方法

建议家长和孩子一起来阅读寓言故事《北风和太阳》。完成下面任务后，也许家长和孩子会更加理解友善的价值，享受和谐的人际关系。除了阅读故事之外，还可以找该故事的动画片给孩子观看。

1. 亲子合作，完成下表，了解《北风和太阳》

北风和太阳比什么？	北风和太阳分别用了什么办法？	最终结果如何？

2. 亲子讨论，完成下列话题，了解生命的意义

●话题一：北风和太阳比赛，最终太阳赢得了胜利，你从中得到怎样的启示呢？

●话题二：生活中，你愿意成为北风还是太阳呢？为什么？

●话题三：成为他人眼中的小太阳，我们需要怎样做呢？

小贴士

1. 儿童人际关系特点②

儿童的人际网络相对来说比较简单，主要由父母、老师和同伴构成。小学生的人际心理发展也主要受这几方面因素影响，如父母的教养方式、父母之间的关系，

① 参见 [古希腊] 伊索：《伊索寓言》，周作人译，杭州，浙江文艺出版社，2018。

② 谷玉冰：《小学生人际交往能力的培养》，载《教学与管理》，2011（17）。

老师的期望与评定、教学方式、人格魅力，同伴关系等。

2.不同教养方式对儿童人际交往的影响

有研究表明，在与孩子的交往过程中，既温柔又坚定的权威型父母能引导孩子朝自主自立自尊的方向发展，权威型家庭教育的孩子较同龄人有着更强的社会适应能力，孩子对自己的行为更有责任感，有更强的自信心、好奇心和创造性，社会交往能力和技巧更丰富，在学校的表现也会更好。

父母离异或经常争吵会伤害孩子的自尊，有些离异家庭的孩子常受到同伴歧视。在家庭中公开发生冲突的频率越高，儿童产生问题的可能性就越大。

家庭对儿童溺爱，对儿童行为放任不管，也会导致较高的攻击行为发生。因为在这种环境下培养的儿童道德观念淡薄，是非不分，没有正确的行为准则与规范，自我中心，自控能力差，社会适应困难，在学校未能与同学建立良好的人际关系。

【收获与成长】通过回顾总结，家长提升了对于孩子人际交往的指导能力；帮助孩子认识到友善、友爱的重要性，找到与他人融洽相处、受人喜欢的方法。

友情对我们大人来说很重要，对孩子来说也很重要。所以，家长要鼓励孩子交朋友，让孩子乐于分享，这样才能让孩子交上真心的朋友。亲爱的家长朋友们，面对孩子交朋友，你们是怎么做的呢?

作为家长，我要记录下我和孩子的一次特别的交流经历：_____

_____

_____

我（儿童）的成长体验收获：_____

_____

_____

> 生命
> 语录
>
> 山河不足重，重在遇知己。
>
> ——鲍溶[1]

---

[1] 鲍溶，唐朝诗人。此句出自鲍溶的《杂曲歌辞·壮士行》。

本课要点

　　我们时刻处在家庭关系、同伴关系和其他社会关系中，想要成为受欢迎的人，在家需恪守家规，在校需热情友善，在外需遵守公德。当我们将友好善意内化为我们的精神品格时，我们也就成了受欢迎的人。

四年级　生命的尊严

生命的尊严·尊重身体界限

恰如其分的距离最美
身体的界限是什么？

【现象扫描】上完篮球课，生生出了一身汗，一回到家就迫不及待地冲进浴室洗澡。像往常一样，妈妈为生生准备好了换洗的衣裳，随后便进浴室"视察工作"，只见生生洗了半天，后脑勺的泡沫还有一大片没冲掉，而后背连水都还没打湿。妈妈见到这番操作，实在没忍住，便凑上前去"帮忙"，弄得生生很不好意思。生生委婉地拒绝，妈妈却不以为意地说道："你是我生的，有什么不好意思的？"生生只好无奈地接受妈妈的"好心"。

【解锁行为密码】上述现象中，孩子在洗澡的时候，妈妈没经过孩子的同意直接进入浴室进行"帮忙"，恰逢这个年龄的孩子已经有了一定的身体界限意识，孩子不太满意妈妈的做法，却不好直接说，只好被动接受妈妈的"好心"。此时的妈妈并未引起关注，认为孩子是自己生的，接触孩子的身体是情理之中的事，从而忽略了自己和孩子应有的身体界限，最后导致孩子只能无奈接受妈妈的"帮忙"。

研究表明：如果孩子在3岁之前就知道身体是自己的，隐私部位也是自己的，以及他们有说"不"的权利，会大大降低未来被性侵的可能，他们的知识储备会直接对有非分之想的成人产生戒备心。让孩子明晰身体的界限以及和他人接触的安全距离，才能最大程度避免因为无知带来的创伤。

【发展水平】关于儿童身体界限意识、认知与能力的表征。

下表是关于"儿童发展现状"（指儿童身体界限意识、认知与能力的发展水平）和"家庭教育现状"（指当前家庭对相关问题的不同教育表现）的描述。请家长对照、参考，然后再根据自己的实际情况对家庭教育理念、策略、行为做相应的调整。

关于儿童身体界限意识、认知与能力的表征

指　标		内　容	儿童发展行为及家庭教育类型
儿童发展现状	认识身体	充分认识自己的身体结构，明确身体的隐私部位	□ 1. 对自己的身体构造和隐私部位有较为清晰的认识。 □ 2. 有较强的保护身体及隐私部位不受侵犯的意识。 □ 3. 身体直接的界限感较明确。
	保护自我身体	在日常生活中，懂得保护自己的身体，懂得对不喜欢的身体接触和眼神接触说"不"	□ 1. 有一定的身体保护意识。 □ 2. 能拒绝不喜欢的身体接触和眼神接触。 □ 3. 有基本的保护自己身体的常识，在遇到不喜欢的身体接触和眼神接触时能大声说"不"。
	尊重他人界限	在和他人相处的过程中，懂得尊重别人的身体界限，不做别人不喜欢的身体接触和眼神接触	□ 1. 有一定的尊重他人身体界限的意识。 □ 2. 基本能不做越界的身体接触和眼神接触。 □ 3. 能识别他人不尊重身体界限的行为。
家庭教育现状	家庭教育氛围	孩子是在怎样的家庭氛围中成长的	□ 1. 模糊型：家长与孩子之间的身体界限模糊，没有身体界限意识，觉得孩子是自己生的，所以可以随意接触孩子的身体。 □ 2. 健康科学型：有身体界限的意识，尊重孩子身体界限，不随意触碰孩子身体，不随意看孩子身体，对于孩子不尊重自己身体界限的行为能及时给予纠正。 □ 3. 僵硬型：家庭成员之间身体界限距离过大，缺乏适当的亲密行为。
	家庭教育方式	家庭主要教养人对孩子的教育引导方式	□ 1. 忽视式：没有培养孩子自我保护能力的意识。 □ 2. 榜样式：用实际行动与孩子保持距离和界限，并说明原因。 □ 3. 说教式：只是指责、批评孩子错误现象，并不说明原因。 □ 4. 科学指导式：有意识培养孩子的自我保护能力。针对具体的身体越界侵犯事例，给予正确的指导方法；借助具体情景或创设情景帮助孩子提升自我保护的能力。

【我们一起行动】通过系列亲子活动，家长帮助孩子认识身体的界限，让孩子懂得保护自己的身体，同时也尊重别人的身体界限和私人空间。

开展亲子体验活动，就"身体界限"主题和孩子进行认知探讨，正面引导孩子充分认识自己的身体构造，明确自己的隐私部位。教育孩子学习多种自我保护的方法，从而懂得保护自己，同时在与他人相处时懂得尊重他人的身体界限。活动体验过程中，注意规避不理性、无原则的爱，以平衡

好家庭教育的理性和情感。

活动一：认识"秘密花园"——帮助孩子认识身体，进一步强化对隐私部位的认识。

也许在幼儿园，孩子就已经知道泳衣遮住的部位就是隐私部位，但在实际的场景中，孩子会因为人、物和场景的变化而遗忘，这就需要家长在生活中不断地利用各种机会进行强化、演练、提示，不断加强隐私部位概念的输入来强化孩子身体界限意识，让孩子谨记自己的隐私部位是身体的最后防线，不管对方是谁，都不可以被触碰。相对于借助文字和图画，身体游戏更加直接，它也是增进亲子连接最有效的方式。

（一）活动任务

第一，认识身体隐私部位，明确身体距离界限。

第二，学习保持身体距离的知识和方法。

第三，培养保护身体隐私部位的意识。

（二）活动步骤与方法

第一步：准备好红纸条、绿纸条、黄纸条若干，人体立体图画两幅或者人偶两个。

第二步：明晰游戏规则。贴红条的身体部位代表不允许任何人肢体触碰和眼神接触的部位，贴绿条的身体部位代表可以肢体触碰和眼神接触的部位，贴黄条的身体部位代表与自己较为亲密的人可以肢体触碰和眼神接触的部位。

第三步：家长和孩子各自开始贴条，贴完后可以对比看一看，借机对孩子进行引导。

孩子刚开始玩这个游戏的时候，由于他自身生活经验有限以及对人身体界限的认识不够清晰，有可能出现错误的判断，如因经历过打针或擦药，会给"屁股"贴上"绿条"。这时候需要家长进行引导，及时追问假设一个陌生人去触碰他的屁股，会是什么感受，从而让孩子明白医生看病、同性别的父或母及其他家人在必要时（该部位受伤需要帮助）帮助他，才可以接触屁股等隐私部位，其他任何人触碰都是不可以的。

另外，还应告诉孩子，隐私部位不仅不能身体触碰，就算是长时间的眼神停留也不可以。除此以外，国外有些礼仪虽然也会涉及身体的接触，但是也有一定的限度。比如，我们常见美国人握手和亲吻。美国的风俗习惯，第一次和男性或女性见面时，仅仅是握手；亲吻是好朋友之间的身体语言。亲吻的方式是：同性之间，脸接触对方的脸，然后空中亲吻；异性之间，可以亲吻对方的脸颊；父母亲吻孩子时，吻孩子的额头和小脸蛋等。

第四步：总结提炼，加深记忆。在做完游戏后，家长不妨带着孩子一起将刚才的游戏过程进行梳理，此时将不能肢体和眼神触碰的身体部位统一写在一张红色的卡纸上，将可以肢体和眼神接触的身体部位写在一张绿色的卡纸上，将较为亲密的人可以接触的身体部位写在一张黄色的卡纸上，便于孩子巩固认知。

哪里不能碰

乳房 屁股 嘴唇 生殖器 ……	肩膀 手心 面部 额头 ……	手指 头部 ……
不允许任何人触碰	与自己较亲密的人才可以接触	可以接触

活动二：尊重身体的界限——帮助孩子学会尊重他人身体界限。

（一）活动任务

第一，引导孩子学习人际交往距离的知识。

第二，培养孩子尊重他人身体的意识。

（二）活动步骤与方法

1. 人际交往中的四种距离

在寒冷的冬季，两只困倦的刺猬因为冷而拥抱在了一起，但是由于它们各自身上都长满了刺，紧挨在一起就会刺痛对方，就会睡得不舒服；这使两只刺猬又分开了，可是这样又冷得难以忍受，因此它们又抱在了一起。折腾了好几次，它们终于找到了一个比较合适的距离，既能够相互取暖又不会被刺痛。这就是我们所说的在人际交往过程中的"心理距离效应"。

由此可见，人和人之间需要保持一定的空间距离。人人都需要一个能够把握的自我空间，它犹如一个无形的"气泡"为自己划分了一定的"领域"，而当这个"领域"被他人触犯时，人便会觉得不舒服、不安全，甚至开始恼怒。那么在现实生活中，什么样的距离才是恰如其分的呢？

家长带着孩子一起学习美国人类学家爱德华·霍尔博士人际交往的四种距离理论。

爱德华·霍尔人际交往四种距离[①]

距离类型	距离尺度	距离解读	人群限定
公众距离	3.7～7.6 米	顾名思义，这是无关系或者不认识的人之间的距离。公众距离的远距离在 7.6 米之外，这是一个几乎能容纳一切人的开放空间，人们在这一空间内，完全可以对他人"视而不见"。	所有人

① 参见 [美] 爱德华·霍尔：《无声的语言》，何道宽译，北京，北京大学出版社，2010。

距离类型	距离尺度	距离解读	人群限定
社交距离	1.2~3.7米	这种距离体现了一种公事上或礼节上的较为正式的关系。	正式场合的人群
个人距离	46~122厘米	身体上没有其他亲密接触，正好能相互握手、友好交谈。根据个人感受或者熟悉程度，选择与人相处的合适距离。	一般交往的人群
亲密距离	15~44厘米	15厘米以内，是最亲密区间，彼此能感受到对方的体温、气息；15~44厘米之间，身体上的接触可能表现为挽臂执手，或促膝谈心。	在异性之间，只限于恋人、夫妻等；在同性之间，往往限于好朋友

2. 记录自己喜欢的身体和眼神接触

身体有界限，人与人需要有适当距离。那是不是我们就应拒人于千里之外，所有的身体接触和眼神接触都应该拒绝呢？显然不是的。恰当的身体接触和眼神接触可以让我们产生愉悦的心情，拉近人与人之间的距离，比如父母的拥抱和亲吻，朋友之间的手拉手，老师鼓励的眼神。

赶紧记录下这一月内"我喜欢的身体和眼神接触"，让我们感受恰如其分的身体接触和眼神接触带给我们的愉悦。

我喜欢的身体和眼神接触记录表

日　期	接触部位	事件回顾	接触时间	心　情
	整个身体	晚上，爸爸出差回来，他一放下行李便给了我一个大大的拥抱。	5~10秒	开心、幸福
	手	今天早上，天气格外晴朗，我和妈妈选择步行去学校，妈妈的大手拉着我的小手，我们一起朝学校走去。	大约20分钟	幸福、愉悦、放松
	肩膀	今天，我语文测试不是很理想，回到家中，便垂头丧气地坐在沙发上发呆，爷爷见了，走过来笑着拍了拍我的肩膀，我顿时感觉又充满了斗志。	大约3秒	感激
	小腿	今天我参加了学校的足球赛，一场球赛下来，我累得筋疲力尽，奶奶见状走过来，撩起我的裤腿，为我温柔地揉捏着。	大约15分钟	幸福、愉悦、感动
	眼神（眼睛）	今天语文课，有一个问题我不是很确定，我很想举手，但是又怕自己说错被同学笑话，老师看出了我的顾虑，向我投来了鼓励的眼神。	5秒钟	受到鼓舞、充满力量

3. 记录自己不喜欢的身体接触和眼神接触

俗话说："己所不欲，勿施于人。"孩子不仅要学会设定身体界限，保护身体界限，同时也要尊重他人的身体界限。这个原则可以帮助孩子强化这种尊重的一致性，而不会因为一时遵守一时违背，最后无法形成对自己身体界限的坚守。当孩子连父母偶尔的不适宜触碰也会拒绝，同时也能尊重父母的身体界限时，相信父母也会感到安心些。下面我们就带着孩子一起来记录自己不喜欢的身体接触和眼神接触，想想其背后的原因，再想想自己应该如何去对待他人。

我讨厌的身体和眼神接触记录表

日　期	接触部位	事件回顾	接触时间	心　情	启　发
2月13日	脸蛋	今天是大年初三，家里又来了一堆客人。这些客人中，有些是我熟悉的，有些是我第一次见，他们都喜欢来亲一亲、捏一捏我的脸蛋。	大约5秒钟	不舒服、委屈、生气	之前我也喜欢去亲同学的脸蛋，看来以后我得先问一问他是否愿意。
	身体	今天洗澡，妈妈又嫌我没有洗干净，于是又进浴室"帮助"我，我觉得很不自在。	大约5分钟	不自在	某些情况下，在我不得已要去接触别人身体时，也应该先征求别人同意。
	胸部	今天家里来了一位客人，这位客人总是盯着我看，看得我好不自在。	大约2分钟	不自在、反感	和别人相处时，长时间的眼神停留也是不尊重他人的。
儿童感想					

4. 家长带着孩子一起总结，教会孩子根据不同的交际情景和交际对象保持恰当的身体距离和目光距离

活动三：识风险、防性侵、懂自护——家长帮助孩子学会保护自己的身体。

（一）活动任务

第一，帮助孩子学习保护自己身体的知识与方法。

第二，培养孩子保护身体的意识。

（二）活动步骤与方法

1.情境识别

下面同学的做法中，你想为谁点赞？请在括号后给他一个"👍"，并说说为什么。对于其他同学的做法，你觉得有什么不妥？你有什么好办法帮帮他们？

（1）在上厕所的时候，同学恶作剧突然把门踢开，还经常扯我的裤子，让我苦不堪言，但是他又高又壮，我不敢告诉家长和老师。　　　　　　　　　　　（　　　　）

（2）父母不在家，熟悉的异性邻居突然来访，对我表示亲密，让我感觉不舒服，我找到机会跟爸爸通了电话，并借故请邻居改日再来。　　　　　　　（　　　　）

（3）地铁上，有一位男士目不转睛地盯着我的胸部看，还趁人潮拥挤时不时地撞我的身体，我立即告诉了巡逻的保安叔叔。　　　　　　　　　　　（　　　　）

（4）暑假中，我穿着短袖乘坐公交车，旁边的一个中年男人一直盯着我的胸部和腰部，看得我心里发怵。　　　　　　　　　　　　　　　　　　　（　　　　）

（5）放学了，一个有点儿面熟的叔叔说爸爸在某宾馆等我一起吃饭，我相信了，便跟着去了。那个叔叔总是有意无意地触碰我的身体，我想着叔叔是爸爸的朋友，也不好意思多说。

（　　　　）

（6）下课后，玲玲又约我一起去上厕所，她趁机摸了一下我的胸部，我有些生气，她却说："好朋友就是要分享秘密的，我们是不是朋友啦？"听她这么说，我便不好再说什么了。（　　　　）

（7）我生病了，可是我不想打针，因为医生要拉开我的裤子，我接受不了他接触我的隐私部位。

（　　　　）

（8）爸爸的外国同事到家做客，他抱住我久久都未松开，我感觉很不舒服，但是想着这是他们的见面礼仪，如果拒绝会显得不懂礼貌。　　　　　　　（　　　　）

2.情境体验

为了让孩子多维度地感知身体界限被侵犯的可能性并能实际应对，我们还可以情景模拟巩固练习。家长可以适当选取书本上或生活中的一些真实案例进行模拟演练，还可以将【现象扫描】中的案例进行翻转体验，从而获得更多自我保护的方法。

情境一：过春节时，家里的客人提出想亲一下或抱一下你，而你又不太愿意。这时，你该怎么办呢？

情境二：有熟悉的长辈、邻居不怀好意地盯着你的身体、有意无意地触碰你的身体，让你感觉很不舒服，你又该怎么办呢？

情境三：国庆节后的一个周末，铭铭爸爸的同事来家里交流工作，看见铭铭穿着裙子，就用手抚摸她的大腿说："天气比较凉了，怎么还穿这么少呢？"铭铭非常尴尬，该怎么做比较好呢？

●【情境翻转】——生生与妈妈正确的相处方式

开篇【现象扫描】事件中，妈妈不太注重孩子的身体界限，主动要求帮孩子洗澡，生生虽然不是很愿意，但是碍于情面不得不成全妈妈的"好意"。现在，请孩子和妈妈分别扮演生生及生生妈妈，让【现象扫描】中的情境健康翻转，可记录在下表。

步　骤	生生正确的处理方式	妈妈正确的处理方式
第一步		
第二步		
第三步		
第四步		

3.方法梳理

完成以上两个任务后，家长可以带着孩子进行方法的梳理，提升孩子自我保护的能力。

（1）家长要教会孩子在自己身体受到侵犯时大声说"不"。

（2）让孩子知道有时伤害我们的不仅仅是陌生人，还有可能是身边熟悉的朋友、邻居、亲戚等，要随时保持警惕。

（3）告诉孩子尽量不独自去偏僻的地方，身体若被侵犯，要马上离开，走到人多的地方，并大声呼救，无论如何将生命放在第一位。

（4）帮助孩子懂得自爱、自尊的方法，如：未成年人在公众场所、家中待客或出去做客，穿着不能太暴露，不穿吊带背心、超短裙，言语规范，不说挑衅、挑逗性的话，举止文明，保持恰如其分的交往距离。

（5）帮助孩子建立信任名单，在身体遇到侵犯时第一时间向信任名单里的人求救。谨守一个生存观念（生命第一）、三个安全行动（安全拒绝，安全反抗和逃跑，及时告诉家人／老师／警察）。

活动四：亲子阅读——了解身体的每个部位，明晰身体的界限。

【内容简介】

"影响孩子一生的性教育"系列读本

该系列读本共五册，一是针对父母的《重要的"性"，影响孩子一生》，作者是中国性学会家庭性教育分会秘书长胡佳威。本书选取了 41 个日常生活中孩子可能会问到的"童言无忌"，通过解析近年 100+ 真实儿童性教育案例，为父母该如何进行性教育答疑解惑，让中国家长觉得难以启齿的敏感话题变得轻松、有趣、自然。二是《重要的性·影响男孩／女孩一生的性教育》（一套四册），作者是韩国性教育推广人孙京伊。这套书根据儿童身体发育、心理成长特点，分为生理篇和心理篇，从儿童生理和心理两个角度，教孩子认识不同时期的生理变化、学会保护自己的身体、正确地表达情感、树立自信，给孩子进行全面性教育。书中选取了 90 余个真实发生过的，7~18 岁儿童关心的生理、心理话题，用图文的方式让孩子自主掌握性知识。

（一）活动任务

第一，引导孩子了解自己在各个年龄段的身心特点，学会保护自己，尊重他人。

第二，培养提升孩子阅读、理解、表达能力。

（二）活动步骤与方法

1. 与孩子一起阅读推荐材料（家长必须与孩子一起阅读材料，了解材料内容，才能够与孩子进行下一步活动，即对材料内容进行讨论。）

和孩子一起读读绘本，并完成下面的阅读分享。在完成了阅读分享后，孩子对自己在各个年龄段的身心特点、人与人之间的身体界限会有一些新的认识！

2. 陈述材料内容

让孩子陈述阅读材料主要内容。家长应认真听孩子的陈述，看孩子是否能够提炼主题，高度概括，不遗漏关键信息。如果孩子的陈述有遗漏，家长应暗示或提醒补充完善，这样有助于培养孩子的阅读能力、表达能力以及总结概括能力。

3. 共同完成下面的作业

与孩子一起完成各自的作业，家长也扮演一回学生，与孩子共同学习、共同进步，这样会使孩子对学习更感兴趣。家长千万别以为这是浪费时间，与孩子一起学习真的可以促进自己成长。

各自独立完成下面的表格。

阅读分享		
我遇到过或见到过书中一样的问题有	之前的解决方法	读完系列读本后学到的方法

我的阅读收获：

1.关于书本阅读

本套图书通过简单易懂的文字、活泼清丽的绘画和孩子们探讨一些身体和心理的秘密，书中提供了生动的模拟情景让孩子参与其中，有很强的体验感。大人和孩子可以按照书中的建议针对不同场景展开情境再现、角色扮演，共同探讨书中不尊重他人的行为和不被他人尊重的事会带来什么样的影响。通过这些重要的讨论，让孩子学习保护自己和尊重他人安全界限的意义。学到了这些重要的技能，会让孩子受益终身。

读完绘本后需要带孩子明晰：（1）在成长过程中，孩子具有拥有私人空间的权利，对于发生在他们身体上的事情，孩子有决定权和选择权。（2）孩子从小就应意识到尊重他人身体界限的重要性，并且在进入他人的私人空间时需要征得他人的同意。（3）确保孩子有3~5个可以信赖的倾听者。如果他感到不安全，他可以告诉一位在他信任名单上的大人。

小贴士

2.关于身体界限

任何关系的建立都有边界，而在人际相处中最基本的界限就是身体的界限，这种界限不仅仅是肢体的界限，还包括视觉眼神的界限。对对方的尊重是从对他身体的尊重开始的，这一点总被理所当然而被遗忘，尤其在熟人之间，而这也往往是引起伤害的根源。孩子在成长的过程中，有对自己身体认识、性别认识的心理发育需求，父母应顺应孩子的发展规律，科学地、符合他们年龄接受度地去帮助孩子认识自己的身体，从而让孩子建立起对身体界限的基本认知，以增加孩子对身体过界伤害的预防和抵抗能力。

【收获与成长】通过回顾总结，家长能够更好地指导孩子学会认识自己的身体、明确身体界限和隐私部位、习得保护身体的方法、懂得尊重他人身体界限。

恰如其分的距离最美，即使是再亲密无间的关系，也需要一定的界限。划清"界限"，不是拒人于千里之外，而是一种尊重与自我保护。通过以上的亲子阅读和活动体验，相信孩子对身体的界限、如何保护自己的身体、如何尊重他人的身体界限有了更新的认识。在这期间，爸爸妈妈一定已经欣喜地发现：孩子懂得和他人保持适当的距离了，孩子会对不喜欢的身体接触和眼神接触说"不"了……

作为家长，我要记录下我和孩子的成长经历：_____

_____

_____

通过这次经历，我们做父母的也成长了，我们收获了更加融洽的亲子关系。

我（儿童）在学校和家里都能做到尊重他人的身体界限，也懂得保护自己的身体界限不被侵犯。

我（儿童）的成长体验收获：_____

_____

_____

生命语录

真理爱它的界限，因为它在边界上遇到美。

——[印度] 泰戈尔[1]

本课要点

家长要让孩子知道：我们是身体的主人，身体是有界限的，这种界限包括身体接触，同时也包括眼神接触。我们要保护好自己的身体不受侵犯，同时也要懂得尊重他人的身体界限，时刻谨记恰如其分的距离最美……

---

[1] 泰戈尔，印度诗人、文学家、社会活动家、哲学家和印度民族主义者。此句出自泰戈尔的《流萤集》第一七八首，四川辞书出版社，2023。

生命的尊严·谨守向死而生

生命中的另一种姿态
生死尊严是什么？

【现象扫描】又是一年清明节。今年，铭铭和爸爸妈妈怀着无比崇敬的心情一起来到烈士陵园祭奠革命先烈。陵园在苍松翠柏的掩映下，显得格外庄严肃穆。一块巍然耸立的石碑引起了铭铭的注意，只见碑上刻满了文字，潇洒飘逸、慷慨激昂。铭铭看得出了神，爸爸见状上前补充道："这是烈士墓志铭，记载着烈士们生前的英勇事迹和感人精神。来，爸爸读给你听！"铭铭听得格外认真，听着听着，竟也情不自禁地朗诵起一首自己刚学会的古诗来："人生自古谁无死？留取丹心照汗青。"

【解锁行为密码】在人的一生中，生与死的话题是绕不开的。有些父母觉得生死是个沉重的话题，怕孩子接受不了，故而选择刻意回避这个话题；实则不然，直面生死话题可以帮助孩子树立正确的生死观念，让其能以正确的态度去看待生命，从而更加积极地追求生命的价值和意义。上述【现象扫描】中，铭铭父母在清明节选择带她去烈士陵园扫墓，这种做法非常值得家长们学习。陵园庄严肃穆的环境、浮雕墙的英勇事迹、墓志铭上的激昂文字，都给铭铭上了生动的一课。最后，铭铭的思想也泛起了涟漪，吟诵出了文天祥的千古名句。那一刻，相信生死尊严的种子已经深深地种在了铭铭幼小的心灵中。

【发展水平】关于儿童生死观、认知与能力的表征。

下表是关于"儿童发展现状"（指儿童生死观、认知与能力的发展水平）和"家庭教育现状"（指当前家庭对相关问题的不同教育表现）的描述。请家长对照、参考，然后再根据自己的实际情况对家庭教育理念、策略、行为做相应的调整。

关于儿童生死观、认知与能力的表征

指 标		内 容	儿童发展行为及家庭教育类型
儿童发展现状	对死亡的认识	知道死亡的含义，能正视死亡，懂得人一旦死亡就无法复活，对生命的逝去怀有特定的情感	□ 1. 对死亡的认知模模糊糊。 □ 2. 不知道死亡意味着什么，莫名地产生担忧或恐惧。 □ 3. 基本知道死亡意味着生理生命的终止，无法复活。
	珍爱敬畏生命	人的生命只有一次，珍惜生命的同时爱护、敬畏其他生命	□ 1. 基本知道珍视生命。 □ 2. 基本懂得爱护自己的身体，不受伤害。 □ 3. 基本懂得不伤害他人生命，爱护他人生命、敬畏生命。
	生命价值	懂得生命只有一次，珍惜生命中的每一天，不让生命留遗憾	□ 1. 基本懂得生命的价值，有一定的生活目标。 □ 2. 有一定的理想、信念意识，并为实现自己的理想付诸行动。 □ 3. 能够理解生活的直接意义现象。
家庭教育现状	家庭教育氛围	孩子是在怎样的家庭氛围中成长的	□ 1. 积极进取型：对生活充满激情，有昂扬的斗志，懂得感受生活的美好，珍惜生命的每一天。 □ 2. 消极抱怨型：对生活消极怠慢，没有激情，经常抱怨生活的不公。 □ 3. 得过且过型：对生活没有过多的追求，满足于现状，没有人生理想和追求，认为人生苦短，要及时行乐、享受。
	家庭教育方式	家庭主要教养人对孩子的教育引导方式	□ 1. 榜样式：家长就"生死"问题能榜样引导，有意识进行榜样示范。 □ 2. 说教式：家长注重"生死"理论知识的灌输，缺乏自身的表率引导。 □ 3. 实践探讨式：家长注重孩子的自身体验，善于调动孩子内驱力和主动性，善于创设情境让孩子获得体验。

【我们一起行动】通过系列亲子活动，家长帮助孩子认识死亡、感知死亡、尊重死亡、敬畏生命，从而珍惜生命中的每一分钟。

开展亲子体验活动，就"生死"主题和孩子进行"生命"对话，家长可以用生活中熟悉的东西，向他们展示生命的开始和终结。可以借助自然界的事物，如死去的蝴蝶、腐烂的水果、枯萎的花朵甚至破裂的泡泡，向孩子传递死亡的概念。让孩子明白死亡是生命的一部分，避而不谈只会增加对死亡的神秘感，引起孩子不恰当的想象，甚至是对死亡的极度恐惧；过度修饰可能美化死亡，让孩子误以为死后的世界很美好。只有正确认识死亡，才能更好地理解生命的意义，才能活好每一天，活出生的尊严；只有正确认识死亡，才能更加敬畏生命、热爱生命，即使死亡来临，也有死的尊严。

活动一：生死访谈——通过联系自身生病体验、探病体验，搜集抗击病魔感人事迹等活动，感知生命的脆弱与顽强。

（一）活动任务

第一，感受病人内心的情绪、情感。

第二，体验病人顽强的生命愿望与生命力。

（二）活动步骤与方法

1. 记录自身就医经历和探病经历

孩子在成长过程中难免会生病，家庭中的成员也难免会有就医住院的情况。条件允许的情况下，家长们应抓住这一教育契机，自然地引导孩子站在病人的角度、病人家属的角度去观察、去感受、去体会，并鼓励孩子将自己的真实感受记录下来。

我是小记者

采访对象	我的问题	我的观察	我的感受
病　人	1. 所患病痛 2. 身体感受 3. 每天的日常治疗 4. 对日常生活有什么影响 5. 康复后，第一时间会去做些什么	病人状态： 病人心情： 病人心态：	
家　属	1. 心情如何 2. 每天如何照顾病人 3. 对日常生活有何影响 4. 如果亲人不能治愈，你会怎么办	家属状态： 家属心情： 家属心态：	
医　生	1. 每天接诊多少病人 2. 其中不能治愈的病人所占比例为多少 3. 每天平均有多少人从医院去世		

2. 举行家庭微座谈会，和家人一起聊聊各自的生病体验与感受

（1）家庭主持人准备组织微座谈，写好微座谈会议方案，明确会议主题、时间地点和参会人员。

（2）家人们各自分享自己生病的经历，建议可以从生病时的心情和心态、身体的感受、采取救治措施、与病魔抗争的意志等话题入手。

（3）家人们互相评价、建议和总结，做得好的提出来大家一起学习，做得不好的大家给予帮助和建议。

3. 收集与病魔抗争的案例

（1）家长和孩子一起在生活中和网络上收集与病魔做斗争的案例。

（2）说说在收集的案例中哪个地方让你感触最深，为什么。

（3）家长和孩子一起整理总结，明白哪怕是在生命最后一刻，也不能放弃生的希望，乐观面对、坦然接受，才会让我们的生命更有尊严。

活动二：名人生死观——通过制作中外历史上、文学作品中名人生死观档案，感知生命的意义和价值。

（一）活动任务

第一，引导孩子体会名人的生死观。

第二，提高孩子对生命意义的认识。

（二）活动步骤与方法

活动内容：以生命观为主题，收集制作名人卡片。

1. 收集名人生死观资料

父母与孩子一起，制定选择名人名单。收集名人关于生命意义的思想、名言、警句以及相关故事、事件。

2. 制作名人名片档案

对收集起来的资料进行整理，撰写卡片条目。主要内容为：姓名、生活年代、对待生死的看法、对待生命的行为、认为生命的价值是什么等。具体的每一个人的填写内容并不一定全面，可以选择最具代表性的内容或最著名的思想来填写。

我的名人档案

名人姓名：

名人名言：

名人故事：   图片或照片

名人事迹：

我的生命感悟：

3.结合自己的想法分析、讨论生命观

家长和孩子一起对比分析、讨论研究什么样的生命才是有价值、有意义的。

活动三：看见生命的色彩——记录生命的历程，看见生命的色彩，感知生命的美好和生命的意义，做到向死而生。

能听到悦耳的声音，能看见斑斓的色彩，这样的事情就是幸福；有亲人嘘寒问暖，有朋友相知相惜，这样的事情就是幸福。我们的生活就是一道亮丽的风景，生活中一定有许多让你感觉温暖和感动的瞬间，在日历上记录下这些生活中的小美好吧。

（一）活动任务

第一，引导孩子通过多彩日历，记录生活中的美好和温暖。

第二，帮助孩子增强阳光心态，培养积极的生命态度。

（二）活动步骤与方法

每人绘制一个彩色日历，每天记录自己的生活情感态度，一周后或一个月后统计汇总，测出自己的生活质量。

第一步：自制彩色日历。

父母孩子各自绘制一本彩色日历，一周或一个月的日历都行，根据自己的实际情况选择一周还是一个月。

第二步：填写日历。

父母孩子各自填写日历。如果当天心情为感动，则填写"爱心"记号；如果当天心情为愉悦，则填写"太阳"记号；如果当天心情为平静，则填写"绿叶"记号；如果当天心情为不太愉快，则填写"月亮"记号；如果当天心情为糟糕，则填写"黑点"记号。可以自己制作"爱心""太阳""绿叶""月亮""黑点"标记。

星期日	星期一	星期二	星期三	星期四	星期五	星期六
		1	2	3	4	5
6	7	8	9	10	11	12
13	14	15	16	17	18	19
20	21	22	23	24	25	26
27	28	29	30	31		

第三步：统计汇总。

以一星期或一个月为周期，统计汇总这一段时间五种心情的数量分布。看看一家人谁的生命质量高或幸福感强。把每天的得分加起来除总天数（可以设定："爱心""太阳""绿叶"都是3分，"月亮"2分，"黑点"1分），得出平均分来基本判定生命质量。周平均分或月平均分为1分，为非常糟糕；周平均分或月平均分高于1分但低于2分，为糟糕；周平均分或月平均分高于2分，低于3分，为优秀；周平均分或月平均分等于3分，为非常优秀。

彩色的生命质量日历

心　情	表达记录	数量统计	获得分值	生命质量
感动				
愉悦				
平静				
不太愉快				
糟糕				
我想对自己说				

第四步：反思与改善。

家长和孩子一起总结，反思不愉快的原因，总结经验，提出改善计划。第三步平均分低于2分，必须做出改善计划。（下表供参考，规则同第三步。）

为幸福打 call

不愉快的心情	产生原因	调整方法	幸福提升指数	获得分值
糟糕	爷爷生病住院了	放学后或周末去医院陪爷爷，给他讲自己学校的故事。	绿叶	3分
我想对自己说				

其实生活的背景和条件，每个人都差不多，为什么有的人的心情始终都是愉快的，总有爱的感动，而为什么有的人总是心情处于不愉快的状态？关键在于一个人的心态，即对待生活的态度是什么样的，这种生活态度成为他看待生活的有色眼镜，以不愉快的心境看待任何事情都是不愉快的，所谓"感时花溅泪，恨别鸟惊心"。因此，培养孩子心境是关键，这也是孩子学习、今后工作成功的关键，更是生活幸福的关键。

活动四：亲子阅读——了解生命的意义、活着的尊严。

【内容简介】

《生命的追问》

《生命的追问》由我国著名作家张海迪①著，描述的是一个天真淘气而又浪漫的小女孩，她青年时代执着于读书学习，后来参加联合国第四次世界妇女大会的成长蜕变故事。该书共分五辑，将张海迪的童年经历娓娓道来。作者5岁时因血管瘤导致高位截瘫，但她却凭着惊人的毅力，自学了小学、中学全部课程，自学了医学知识和针灸技术，自学了英语、日语、德语和世界语，翻译并出版了大量外文资料和著作，被誉为中国的"保尔·柯察金"。这本书几乎包罗了其生命历程中的各个领域，对于喜爱张海迪的读者来说，无异于一把珍贵的钥匙，它开启了一个通往舞台的大门，而张海迪则是那个舞台上的舞者，蹁跹的舞姿令人驻足。从书中我们也可以感受到一位善良、坚强、执着、本色的女性作家的丰富感情。

（一）活动任务

第一，引导孩子懂得生命的意义在于积极应对命运的挑战，用汗水和努力让生命更精彩。

第二，培养孩子阅读能力、理解能力和表达能力。

（二）活动步骤与方法

1. 与孩子一起阅读推荐读物

和孩子一起来读读《生命的追问》吧！在完成了挑战任务后，也许你和孩子对生与死的话题会有一些新的认识！

---

① 张海迪，中国残联第七届主席团主席，中国作家协会第九届全委会委员。

2. 让孩子陈述内容

让孩子陈述阅读材料内容，意在培养孩子的总结提炼主题的能力和表达能力。因此，父母应认真听孩子的表达，如果有表达不清晰、遗漏的内容，父母应做暗示或提醒，让孩子补充完善。

3. 和孩子一起完成下表

这相当于共同做一个作业。父母与孩子一起学习，是孩子最高兴的事情；同时，父母也可以站在更高的水平上指导孩子的阅读。建议父母与孩子进行作业比赛。

《生命的追问》阅读分享

主　题	
小女孩给你留下了什么样的印象	
书中哪些句子让你很有感触	
在小女孩身上你学到了什么	
我的阅读感想	

4. 亲子手工，精心制作一份礼物，表达对家人的感恩

用心为家人制作一份小礼物。手写卡片、一朵小花、一幅图画、一张书签等，都能带给家人不一样的感动。用心感受生命的美好，珍惜生命中的每一天，善待身边的每一个人，传递爱与温暖。

5. 总结反思

各自结合自己的经验谈感想，反思自己在生活中做得不足的地方今后如何完善和改进。

关于书本阅读

小贴士

《生命的追问》整本书中，字里行间透露着一个残疾人对爱的向往，对大自然的追求，对生命的渴望，对美好事物的憧憬以及积极应对命运挑战的乐观心态。它让人懂得人总有一天会老去，谁也无法抗拒，但正因为生命有限，时光才更为宝贵；正因为生命有限，才更应该不懈努力。谁也无法抗拒疾病衰老，谁也无法躲避死亡，我们要做的只是倍加珍惜生命，让有限的生命在被岁月碾磨后留下灵魂闪闪

发光。不管前面的路有多艰难，我们都不能自暴自弃，要做生活的强者，用汗水与努力和时间赛跑，让自己的生命更加绚烂。珍惜时间，把握生命，即使生命并不完美，也要昂首前行，即使翅膀断了，心也要飞翔！

这本书，引起了我们对生命的思考，要以一种怎样的姿态与这世界权衡。作者怀着"活着就要做个对社会有益的人"的信念，以保尔为榜样，勇于把自己的光和热献给人民。她以自己的言行，回答了亿万青年非常关心的人生观、价值观问题。也可谓"宝剑锋从磨砺出，梅花香自苦寒来"。本书同时也在给我们讲述，个人的价值不是体现在强健的四肢、娇美的容貌上，而是体现在为社会创造了多少财富上，这种财富不仅指物质上的，更是精神上的。我们活着终其一生是为了找到真正的自己，寻其所爱，勇于奉献，不留遗憾。

【收获与成长】通过回顾总结，孩子感受到生命的坚韧与美好，明白不管生命遇到多大的困难，仍应保持对美好事物的憧憬，积极乐观应对命运挑战。

对于一个人来讲，能意识到自己生命的有限，那将是非常明智的。生命从一开始就是一个走向结束的过程，这有限的一段时间对每个人来说都是弥足珍贵的。生命就像一张风光无限的单程车票，对于一去不复返的生命，我们要满怀深情地体味它的意蕴、追求它的意义、创造它的价值，在有限的生命中，活出一个有意义、有价值、有诗意的绚丽人生来。通过这一系列的亲子活动和亲子阅读，家长和孩子对生命又有了新的认识。

作为家长，我要记录下我和孩子的一次特别的生命对话交流经历：＿＿＿＿＿＿＿＿＿＿＿＿＿

＿＿＿

＿＿＿

通过这次经历，我们运用到如何引导孩子正确看待生死的知识和方法，孩子的身心都获得了成长。

我（儿童）更加懂得生命的可贵，也更加懂得珍惜身边的亲人、朋友，我要珍惜生命中的每一天，让每一天都过得有意义。

我（儿童）的成长体验收获：＿＿＿＿＿＿＿＿＿＿＿＿＿＿＿＿＿＿＿＿＿＿＿＿＿＿＿＿＿＿

＿＿＿

＿＿＿

生命
语录

死并非生的对立面，而是作为生的一部分永存。

——[日]村上春树[1]

本课
要点

家长要让孩子知道：死亡如同花开花落，是一件自然而然的事。我们能做的便是坦然面对死亡，乐观地面对生活，谨守向死而生，关键的是要让自己的生命活得有意义，活得有价值，活得有质量，不留遗憾……

[1] 村上春树，日本当代著名作家。此句出自村上春树的《挪威的森林》，上海译文出版社，2018。

生命的尊严·遵循自然规律

循自然之道
大自然在说什么？

【现象扫描】晚饭后，生生发现自己养的蚕中有一只小飞蛾正努力地破茧而出，它在茧里奋力挣扎，却始终没有摆脱茧的束缚。生生觉得飞蛾太可怜了，于是他找来一把小剪刀，轻轻地在茧的一头剪了一个小小的口子。飞蛾出来了，可是没过一会儿，它就一动不动了。生生难过极了，把事情一五一十地告诉了妈妈。妈妈听后语重心长地说道："生生，我想是因为你不知道飞蛾必须经过一番痛苦的挣扎，才能让自己的翅膀变得坚韧有力，才能飞得更高。这是大自然的规律，我们不能随意去破坏。"生生听后恍然大悟。

【解锁行为密码】上述现象中，生生看飞蛾破茧艰难，于是好心帮忙，不料飞蛾却因此再也飞不起来。事件中的生生，本是一片好心，看着飞蛾费力地挣扎便想要帮助飞蛾破茧而出，可是他却忽略了遵循自然规律：飞蛾必须经过一番挣扎，才能使自己的翅膀更加坚韧有力量。

生生为什么会有这样的举动呢？其根源就在于他对自然规律的认知有所欠缺。在现实生活中，像生生这样因为不懂得自然规律而好心办了坏事的并不少，所以让孩子认识自然，明晰自然之道，遵循自然规律不可违背十分必要。

【发展水平】关于儿童遵循自然规律意识、认知与能力的表征。

下表是关于"儿童发展现状"（指儿童遵循自然规律意识、认知与能力的发展水平）和"家庭教育现状"（指当前家庭对相关问题的不同教育表现）的描述。请家长对照、参考，然后再根据自己的实际情况对家庭教育理念、策略、行为做相应的调整。

关于儿童遵循自然规律意识、认知与能力的表征

指　标	内　容	儿童发展行为及家庭教育类型
儿童发展现状	认识自然	对和我们息息相关的大自然有一定了解	□ 1. 对自然的现象和规律有一定了解。 □ 2. 经常接触大自然，知道大自然与我们的生活息息相关。 □ 3. 对大自然充满好奇，喜欢大自然。

指 标		内 容	儿童发展行为及家庭教育类型
儿童发展现状	尊重自然	懂得尊重和保护大自然	□ 1. 有一定的保护大自然的意识。 □ 2. 基本懂得尊重自然，有一定的保护自然环境的行为。 □ 3. 尊重自然，爱护自然环境，并能劝导他人爱护自然环境。
	遵循规律	懂得遵循自然规律，学会和大自然和谐相处	□ 1. 了解一些自然规律和自然现象。 □ 2. 基本懂得遵循自然规律，但是会无意间违背自然规律而做事。 □ 3. 懂得遵循自然规律，爱护大自然，尊重大自然，和大自然和谐相处。
家庭教育现状	家庭教育氛围	孩子是在怎样的家庭氛围中成长的	□ 1. 征服破坏型：家庭成员视大自然为索取对象，只要自己需要，不管是否破坏自然。 □ 2. 漠视无心型：对环境和大自然规律无知，也不关心。 □ 3. 亲近热爱型：经常关心自然与环境的变化，遵从自然规律，爱护自然与保护自然。
	家庭教育方式	家庭主要教养人对孩子的教育引导方式	□ 1. 放羊式：对孩子违背自然规律和破坏自然的行为置之不理，放任不管。 □ 2. 榜样式：对孩子违背自然规律和破坏自然的行为能及时引导，并以身作则正确示范。 □ 3. 空洞说教式：对孩子违背自然规律和破坏自然的行为只会空洞说教，并无实际作为，有时甚至言行不一。

【我们一起行动】通过系列亲子活动，家长帮助孩子认识自然，学会尊重自然、敬畏自然、遵循自然规律。

大自然是最好的老师，亲近自然，是人的天性。一抔泥土是天然的"橡皮泥"，让我们触摸到大地的温度；一阵鸟啼是自然的鸣奏曲，让我们聆听生灵的活力；一队搬家的蚂蚁是自然的晴雨表，让我们看到万物间的联系……大自然中藏着无数秘密，只有带孩子们亲近自然，了解到人与自然之间的联系，感受自然的神奇之美，才能让他们学会尊重自然、敬畏自然、保护自然。

活动一：寻自然之道——家长带领孩子在生活中亲近自然、认识自然规律、感受自然的神奇，进而热爱自然。

（一）活动任务

第一，帮助孩子认识自然规律。

第二，引导孩子懂得遵循自然规律的重要性。

（二）活动步骤与方法

1.活动策划

活动前选择观察对象。可以梳理一下自己以前了解的自然界的相关知识，想一想对什么有兴趣，最想观察什么现象。还可以就自己感兴趣的自然现象搜集阅读资料、观看视频等，以便做好知识的储备。

2.活动实施，做好观察记录

在活动中，家长可以引导孩子制作观察量表，便于数据的记录和分析。（以观察公园生态环境为例。）

公园生态环境观察表

观察对象	观察任务	观察所获
小白鹭	着重观察外形、习性、生活环境	小白鹭多喜欢生活在比较开阔、植物茂盛的湖泊和水塘之中，对水质也有一定的要求，能吸引来这么多"远方的客人"，说明公园的确环境不错。
单瓣月季花	着重观察花朵颜色、形状、生存环境	国家二级保护植物。野生植物资源推动了人类社会的繁荣和发展，许多极小种群野生植物的开发利用价值不可替代，并蕴藏着丰富的遗传资源，具有重要的战略意义。

3.总结讨论

回家后，家长可以带领孩子就这次的"触摸自然"活动进行总结，可以通过情景再现、问题讨论的方式将此次活动所得进行内化。同时，孩子也可以通过绘画、写心得等将此次活动的收获成果化，既巩固了这一自然规律的知识，又培养了孩子的动手能力。

活动二：访自然之迹——参观地质博物馆、地质公园，寻访崇山峻岭、江河湖海，观看相关影视作品，帮助家长和孩子进一步认识自然、了解人与自然和谐共生的重要性，从而懂得敬畏自然。

（一）活动任务

第一，帮助孩子了解人的行为与自然变化的关系。

第二，培养孩子人和自然和谐的意识。

（二）活动步骤与方法

近年来，地球的自然环境在加速恶化。大气、河流和海洋的污染越来越严重，森林在减少，荒漠在扩大，气候在变暖，生物物种在消失，臭氧层正出现越来越大的空洞，雾霾肆虐在城市上空。这样的过程是日常的，没有间断，也没有国界，它构成了一个最典型的全球性问题。在大自然面前，人类是渺小的，如果能读懂她说的话，也许灾难不会那么快来临。大自然中的每一座山、每一条河都是她留下的足迹，家长可以利用好资源，带领孩子进行参观和寻访，让孩子和大自然来一场深刻对话，相信他们一定会敬畏大自然的神奇与伟大。

1. 参观自然景观和博物馆

访大自然足迹

参观园区	所见所闻	感　　想
地质博物馆		
地质公园		
天坑		
泰山		

2. 观看环保视频或相关自然灾难影视作品

（1）观看水土流失、全球变暖、虐杀动物、干旱、空气污染、雾霾等纪录片或新闻报道。

（2）和家人说说自己的观后感，也可以将内心感受写下来。

活动三：遵自然之规——发起环保倡议，记录每天为环保所做的小事，积累环保币，家长帮助孩子学会保护自然、与自然和谐共处。

（一）活动任务

第一，培养孩子以实际行动保护环境。

第二，帮助孩子学会组织策划环保公益活动。

（二）活动步骤与方法

通过积累环保金币，家人帮助孩子增强环保意识，将低碳环保融入生活中的点点滴滴。与此同时，金币获得最多的人，作为本次总结评比的主持人。

1. 与孩子一起商议策划家庭环保活动

把家里的每个人的日常行动列举出来，做成一个表格，制定对照各自行为为积累环保金币的规则。

2. 开展积累环保金币活动

家庭成员自绘金币积累表格，然后将自己日常能做的环保小事一一罗列出来，每做到一项获得一枚环保金币，每天对照表格进行评价，一个星期后，家庭成员一起进行金币比拼，看谁完成得最好。（以下表格供参考。）

家庭环保行动大比拼（工作日）

环保行动	星期一		星期二		星期三		星期四		星期五	
	我已做到	还需努力	我已做到	还需努力	我已做到	还需努力	我已做到	还需努力	我已做到	还需努力
绿色出行										
光盘行动										
随手关灯										
按照垃圾分类投放垃圾										
用旧本子打草稿，节约纸张										

家庭环保行动大比拼（休息日）

环保行动	星期六		星期日	
	我已做到	还需努力	我已做到	还需努力
在社区里捡拾垃圾，美化社区环境				
在社区里宣传垃圾分类，协助保洁工人进行垃圾分类				
在社区里宣传绿色出行				
在公园里，针对市民违规垂钓、网鱼、自带食物喂食动物等不文明行为进行劝导				
养护社区、公园植物，针对攀摘花朵、践踏草坪等不文明行为进行劝导				

备注：环保行动时间，分为星期一至星期五与星期六、星期日两天（或节假日），项目均可在实践中不断添加；星期一至星期五"我已做到"的项目，可获得一枚金币，星期六、星期日两天（或节假日）"我已做到"的项目，可获得两枚金币；每个星期金币总数为一周七天金币相加所得。

3. 总结评比

一星期以后，举行一次家庭环保总结会议，金币获得最多的人为主持人，就家人环保落实情况进行总结、评比。

4. 反思与改进

各自根据自己的环保行为表现进行反思，哪些做到了，哪些没做到，主观原因和客观原因是什么，今后如何改进，并做出承诺。

活动四：亲子阅读——通过阅读，了解自然规律，培养尊重自然之道、遵循自然规律的意识和行为。

【内容简介】

《中国环境报》

《中国环境报》是由国家生态环境部主管、中国环境报社主办的环境保护报纸。它的宗旨是"防治污染，改善生态，促进发展，造福人民"，旨在宣传国家有关环境保护的方针、政策、法律、法规，监督环境违法行为，报道防治环境污染和保护生态的动态和经验，传播国内外环境保护相关知识、技术，反映公众的意见和要求，聚焦环境热点、焦点问题。该刊设有观点、要闻、综合新闻等栏目。根据 2023 年 7 月知网显示，出版文献量 71220 篇，总下载次数 1126243 次，总被引用次数 10747 次。2018 年 3 月，《中国环境报》获得了第三届全国"百强报纸"的荣誉，这也体现了其在环境保护领域的权威性和影响力。

（一）活动任务

第一，引导孩子了解国家环境保护的方针政策、法律法规以及环境保护取得的成绩等。

第二，帮助孩子树立与自然和谐共处的意识。

第三，帮助孩子培养阅读、理解、表达能力。

（二）活动步骤与方法

1. 与孩子一起阅读推荐材料

家长与孩子一起阅读《中国环境报》或关注公众号"中国环境"，了解阅读材料内容，一起选择与本主题相关的生态平衡、自然规律等方面的话题内容进行讨论。

2. 让孩子陈述内容

孩子陈述的阅读材料内容，需要具备理解阅读材料的核心要素。如果孩子的陈述不完整、有遗漏，家长应进行暗示或提醒，并进行完善和补充。注意，这是培养孩子总结、概括、提炼主题的能力，即阅读的核心能力。这也说明生命教育与现实生活密切联系，应该融合生活和时事来进行。

3. 与孩子一起完成作业

和孩子一起完成表格中的任务。

《中国环境报》阅读分享单

让我印象最深刻的报道	获得了怎样的启发	对我的环保行动有什么帮助

4. 连接生活

通过阅读《中国环境报》，选择现实急需关注和孩子感兴趣的内容或话题，和孩子一起出去走一走、拍一拍、记一记，去发现身边是否有与此相关联的故事、问题可以报道。

5. 发布宣传

学习写报道、反复修改后，家长帮助孩子将报道发布在社区群、小区群或者班级群来宣扬、倡导或警示，最后收集反馈信息。

【收获与成长】通过回顾总结，家长帮助孩子提升认识自然、尊重自然、敬畏自然、遵循自然规律的意识。

恩格斯指出：我们不要过分陶醉于我们对自然界的胜利。对于每一次这样的胜利，自然界都报复了我们。[1]美国生物学家卡逊[2]发表的《寂静的春天》一书，用触目惊心的案例阐述了大量使用杀虫剂对人和环境的危害，敲响了环境危机的警钟。不断追求人与自然的和谐，实现人类社会全面协调可持续的发展，成为人类共同的目标。"人与自然本质统一"的前提就是承认自然界的客观性及其规律的客观性，而不是把人类的好恶凌驾于客观规律之上。习近平总书记在党的十九次全国代表大会上曾指出："人类只有遵循自然规律才能有效防止在开发利用自然上走弯路，人类对大自然的

---

[1] 此观点是恩格斯对于人与自然关系的重要论述，警示人们不应过分自满于对自然的改造和征服，而应认识到自然界的复杂性和不确定性，以及人类行为可能带来的长远影响。《自然辩证法》，人民出版社，2015。

[2] 蕾切尔·卡逊（Rachel Carson）是一位著名的美国海洋生物学家，以其作品《寂静的春天》而广为人知。这本书首次出版于1962年，是首次关注环境问题的著作，引发了全球环境保护事业的浪潮。《寂静的春天》，译林出版社，2018。

伤害最终会伤及人类自身，这是无法抗拒的规律。"

通过以上系列的亲子活动和阅读，家长和孩子们都收获了很多，这期间孩子肯定更是有着可喜的变化，也许有那么一两件小事让爸爸妈妈已经看到：孩子学会了尊重自然、敬畏自然、爱护自然。

作为家长，我要记录下我和孩子的一次特别的经历：_____

_____

_____

我（儿童）在学校和社区都能做到自觉地爱护环境、遵循自然规律，并积极参与到环保工作中去。

我（儿童）的环保体验收获：_____

_____

_____

生命语录

人是自然产物，存在于自然之中，服从自然的法则，不能超越自然。

——[法]霍尔巴赫[1]

本课要点

家长要让孩子知道：大自然是有生命的，她与人类生活息息相关，是我们赖以生存的家园。人类必须遵循自然规律，保护自然环境。这是我们义不容辞的责任和使命，我们都应以实际行动做环保卫士。

[1] 保尔·昂利·霍尔巴赫，18世纪法国启蒙思想家、哲学家。此句出自保尔·昂利·霍尔巴赫的《自然的体系》，商务印书馆，2008。

生命的尊严·了解情绪密码

孩子发脾气，我们可以这样做
怎样认识和表达情绪？

【现象扫描】晚饭后，生生要完成网上作业，但因为网络问题上不了网，他正着急地检测，坐在旁边的父亲理了理儿子衣服上的帽子，并轻轻拍了拍他。生生很生气，反过来就打爸爸。爸爸觉得生生不可理喻，顺势吼了他两句，这时，生生情绪失控，还又哭又闹，爸爸这下子也发火了。

【解锁行为密码】上述现象中，生生因为网络问题完成不了作业，产生了不良情绪，父亲表达的"关心"，反而惹怒了他，让他情绪失控。此时的父亲，没有觉察到儿子的情绪，没有站在他的角度感同身受："好不容易才准备开始做作业，可是网络又出问题，因此儿子很着急"；由于父亲不知儿子为什么生那么大的气，不理解，所以没有安慰，反而自己也没能控制住情绪，发火了！自然，亲子冲突瞬间爆发。

情绪不但对亲子关系产生影响，更会对孩子的社会发展、心理健康产生重要影响。孩子管理和改变自己与他人情绪的能力越强，其适应学业、适应社会的能力就越强，亲子关系、家庭关系就会更加和谐与幸福。因此，关注孩子的情绪比关注孩子的成绩更为重要。

【发展水平】关于儿童情绪意识、认知与能力的表征。

下表是关于"儿童发展现状"（指儿童情绪意识、认知与能力的发展水平）和"家庭教育现状"（指当前家庭对相关问题的不同教育表现）的描述。请家长对照、参考，然后再根据自己的实际情况对家庭教育理念、策略、行为做相应的调整。

关于儿童情绪意识、认知与能力的表征

指　标		内　容	儿童发展行为及家庭教育类型
儿童发展现状	情感交流	在与家人的交流过程中，能识别家人情绪情感，并做出适宜的反应，交流感受，互相安慰与鼓励	☐ 1. 积极主动和陌生人交流。 ☐ 2. 积极的情感交流。 ☐ 3. 根据他人的情绪有选择地交流。
	理解他人情绪	从交往者的角度出发，理解别人的一些看法和想法	☐ 1. 接纳他人的情绪表达。 ☐ 2. 理解情绪产生的原因。 ☐ 3. 帮助产生情绪的人分析原因。
	情感控制	控制自己的情绪，保持正常的心境	☐ 1. 能分清情绪表达的对象，适度调控。 ☐ 2. 在亲人、朋友的疏导下，能迅速平静下来。 ☐ 3. 在自我调控下，逐渐平静下来。
	情感表达	能在不同情境下做出大致适宜的情绪反应	☐ 1. 根据对象不同，有选择地表达。 ☐ 2. 根据别人的反应，有选择地表达。 ☐ 3. 安全地宣泄自我的情绪。
家庭教育现状	家庭氛围	孩子是在怎样的家庭氛围中长大的	☐ 1. 冲突型：家庭成员情绪控制能力差，情绪冲突大，矛盾多。 ☐ 2. 民主型：家庭成员之间讲道理、相互体谅、分享快乐、能共情。 ☐ 3. 冷漠型：家庭成员之间没有情感交流，相互之间保持冷静、冷漠的交往，整个家庭处于一种冷漠的情感氛围。
	家庭教育方式	家庭主要教养人对孩子的教育引导方式	☐ 1. 权威式：父母按照自己的意愿对孩子的情绪进行控制。 ☐ 2. 放羊式：父母溺爱孩子，对于孩子的情感放任。 ☐ 3. 民主式：父母与孩子在家庭中处于平等的和谐的氛围中，父母关注孩子的情绪状态，能正确归因和合理疏导。

【我们一起行动】通过系列亲子活动，家长帮助儿童认识情绪、体察情绪、理解情绪、调适情绪，能够学会管理情绪，处理问题。

开展亲子体验活动，家长就"情绪"主题和孩子进行"情感"对话，理解孩子的情绪反应，感受孩子的情感体验，让孩子感受到被信任、被尊重，让孩子理解自己、靠近自己，建立起良好的亲子关系，成为孩子强大的心理支持，增加积极情绪，减少负面情绪，让孩子变得更自信。同时，建立良好的情感支持与关怀的亲子关系，更利于情绪调适、亲子沟通和亲子问题的解决。活动体验过程中，注意规避不理性、无原则的爱，以平衡好家庭教育的理性和情感。

活动一：情绪收集器——通过游戏，学会运用词语、真实表情等准确地表达情绪，认识情绪。

（一）活动任务

第一，提高孩子情绪感知、认识能力。

第二，培养孩子准确表达情绪的能力。

第三，培养孩子自己调节情绪的意识。

（二）活动步骤与方法

1.情绪表达语的收集与整理

（1）家长与孩子一起收集尽可能多的表达情绪的相关词语。（收集时间一周。）

（2）用不同颜色的彩笔将表达情绪的词语写在卡片上。

（3）用彩笔为情绪词语配上彩色表情图画，制作一套与情绪词语对应的情绪表情卡片。

2.情景模拟与情绪表达

（1）家长和孩子分别拿一套卡片，相互抽取，然后将情绪表情与情绪词语对应。

（2）模拟生活场景，选取对应的表情或者词语来表达情绪。

> **温馨提示**
>
> 　　这个阶段的孩子能够理解同时存在两种或以上不同性质的复合情绪。自己或他人处于情绪中时，和爸爸妈妈一起学习用一个词语来表达情绪。表达情绪的词语有兴奋、愉悦、伤心、愤怒、恐惧、欣喜若狂、手舞足蹈、心烦意乱、切肤之痛等。如，星期六下午，孩子在家上网课还未结束，楼下好朋友又在喊他出来继续昨天的游戏，孩子心情特别矛盾，既想把网课上完，又想和朋友去玩，于是心烦意乱。（家长可以和高年级孩子坚持做2~4周，认识复合情绪。）

3.情绪表达游戏

（1）与孩子约定一周的时间，在家人相处中用情绪卡片来表达自己真实的情绪感受。

（2）制作一张类似下面的表格。

表格中"我们的默契度"可以用"星级"（或其他方式）来标示。

你的情绪我能懂

时　　间	我的情绪 （格子里贴表情卡片）	我能懂你 （格子里贴情绪词语卡片）	我们的默契度
星期一			

续表

时 间	我的情绪 （格子里贴表情卡片）	我能懂你 （格子里贴情绪词语卡片）	我们的默契度
星期二			
星期三			
星期四			
星期五			
星期六			
星期日			

活动二：情绪"温度计"——通过记录情绪"温度"，家长学会并帮助儿童去正确感知和体察他人情绪，理解情绪及产生的原因。

生活中，我们常常会遇到家人或身边人高兴、生气、难过、悲伤或愤怒的时候，如果去细心观察他们的表情、动作，去换位思考或同理，就可以理解他们的情绪以及情绪产生的原因。

（一）活动任务

第一，培养孩子学会观察不同情绪表现。

第二，培养孩子换位思考与共情。

第三，培养孩子理解情绪产生的原因。

（二）活动步骤与方法

1．"阅读"情绪

在日常生活中，家长根据问题随时开展亲子情绪体验活动，家长学习并引导孩子"阅读"家人（或他人）的正、负面情绪，思考背后发生的原因，能换位思考、具有同理心。通过沟通交流，尝试帮助孩子调适情绪，增强保持身心健康的能力。试试下面这些情绪观察点和听对方说的方法。

观察对方的表情、声调、姿势、动作，认真聆听对方说话的内容。

2．使用"情绪温度计"记录表

家长指导孩子细心观察家人的情绪，将观察到的行为和他的想法、行动等记录在下表中。（家长督导孩子用1～2周的时间观察记录。）

情绪温度计

观察时间	观察对象	观察到的行为	情绪温度	情绪原因推测（换位/同理）	我的行动	家人的回应
7月5日星期三	妈妈	在厨房一边做晚餐，一边唱歌	心情好	妈妈应该有愉快的事情发生	我高兴地去厨房协助她、和她聊天	妈妈夸赞了我，并分享了她下午顺利完成工作中一个项目方案的事

3. 情绪分析与共鸣

家长与孩子一起分析记录下来的情绪情景，分析产生的原因和可能产生的积极或消极后果，换位思考体验情绪感受，与当事人共情。

4. 探索情绪调节方法

家长与孩子一起探索情绪调节的方法，设想帮助他人调节情绪，设想自己遇到情绪冲突时的调节方法。

活动三：情绪调适方法——帮助家长、孩子在实践中学习调适情绪的方法，并能迁移运用到亲子、同伴和师生之间。

（一）活动任务

第一，帮助孩子在具体情境中调节情绪。

第二，学会调节情绪的方法。

第三，学会正确的冲突归因，减少消极情绪的产生。

（二）活动步骤与方法

当家长和孩子发生冲突或矛盾时，我们试试下面的步骤和方法，来合理宣泄、健康表达和调控情绪，保持积极乐观的情绪状态。（家长与孩子一起用2个月左右的时间练习情绪调适，并在以后的日常中践行。）

1. 家长稳定自己情绪

当孩子发脾气后，试试下面的方法，先整理好自己的情绪，万万不可与孩子对着发脾气，不要让不可收拾的局面出现。

停一停	想一想	换一换
先稳住	冷静、冷静、冷静	换环境
深呼吸	想最愉快的事	换事情
数数	如我是对方会怎么办	换角度
心里提醒自己"冲动是魔鬼"等	可能会带来的后果	换态度

2. 帮助孩子稳定情绪，听孩子表达

（1）首先，家长要引导孩子用积极而正确的方式，自己想办法应对和解决情绪问题，反之，则剥夺了孩子自我调适、管理情绪的机会，孩子也就没办法对自己的情绪感受负责。这时，家长可以示范前面调节情绪的方法，让孩子也试试。

（2）接着，家长要关注孩子的情感需求，给孩子表达机会，不替他做主，帮助孩子运用正确的方法，学会表达自己的情感需求和观点。例如：家长提问引导，"你怎么了？""什么事让你烦躁或生气了？""需要我帮助你什么？"如孩子生气地说："我长了几颗水痘就被隔离在家，十多天都不能上学，不能出去玩，很烦！"可以告诉孩子，我们情绪的主观感受是正确的，我们要接纳它。如孩子愤怒地说："天天都在上课，完全没时间做我喜欢的事。"家长可以拍拍（或拥抱）孩子并说："确实很糟糕，我们来商量一下吧……"孩子感受到家长也感同身受，接纳了他的情绪，情绪会慢慢趋于平静。

★注意：如果孩子是身体原因，则要带着孩子到对应的正规机构进行检测。

3. 接纳情绪，正确表达情绪

当我们有情绪了，要先接纳，学会识别，学习用符合交往规矩和适合情景场合的方式正确表达。当孩子有了情绪，生气时大喊大叫，愤怒时摔东西，家长需静心与孩子沟通，告诉孩子，哪些做法是适合的情绪表现。例如：我们难过时，别人关心我们，我们应该谢谢别人的关心；收到自己并不喜欢的礼物，也要愉快地感谢他人。

4. 调适情绪，解决问题

当孩子有情绪、需要宣泄时，家长应引导其找到合适的方式。如：

做心情放松——闭眼，深吸一口气，再慢慢地吐气，连续做几次，让心情放松。

转移注意——看喜欢的节目，听喜欢的音乐，画一幅画等。

宣泄情绪——向家人、朋友倾诉，做运动，去劳动，在合适的场所痛哭或喊叫等缓释情绪。同时，父母注重孩子的情绪反应、亲子间有关情绪的谈话、父母善于调节自己的情绪，都会影响孩子调节情绪能力的发展。在父母的榜样示范下，孩子能学会理解和表达情绪的方法，提升情绪调节能力。

情绪稳定后，再解决具体问题。

● 【情境翻转】生生与爸爸健康表达情绪

开篇【现象扫描】事件中，因生生没有正确地表达情绪，也因爸爸没有觉察到儿子的情绪、更没有帮助儿子合理调适不良情绪，最终引发了强烈的亲子冲突。现在，请孩子和家长分别扮演生生及生生爸爸，让【现象扫描】中的情境健康翻转——合理表达情绪，具体做法可记录在下表。

步　骤	生生健康表达情绪	爸爸合理调适情绪
第一步		
第二步		
第三步		
第四步		
……		

● 【试一试】家长朋友，下面是家庭中常见的"情绪现象"，笔者简单整理出了"情绪调适方法建议"，供参考。

情绪现象	情绪调适方法建议
假期，孩子在家活动少，没同伴交往，感到憋屈无聊，烦躁不安，火气大	□ 1. 要认识这是正常情绪反应，学会控制自己的情绪。 □ 2. 家长表达对孩子情绪的理解与接纳，帮助孩子通过运动、唱歌、画画或做自己喜欢的事等宣泄情绪。 □ 3. 家长和孩子一起设计亲子活动或家庭活动，如画画（或做手工）、一起翻看照片回忆以前的快乐时光、一起布置家、一起做美食等来放松情绪。
孩子每天生活学习无精神、无规律，家长管，孩子又要发脾气	□ 1. 家长和孩子一起制订课余生活计划，如学习、运动、劳动、家庭活动以及奖惩制度等，每人一份，相互监督。 □ 2. 家长做榜样，不向孩子发脾气，主动说出自己的感受，并提出希望。 □ 3. 让孩子表达自己的不同观点。家长是孩子的倾听者、朋友、教育者或者学习者。 重点：① 按照计划行事，纠正不良习惯，严格实施奖惩制度，以保证计划执行的有效、高效。② 对于表现较好、进步快的孩子，注重精神奖励，以致不奖励，孩子也能健康地表达情绪和逐渐学会独立调节情绪。

续表

情绪现象	情绪调适方法建议
孩子总嫌家长唠叨、啰唆，要么不理不睬，要么为点儿小事就吵架	☐ 1. 孩子有自己的独立想法，我们要尊重。 ☐ 2. 当孩子表达自己不同意见时，父母可以以朋友的姿态与孩子平等交流，多听听孩子内心的想法，尽量减少吵架或正面冲突。 ☐ 3. 家长以平和的心态、包容的胸怀看待孩子的不足，平静地表达出自己的观点和提出希望，尽可能地减少或杜绝毫无意义的啰唆、唠叨，也还孩子一个安静的空间，也无须时时、事事叮嘱，让孩子按计划完成任务即可。
刚上二年级的铭铭，因为上课说话被批评了，回家生闷气，不搭理人	☐ 1. 低年级孩子的情绪很外显，遇到事情他们的情绪应激反应很直接，比如情绪突然低落、暴饮暴食、发脾气等。 ☐ 2. 家长要善于从孩子的行为表现中觉察和接纳孩子的情绪，并与之共情。 ☐ 3. 通过沟通帮助孩子将情绪转移，比如带孩子吃喜欢的食物，给孩子讲述一些有趣的故事，分散孩子对目前情绪的体验。 ☐ 4. 对孩子进行疏导，通过形象类比的事例或者游戏体验让孩子明白一些事理。
四年级的生生数学不好，他觉得很灰心、每次上数学课总是提不起劲	☐ 1. 中高年级孩子相较低年级孩子，对于外界事件的情绪体验更加深刻，发展逐步趋于稳定，情绪的外在表现也比较隐蔽。 ☐ 2. 家长需要更敏锐地从孩子的言语、行为中洞察孩子的情绪状态。 ☐ 3. 家长要学会接纳并帮助孩子接纳自己的消极情绪状态，再针对引起孩子情绪背后的原因帮助孩子。 ☐ 4. 通过谈话、交流等方式进行分析，找出问题的症结所在，与孩子共同商议、制定解决问题的策略，鼓励孩子在解决问题的过程中寻求外部帮助。 ☐ 5. 对孩子在问题解决过程中的进步和困难给予鼓励和帮助，让孩子体会到来自家人的积极支持。注意，不强求孩子一步到位解决问题。

小贴士

1. 孩子健康的情绪表达方式[①]

●恐惧——告诉孩子"当你感到恐惧和害怕时，需要跟父母或者自己信任的人谈谈。我们都会帮助你的"。

●关怀——告诉孩子"如果你很关心某个人，你可以直接跟他说，也可以送一张卡片或画一幅画"。

●伤心——告诉孩子"如果你感到很伤心可以哭出来，可以跟朋友和父母说说自己的感受，可以写日记记录自己的心情"。

●高兴——告诉孩子"如果你感到很开心，你可以表达出来，笑容和快乐能传递，

---

① 边玉芳：《读懂孩子——心理学家实用教子宝典（6～12岁）》，113页，北京，北京师范大学出版社，2014。

会让别人感到很开心"。

●愤怒——告诉孩子"如果你感到很生气，可以先深呼吸几次，再选择一种合适的方式发泄自己的愤怒，例如跑步、打球、撕纸"。

2. 对孩子负面情绪的错误处理方法[①]

当孩子处于负面情绪中，家长注意不要做出以下错误的处理方法：

●禁止孩子发泄负面情绪。例如，告诉孩子"不准哭！再哭就……"

●不要居高临下，一味批评孩子，责备孩子，说一些"马后炮"的话。例如，告诉孩子："我早就说过了。你就是不听。活该！"

●指挥孩子应该怎么做，剥夺孩子独立思考的空间。例如，告诉孩子"你应该这样……""你不应该这样……"

●认为孩子过于"少见多怪"，不能与孩子"感同身受"。例如，告诉孩子"这种事没有什么大不了的，用不着伤心成这样"。

●草率地安慰孩子，假装一点儿都没问题。例如，告诉孩子"放心啦，没事的"。

●放任孩子沉浸在消极情绪中，或者放任孩子逃避问题。例如，孩子比赛失利了，让孩子尽情发泄，玩游戏、吃东西，却不与孩子一起讨论、商量以后应该怎么做、如何提高。

活动四：亲子阅读——和孩子一起阅读材料，了解情绪的产生以及情绪对于人的行为的影响。

【内容简介】

《生气的亚瑟》

本书的作者是英国著名童书作家希亚文·奥拉姆。绘本中，描绘了一位叫亚瑟的孩子生气后，负面情绪不断升级造成的影响。极度夸张的表现手法是对孩子情绪的一种放大。正如绘本中所描绘的，可怕的情绪会带来严重的后果，如闪电，如飓风，对自己的家、居住的城市乃至世界都造成了极大的破坏力。阅读完绘本，相信孩子自己也会意识到，放任生气是具有破坏力的，不好的情绪会带来负面影响。鼓励孩子自己寻找和情绪和解的方法。

[①] 边玉芳：《读懂孩子——心理学家实用教子宝典（6～12岁）》，119页，北京，北京师范大学出版社，2018。

（一）活动任务

第一，学会观察情绪。

第二，理解负面情绪的消极影响。

第三，培养阅读、理解、表达能力。

（二）活动步骤与方法

1. 和孩子一起阅读材料

家长和孩子一起来阅读绘本《生气的亚瑟》，完成下面任务，也许孩子对情绪会有一些新的认识。（建议家长和孩子用2~3天时间阅读绘本。）

2. 让孩子陈述材料内容

家长注意提醒孩子陈述的内容包括以下要素：人物、事件、过程、时间、地点、冲突原因、情绪反应等，以培养孩子清晰地、完整地、正确地把握材料的能力。

3. 和孩子一起讨论

家长以启发、引导、提问的方式开启讨论，分析冲突原因，情绪反应的合理性，情绪掌控的或失控的影响等。

（1）完成下表，了解情绪过程及破坏力。

引起亚瑟生气的事件	亚瑟生气的表现（动作和表情）	当亚瑟在生气、发脾气时，身边的场景是什么样的状态	亚瑟为什么会越来越生气

（2）补充下面内容，了解情绪级别。

情绪就像风暴，也是有等级的，让我们一起体会《生气的亚瑟》情绪风暴的等级吧！

亚瑟真的生气了，_____。

他的气化作一片乌云，爆发成闪电、雷和冰雹，_____。

亚瑟的气形成了强劲的旋风后，_____。

当亚瑟的气转为台风时，_____。

4. 结合自己谈体会

通过阅读完成任务，我们对情绪有了新的体会：_____

_____。

1. 关于绘本阅读

该绘本把孩子的情绪放在了"显微镜"下进行放大，让人们可以更加清晰地看到孩子的情绪变化，这些混乱的场景象征着亚瑟不平静的内心，都是因为他生气而带来的。（1）开始，亚瑟生气了，可妈妈并不在乎他的感受，没有觉察到亚瑟的情绪；尽管亚瑟很生气，但是妈妈并没有安慰他；随着亚瑟的气越来越大，东倒西歪的建筑物暗喻着亚瑟内心翻滚的怒气的爆发，像发生了一场大地震一样。（2）孩子的情绪变化也表现出了孩子对情绪宣泄的渴望，这种情绪的大爆发也让孩子看到了情绪的破坏力有多么强。事实上，成人越压抑孩子的情绪，孩子就会越想爆发。（3）不过，情绪来得快也走得快。他们刚刚和一个同伴吵完架后，没过多久就不记得了，又玩到一块儿去了。

2. 关于情绪

情绪是人对所发生的事件的一种反应，没有好坏之分，有正性情绪（如：愉快、喜悦、爱等）、负性情绪（悲伤、愤怒、压力等）之分。不同的情绪会产生不同的行为，正性情绪能给我们带来积极而愉快的体验，负性情绪则会带给我们诸多不良的生活体验以及不良后果。情绪调适方法：小学低年级孩子易冲动，情绪不稳定，主要使用以情绪为中心的调节策略，高年级孩子则更倾向使用以问题为中心的情绪调节策略。父母、同伴的情绪表达、调节和处理方式及反馈都会对孩子的情绪表达和调节能力有影响。

有研究表明：情绪对人的大脑功能、学习效果、环境适应等有着重要的影响。善于调节自我情绪、拥有积极情绪的人，通常智力水平也较高，在情绪和理智发生冲突时，他们更能用理智控制冲动的情绪。

（小贴士）

【收获与成长】通过回顾总结，家长提升了对孩子情绪的接纳、理解能力、形成"情感引导教育"的指导能力；知道情绪的破坏力，帮助孩子学会接纳自己的情绪、认识情绪，激发孩子正确看待情绪并愿意去管理情绪的动力，建构自我调适情绪方法。

幸福家庭需要家庭成员的共同维护，家长要有意识地注重亲子互动，让孩子逐渐担当家庭责任，了解家人感受，表达对家人的关心，拉近与家人的距离，体会家庭幸福。通过日记或者亲子之间的聊天，如：一起回忆当天或某个事件的过程，解决问题的思维过程，情感体验过程等进行反思，体会不同的方法，不同的感受。

　　作为家长，我要记录下我和孩子的一次特别的情绪交流经历：＿＿＿＿＿＿＿＿

＿＿＿＿＿＿＿＿＿＿＿＿＿＿＿＿＿＿＿＿＿＿＿＿＿＿＿＿＿＿＿＿＿＿＿＿

＿＿＿＿＿＿＿＿＿＿＿＿＿＿＿＿＿＿＿＿＿＿＿＿＿＿＿＿＿＿＿＿＿＿＿＿

　　通过这次经历，我们学习到了识别、表达和调节情绪的能力，与孩子交流让我们收获了更加融洽的亲子关系。

　　我（儿童）在学校能体谅同伴和他人的情绪，更好地与人相处，理解他人，我成了一个受欢迎的人。

　　我（儿童）的情绪成长体验收获：＿＿＿＿＿＿＿＿＿＿＿＿＿＿＿＿＿＿＿＿

＿＿＿＿＿＿＿＿＿＿＿＿＿＿＿＿＿＿＿＿＿＿＿＿＿＿＿＿＿＿＿＿＿＿＿＿

＿＿＿＿＿＿＿＿＿＿＿＿＿＿＿＿＿＿＿＿＿＿＿＿＿＿＿＿＿＿＿＿＿＿＿＿

生命语录	唯有恰如其分的感情才最容易为人们所接受，所珍惜。 ——［法］蒙田[1]

本课要点	当遇见不良情绪，解锁密码是：先认识自己或他人的情绪体验，确认来源，再健康、负责任地表达，学会调节和控制，做自己情绪的主人，保持积极乐观的情绪状态。 　　如果产生强烈的情绪体验，我们可以向专业人士寻求帮助。

---

① 蒙田（Michel de Montaigne，1533—1592），法国著名散文家、思想家。此句出自《蒙田随笔集》，人民文学出版社，2022。

生命的尊严 . 赢得生命尊严

小不点儿也有尊严
怎样维护人格尊严？

【现象扫描】周末时，妈妈带着生生和自己的好朋友们聚会。吃饭时，妈妈和阿姨们聊得很高兴，生生有些无聊，便拿筷子和勺子敲着碗盘玩打鼓。妈妈很生气，当着阿姨们大声训斥生生，生生哭得很伤心。

【解锁行为密码】上述现象中，生生在聚会时由于无聊敲击碗盘取乐，妈妈用粗暴的方式对待生生，生生因此觉得委屈、伤心。此时的妈妈没能体察到孩子行为背后的原因——无聊、缺乏足够的文明意识和自律性，因此妈妈并没有针对原因进行调整或引导，却只是从结果出发，觉得生生不对，并采取了简单粗暴的方式去制止。这样的做法看似是在教育生生，实则起不到好的教育作用，反而还伤害了生生的自尊心，并造成了亲子之间的冲突。

当孩子出现错误时，家长首先要找准孩子行为背后的真实原因并进行适当的引导。有时候，父母不宣扬孩子的过错，孩子反而对自己的名誉更加看重，他们觉得自己是有名誉的人，因而更会小心地去维持别人对自己的好评；若父母当众宣布孩子的过失，使其无地自容，他们便会失望，而制裁他们的工具也就没有了，他们越觉得自己的名誉已经受了打击，则他们设法维持别人的好评的心思也就越淡薄。

【发展水平】关于儿童尊严意识、认知与能力的表征。

下表是关于"儿童发展现状"（指儿童尊严意识、认知与能力的发展水平）和"家庭教育现状"（指当前家庭对相关问题的不同教育表现）的描述。请家长对照、参考，然后再根据自己的实际情况对家庭教育理念、策略、行为做相应的调整。

关于儿童尊严意识、认知与能力的表征

指　标		内　容	儿童发展行为及家庭教育类型
儿童发展现状	尊重自己	在日常生活中，正确认识自己，维护自己的尊严	□ 1. 对自己的身体健康、性格特点、兴趣特长等有一定了解。 □ 2. 有意识地维护自我形象，基本能够认同自己的身份。 □ 3. 能够意识到自己的真实感受和合理需要。 □ 4. 努力让自己成为一个有价值的人。
	尊重他人	在人际交往中，自觉尊重他人，维护他人的尊严	□ 1. 基本能够做到与他人交往，做到言行文明。 □ 2. 能够意识到人与人之间的差异，接纳差异，尊重差异。 □ 3. 有与人合作的意识，基本具备与他人合作能力。
	尊重国家	在日常生活中，关心国家时事，维护祖国的尊严	□ 1. 主动通过多种媒介了解国家时事。 □ 2. 具有正确的是非观，热爱祖国。 □ 3. 能以自己的言行维护国家尊严。
家庭教育现状	家庭教育氛围	孩子是在怎样的家庭氛围中成长的	□ 1. 冲突型：家庭成员相互之间不留面子，时常发生冲突或经常有伤自尊的言行。 □ 2. 尊重型：家庭成员之间相互尊重，相互理解、相互体谅、分享快乐、能共情。 □ 3. 霸道型：家庭里有一个大家长，霸道地呵斥、指责其他人，毫不留面子，很伤人自尊。
	家庭教育方式	家庭主要教养人对孩子的教育引导方式	□ 1. 说教式：父母通过讲道理的方式对孩子进行尊严教育。 □ 2. 启发式：父母通过启发引导孩子认识自尊，做有尊严的人。 □ 3. 榜样型：父母处处做一个有尊严的人，处处维护孩子的自尊。

【我们一起行动】通过系列亲子活动，孩子认识到怎样赢得尊严，家长了解怎样维护孩子的尊严。

活动一：我的尊严我做主——引导孩子认识哪些行为会为自己赢得尊严。

（一）活动任务

第一，帮助孩子判断维护尊严的行为。

第二，指导孩子做一个有尊严的人。

（二）活动步骤与方法

1. 让孩子根据事例进行判断

判断下面的做法中，哪些做法能为自己赢得尊严，在（　　　）里画上★。

（1）学校举行班级合唱比赛，老师让我用钢琴为大家伴奏，我在忙碌学习的同时，仍然每天

都抽时间认真练习，在我们的共同努力下，我们获得了合唱比赛的第一名。　　　　（　　）

（2）小区伙伴壮壮给我取绰号，叫我"黄瓜"，我不喜欢这个绰号，于是我也给他取绰号，叫他"肥猪"。　　　　（　　）

（3）结合科学课上学的知识，我查阅书籍，反复试验，花了很多时间和精力，终于成功地做出了一辆电动木头车，别提多高兴了！恰好表弟到我家做客，看上了我的这辆手工车，妈妈让我把车送给表弟。我拒绝了妈妈，并解释了原因。　　　　（　　）

（4）我喜欢看历史书籍，我为中国悠久的历史而自豪，我还有很多崇拜的民族英雄，我要好好学习，像他们一样，长大后报效祖国。　　　　（　　）

（5）我总在书法课上想方设法出风头，我总是能成功吸引到同学们的注意。比如，老师教我们写毛笔字要正确握笔，我就故意大声说："什么？握笔！我手里明明就是锅铲。瞧，我现在炒菜了！"说着，我就在宣纸上画了一个大圆锅。同学们都被我逗得哈哈大笑！　　　　（　　）

（6）周末到小区玩时，碰见认识的邻居，我都会礼貌地向他们问好，但我从不会和门卫叔叔和清洁工阿姨打招呼，因为他们的工作很不起眼，对他们很热情，会让别人笑话我。　　　　（　　）

（7）我买衣服、文具总是要求父母给自己买国外的品牌，因为国外的东西更有档次，使用时更有面子。　　　　（　　）

（8）因为特殊情况，我没能按时完成老师留的作业，所以我利用课间补作业。好朋友小张拿出自己的作业让我抄，说这样老师就发现不了。我谢绝了他的好意，补交作业时，我主动向老师解释了原因。　　　　（　　）

（9）放假了，小明到舅舅家玩。为了得到大家的夸奖，小明极力地表现自己，还不时地、有意无意地揭一下表弟的短，显示自己很能干。　　　　（　　）

（10）我的梦想是长大后当一名优秀的棒球运动员，用自己的实力为国争光。为此，我已经在课余进行了两年的训练。在这两年里，无论酷暑严寒，我都没缺席过。有一段时间我的腿因为患滑膜炎不能活动，我就到场边观看教练指导大家，并做俯卧撑锻炼上身力量。　　　　（　　）

2.结合事例和孩子进一步交流，帮助孩子正确认识尊严

结合孩子的判断分析，讨论尊严的含义，并列举丧失尊严或有伤他人尊严的言行。交流参考：

◇ 赢得尊严关键是不要为自私、虚荣、面子等而弄虚作假，做真实的自我。

◇ 赢得尊严需要接纳自己，遵从自己的内心，遵守边界和规则。

◇ 赢得他人尊重，靠的不是乞求、讨好或投机取巧，而是靠自身的才华和美好的品格。

◇ 赢得他人尊重首先要自己尊重自己。

◇ 赢得尊严也需要尊重他人。

◇ 赢得尊严更需要维护集体荣誉、维护祖国的尊严。

活动二：为"尊严"护航——反思家长的行为，帮助家长用行动维护孩子的尊严。

（一）活动任务

第一，反思家长的行为是否维护了孩子尊严。

第二，帮助家长改进自己。

（二）活动步骤与方法

1.对照反观，了解自己

家长可以和孩子一起交流有无下列或其他行为伤害了孩子的尊严，听听孩子的感受和建议，了解不当行为对孩子的负面影响。

常见不当行为及分析

行　为	分　析
孩子说不冷，家长非得让孩子加衣服。 孩子说吃饱了，家长觉得孩子没吃饱，要求孩子再吃一些。 孩子摔跤哭了，家长赶忙说："不痛不痛，别哭了！"孩子怕黑，家长说："有什么好怕的？别怕！"	成年人容易用自己的经验否定孩子的感受，但长期这样的做法会限制孩子感受的敏锐力和觉察力，不利于孩子存在感和价值感的形成。
孩子很认真地画了一幅画，自己很满意，兴致勃勃地给家长看，家长很不屑，说孩子画得不好。 孩子告诉家长自己这段时间学习努力，觉得今天的数学测试会取得不错的成绩，家长却说："少吹点儿牛吧，我看你天天都在玩！"	这种做法否认了孩子的努力，让孩子充满期待的心备受打击，还会挫伤孩子努力带来的成就感，不利于孩子获得积极进取的勇气。
家长带孩子和朋友一起，当交流孩子的话题时，家长开始一一数落孩子的不是。 孩子在家犯了错，家长翻出旧账，批评孩子。	这些做法会让孩子觉得没面子，也会损伤孩子的自尊心、自信心。
在家长会上听到老师表扬别的孩子，在其他场合看到其他孩子的优异表现后，家长回家夸奖别的孩子，并对自己的孩子表现出不满。 当孩子没做好一些事时，马上把他和其他孩子做比较，认为孩子不如别人。	家长的出发点是引发孩子的危机意识，让孩子认识到自己的不足和问题，想通过此方式来激励孩子进步，但实际容易让孩子做事不自信，不敢尝试自己所不擅长的东西，很难取得超越自我的进步。

续表

行　为	分　析
家长不忍心孩子吃苦，或者担心孩子做不好，帮助孩子穿衣、吃饭，帮助孩子整理书包、房间，不让孩子参与家庭劳动。 家长担心孩子受伤、吃亏，限制孩子的活动方式和范围，遇到问题马上帮助孩子解决，凡事都让孩子按家长的想法去做。	孩子的成长需要自由和空间，需要锻炼和挫折。这些做法会让孩子养成依赖性，并且容易自我怀疑，自我否定，做事缺乏信心和勇气。
孩子向家长分享些自己的小秘密，家长觉得有意思，把它当笑话讲给大家听。	孩子愿意讲给家长听，是对家长的信赖。家长这样做会让孩子觉得不被尊重，会失去孩子的信任，同时也为孩子做了坏榜样。
每当聚会或者家里来了客人时，哪怕孩子不愿意，也非让孩子表演各种才艺。	家长这样做也许是为了面子，也许是想锻炼孩子，让他们敢于展示自己。但孩子感到的更可能是被支配的恐惧。孩子学习才艺，是为了滋养心灵和陶冶情操，而不是为了取悦别人或成为大人炫耀的工具。
家长在教育孩子时，往往会说出这样的话："你真是个胆小鬼！""这孩子谎话连篇，简直是个小骗子。""这样的题都不会做，笨死了！"……	家长在无意中，就给孩子贴上了自私、霸道、懒惰、胆小等一个个负面标签。孩子小时本就容易接受外界的心理暗示，如果负面标签在他们身上经常被重复强化，会让孩子缺乏自信，甚至成为一种固有标签，潜移默化地影响孩子一辈子。

2. 检讨反思父母、孩子做过的有伤他人尊严的事情

父母与孩子一起真诚地检讨、反思以往有没有做过有伤他人尊严的事情。注意，父母不要有掩饰，不要有"承认错误事关面子"的思想包袱。在孩子面前能够真诚地检讨、反思过去的错误，这是最好的家庭教育。只有父母首先真诚地与孩子交流、检讨，孩子才会真诚地与父母交流。

父亲有伤子女或他人尊严的事情：_____

母亲有伤子女或他人尊严的事情：_____

孩子有伤父母或他人尊严的事情：_____

3. 亲子合作，制作卡片

家长和孩子一起，用彩纸剪成各种喜欢的形状，如心形、花朵形、卡通动物形等，再在卡片上写上警示语，用作父母与孩子之间相互的提醒。例如：

孩子给爸爸或妈妈的警示语：①我最讨厌别人（特别是父母）说我笨；②我最不喜欢父母动不动就骂人：不听话，就滚出去，我不认你这个女儿（或儿子）；③我最受不了别人（父母）说我是

故意犯错误，屡教不改。

爸爸给孩子的警示语：①"我最不喜欢我女儿（或儿子）说别人家爸爸特别好"；②……

爸爸给妈妈的警示语：①我最不喜欢我的妻子骂我"没良心"；②……

妈妈给孩子的警示语：①我最不喜欢女儿（儿子）说我没本事；②……

妈妈给爸爸的警示语：①我最不喜欢我的丈夫说我料理家轻松；②……

各自写出来后，经过辩论决定设立警示语。注意，辩论过程也是一个消除误会的过程，如果孩子给爸爸提出来的警示语，爸爸认为没有伤孩子自尊，或者有误会，沟通后能够得到孩子的认可，就可以不算。如果妈妈给爸爸的警示语，爸爸不认可，又能够拿出证据，以理服人，经过家人的辩论，得到认可，就可以删除。如果得不到一致认可，就得保留。父母一定要做出真诚、真实的榜样，千万不要以为是做游戏，骗骗孩子演演戏。

做好后，制作成卡片，交给对方，贴在各自经常都能看到的地方，作为警示。

4. 检查、评价、激励

一周后或一个月后（时间周期各自根据家庭实际情况决定），总结、检查，看这一段时间各自是否有所改善。注意，父母都要努力尝试改善，并要对对方作出好评，给予激励，这是给孩子做榜样。父母要给予孩子更多的激励，千万不要揪住某些缺点不放。注意，给孩子的激励，一定要有理有据，不能凭空、毫无根据地夸奖。

活动三："我为自己/他/她点个赞"——维护国家尊严，支撑生命脊梁。

（一）活动任务

第一，了解生活中维护祖国尊严的行为。

第二，学习并弘扬维护祖国尊严的行为。

（二）活动步骤与方法

本活动内容：以伟大的政治家、科学家、公众人物、普通工人、农民等为对象，收集整理他们维护国家尊严的典型事迹，并编写为小故事，制作成宣传作品，经过审核并在自媒体上发布。

1. 选题

选定人物，说明要求。3~5个典型人物，每个人物的典型事迹，编写成300字以上的故事。要具有时间、地点、人物、事件、过程、贡献等要素。

2. 梳理记录这些榜样

由孩子具体查阅整理、编写小故事。父母也可以帮助孩子查阅资料，但是不能全部资料都由父母代替查阅，但是所有小故事的编写，必须由孩子亲自动手做，父母可以辅导孩子修改，并整理为总共不少于1000字的文字材料。

3. 讨论、修改、完善

小故事编写出来后，父母与孩子一起欣赏、分析，讨论如何修改完善。

4. 制作宣传资料

小故事编成后，由孩子制作成小视频或宣传文字，经过父母的审核，认为没有什么错误信息或不正当的观点之后，分享到自己的或父母的微博、朋友圈等自媒体。

【查找资料提示】

维护祖国尊严常见的人物及资料

国家领导人、外交官等在重要的国际交往场合，维护国家尊严的言行，如《周恩来外交风云》。

科学家努力攻克科学难题，攀登科学高峰，为祖国、为世界、为人类作出贡献，用实际行动赢得了中国人的尊严，如《袁隆平传》《钱学森》。

军人抗击侵略者，用生命捍卫了国家、民族的尊严，如《抵御外侮——中华英雄传奇丛书》。

公众人物等，平时刻苦训练，不畏艰难，克服重重困难，在国际赛事上为祖国赢得了尊严，如《为了祖国的荣誉：女排故事》。

普通的工人、农民，用自己勤劳的双手创造巨大财富，为祖国赢得了尊严，如《中国少年不可不读的时代楷模故事》。

活动四：亲子阅读——在经典事例中感受尊严的重要。

【内容简介】

《晏子使楚》①

在春秋末期，有一回齐王派晏子到楚国去。楚王知道后，就想借此机会羞辱晏子，好显显楚国的威风。

楚王知道晏子身材矮小，于是便让他从一个很小的洞中钻进去。晏子很机智，知道楚王是在借机侮辱他，晏子灵机一动，说："这是狗洞，只有访问狗国才从狗洞进去。"

① 出自《晏子春秋》。

这样既没有让楚王达到目的，又维护了自己和国家的尊严，一举两得。楚王无可奈何，只好吩咐将士打开城门，迎接晏子。

晏子见了楚王，楚王又讽刺晏子无能。晏子告诉楚王齐国的规矩，说只有访问上等的国家才派上等人去，访问下等的国家就只派下等人去。自己最不中用，所以被派到了楚国。楚王又没占到便宜，反而还遭到了晏子对国家以及自己的侮辱。

楚王不甘心。一计不成，又施一计。

楚王摆了酒席来招待晏子，故意安排好将士押着囚犯从堂下走过，说这囚犯是齐国的强盗，借此讽刺齐国人没出息，只会做偷鸡摸狗的事。谁知晏子仍面不改色，他镇定自若地站了起来，用柑橘来做了比较：种在淮南的柑橘又大又甜，而种在淮北的柑橘却只能结又小又苦的枳，是因为两地的水土不同。说明两国的社会风气不同，齐国人到了楚国就变成了强盗，从而点出楚王治国无方。让楚王搬起石头砸了自己的脚。楚王气得直咬牙。

从此以后，楚王不敢不尊重晏子了。晏子以自己的智慧维护了自己和国家的尊严。

（一）活动任务

第一，让孩子明白维护国家尊严是每一个公民的义务和责任。

第二，让孩子了解一些维护尊严的方法与略策。

第三，培养孩子的阅读能力。

（二）活动步骤与方法

1. 与孩子一起阅读推荐阅读材料

注意，父母要一起阅读，了解基本内容，便于后面能够与孩子一起讨论。

2. 孩子陈述材料内容

让孩子从几个主要的要素着手陈述材料内容：时间、地点、人物、事件、过程等。

★注意：陈述过程本身就是培养孩子表达能力的过程，培养阅读理解能力的过程，有助于培养记忆能力。叙事要素不完整，父母应该给予暗示或提醒。要求叙述要素的完整，其实是培养一种思维方式，有助于提高思维水平。

3. 分析、讨论

与孩子一起就阅读材料的内容、背景、情节、精神等进行讨论。

★注意：讨论要紧扣维护国家尊严的主题，要认真分析事件细节、前后逻辑、背景等，讨论要认真，这样可以培养孩子严密的思维品质与思维模式。

4.结合自己反思

各自结合自己反思，假使自己遇到类似的情景，会怎么做；假如没有也不可能遇到这种情景，我们在各自的行为中该如何维护国家尊严。特别强调一点，提醒孩子，平凡人作出有损国家尊严的事件频频发生。

交流参考：

晏子到了楚国，楚王是怎样刁难晏子的？晏子又是怎样维护了祖国和自己尊严的？

作为普通人的我们，我们的言行和祖国的尊严有没有关系？该怎样维护祖国尊严呢？

【收获与成长】通过回顾总结，让家长重视尊严对孩子的影响，关注自己行为，维护孩子的尊严，帮助孩子树立尊严意识，在行动中做一个有尊严的人。

让孩子有尊严是一个潜移默化、长期形成的过程，需要家长树立榜样，有自我觉察或反思的习惯，并通过良好的家庭氛围引导孩子，让孩子在行为体验、实践反馈中逐步形成。

作为家长，我要记录下我帮助孩子维护尊严的特殊经历：＿＿＿＿＿＿＿＿＿＿＿＿

＿＿＿＿＿＿＿＿＿＿＿＿＿＿＿＿＿＿＿＿＿＿＿＿＿＿＿＿＿＿＿＿＿＿＿＿＿＿

＿＿＿＿＿＿＿＿＿＿＿＿＿＿＿＿＿＿＿＿＿＿＿＿＿＿＿＿＿＿＿＿＿＿＿＿＿＿

我（儿童）的成长体验收获：＿＿＿＿＿＿＿＿＿＿＿＿＿＿＿＿＿＿＿＿＿＿＿＿

＿＿＿＿＿＿＿＿＿＿＿＿＿＿＿＿＿＿＿＿＿＿＿＿＿＿＿＿＿＿＿＿＿＿＿＿＿＿

＿＿＿＿＿＿＿＿＿＿＿＿＿＿＿＿＿＿＿＿＿＿＿＿＿＿＿＿＿＿＿＿＿＿＿＿＿＿

生命语录　　儿童的尊严是儿童内心最敏感的角落，保护好他们的尊严，才能保护好他们的潜在力量。

——苏霍姆林斯基[1]

本课要点　　要想让孩子成为一个完整的人，"尊严"是重要的一课。家长要让孩子从小认识尊严，知道怎样维护自己的尊严。同时，家长也要有科学的方法，帮助孩子成为一个有"尊严"的人。

[1] 苏霍姆林斯基，苏联著名教育实践家和教育理论家。此句出自苏霍姆林斯基的《把整个心灵献给孩子》，漓江出版社，2022年。

生命的尊严·守护青山绿水

只此青山绿水
怎样和大自然和谐相处?

【现象扫描】生生是个活泼好动的孩子，不管在哪里，他总是一刻不停地动。外出玩耍，他喜欢折下树枝当宝剑，把路旁的植物当怪物打；玩玩具手枪，他把小鸟当目标练枪法；公园的草坪边明明竖着"请勿践踏"的牌子，生生却冲进去奔跑……

【解锁行为密码】上述现象中，生生只顾玩耍，肆意伤害植物，对自然环境造成了损坏。生生这样的行为既和儿童这个年龄阶段好奇心强、精力旺盛有关，也与他从小缺乏生命教育、规则教育有关。

北京师范大学教授边玉芳指出，学龄前正是培养孩子珍爱生命的好机会。家长可以早早培养孩子对生命的珍爱、尊重与关怀。对孩子这方面教育的缺失，可能让孩子缺乏同理心，变得冷漠、自私。这样的人，又如何能善待一切生命，甚至是人的生命呢？家长不能以孩子"小"为借口忽视这方面的教育，应该及时引导孩子遵守规则，尊重生命。

【发展水平】关于儿童守护自然意识、认知与能力的表征。

下表是关于"儿童发展现状"（指儿童守护自然意识、认知与能力的发展水平）和"家庭教育现状"（指当前家庭对相关问题的不同教育表现）的描述。请家长对照、参考，然后再根据自己的实际情况对家庭教育理念、策略、行为做相应的调整。

关于儿童守护自然意识、认知与能力的表征

指　标	内　容	儿童发展行为及家庭教育类型
儿童 发展 现状	对人与 自然 关系的 认识	认识到人的生存、生活与大自然密切相关	□ 1. 知道人的吃、穿、住、行的物资都来自大自然。 □ 2. 知道人需要与其他动物、植物和谐共存。 □ 3. 有一定的守护自然、热爱自然的意识。

续表

指　标		内　容	儿童发展行为及家庭教育类型
儿童发展现状	对守护自然知识了解	了解常见的守护自然的知识	☐ 1. 有一定的爱护环境，不破坏、污染自然环境的意识。 ☐ 2. 有一定的合理利用资源，节约资源的知识。 ☐ 3. 基本能够理解保护自然、环境与保护人类生存环境关系。
	对认识与行为落实	在实际生活中通过行为守护自然	☐ 1. 在家基本能够节约水、电等自然能源。 ☐ 2. 出门能爱护花草树木，爱护自然界的其他生命。 ☐ 3. 能主动遵从国家、政府、学校、社区等关于守护环境的其他倡议。
家庭教育现状	家庭教育氛围	孩子是在怎样的家庭氛围中成长的	☐ 1. 忽视型：家庭成员虽然知道保护环境的知识，但只图自己方便，有意无意地忽视自然环境保护，认为环境是大家的，利益、方便是自己的。 ☐ 2. 环保型：家庭成员有强烈的环保意识，处处都注意保护自然环境。 ☐ 3. 无知型：家庭成员既对保护自然环境一无所知，也不学习相关知识，不时有损坏自然环境的行为。
	家庭教育方式	家庭主要教养人对孩子的教育引导方式	☐ 1. 说教式：父母通常通过讲道理的方式或说教、指责的语气对孩子进行环保教育。 ☐ 2. 启发式：父母通过日常生活中的所见、所闻、所做，让孩子从中学习，做环保人。 ☐ 3. 榜样式：父母以身作则，让孩子在良好的保护环境的行为中受熏陶。

【我们一起行动】通过系列亲子活动，让孩子关注日月星辰、四季变换等自然规律，了解自然与人类的密切关系；善用自然资源，守护青山绿水。

活动一：感恩自然馈赠——走进大自然，去发现自然万物对人类健康、生存的重要性。

（一）活动任务

第一，了解人类的生活资料来自大自然。

第二，培养孩子对自然的感恩意识。

（二）活动步骤与方法

本活动选择日常孩子熟悉的生活用品或食品，根据常识性、直观的理解，追溯其来源，意在说明这些东西都来自自然，是自然界给人类提供了生存的资源。

1. 父母与孩子一起协商选择追溯来源的物品

选择什么物品来追溯？这个需要父母与孩子一起协商，孩子对他感兴趣的东西，会更有动力，也更符合从日常经验扩展、提升到科学知识的原理。最好选择3~5件重要的生活用品和主要的食品。

2.追溯选定物品的来源

建议采用模式：成品生产地→配件生产地→原材料加工地→原料来源方式→最初来源地

例如：悦翔汽车（建议选择家里使用的汽车品牌作为探索对象），成品汽车由重庆长安汽车股份有限公司生产。主要配件如发动机由长安汽车生产，轮胎由中策橡胶生产。发动机原料由钢铁厂加工生产，轮胎原料由橡胶厂加工生产。钢铁矿石由某矿山开采，天然橡胶由某橡胶园采集生产。最终追溯到大自然的某个最初来源地。

查一查，填一填。

种　类	成品生产地	配件生产地	原料加工地	原料来源方式	最初来源地
某汽车	某汽车生产厂家	发动机： 轮胎：	钢铁： 橡胶：	矿石：矿山开采 天然橡胶：橡胶树割胶	矿山： 橡胶树：

提示：该活动可以在父母的帮助下进行，也可以孩子独立进行。如果孩子发展得好，有好奇心，自学能力很强，可以完全交由孩子自己去做。这样做的好处是：既培养了孩子的好奇心，又培养了孩子自主学习的好习惯，还培养了孩子像科学家一样做研究的能力。

3.分析讨论

假设破坏大自然，将会发生什么？假设没有大自然的恩赐，将发生什么？引导结论：人类将失去生存的最终资源，破坏大自然是在毁灭人类生命。

4.结合自己反思

是谁在破坏大自然？反思引导到：是每一个人点点滴滴积累起来的。我自己是否也在参与破坏大自然的活动？今后我应该如何做？

活动二：敬畏自然力量——了解人类与大自然相互依存的关系，解锁"我们需要大自然，大自然不需要我们"的密码。

（一）活动任务

第一，了解自然灾害产生的原因。

第二，培养孩子尊重自然、敬畏自然的意识。

（二）活动步骤与方法

1.选题

建议家长与孩子一起寻找孩子能感知到的自然灾害，比如高温天气、泥石流、沙尘暴、严重的雾霾等，注意回避至今未探明的与人类活动关联的自然灾害现象，比如地震。

2.查找资料，了解自然灾害形成的原因和人类的关系

对选定的主题进行原因探析，家长可以陪同孩子到图书馆或上网查阅、收集整理资料，有条件的可以专访相关专家，记录整理访谈资料。

3.对收集来的资料进行整理

收集来的材料比较多，需要进一步摘抄、整理、归类，整理材料是一个消化内容的过程，也是一个思维能力培养的过程，更是产生兴趣和思想的过程。因此，家长要让孩子专心致志地做，孩子需要时适当给予暗示或帮助，注意千万不要代替，甚至在这个过程中标榜自己如何能干、如何聪明，指责孩子如何愚蠢。

4.完成一篇研究报告

家长引导孩子完成一篇研究报告。研究报告不需要有多么高的质量，其实只要孩子有兴趣去做，基本能够表述自己的思考，得出结论，就达到目的了。

调查报告框架举例：

题目：关于雾霾危害和防治的研究报告

一、研究目的

二、研究方法：查阅书籍、上网搜索等

三、研究情况和资料整理

四、研究结论

（一）什么是雾霾；（二）雾霾的危害；（三）雾霾产生的原因；（四）防止或减少雾霾的建议。

5.制作宣传作品

研究报告完成后，父母可以进行激励性评价，然后引导孩子制作成宣传品（可以是视频，也可以是文字资料，或者幻灯片等），经过审查后在自媒体上发表，然后收集反馈信息。注意要正确看待反馈信息。

活动三：守护自然与生命——开展志愿者公益活动，共建共享绿水青山。

（一）活动任务

第一，了解人们的环保意识、行为现状。

第二，培养孩子环保意识与环保行为。

第三，培养孩子科学的研究能力和数学运用能力。

第四，培养孩子的社会交往能力。

（二）活动步骤与方法

1. 调查问卷制定

笔者给家长提供一个参考样卷。注意不要让孩子知道有参考样卷，防止他偷懒照抄，并且参考样卷本身也不全面，并不是完整的问卷，只是提供一个示范，具体内容，还需要家长与孩子一起讨论商定。

调查问卷样卷：

环保意识及现状调查问卷	
问　题	选项（请在符合选项前的括号内画"√"）
1. 您的性别	（　）男　　　　　（　）女
2. 您所在的年龄段	（　）0~20岁　（　）21~40岁　（　）41~60岁　（　）60岁以上
3. 您认为环保重要吗	（　）重要　　　（　）一般　　　（　）不重要
4. 您是否使用一次性餐具	（　）总是　　（　）经常　　　（　）偶尔　　　（　）从不
5. 平常购物您会使用一次性塑料袋吗	（　）总是　　（　）经常　　　（　）偶尔　　　（　）从不
6. 您家里处理垃圾的方式是哪种	（　）全部扔掉　　（　）一部分回收，一部分扔掉　（　）分开装袋，不同处理
7. 您在外用餐后，会把所剩食物打包吗	（　）会　　（　）有时会　　　（　）几乎不
8. 炎热的夏天，您一般把空调调到多少度	（　）17~20℃　　（　）21~26℃　　（　）27℃及以上
9. 您认为哪种环境污染对您的生活影响最大	（　）大气污染　　　　　（　）水污染　（　）固体废弃物污染　　（　）噪声污染

2. 实施问卷调查

准备好问卷和笔，准备好答卷的引导语，父母与孩子一起，发放并收回问卷。

实施建议：（1）选择较为休闲的地方，这里的人才更可能会配合填写问卷，繁忙的闹市中，人们匆匆忙忙，没有时间参与、配合。（2）问卷可以由调查对象自己填写，也可以用调查者读、调查对象答的方式开展。（3）根据实际情况决定发放问卷的数量，针对这个年龄段孩子的学习情况，一般在 30～50 份比较合适。

温馨提示

　　家长一定带着孩子去做，如果经过几次示范，孩子能够独立完成就可以放手让孩子锻炼。家长在实施调查的时候要态度大方，举止文明，给孩子做好的榜样。同时也提醒家长，这样的社会实践活动，对于孩子的教育与成长非常重要，既可以培养孩子的研究能力、沟通协调能力、交往能力，还可以培养孩子的科学精神、对社会负责任的品质，更能够换一种方式学习知识，从而间接提高学习能力和学习成绩。

3.整理、统计调查问卷

家长与孩子一起进行问卷统计分析。第一，统计所有对象对于环保的意识、态度与行为；第二，可以根据年龄阶段、性别、文化程度，统计不同年龄、不同性别、不同文化程度分别对待环保的意识、态度与行为的差异；第三，分析与讨论，对统计的结果，进行原因分析（比如总体得分，环保意识得分，环保态度得分，环保行为得分分别是多少；为什么有"环保意识"却没有"环保行为"，或者为什么"环保意识"得分高，"环保行为"得分低）；第四，提出改善人们环保行为的建议，可以针对政策制定提建议，也可以针对人们的自觉性、修养等提建议。

4.撰写调查问卷分析报告

在家长的辅导下，孩子自己动手撰写调查问卷分析报告。调查问卷分析报告的格式和内容，可以参照下面的模板写。

调查报告模板参考：

关于"环保意识及现状的问卷调查"分析报告
一、调查目的（说明为什么调查）：
二、调查时间：

续表

三、调查对象及过程（调查问卷是如何形成的，说明问卷制定的科学性；结合调查行动说明实施调查是科学的，客观的，不是乱编的数据）：
四、调查结果（根据上述数据进行原因分析）：
五、建议（根据调查结果提出针对性的建议）：

温馨提示

　　四年级的孩子已经有一定的数据处理能力和分析能力，也有一定的独立交流交往能力，因此，可以独立实施问卷调查了。这种走向社会的实践活动有利于培养孩子社会活动能力，这是孩子走向社会的必备能力。为了避免调查活动实施可能发生的挫折情景（如一些人不配合）对孩子造成的负面影响，家长需要陪伴孩子，及时帮助化解窘境。走向社会的实践活动和开展社会调查的活动，能培养孩子的科学精神、务实的作风、克服困难的毅力、探究科学原理的能力等，这是今后学习、工作、生活的必备品质，为孩子今后成才、成功打下坚实的基础。

5. 根据调查问卷写倡议书

　　首先确定要发起倡议的对象人群，然后和孩子一起根据问卷分析报告统计的情况，根据相应人群普遍存在的问题提起倡议。倡议书由标题、称呼、正文、结语、落款五部分组成，倡议书中注意交代清楚背景、目的，有充分的理由。倡议书的措辞要贴切，情感真挚，富有感染力，篇幅不宜太长。发放倡议书可根据不同的倡议对象选择不同的方式，如针对老年人，可以到公园、小区发放倡议书；针对青年，可以通过网络平台；针对儿童，可以到游乐园、学校门口。

　　这个过程不仅能更好地起到宣传、推广环保的目的，也让孩子在生活中提高整理信息、写作、交流等综合语文能力。

　　活动四：亲子阅读——感受人与自然息息相关，树立爱护自然环境的意识。

【内容简介】

《抱抱地球·点亮生命：大自然的孩子们》

本书的作者为董宏猷、王永跃、胡玥。该书以纪实文学的方式，来呈现人与自然的关系，以及人热爱自然、保护自然的愿望和作为。本书分为以下三部分：《只为那传说中美丽的森林》描写了神农架的自然风光，表达了作者对森林的热爱之情，也为原始森林曾遭破坏以致难以修复而深感痛惜。《大熊猫祥祥》以中国第一只参加野化培训放归实验的大熊猫为题材，记录它从人工圈养、野化训练到最终走向野外的过程。《爱意的森林》写了森林警察的职责与使命，以及自我的成长历程。他们将生命同整个森林根脉延绵在一起，与盗猎分子做斗争，努力守护这片原始森林的安宁。

（一）活动任务

第一，培养孩子爱护、敬畏自然的意识。

第二，使孩子领悟人与自然之间的关系。

第三，培养孩子欣赏美丽大自然的审美能力。

第四，培养孩子阅读能力、表达能力与写作能力。

（二）活动步骤与方法

1. 与孩子一起阅读

与孩子一起阅读推荐材料《抱抱地球·点亮生命：大自然的孩子们》，然后和孩子一起完成以下任务。

2. 让孩子陈述材料内容

提示孩子根据以下顺序进行陈述：第一，这三篇文章中，你印象最深的是哪篇文章？第二，这篇文章写的是什么内容？第三，作者想表达什么思想？

3. 与孩子一起讨论《抱抱地球·点亮生命：大自然的孩子们》

普里什文所处的年代，正值俄罗斯社会经历巨大变革的时期。他经历了沙皇俄国末期的动荡、第一次世界大战的洗礼以及苏联成立后的社会主义革命和建设，同时也是工业社会发展的鼎盛时期，发达国家的工业造成了严重的环境污染，而他把自然写得如此诗情画意，反映了……

读了这本书，你从哪些地方感受到了大自然的美好？大自然和人类的关系，你又有哪些新的认识？我们应该怎样对待大自然？

4.让孩子写一篇读后感

让孩子写一篇400字左右的读后感，写好后父母与之一起修改、完善，最后大家一起欣赏。

【收获与成长】通过回顾总结，孩子对人与大自然关系有了更深的理解，孩子能从认识到行动去感恩自然、敬畏自然、守护自然，这个过程，也提高了孩子多方面的学习能力。

家长的陪伴是孩子成长的不可或缺的一部分，在陪伴中家长也能得到成长。在陪伴孩子了解自然、守护自然的过程中，家长也一定有很多感触。

作为家长，我要记录下这个过程中，对我最有启发的/印象最深的一个瞬间是：＿＿＿＿＿＿＿＿

＿＿

＿＿

在这些经历中，孩子看到了很多，也想到了很多，关于守护大自然，付出了行动，也收获了许多感受。

我（儿童）最想分享给大家的感受是：＿＿＿＿＿＿＿＿＿＿＿＿＿＿＿＿＿＿＿＿＿＿＿＿

＿＿

＿＿

生命语录

人法地，地法天，天法道，道法自然。

——老子[1]

本课要点

让孩子了解自然资源与人类生存的关系，了解人类行为对自然环境的影响，培养保护环境的意识和行为。

---

[1] 此句的意思是：人必须遵循地的规律特性，地的原则是服从于天，天以道作为运行的依据，而道就是自然而然，不假造作。此句出自老子的《道德经》。

五年级　生命的责任

生命的责任·乐观拥抱青春

青春泛舟，我护航
青春期有什么特点？

【现象扫描】生生进入五年级后，身高体重增长得很快，声音比以前低沉了许多，脾气也变得很大，总是莫名其妙地发火。昨天放学回到家里，他脸色很难看，一句话不说，"砰"的一声关上了自己的房门。妈妈问："你这孩子，怎么回事？一回来就发脾气。"生生趴在床上，捂着耳朵说："心情不好，别理我！"

【解锁行为密码】上述现象中，生生可能因在学校发生不愉快的事而心情不好，回家就把自己关在房间，也不和妈妈沟通。妈妈知道孩子进入五年级后，身体发育很快，应该是进入了青春初期，青春期被称作情绪的疾风骤雨期，孩子心思细腻，情绪敏感而多变，男孩遇事既不愿意多说，还容易暴躁。

青春期是指以生殖器官发育成熟、第二性征发育为标志的、开始有繁殖力的时期，是孩子生理发育过程中的关键时期，是继婴儿期之后生长发育最快的时期，也是孩子从儿童成长为成年人的过渡期。在青春期，内分泌机制不断完善，生理机能不断增强，然而由于青春期的心理防卫机制和适应能力尚不成熟，心理发育相对滞后于生理发育，因而容易出现心理失调的状况，家长应高度重视，及早做好预防。

【发展水平】关于儿童青春期意识、认知与能力的表征。

下表是关于"儿童发展现状"（指儿童青春期意识、认知与能力的发展水平）和"家庭教育现状"（指当前家庭对相关问题的不同教育表现）的描述。请家长对照、参考，然后再根据自己的实际情况对家庭教育理念、策略、行为做相应的调整。

关于儿童青春期意识、认知与能力的表征

指　标	内　容	儿童发展行为及家庭教育类型
儿童发展现状 身体发育	继婴儿期之后，生长发育最快的时期	□1.能意识到身高、体重的显著变化，开始有和异性区别开来的意识和行为。 □2.有第二性征的变化带来的一些矛盾心理。 □3.开始有更注重在异性面前展示自己的意识和行为，有不少逆反心理和行为等。
情绪变化	性生理逐渐成熟带来相关激素水平变化的增大，这些激素使孩子比较容易冲动，脾气也显得暴躁	□1.情绪反应剧烈，情绪波动大，常常从一个极端转向另一个极端，这一刻还阳光明媚，下一刻就暴雨倾盆。 □2.情绪体验变得丰富和细致，尤其是女孩子，比较敏感。这种敏感由外部刺激引起，并且往往加入了许多主观因素。 □3.脑区发展不平衡，情绪控制能力较弱。
自我意识	开始独立地认识外部世界并产生个人价值体系	□1.自主性增加，对父母的依恋减少。 □2.不再对家长一味盲从，开始用自己的标准对家长的形象和地位进行重新定位。 □3.重视自己的隐私，思想逐步独立，想自己做决定。
家庭教育现状 家庭教育氛围	孩子是在怎样的家庭氛围中成长的	□1.冲突型：父母不重视与孩子沟通交流，在孩子青春期有叛逆意识和行为时，与之直接发生矛盾冲突。 □2.和谐型：家庭成员之间能真诚、平等地进行交流，家长重视孩子的身心发展。 □3.冷漠型：孩子有什么变化，从来不关心，也不闻不问，任由孩子自由行动。
家庭教养方式	家庭主要教养人对孩子的教育引导方式	□1.教训式：父母以刻板的、僵化的、固定的眼光看待孩子，还把孩子当作小孩进行教训，按照自己的意愿对孩子进行严格管控。 □2.放羊式：父母溺爱孩子或不关心孩子，对于孩子的青春期意识和行为放任不管。 □3.启发式：父母与孩子在家庭中处于平等的和谐的氛围中，父母关注孩子的身心发展状况，及时引导。

【我们一起行动】通过系列亲子活动，家长帮助儿童认识青春期的特点，体察青春期儿童的成长变化，及时做好引导和帮助，让儿童能够更加自如地面对青春期带来的一系列问题。

开展亲子体验活动，就"青春期"主题和孩子进行坦诚对话，告诉孩子他们现在所发生的身心变化是正常的、必经的，是成长的标识，让孩子感受到被关注、支持和帮助，建立良好的亲子关系，使其成为孩子强大的心理支持，让孩子顺利度过青春期，形成健全人格。

活动一：认识荷尔蒙先生与太太——通过活动，了解青春期生理和心理的变化与成长。

（一）活动任务

第一，使孩子了解青春期的成长变化。

第二，使孩子正视青春期的身心变化发展状况。

（二）活动步骤与方法

1.青春期变化大搜索

（1）家长和孩子一起，说说孩子近期身心发生了哪些变化，可以参考下表列举的方面。

青春期有什么特点	
生理发育	身高迅速增长，体重显著增加。
	大脑迅速发育，存在一定的脑区发育不平衡情况。
	性生理加速发展： 男孩：睾丸和精囊发育，喉结变大，声音变低沉。 女孩：乳房发育，出现月经初潮，长出腋毛和阴毛。
情绪发展	情绪发展剧烈，不稳定，易波动。
	情绪更加细腻、敏感。
	追求情绪自主，自我意识显著发展。
性心理特征	出现性好奇和性冲动。
	从"异性疏远期"逐渐过渡至"异性接近期"。

（2）养成良好的青春期卫生习惯。进入小学高段，家长要多关注和关心孩子第二性征的发育，建立融洽的亲子关系，以便于指导和帮助孩子注重青春期的卫生自护方法。

性　别	第二性征	卫生保护方式
女孩	乳房发育	穿合身的内衣，常洗澡，忌束胸。
	月经初潮	每天用清水清洗外阴，不必用其他洗液；及时更换卫生巾和内裤。记录每次月经的日期和天数，关注月经是否紊乱。
男孩	遗精	一般几个星期或更长的时间出现一次，是正常的生理现象，不必恐惧。但如果频繁地遗精，对健康不利。要注意：不要有意识地刺激外生殖器官；要把精力集中到学习上去，自觉抵制黄色书刊和影像；内裤不要过紧。
	长胡须	不要用手去拔刚长出的胡须，因为此处血管丰富，容易把病菌带入血液，引起败血症。如胡须不明显，可不予处理；如较为明显，可使用干净剃须刀定期清理。注意：不要和其他人共用剃须刀。

家长可参考上表对孩子的卫生习惯养成进行指导，引导孩子不要因为羞怯而对生理现象置之不理，也不要因为好奇而过分刺激性器官。

2.青春眼，看成长

（1）亲子交流：当你发现自己发生的这些变化，你心情怎么样？你的小伙伴们发生变化了吗？你们会交流这些变化吗？

家长要告诉孩子这些变化是正常的，是我们必然经历的，要正确看待和勇敢面对。

（2）调适引导，如：这些变化给你带来什么样的影响？当你情绪不佳时，你想通过什么样的方式（写日记、大哭一场、大吃一顿、听音乐……）来排解？当心情莫名烦躁时，希望爸爸妈妈怎样帮助你？

孩子迈入青春期，他们的身体从内到外都发生了许多变化。这些生理上的变化将影响孩子的心理、学习、社交等诸多方面。如：青春期孩子的大脑迅速发育，但脑区发育存在一定的不平衡状况，自我控制能力较差，容易产生情绪冲动和冒险行为。家长要悉心引导和耐心陪伴，引导孩子重新调整自我认识、自我评价与自我形象。

帮助早发育的女孩和晚发育的男孩积极面对自己的发育节奏[1]

小贴士

对于早发育的女孩，告诉她，这是值得高兴的事情，她是一个大姑娘了，爸爸妈妈感到很欣慰。鼓励她追求从内在到外表的美丽，给自己更高的要求，并为之更加努力。

对于晚发育的男孩，要告诉他，他跟其他同学身材的差异只是暂时的，他长大后并不一定比其他同学矮小，几年之后他会变得高大强壮。减轻他的心理负担，不要让他对自己的身高过分担心。此外，要注意均衡的营养和适当的锻炼，这对促进身体健康生长非常重要。

如果孩子的发育时间超过正常发育速度或发育迟缓，家长要带孩子到正规医院进行检查。

---

[1] 边玉芳：《读懂孩子——心理学家实用教子宝典（12~18岁）》，8页，北京，北京师范大学出版社，2014。

活动二：正确对待异性交往——通过活动，知道与异性交往的正确方式。

（一）活动任务

第一，知道与异性交往的正确方式。

第二，树立健康的青春期性心理。

（二）活动步骤与方法（没有现成卡片，可以制作）

【活动方法一】

1.情境预设

（1）男孩由于发育较晚，个子矮、体格小，容易受女孩欺负。

（2）女孩的变化较男孩早，男孩产生探究女孩的好奇，嘲笑女孩的变化。

（3）男孩对女孩产生"好感"，为获得女孩的关注，男孩刻意表现自己甚至出现攻击行为。

（4）女孩对男孩产生"好感"，可能出现"隐匿自己的想法、变得过分细腻和紧张"的问题。

（5）如遇隐私部位被侵害，如何处理。

2.制作情境卡，准备亲子交流

（1）家长制作情境卡：正面放置情境，背面设置解决问题的关键词以及需要孩子自主完善的具体措施。

（2）家长参与到孩子异性交往的活动中来，一般情况下男孩由男家长指导，女孩由女家长指导。

（3）召开家庭会议：讲明卡片设置的构想，卡片使用的方法以及卡片使用的注意事项。

3.亲子交流，引导孩子处理男女生交流的情境问题

（1）以游戏的形式，抽取卡片，进入情境。

（2）根据背后的关键词适当进行点拨，引导其借助父母、老师等力量解决问题。

（3）孩子根据自己的应对想法，总结处理问题情境的方法。

注意事项：一定要营造轻松但不轻浮的氛围，注意观察孩子表情的变化。

【活动方法二】

1.孩子描述青春期异性交往的困惑

孩子如实描述自己所遇到的青春期异性交往问题，如收到异性的示好或异性总是搞恶作剧。

家长帮助孩子分析、识别，不管这些恶作剧是否是渴望引起关注的一种方式。

2.亲子演绎情境，家长提供解决思路

通过情境还原的方式，亲子演绎青春期异性交往可能遇到的问题。可采用角色互换的形式，家长扮演孩子，演绎自己的解决方式。

3. 亲子交流，明确青春期异性交往原则

鼓励孩子开展恰当的异性交往。告诉孩子要举止大方得体，亲切善良，不要过分冷淡或羞怯，也不可以过分随便或轻浮。

4. 亲子共学，探索青春期性教育方法

同性家长可陪伴孩子阅览正规的性教育书籍和网站，坦荡地面对性教育，让孩子感受到家长对性教育的正确态度。这样，孩子也会在心里接受家长这种观念，正确看待自己的生理发育和性成熟。

小贴士

1. 关注青春期男孩的性道德教育①

有些男孩的家长不重视对孩子的性教育，尤其是性道德教育。他们认为反正男孩子不会吃亏，不注意对孩子进行性道德方面的引导和约束。家长的这种态度是非常不负责任的，容易使男孩对性的态度比较随便，不能理性控制自己，长大以后对家庭和婚姻缺乏责任感。

男孩的父母在日常生活中应向男孩传递一种正面的信息，如夫妻之间相互尊重、对彼此忠诚、体贴照顾女性等，让男孩明白，应该尊重女性，学会控制自己，对自己负责，也对别人负责，让男孩成长为有担当、有责任感的男人。

2. 关注青春期女孩的自我保护教育②

首先，要让女孩具有自我保护意识，告诉女孩在异性交往中学会保护自己，面对男孩的无理要求坚决说"不要"。

其次，教孩子一些在外面自我保护的办法。

不随便享用陌生人给的饮料或食物。

不要一个人或少数几个女生到偏僻的地方，也不能单独和男孩子到偏僻的地方去。

坚决不能在没有大人陪同的情况下，单独到异性家里去。

有男性提议或要求一起看色情录像或书籍时，要坚决拒绝。

独自在家时注意关门，不给陌生人开门，无论对方有什么理由，告知其等家长回来再说。

---

① 边玉芳：《读懂孩子——心理学家实用教子宝典（6～12岁）》，32页，北京，北京师范大学出版社，2014。

② 边玉芳：《读懂孩子——心理学家实用教子宝典（6～12岁）》，39页，北京，北京师范大学出版社，2014。

活动三：花样年华的好习惯——帮助家长、孩子在实践中培养良好的青春期生活、学习习惯。

（一）活动任务

培养良好的青春期习惯（言语、行为）。

（二）活动步骤与方法

1. 填写"青春期外表关注程度"量表

	完全符合	比较符合	一般	不完全符合	完全不符合
我时刻在意我的外在状态	5	4	3	2	1
我经常照镜子	5	4	3	2	1
我经常纠结我穿什么	5	4	3	2	1

2. 根据分数进行适当的引导

操作说明：五级量表根据分数多寡划分孩子关注外表的程度，划分"外表关注程度"的高低，尤其关注那些对外表"特别关注"的孩子。

对于"特别关注"者，引用包含外在美和内在美的关系的例子（比如小学生读物《巴黎圣母院》）引导孩子关注内在美。

关注自己的外表本就是青春期的一大特色，对于"一般关注"者不过多干涉。对于"完全不关注"者，可适当引导，生活中我们不需要光鲜亮丽但也必须干净整洁。

3. 填写"青春期情绪掌控程度"量表

	完全符合	比较符合	一般	不完全符合	完全不符合
遇到紧急的事情，我能静下来分析	5	4	3	2	1
家长的建议与我的看法相违背时，我能说出自己的选择及缘由	5	4	3	2	1
当我与别人发生冲突时，我能站在对方的立场看问题	5	4	3	2	1

4. 根据分数进行适当的引导

操作说明：五级量表根据分数多寡划分孩子掌控情绪的程度，划分"情绪掌控程度"高低，尤其关注那些对情绪"完全不能掌控"的孩子。

对于"完全不能掌控情绪"者，引导孩子先处理情绪，再处理问题。遇到事情不着急行动，先从 1 默念到 10，然后再从 10 默念到 1，还是坚持自己的观点的话，就再去做。（在这样一个过程中很多孩子都能恢复平静，做出理智的决定。）

对于"完全能掌控自己情绪"者不干涉，这类孩子应该比较少。对于"情绪掌控能力一般"的孩子，鼓励他们"先掌控自己，才能掌控事情"。

5. 填写"青春期学习投入程度"量表

	完全符合	比较符合	一般	不完全符合	完全不符合
学习很重要，我愿意花时间和精力	5	4	3	2	1
学习很难，但我想要探索难题，超越自我	5	4	3	2	1
学习很累，但我知道解出答案的快乐	5	4	3	2	1

6. 根据分数进行适当的引导

操作说明：五级量表根据分数多寡划分孩子投入学习的程度，划分"学习投入程度"的高低，应尤其关注那些对"学习投入程度低"的孩子。

对于"学习投入程度低"的孩子，用《弈秋》和《推敲》两个传统文化故事，引导其专心致志、精益求精。

对于"学习投入程度高"的孩子鼓励其继续努力，对于"学习投入程度一般"的孩子鼓励其在学习过程中收获成就感。

通过量表进行亲子自测、互测，交流结果，共同进步。

亲子互评

指　标	内　容	自　评	家长评
外表	是否对自己的外貌过于挑剔，如：不停地照镜子		
	是否过于讲究穿着		
	穿着是否得体，是否符合年龄		
情绪	与父母意见不统一时，能否心平气和地交流		
	能否与同伴友好相处		

指　标	内　　容	自　评	家长评
兴趣点	是否重视学习		
	是否重视锻炼身体、陶冶身心		
	是否过于在意异性交往		

活动四：亲子阅读——引导孩子从书里呈现的真实生活片段中，全面地感知青春期，从容地面对青春期。

> 【内容简介】
>
> **《父母对话青春期》**
>
> 青春期是每个孩子成长的关键时期，父母选择什么样的对话方式决定了亲子关系是更亲密、更和谐，还是变得疏远或对抗。
>
> 本书作者王艺霖是心理咨询师。本书从前青春期、青春期孩子成长特点出发，盘点了亲子沟通中的14个常见卡点，通过3大有效对话场景的展示来帮助父母清理亲子沟通中的障碍。书中12个简单易行的沟通方法让父母与孩子重建亲密关系，通过多个解析模型，让父母透彻了解与青春期孩子沟通的密码，做懂孩子的家长。本书还能帮家长避开3个赋能的陷阱，掌握4大工具，培养拥有自赋能体质、充满生机的少年！

（一）活动任务

第一，使孩子在生活化的场景中全面地认识青春期。

第二，使孩子在阅读过程中获得认同感，更从容地面对青春期。

（二）活动步骤与方法

1.家长和孩子一起来阅读

与孩子一起阅读推荐书籍，完成下面两个任务，也许家长和孩子对情绪会有一些新的认识。（建议家长和孩子用1~2周时间阅读整本书籍，完成下面两个任务。）

2.完成下表，了解青春期可能遇到的困惑

书中罗列的青春期亲子问题	书中提供了哪些解决方法	我有没有类似的问题	我将如何解决

3. 补充下面内容，刷新对青春期的认知

我最有感触的案例是：＿＿＿＿＿＿＿＿＿＿＿＿＿＿＿＿＿＿＿＿＿＿＿

因为这个案例：＿＿＿＿＿＿＿＿＿＿＿＿＿＿＿＿＿＿＿＿＿＿＿＿＿＿＿

我最喜欢书中的这句话：＿＿＿＿＿＿＿＿＿＿＿＿＿＿＿＿＿＿＿＿＿＿＿

这句话给我以下启示：＿＿＿＿＿＿＿＿＿＿＿＿＿＿＿＿＿＿＿＿＿＿＿＿

通过阅读完成任务，我们对青春期有了新的体会：＿＿＿＿＿＿＿＿＿＿＿＿＿

＿＿＿＿＿＿＿＿＿＿＿＿＿＿＿＿＿＿＿＿＿＿＿＿＿＿＿＿＿＿＿＿＿＿＿

4. 结合材料启示，写一篇短文

家长和孩子一起讨论，引导孩子结合自己的现在勾勒未来的身份形象，让孩子写一篇500字以上的短文。

5. 发表在自己的社交平台上

家长可以与孩子一起完善短文内容，然后让孩子将短文发表在他自己的朋友圈或其他社交平台上。这代表孩子向他人公开自己的承诺，对于他形成自我形象、自我认同和自我督促具有重要的作用。

> **关于本书**
>
> 小贴士　这本书能让家长多角度来看待亲子相处，"能量法则""去导航法""二分模型"等，直达亲子沟通的本质，家长看完会有豁然开朗、茅塞顿开的感觉。亲子之间正确的沟通方式，能建立良好的亲子关系，也能让家长和孩子成为无话不谈的好朋友！

【收获与成长】通过回顾总结，提升家长对孩子青春期特殊心理和行为的接纳、理解能力，亲子双方通过平等、真诚的交流，构建和谐的亲子关系，以期健康、平稳地度过青春期。

青春期是人生中特殊而又至关重要的阶段，家长要改变观念，放平心态，有意识地注重亲子之间的有效沟通，让青春期孩子格外敏感的心灵得到呵护，做好青春期的摆渡人。同时，通过以心换心的交流，孩子也能更加理解父母，从而少一些逆反敌对情绪。通过一段时间的相互改变，家长与孩子一起反馈情感体验等，反思是否还可以有更多的方法，不同的感受。

作为家长，我要记录下我和孩子的一次特别的青春期交流经历：＿＿＿＿＿＿＿＿＿

＿＿＿＿＿＿＿＿＿＿＿＿＿＿＿＿＿＿＿＿＿＿＿＿＿＿＿＿＿＿＿＿＿＿＿

＿＿＿＿＿＿＿＿＿＿＿＿＿＿＿＿＿＿＿＿＿＿＿＿＿＿＿＿＿＿＿＿＿＿＿

通过这次经历，我们把学习到的青春期教育、沟通方式与孩子交流，收获了更加融洽的亲子关系，为孩子的青春期护航。

我（儿童）在学校能体谅同伴和他人的情绪，更好地与人相处，理解他人，我成了一个受欢迎的人。

我（儿童）的成长体验收获：_____

_____

_____

生命语录

青春终究是幸福的，因为它有未来。

——[俄]果戈理①

本课要点

家长要与孩子一起正视和接纳青春期的身心变化，认识到这是成长的标识，并坦诚交流，耐心引领，培养孩子良好的青春期卫生习惯和人际交往习惯等，为顺利度过青春期保驾护航。

---

① 果戈理，俄国作家。此句出自果戈理的《死魂灵》，北京燕山出版社，2008。

生命的责任·积极面对挑战

阳光总在风雨之后
如何看待和应对挫败？

【现象扫描】放学后，生生像往常一样回到家，这一天，生生并没有像以往一样进门就说："我回来啦！"而是径直走进了自己的卧室，把房门关了起来。爸爸在翻阅资料，发现了这一反常的现象，敲门后进入了生生的房间。不一会儿就听到爸爸大声地说教和生生呜呜的哭声。妈妈放下手中的事情，进去询问发生了什么事情。生生委屈地说："我这次数学没考好，最后两道题一点儿都没做，爸爸说我笨得很，就知道哭，怎么也要写上两笔，过程也会得分，可我确实写不出来……呜呜……"

【解锁行为密码】上述现象讲述的是冲突中的父与子，儿子考试失利，他的需求其实是回家得到些许安慰，不是过多的指责。爸爸则认为，考试要竭尽全力，就是不会做，过程都要写上几笔，不能留白、不做。儿子很伤心：我已经很难过了，不想回来再受批评。爸爸很生气：觉得儿子懦弱，遇到困难就知道哭。案例中的父亲本想对儿子表达关心，却引发了亲子冲突，最终造成父子二人都很委屈。

孩子遇到困难、遭受挫折，本身已经遭受打击了，产生了难受的情绪。父母首先要做的是共情、理解、体谅；其次是理智地结合孩子遭遇的困难、失败、挫折情景，分析什么样的困难是孩子能够解决的，什么样的困难是超出了孩子能力的，等等，从而找到孩子已经为困难做出的努力，并给予肯定，让孩子从负面的情绪体验中解脱出来；最后是回忆反思，这个困难有哪些线索可以启发解决，指导孩子今后遇到类似的问题如何处理，从而把挫折、困难转化为经验。千万不要批评孩子懦弱、不聪明，这样做的后果只能是不断强化孩子的负面情绪，暗示孩子懦弱、无能、笨，最终促使孩子承认自己天生懦弱、无能、笨，从而产生自卑心理，甚至抑郁、焦虑。在父母正确的引导下，孩子才能掌握面对挫折失败的正确方法、正确态度，建立积极归因的正确认知。事实上，挫折、困难，从本质上来说并不是坏事，而是成长中遇到的正常现象，更是必须经历的过程。所谓吃一堑长一智，失败是成功之母，说的就是这种情况。

【发展水平】关于儿童应对挫败意识、认知与能力的表征。

下表是关于"儿童发展现状"（指儿童应对挫败意识、认知与能力的发展水平）和"家庭教育现状"（指当前家庭对相关问题的不同教育表现）的描述。请家长对照、参考，然后再根据自己的实际情况对家庭教育理念、策略、行为做相应的调整。

关于儿童应对挫败意识、认知与能力的表征

指　标		内　容	儿童发展行为及家庭教育类型
儿童发展现状	应对挫败的心理防御机制	孩子在面对挫败时，表现出的心理防御机制	□1.消极性行为：遇到挫败时，由于长期形成的父母责怪模式，就会表现出哭、闹或者装病，或者无法控制自己的情绪而产生自卑甚至伤害自己、他人的行为。 □2.妥协性心理防御机制：遇到挫败时，接受行为的发生，通过合理化或者冷漠的方式使自己得到暂时的放松。 □3.积极性行为反应：遇到挫败时，会以一种积极的方式去迎接挫败、战胜挫败，提升自己应对挫败的能力。
	应对挫败，解决问题的能力	孩子在遇到挫败时，表现出解决问题的能力	□1.有一定解决问题的能力和意识，不得已不寻求帮助。 □2.自己解决问题的能力不够强，不太主动寻求帮助。 □3.有追求完美、寻求帮助、优化解决问题的意向，但坚持力和行为策略有待提高。
家庭教育现状	家庭教育氛围	孩子是在怎样的家庭氛围中成长的	□1.冲突性：父母在孩子受挫时缺乏耐心和正确引导，容易引起家庭冲突。 □2.理智型：家庭成员遭遇困难或挫败时，能够理智、客观地分析问题、解决问题、相互帮助、相互体谅，能共情。 □3.保护型：家长大包大揽，特别是在孩子遇到挫败时，怕孩子受打击，想方设法地去替孩子解决困难。 □4.放任型：不管孩子遭遇挫败还是取得成功，父母都似乎与之无关，不问不管。
	家庭教育方式	家庭主要教养人对孩子的教育引导方式	□1.榜样教育式：父母以自己应对挫败的行为给孩子作出正确的、积极的示范。 □2.消极应对式：父母在孩子遇到挫败时表现漠然、不关心、不过问。 □3.积极引导式：在孩子遇到挫败时，父母帮助孩子科学分析困难，建立积极归因的正确认知，引导孩子积极走出困境。

【我们一起行动】通过系列亲子活动，家长帮助孩子正确地看待挫败，指导孩子积极应对挫败、克服困难，提高孩子的抗挫能力，学会解决问题。

活动一：榜样的力量——和孩子一起学习逆境中成长起来的榜样，帮助孩子放下心理包袱，学习榜样，努力尝试挑战"不可能"。

（一）活动任务

第一，寻找榜样，学习榜样人物战胜困难与挫败的精神。

第二，积极面对挫败，找到克服困难、解决问题的方法。

第三，让榜样的力量影响儿童，建设积极的心理品质。

（二）活动步骤与方法

1. 赞一赞"挑战不可能"的榜样

家长引导孩子查阅资料，找出在中外著名人物中战胜挫败、"挑战不可能"的典型范例，让孩子感受榜样的力量，在遇到困难和挫败时，让心中的榜样激发奋斗精神，愿意去努力尝试克服困难，战胜挫败。如，因遭受失学而奋发成才的爱迪生、法拉第等，虽处境艰难但自强不息的达尔文、牛顿等。

"挑战不可能"的榜样

人　物	遇到的挫败	怎样做的	收获与成功
爱迪生	被退学	不断坚持，努力学习	成为了伟大的发明家
贝多芬	耳聋、病魔	和病魔斗争	完成了《第九交响曲》
张海迪	高位截瘫	不畏病痛，努力学习	针灸技术过硬、文学创作无数，获得吉林大学哲学硕士学位
……			

2. 找一找身边战胜挫败的榜样

让孩子找一找身边能战胜困难与挫败的熟悉人物，哪怕是一名普通的同伴，只要他能常常在困难面前不退缩，能够正确、科学地分析挫败原因，确立适合自己的目标，在受到挫败时，不轻言放弃，努力坚持，即使最后没有取得成功，也不后悔，就是值得学习的榜样。家长和孩子一起聊聊身边这些熟悉的榜样，让孩子记录他们遇到了哪些挫折，他们是怎样做的，最后的结局是怎样的，最终又收获了什么。

身边的榜样

人　物	遇到的挫败	怎样做的	收获与成功
同学李牧	成绩不理想，生活习惯不好，常常被老师批评、同学笑话，非常沮丧	寻求家人帮助，与家人一起分析原因，制定纠正计划，努力纠正不良习惯	生活技能显著提高，学业全面发展，在六年级，被全班同学推举为班长
姑父			
……			

孩子能用名人及普通人在面对困难、挫败时努力过的故事，作为自己的榜样，来衡量自己的尺

度时，其挫败就会成为新的努力的起点和新的成功的台阶了。

孩子说一说榜样对自己产生的影响：＿＿＿＿＿＿＿＿＿＿＿＿＿＿＿＿

＿＿＿＿＿＿＿＿＿＿＿＿＿＿＿＿＿＿＿＿＿＿＿＿＿＿＿＿＿＿＿＿＿＿

3.聊一聊"成功 VS 失败"

当孩子认真思考了榜样人物取得成功的原因后，家长和孩子一起分析：成功和失败之间的关系；小成功与大成功之间的关系；成功与目标确立之间的关系；努力工作或学习与成功之间的关系，成功与精神状态、情感体验之间的关系；成功与生活幸福的关系，等等。

> 温馨提示
>
> 取得成功的关键要素是：第一，科学地确立目标，目标不科学，过于远大，超出自己的能力和客观的条件，挫败是必然的；第二，努力工作或学习，坚持日积月累，经验积累多了，能力增强了，自然成功的概率就大了；第三，努力克服困难，凡是有重大意义的工作或学习，总是那些具有挑战性的，不努力克服困难就能完成的，就没有多大意义；第四，万一失败，失败是难免的，要科学地面对，铭记失败是成功之母。第五，成功虽重要，过程更可贵，享受战胜困难的过程，人生不过一趟旅程。家长要引导孩子，去享受学习的过程，体会到战胜困难的喜悦。

4.家长的榜样示范

每一个家庭，每一位家长，可能都会遭遇挫败，父母面对这些境况的情绪、态度、做法，孩子都会看在眼中，浸润到骨子里。因此，家长在遇到挫败时要保持积极的心态，在孩子面前不抱怨、不流露出对现状的绝望和无助，积极想办法应对，追求每一件生活小事件的成功。耳濡目染之下，孩子也会懂得用积极乐观的心态去面对，努力想办法去应对挫败。家长应为孩子树立在逆境中前行的榜样，以身作则地教会孩子去战胜挫败。

活动二：挑战挫败的妙招——通过回忆自己遭遇挫败的事件，反思、分析当时的原因与感受以及后来的领悟，将其转化为成功的经验与动力，强化应对挫败的正确态度与方法，从而提高抗挫败能力与激发更强烈的成就动机。

（一）活动任务

第一，培养孩子制订计划的能力。

第二，让孩子学会分析受到挫败的原因，学会正确归因，找到解决困难的方法。

第三，培养孩子克服困难、持之以恒、坚持到底的意志力。

（二）活动步骤与方法

1.总结战胜挫败获得成功的原因

家长与孩子一起理性地查找成长过程中有哪些记忆深刻的成功或颇具获得感的事件，还有哪些挑战了"不可能"事件后的成功。一件一件地列出来，剖析背后的原因，总结经验，再接再厉。

遇到困难，是对我能力的磨炼

时　间	印象深刻的挫败事件	行为过程	分析失败原因	问题归因	解决问题	结　果
2021年8月	在一次钢琴业余比赛中，因为紧张，中途几次弹错，最后狼狈地走下舞台……	自信心不足，缺少经验，紧张，难点没有突破，熟悉度不够。	1.平常练习中，难点没有解决，在紧张的比赛中更易出错。2.练习不到位，熟练程度不够。3.比赛、演出的经验不够。	1.自己的努力程度不够。2.自信不够，勇气不足。	1.突破难点。2.反复练习。3.努力创造机会参与舞台锻炼。	感谢这次挫折，是对我能力的磨炼，现在我的钢琴技能在我的努力下提高很快，使我更加阳光自信。

失败是成功之母

时　间	遇到的挫败	怎样积极面对与解决	收获与成功
四年级上学期	体育健康综合能力测评未达到良好水平，无资格参与区优干的评优。对我这样一名学习成绩一直名列前茅的优秀生，造成严重的打击。	1.回家大哭一场，宣泄了情绪。2.寻求爸妈的帮助，一起分析原因。3.制订每天体育运动和平衡能力训练的计划。4.一年中，风雨无阻地坚持，更加努力学习，协助爸妈做好家务劳动。5.在学校，上课专注，尊敬老师，团结同学，积极参与公益服务。6.无论在家还是在学校，遇到困难或遭遇挫败，积极接纳，咬牙坚持，努力解决问题。	一年后，我的体能达到了优秀，并且在期末取得了优异的成绩，终于被评为区级十佳少先队员。

2.遇到挫败，正确归因

遇到困难，引导孩子建立"我不怕"的信心，学会分析问题，寻求方法，迎难而上，解决问题。遇到挫败，引导孩子学会分析受到挫败的客观原因，建立积极的心理素养。

（1）说出最令人难以忘怀的事情

家长和孩子各自思考、回忆自己印象中最深刻的、最不能忘怀的事情，可以是遭遇挫败的事，也可以是最成功的事。（可以是学习、生活、交友等方面。）

温馨提示

> 最令人难以忘怀的事情，不论是成功还是失败，都在你的一生中始终影响着你的心情，令你或自卑，或自信，或抑郁、悲伤，或愉悦、快乐。在平常的生活之中，这种情绪可能沉淀为潜在的心境，无意识地影响着处理生活中每一件事的态度。通过回忆、分析，可以让潜在的消极心态得到缓解，甚至在有意识地给自己积极暗示后，消极自卑的心态会得到改善，积极快乐的心态会得到加强。因此，这种回忆和分析，对于孩子的成长具有积极的意义。希望家长重视，并认真引导孩子做好这个活动，家长自己也要认真回忆、分析。

（2）各自叙述遭遇的事件

家长与孩子各自回忆，具体的做法：第一，叙述整个事件的过程；第二，回顾事件的背景。

注意，三个人或者家庭更多成员参与，一个一个地进行，即叙述完一个，分析一个，然后下一个再来。

（3）分析与归因

一个人叙述完，就由另一个人进行分析：注意分析原因意在得出积极的暗示和合理地归因，即对于失败的原因进行合理化解释，找出错误的原因，对于成功进行激励性解释，强化积极的归因。（比如父亲叙述，母亲分析，孩子帮着分析；母亲叙述，父亲分析，孩子参与分析；孩子叙述，则父亲或母亲分析。）

在学习和生活中，难免会遇到各种挫折、困难，要学会记录，学会有效解决。赶紧加入"遇到困难，是对我能力的磨炼"的体验活动吧，让我们用耐心和智慧，共同利用困难磨炼自己的意志与能力。

3.让运动磨炼意志力

利用一个假期（寒假或者暑假），家长和孩子共同制订切实可行的亲子运动计划，让孩子在运动的过程中，克服困难，不放弃，努力坚持，磨炼意志力，让孩子更加坚强和自信。

适度调整——家长要根据孩子的运动状况适度地作一些调整，家长要仔细观察，不能孩子一有困难就调整或者妥协，要引导孩子克服困难，迎难而上。

共同参与——家长要陪伴和参与，要做好表率，遇到困难共同克服，不断坚持。

鼓励——家长在孩子不能坚持时，要及时地给予孩子鼓励，也可以在每完成一个阶段的运动计划后做一些适当的奖励，激发孩子运动的兴趣，培养孩子挑战困难、战胜自我、不断前进的毅力。

（1）遇到困难，我是怎样解决的？（例如：下雨天，我们怎样完成跑步计划？不能坚持又是怎样克服的？）_____

_____

（2）分享克服困难，坚持运动之后的效果，体会成功的喜悦：_____

_____

4. 积极强化练习

如果最令人忘怀的事件是消极的，那么，在消除不愉快的事件影响之后，再找一件令人愉快的事情来回忆，体验愉快的情绪，使愉快的情绪得到强化。

在学习和生活中，总有成功的时候，学会记录，学会享受，让成功激发动力，让我们用信心与智慧，创造生命的价值和人生的意义。

愉快的收获，是我努力得来的

时 间	印象深刻的成功事件	行动过程	分析成功原因	问题归因	结 果
上学期	上学期竞选大队长，以全场最高票数当选。	大方自信，准备充分。把学校少先队活动的现状和将来的规划都切实地通过PPT展现，把自己的组织能力和荣誉也大方地表现出来。	自己综合素质不错，全面发展；演讲大方自然；现代信息技术手段运用熟练。	一直很努力；竞选准备充分；喜爱学习、应用现代信息技术。	现在的我，阳光自信，是老师的得力助手，也被同伴喜欢，得到大家的肯定。

失败是成功之母

失败事件	我的分析	家人的观点	我再这样试试

给父母的话①

●懂得放手，敢于放手，让孩子在挫折中变得更加坚强和勇敢

相信孩子已经具备了一定的抗挫折能力，他们能应对一些不利因素的影响。孩子需要面对逆境，也请相信孩子能从中学会成长，并提高自己的抵抗能力。不要过度保护、宠爱孩子，让孩子在安全的环境中得到锻炼，不要剥夺他们成长的机会。挫折和不利，能够锻炼孩子的抗挫折能力，培养孩子的心理弹性。

●引导孩子正确认识挫折，在必要时应该及时介入和疏导

当孩子遭遇挫折时，引导孩子正确看待挫折。在孩子面前，不要过分夸大挫折的负面意义，但也不能否认挫折带来的痛苦，而应积极地引导孩子，让他们明白在成长过程中，挫折是磨刀石、是考验。注意不良因素（如挫折、失败等）对孩子的影响，必要时及时介入，帮助孩子疏导负性情绪（如愤怒、悲伤），这可以避免不良因素的负面影响不断累积。

活动三：积极挑战自我——通过科学设立既超越当下能力，又能克服困难实现的目标，再以孩子的实践行动来实现成功，体验成功的快乐。

（一）活动任务

第一，培养孩子积极应对挫败的意识和克服困难、不懈努力的精神。

第二，培养孩子在过程中坚持努力的意志力。

第三，引导孩子正确看待成功与失败的结果，建设积极的心理品质。

（二）活动步骤与方法

1.设立挑战自我的项目和目标

家长与孩子一起商议，挑选挑战自我的项目，设立挑战目标。项目可以选择孩子有自信、有特长基础的活动内容。目标设立在既超越现有水平，又能够在经过适当努力能够实现的水平上。主要目标不要设定得太机械、死板，比如成绩达到多少分、考级到多少等级等。

2.过程中的收获至关重要

一旦确立项目和目标，家长要引导、陪伴、激励或督促孩子实施挑战项目。一般具有一定挑战性的目标，都需要克服困难，但是由于设计的时候考虑到了实现的可能，因此，只要坚持，能够克

---

① 边玉芳：《读懂孩子——心理学家实用教子宝典（12~18岁）》，93页，北京，北京师范大学出版社，2014。

服一定困难，都能够实现，因此，家长就要引导、陪伴、激励或督促，否则孩子有可能在遇到困难的时候放弃，或者在遇到瓶颈期时，失去信心。家长的陪伴、激励、督促等能起到监督、激励作用。但是要注意切记不能批评、教训。这个过程中的关键是要让孩子看到点滴的进步，增强信心。

项目可以根据孩子的实际情况选择。

挑战"不可能"，收获满满

挑战事项	遇到的困难与挫折	积极面对和解决	收获与成功
1个月练习中长跑，每天坚持××距离，速度到达××以上（不能太量化的速度）			
2个月练习跳绳，每天坚持跳××个，或跳多长时间（具体每分钟××个不能具体化）			虽然2个月没有完全达成目标，但已经有了很大的进步，更磨炼了我的意志力，让我面对困难或挫败时，有积极的心理素质，很坚强，不会被挫败击倒。

3. 正确看待成功与失败

只要目标制定科学、合理，一般来说都会取得成功，即使没有完全达到目标，过程中的进步也是明显的。因此，要正确看待目标的实现。家长有了这个观念，再引导孩子正确看待成功与失败。在这种自设的挑战目标活动中，挫折、失败感主要来自在过程中遇到的困难。

因此，活动结束后，要做好的事情包括：第一，肯定过程中的艰辛与坚持，称赞努力与成绩（千万不要感到不满意而批评指责）；第二，不论如何，只要坚持下来了，就视为实现目标（不要用死板教条的目标来衡量）；第三，要懂得抗挫折力的培养就在坚持下来的过程中，并不只是结果。因此，要不断设计类似的实践活动。

4. 今后努力的方向

必须家长与孩子一起总结，既要总结孩子的活动过程，也要总结家长的活动过程。家长的陪伴对孩子来说本身就有意义，一方面体现家长重视，另一方面家长要理解活动不仅仅是对孩子有意义，对自身也很有意义，自己要乐在其中。千万不要说这一切都是为了孩子，否则孩子会反感。因此，总结出的今后的努力方向，应该是亲子共同的努力方向。注意要形成这样的意识，即陪孩子成长，自己也成长。

温馨提示

今后努力的方向，主要是针对孩子的弱势和优势两个方面进行。如果孩子弱势的素养是生活中必需的，那就需要补短。孩子优势的素养需要扬长。

活动四：亲子阅读——和孩子一起阅读材料，帮助孩子认清事实，不要被困难所吓倒，培养孩子直面困难，努力、自信、坚持不放弃的意志品质。

【内容简介】

《十岁那年》

《十岁那年》是长青藤国际大奖小说书系中的一本，还获得了纽伯瑞儿童文学银奖、美国国家图书奖，主要讲述了一个美丽而坚强的女孩在面对完全陌生的生活环境时的心灵成长和蜕变。小说的主人公金河是一个十岁的小女孩。家乡有她所熟悉的生活和各种传统，她的热情的朋友，还有那些木瓜树。但是这一年，一场意料之外的旅行却让她的人生从此翻天覆地。河和家人被迫离开了饱受践踏的美丽家园，搬往美国南部。然而，适应新环境是那么难，新的食物、新的邻居、新的同学、一个全新的城市。起初生活艰辛而困难，交流语言不通，食物口味不同……但是，河并没有放弃，在家人以及新的朋友的帮助和鼓励下融入了这个世界，重新变得聪明自信。

（一）活动任务

第一，帮助孩子直面困难，认清事实，不被困难所吓倒。

第二，培养孩子努力、自信、坚持不放弃的意志品质。

第三，培养孩子阅读、理解与表达能力。

（二）活动步骤与方法

1. 和孩子一起阅读材料

家长要与孩子一起阅读，了解材料内容，运用材料的内容进行教育引导。（建议家长和孩子用2~3天时间阅读，完成下面两个任务。）

2. 孩子陈述材料内容

（1）口头陈述材料概要。包括主人公、事件、经过、情景焦点、时间、地点等。

（2）口头陈述完之后再完成下面提示的书面任务。

完成下表，了解主人公河离开家乡成长蜕变的经历。

主人公河离开家乡经历的困难	在轮船上面讨论环境艰苦、生活物资短缺的困难	被新同学嘲笑的内心变化	失去爸爸的心路历程

（3）补充下面内容，进一步了解故事的梗概，理解主人公河蜕变的过程

① 河一时之间，五脏六腑翻腾着各种痛苦的感觉：（　　）（　　）（　　）（　　）（　　）。

注：括号中可以填写的感觉有心酸、愤怒、孤独、耻辱等。

② 河在外经受了苦难，回到家只字不提，一切为了不让家人（　　　）。

注：括号中可以填写"伤心"等同义词。

③ 河被新同学嘲笑，还失去了爸爸，但她没有（　　　　），没有（　　　　），她开始学着（　　　　），接受（　　　　），自己想办法（　　　　），处理与同学的（　　　　）。

注：括号中可以填写的词语为绝望、万念俱灰、勇敢起来、现实、解决问题、小纠纷。

④ 河不再总依赖妈妈，逐渐成长为一个（　　　　）的孩子。

注：括号中可以填写"独立坚强"等同义词。

3.结合自己谈体会

通过阅读完成任务，文中的"我"经历了很多事情，通过主人公的情感变化你感受到了什么呢？写成一篇小文章，不少于500字。

小贴士

1.关于本书

河和哥哥们失去了父亲，母亲整天提心吊胆——战争就是失去亲人、家园、故乡。逃难的路上，虽然我们可以苦中作乐，但是离乡背井的惶恐已经开始侵蚀孩子的心灵。寄人篱下，让小女孩学会了看陌生人的脸色，战争使人们内心深处充满了对陌生人的恐慌与胆怯。在学校里女孩受尽欺负，原本活泼开朗的个性渐渐变得自闭又自卑，战争是对在成长中的孩子心理无法弥补的创伤。幸运的是河遇到了一群善良的人，他们帮助她振作起来，我们可以看到河面对战争，从开始的迷茫无助到后来的惧怕胆怯，再到不畏挫折，找回生活的信心和勇气，自强与满足，一步步走出战争的阴影。

2.关于意志坚强

意志坚强是人生存能力顽强的表现，是对自己行动的动机和目的有清醒而深刻的认识；在碰到挫折和失败的时候可以调节自己的情绪，控制自己的言行，不灰心，

不焦躁；能以顽强的精神，百折不挠的毅力战胜挫折和困难，实现自己的目标；能在复杂的情景中冷静而迅速地判断发生的情况，毫不迟疑地采取坚决的措施和行为。

【收获与成长】 通过回顾总结，家长引导孩子不怕困难，遇到生活和学习中的挫败不言放弃，用信心和勇气乐观地面对。让孩子懂得任何一个成功的背后，都经历了几番努力，甚至遭受过多次失败，不是任何事情都是一帆风顺的。或许，经历了百转千回的努力，也并没有得到理想的结果，但努力的过程中是一定会有极大收获的，或磨炼了意志力，或收获了与其相关联的若干知识，或结识了志趣相投的新伙伴，等等，这便是收获了另一笔额外的财富，也可能是另一道隐藏于漫漫人生路上的极美风景！

家长要让孩子明白面对挫败要保持一种平常心态，并尽自己的最大努力去克服它，直面挫败，科学地分析，勇敢地直面困难，多角度思考问题，辩证看问题，用有效的方法解决困难。除此之外，我们还要保持健康的心理，学会微笑，及时转移注意力，学会自我完善，自我调适，用积极的心态面对挫折。

作为家长，我要记录下见证到孩子面对挫败的一次特别经历：＿＿＿＿＿＿＿＿＿＿

＿＿＿＿＿＿＿＿＿＿＿＿＿＿＿＿＿＿＿＿＿＿＿＿＿＿＿＿＿＿＿＿＿＿＿＿＿＿

＿＿＿＿＿＿＿＿＿＿＿＿＿＿＿＿＿＿＿＿＿＿＿＿＿＿＿＿＿＿＿＿＿＿＿＿＿＿

我（儿童）的成长体验收获：＿＿＿＿＿＿＿＿＿＿＿＿＿＿＿＿＿＿＿＿＿＿＿＿

＿＿＿＿＿＿＿＿＿＿＿＿＿＿＿＿＿＿＿＿＿＿＿＿＿＿＿＿＿＿＿＿＿＿＿＿＿＿

＿＿＿＿＿＿＿＿＿＿＿＿＿＿＿＿＿＿＿＿＿＿＿＿＿＿＿＿＿＿＿＿＿＿＿＿＿＿

生命语录

故天将降大任于是人也，必先苦其心志，劳其筋骨。

——《孟子》[①]

本课要点

教会孩子遇到挫败不气馁、学会冷静地思考、科学地分析和解决问题，培养孩子直面困难、乐观向上的意志品质。让孩子知道，遇到困难"没关系！"——我们总有办法克服它！

---

① 此句出自《孟子·告子下》中的《生于忧患，死于安乐》。意思是：上天会将重大的责任降临在某人的身上，一定要先使他的内心痛苦，使他的筋骨劳累，要成大事者，必不能怕磨难与挫折。

生命的责任·主动沟通合作

这样扩大朋友圈
怎样和人打交道？

【现象扫描】生生回到家，把遥控器往地上一扔，气呼呼地一屁股坐在沙发上，父母马上关切地问："刚刚下楼的时候都好好的，怎么现在就气成这样啦？"生生看到爸爸妈妈来了，马上就哭起来："小虎把我的遥控器弄坏了，我做不成科学实验了，他还把我手都弄伤了，你们看！"父母一听儿子受伤了，简单处理了一下，马上就带着孩子冲到楼下小虎家，非要找小虎家人说个清楚，于是两个家庭也参与了进来，双方父母更是不依不饶地争执了起来。最后在社区以及邻居们的劝导下，才平息了此事。过后没几天，双方父母都还在气头上，两个小朋友却早已和好如初了。

【解锁行为密码】上述现象中，本是小朋友之间的冲突，是孩子们游戏规则的自我建立和相互约束，也是孩子成长过程中的必不可少的经历。作为家长面对这些突发情况，首先要控制情绪，学会冷静处理冲突。家庭是孩子成长的第一所学校，家长是孩子的第一任老师，家长要树立榜样，明辨是非，以身作则，言传身教，让孩子在家长的身上学会与人相处的基本礼仪。孩子之间发生矛盾很常见，家长不能打破孩子相处的规则，不直面孩子间的矛盾，需要给孩子自我处理的空间，在适当的时候引导，做他的安全基地，不要"乱掺和"。

要经常鼓励孩子说出自己的想法，表达出自己的感受，让孩子先学会表达自己，然后才能与人沟通。尽可能多地为孩子创造与他人一起合作的机会，让孩子体会到合作的快乐，并将这种快乐铭记于心，使沟通与合作逐渐成为孩子的一种习惯，甚至成为一种生存的能力，让孩子受益终生。

【发展水平】关于儿童与人沟通交流意识、认知与能力的表征。

下表是关于"儿童发展现状"（指儿童与人沟通交流意识、认知与能力的发展水平）和"家庭教育现状"（指当前家庭对相关问题的不同教育表现）的描述。请家长对照、参考，然后再根据自己的实际情况对家庭教育理念、策略、行为做相应的调整。

关于儿童与人沟通交流意识、认知与能力的表征

指　标	内　容	儿童发展行为及家庭教育类型
儿童发展现状	与人沟通交流的方式	与他人沟通交流的方式有什么特点	□ 1. 能独立处理好正式（班级组织）和非正式（私下要好）的交往问题。 □ 2. 喜欢参与正式（班级组织）和非正式（私下要好）的群体活动。 □ 3. 沟通交流更广泛，倾向于从性格、兴趣、情绪情感相投等方面进行沟通与交流。
	交往沟通的对象	孩子在日常生活中愿意和哪些人在一起	□ 1. 更倾向于独自活动。 □ 2. 更倾向于和要好的朋友沟通交流。
	解决冲突的行为方式	当孩子与同学朋友在交往的过程中发生冲突时解决问题的行为方式	□ 1. 与同学发生冲突时，更倾向于独立解决。 □ 2. 与同学发生冲突时，有一定的解决问题的策略和方法。 □ 3. 有同学发生冲突时，有一定的协调意识和能力。
家庭教育现状	家庭教育氛围	孩子是在怎样的家庭氛围中成长的	□ 1. 封闭孤独型：家庭主要成员不善于交往，性格内向、孤僻，家庭氛围冷淡。 □ 2. 开放活泼型：家庭成员开放、活泼，与人相处和谐、融洽，有较多的社会交往。 □ 3. 自私冲突型：家庭成员内部关系紧张，经常发生矛盾冲突，自私而不利他，没有多少朋友愿意往来。
	家庭教育方式	家庭主要教养人对孩子的教育引导方式	□ 1. 榜样示范式：父母以自己的好客、热情、大方给孩子榜样示范。 □ 2. 责怪教训式：孩子遇到交往问题，往往以教训、指责的方式教育孩子。 □ 3. 启发引导式：孩子遇到交往问题，与孩子一起共同分析原因，引导、鼓励孩子自己去解决。 □ 4. 放羊式：对孩子的人际交往问题不闻不问，放任自流。

【我们一起行动】通过系列亲子活动，家长与孩子之间增进感情，并且使孩子与人沟通交往的能力得到锻炼，孩子能体会到合作的愉悦，其心理、生理都得到健康发展。

家人之间也是沟通交流的主阵地，但家人之间的沟通交流又是出现矛盾和冲突比较集中的地方。利用亲子之间和气谈话的对话方式，用同理心站在对方立场思考、表达自己的感受、表达自己的期待，用沟通技巧解决矛盾冲突。

活动一：沟通翻转——沟通情境，学会好好说话。

（一）活动任务

第一，尝试和家人好好对话，培养孩子的认知能力和思维能力，教会孩子与人沟通的小技巧。

第二，提高孩子与人沟通和表达的能力。

（二）活动步骤与方法

1.用以往的口吻和孩子进行交流

2.对话翻转

体谅对方的感受，从对方的立场出发，好好说话，学会观察、仔细讲解、认真倾听，让孩子释怀，并和孩子一起想办法解决问题。

3.角色交换

尝试父母和孩子进行角色交换后再交流沟通（声情并茂），充分体会对方的情绪，达到彼此的"共情"。

4.相互谈一谈彼此的感受

温馨提示　可把"角色交换""彼此的感受"记录在下表；同时回忆是否还有类似情境，如有，再进行"沟通翻转"，并记录。

沟通主题	原来对话方式	对话方式翻转	角色交换	谈一谈彼此的感受
比较	爸爸："你妹妹考了100分，看看你才考了不到90分。都是爸妈生的，区别怎么那么大呢？"	爸爸："考得不理想，心里不好受吧？来，我们一起来找找原因！"		
	妈妈："你姨妈家表哥，昨天拿到钢琴十级证书啦，你们原本是同时学的，你怎么回事？"	妈妈："孩子，可能是你临场太紧张了吧？这次没过没关系的，至少你学到了很多钢琴的技能技巧，以后多加练习，克服紧张情绪，相信下一次一定能过关！"		
	我："是是是，他们都厉害，啥都比我好，只有我没用，行了吧！"	我："好的，那我再努力试一试吧！"		

续表

沟通主题	原来对话方式	对话方式翻转	角色交换	谈一谈彼此的感受
翻旧账	妈妈："你的外套呢？" 我："体育课时好像落在操场上了。" 妈妈："怎么经常这样啊？上次把水杯放训练场没带回来，前几天上学又忘记带作业本了……" 我："烦不烦啊，一直说一直说！" 妈妈："才说你几句，还顶嘴，越来越不像话了！" 我："难道大人就能把每件事做得很好吗？干嘛一直翻旧账呢？"	妈妈："你的外套呢？" 我："体育课时好像落在操场上了。" 妈妈："你看，你经常都忘记这样那样的，心里是不是也不好受？" 我："嗯。" 妈妈："那我们一起去把它找回来吧？" （回来的路上）妈妈："你看，在找东西来回的路上我们耽搁了多少时间？要是把这个时间用来做你喜欢的拼装航模，是不是更有意义？" 我："好的，妈妈，我以后会注意的！"		
电子产品	爸爸："还在玩手机，就不能看看书吗，怎么那么让人不省心呢？" 我："我刚玩了一小会儿，怎么就不省心了？"	爸爸："写完作业玩20分钟的手机，跳绳400个；玩10分钟的手机，跳绳200个，你选哪一个？" 我："我选写完作业玩20分钟的手机，跳绳400个！"		
家务劳动	妈妈："我叫你扔垃圾，扔了吗？" 我："我这里还没忙完，明天再丢吧！"	妈妈："走，我们一起下楼，妈妈提这个重的桶，你来提垃圾，好吗？" 我："好呀！"		

续表

沟通主题	原来对话方式	对话方式翻转	角色交换	谈一谈彼此的感受
好好说话	妈妈："别弄你那棋子儿啦！赶快把作业写了，听见没有！" 我："知道啦！烦不烦呀！"	妈妈："儿子，你先写作业，写完了妈妈陪你下棋，好吗？" 我："好的，妈妈！"		

● 大多数的孩子在最初都有着非常强烈的与家长沟通的意愿，只是家长交流方式错误，孩子才逐渐封闭了沟通的渠道。

● 一定要学会从孩子的角度去思考问题，真正做到真诚相待，不轻易否定孩子的想法，理解孩子真正的需求。把孩子真正当作一个独立的人，努力成为孩子的朋友，才会使亲子关系更加和谐。

小贴士①

活动二：妈妈（孩子）我想对你说——通过和孩子相互写信的方式，用无声的语言代替简单的说教也不失为一种有效的交流沟通方式。

在家庭生活中，有时候孩子和家长面对面交流出现障碍或者不愿沟通的时候，还可以采取孩子与家长互致一封信的形式。孩子幼小时，一般口头上的交流是畅通的，哪怕他们不认可父母的观点，但会由于人小力微无法与父母对抗而屈服、顺从；可到了青春期，孩子的自我意识强烈，身高与父母齐平甚至更高，他们由仰视变为平视或俯视父母，他们不再惧怕父母，"哪里有压迫哪里就有反抗"，他们开始抗拒父母的控制。而且，父母如对孩子不满或情绪化时，与孩子面对面交流也很难做到完全理性。特别是与青春叛逆期的孩子面对面沟通不畅时，可以改为写信交流，因为写信时的自己，是心平气和的、理性的，孩子读信后也是有足够的时间来消化和思考的。

（一）活动任务

第一，引导孩子学会用冷静的方式交流、沟通。

第二，培养孩子用文字交流沟通情感和思想的思维方式。

---

① 边玉芳：《读懂孩子——心理学家实用教子宝典（6～12岁）》，79页，北京，北京师范大学出版社，2014。

第三，培养阅读、理解、书面表达能力。

（二）活动步骤与方法

1. 家长和孩子把心中想要和对方达成一致的想法或者需要实现的愿望用写信的方式表达出来

当家长遇到和孩子在沟通交流中发生冲突或矛盾时，当有些愿望彼此无法面对面沟通时，我们试试书信的方法来沟通交流，实现交流的目的。

2. 保持冷静，调整情绪

家长要及时调整自己的情绪，当面沟通不成功不要与孩子对着发脾气，保持冷静，换一种方式和孩子交流。

3. 简要地填写信的内容

时　间	父母的话 （写信的主要内容）	孩子的话 （写信的主要内容）	通过写信交流 达成的结果
2024 年 9 月 5 日	希望儿子能够养成好习惯，抓紧时间，回家就写作业。	希望妈妈答应我每周都可以去科技馆。	

活动三: 扩大朋友圈——通过学习扩大朋友圈的方式方法,学习与人交往的方式方法,主动交往、学会倾听、关怀陪伴、包容忍让……善于发现朋友的优点,学会广交朋友。

让孩子学会主动与人交往，克服胆小与羞涩，学会包容与忍让，扩大自己的朋友圈，交到更多有益的好朋友。

（一）活动任务

第一，培养孩子克服胆小、羞涩，主动与朋友交往。

第二，培养孩子与人交流沟通的行为习惯，学会交友的方法，广交朋友。

第三，在交友的过程中学会与人合作，增强团队意识。

（二）活动步骤与方法

1. 选择自己愿意交往的对象

选择 2~3 个愿意交往的同学做尝试交友的对象。可以根据座位邻近、性格相近、兴趣相近、愿意与自己交往等条件来选择。

2. 主动与选择的同学交往

以一周为一个周期，每天主动与之攀谈，或一起玩耍，或一起讨论等，并记录下彼此的交往行为、语言、态度以及自己因此产生的感受。

交友行为记录表

交友对象	交往行为	语　言	态　度	感　受
小丽是学校舞蹈社团的队员，小丽练舞蹈受伤。	我的行为： 1.小丽活动多，时间紧。我每次主动帮她抄记作业。 2.小丽跳舞受伤了，我主动帮助她。 对方的行为： 1.有时间会带我看她们的排练。 2.经常在午餐时帮我准备餐巾纸。 3.有时会给我带好吃的巧克力。	我的语言： 1."小丽，记得把水杯带上，排练完了多喝水！" 2."下楼要小心，当心又摔到腿！" 对方的语言： 1."谢谢你！你的纸巾我都给准备好，在你的抽屉里！" 2."有你真好，你真是我的好朋友！" 3."一会儿我跟你说个秘密。"	我的态度： 1.对待朋友尊重友好。 2.对待朋友诚信可靠。 3.习惯认真倾听，乐于助人。 对方的态度： 1.同样尊重、喜欢我。 2.热心、热情，愿意和我交朋友。 3.为人大方,乐于分享。	我的感受： 我很高兴能交到小丽这位好朋友，在互相帮助和学习中，我学到了她身上很多优良品质，特别是吃苦耐劳的精神，特别值得我学习。 对方的感受： 小丽把我当成了知己，愿意和我分享她的秘密，我们成了无话不说的好朋友。

3.总结分析

　　一个周期结束后，家长与孩子一起总结双方的态度、语言、行为以及感受的变化。分析积极变化的原因，消极变化的原因，没有变化的原因。家长与孩子一起分析、商议提出改进交友的态度、方法等建议。

4.调整行为方法与态度

　　根据改进建议进行第二个周期的交往尝试，并做好记录。一般情况下，只要孩子真正有改善行为，一定能取得好的进展。即使效果没有达到理想状态，只要孩子在行动，家长也要认可和鼓励。

5.再总结分析

　　第二个周期结束后，家长与孩子再一次根据记录总结对方的态度、语言、行为以及自己的感受，总结哪些态度、语言、行为等是有效的交友方式，并记录下来，作为今后交友的经验。

我的交友秘籍

总　结	交往行为	语　言	态　度	感　受
	秘籍1：要学会分辨，交朋友要交乐观向上的朋友。	秘籍1：语言要谦虚、有礼貌，让人愿意和你交往。	秘籍1：尊重、诚恳地对待朋友。	秘籍1：好朋友会带给你更多生活、学习信息。
	秘籍2：交朋友要积极主动。	秘籍2：语言要亲切，让人感觉温暖。	秘籍2：热情大方，让朋友感受到被重视。	秘籍2：会有更多的朋友愿意和你交往。

小贴士

正确认知什么才是真正的好朋友①

真正的朋友，是能够给你激励、给你启发、给你信心、给你动力的良师益友，你的人生会因为他们的出现而更加精彩，你也会因为他们的到来，而备受鼓舞，这才是真正的朋友。

- 支持你
- 说真话
- 尊重你的家庭规则
- 希望你多陪自己的家人
- 允许你有其他的朋友
- 不到处说你的隐私
- 不贬低你
- 希望你身心健康
- 希望你有良好的性格
- 希望你做负责任的决定

活动四：亲子阅读——和孩子一起阅读材料，培养交往意识，学会主动交往，与人合作。

---

① 边玉芳：《读懂孩子——心理学家实用教子宝典（12～18岁）》，118页，北京，北京师范大学出版社，2014。

《管鲍之交》

【出处】（西汉）司马迁《史记·管仲传》

【原文】管仲夷吾者，颍上人也。少时常与鲍叔牙游，鲍叔知其贤。管仲贫困，常欺鲍叔，鲍叔终善遇之，不以为言。已而鲍叔事齐公子小白，管仲事公子纠。及小白立为桓公，公子纠死，管仲囚焉。鲍叔遂进管仲。管仲既用，任政于齐。齐桓公以霸，九合诸侯，一匡天下，管仲之谋也。

管仲曰："吾始困时，尝与鲍叔贾，分财利多自与，鲍叔不以我为贪，知我贫也。吾尝为鲍叔谋事而更穷困，鲍叔不以我为愚，知时有利不利也。吾尝三仕三见逐于君，鲍叔不以我为不肖，知我不遭时也。吾尝三战三走，鲍叔不以我为怯，知我有老母也。公子纠败，召忽死之，吾幽囚受辱，鲍叔不以我为无耻，知我不羞小节，而耻功名不显于天下也。生我者父母，知我者鲍子也。"鲍叔既进管仲，以身下之。子孙世禄于齐，有封邑者十余世，常为名大夫。天下不多管仲之贤而多鲍叔能知人也。

管仲既任政相齐，以区区之齐在海滨，通货积财，富国强兵，与俗同好恶。故其称曰："仓廪实而知礼节，衣食足而知荣辱，上服度则六亲固。四维不张，国乃灭亡。下令如流水之原，令顺民心。"故论卑而易行。俗之所欲，因而与之；俗之所否，因而去之。

其为政也，善因祸而为福，转败而为功。贵轻重，慎权衡。桓公实怒少姬，南袭蔡，管仲因而伐楚，责包茅不入贡于周室。桓公实北征山戎，而管仲因而令燕修召公之政。于柯之会，桓公欲背曹沫之约，管仲因而信之，诸侯由是归齐。故曰："知与之为取，政之宝也。"

管仲富拟于公室，有三归、反坫，齐人不以为侈。管仲卒，齐国遵其政，常强于诸侯。后百余年而有晏子焉。

【内容简介】

公元前7世纪中国春秋时期的政治家管仲和鲍叔牙，他们俩是好朋友。管仲比较穷，鲍叔牙比较富有，但是他们之间彼此了解、相互信任。管仲和鲍叔牙早年合伙做生意，管仲出很少的本钱，分红的时候却拿很多钱。鲍叔牙毫不计较，他知道管仲的家庭负担大，还问管仲："这些钱够不够？"有好几次，管仲帮鲍叔牙出主意办事，反而把事情办砸了，鲍叔牙也不生气，还安慰管仲，说："事情办不成，不是因为你的主意不好，而是因为时机不好，你别介意。"管仲曾经做了三次官，但是每次都被罢免，鲍叔牙认为不是管仲没有才能，而是因为管仲没有碰到赏识他的人。管仲曾三次参军作战，临阵却都逃跑了，鲍叔牙也没有嘲笑管仲怕死，他知道管仲是因为牵挂家里年老的母亲。后来，管仲和鲍叔牙都从政了。当时齐国朝政很乱，公子们为了避祸，纷纷逃到别的国家等待机会。管仲辅佐在鲁国居住的齐国公子纠，而鲍叔牙则在莒国侍奉另一个齐国公子小白。不久，齐国发生暴乱，国王被杀死，国家没有了君主。公子纠和小白听到消息，急忙动身往齐国赶，想抢夺王位。两支队伍正好在路上相遇，管仲为了让纠当上国王，就向小白射了一箭，谁知正好射到小白腰带上的挂钩，没有伤到小白。后来，小白当上了国王，历史上称为"齐桓公"。齐桓公一当上国王，就让鲁国把公子纠杀死，把管仲囚禁起来。齐桓公想让鲍叔牙当丞相，帮助他治理国家。鲍叔牙却认为自己没有当丞相的能力。他大力举荐被囚禁在鲁国的管仲。鲍叔牙说："治理国家，我不如管仲。管仲宽厚仁慈，忠实诚信，能制定规范的国家制度，还善于指挥军队。这都是我不具备的，所以陛下要想治理好国家，就只能请管仲当丞相。"齐桓公不同意，他说："管仲当初射我一箭，差点儿把我害死，我不杀他就算好了，怎么还能让他当丞相？"鲍叔牙马上说："我听说贤明的君主是不记仇的。更何况当时管仲是为公子纠效命。一个人能忠心为主人办事，也一定能忠心地为君王效力。您如果想称霸天下，没有管仲就不能成功。您一定要任用他。"齐桓公终于被鲍叔牙说服了，把管仲接回齐国。管仲回到齐国，当了丞相，而鲍叔牙却甘心做管仲的助手。在管仲和鲍叔牙的合力治理下，齐国成为诸侯国中最强大的国家，齐桓公成为诸侯王中的霸主。鲍叔牙死后，管仲在他的墓前大哭不止，想起鲍叔牙对他的理解和支持，他感叹说："当初，我辅佐的公子纠失败了，别的大臣都以死誓忠，我却甘愿被囚困，鲍叔牙没有耻笑我没有气节，他知道我是为了图谋大业而不在乎一时之间的名声。生养我的是父母，但是真正了解我的是鲍叔牙呀！"管仲和鲍叔牙之间深厚的友情，已成为中国代代流传的佳话。人们常常用"管鲍之交"来形容自己与好朋友之间亲密无间、彼此信任的关系。

（一）活动任务

第一，帮助孩子学会与同学朋友彼此之间真诚友好地沟通、尊重、理解、包容。

第二，让孩子乐于交往与沟通，相互信任，珍惜友谊。

第三，培养孩子阅读、理解、表达的能力。

（二）活动步骤与方法

1. 和孩子一起阅读材料

家长要与孩子一起阅读，了解材料内容，才能够与孩子进行下一步活动。

2.陈述材料内容

让孩子陈述阅读材料的内容,这个环节是必须的,也是很有意义的。孩子通过陈述阅读材料内容,可以锻炼阅读理解能力、短时记忆能力和概括提炼能力,不怕陈述不好,只要坚持做,迟早他的相应的能力会得到提高,这些能力不仅能够综合提升孩子的交往能力,更有助于提高孩子的学习成绩。

3.分析讨论阅读材料

家长与孩子一起讨论阅读材料。下表里面内容仅做参考,家长可以根据具体情况拟定讨论内容。

事　件	管仲怎样做?	鲍叔牙怎样做?	体现了什么品质?
如:合伙做生意	管仲出很少的本钱,分红的时候却拿很多钱	鲍叔牙毫不计较,即便是办砸了事情,也及时给予安慰	包容、理解、信任的品质

4.谈论交友情况

家长与孩子谈论交朋友的事情,下表里面的内容仅做参考,家长可根据具体情况自己拟定题目。

你知道什么叫朋友吗?	他(她)为什么要和你交朋友?	为什么你要和他(她)交朋友?	你有几个朋友?	你理解你的朋友吗?	你和你的朋友间有哪些趣事?

小贴士

1.关于本阅读作品

与人交往,难免会有误会,我们应该多沟通,多交流,要善于理解对方,宽容对方,才能消除误会,化解矛盾。人的一生可能会有很多朋友,但是真正的知己却可遇不可求。而管仲和鲍叔牙就堪称知己,管鲍之交的故事被传为千古佳话。特别是管仲当年说的那句"生我者父母,知我者鲍子也",如雷贯耳、发人深思,带给人们恒久的启示。无论别人如何评论管仲,鲍叔牙都不为之所动,依然一如既往地给予其包容、谅解与协助。可以说,他们二人既能同甘,更能共苦,是对友情的最好诠释。他们之间的友谊经得起时间的考验,也经得起空间的考验,更经得起名利的考验。"管鲍之交"这个典故告诉我们:管鲍之间的深情厚谊不是凭空得来的,而是建立在两

人长期的相互了解、相互信任、相互坦诚和相互谅解的基础之上的。正是由于鲍叔牙的无私大度以及彼此的信任、相知、理解、感恩，才浇灌出了一朵馨香持久的友谊之花，并造就了一段令人津津乐道的千古美谈。朋友需要选择，更需要惺惺相惜，友谊之花需要细心呵护，用心浇灌。友谊是以诚相待、肝胆相照，更是相互包容、荣辱与共，是得意时的相互鼓励与欢欣，更是失意时的不离不弃。"生我者父母，知我者鲍子也"这句话，既包含着管仲对鲍叔牙的感激之情，亦洋溢着对真挚友情的礼赞。

2. 关于沟通

学会交流与沟通，可以帮助我们洞悉人性，指导我们读懂并把握他人心理，对他人的所思所想、情绪情感、心理需求、行为意图有一个准确的预断，在与人交流中，把话说得暖人心，把事做得合人意，成为大家喜欢的人。

【收获与成长】通过回顾总结共同的活动，家长帮助孩子学会与人沟通、合作，主动和人打交道，建立良好的人际关系。

一个人长大后是否成功、幸福，很多时候跟社会人际关系呈正相关，而一个人的交往能力很大程度取决于童年时期的良好培养和锻炼，善于沟通、良好的人际关系代表着人的适应水平，是心理健康的一个重要标志。

作为家长，我要记录下我和孩子的一次特别的交流沟通经历：_____

_____

_____

通过这次经历，我们尝试用学习到的沟通交流的方式重新与孩子交流相处，让我们收获了更加融洽的亲子关系。

我（儿童）在家里、在学校能主动与人沟通合作，更好地与人相处，理解他人，我成了一个受欢迎的人。

我（儿童）的成长体验收获：_____

_____

_____

君子上交不谄，下交不渎。

——《易传·系辞传下》[1]

　　家长要以实际行动和孩子好好沟通交流，教会孩子怎样与人打交道，培养孩子与人交流的方法和态度，逐步形成孩子正确的沟通交流意识和能力。让孩子学会用实际行动去交友，扩大朋友圈，交到更多的朋友。让孩子充分认识到生命中的重要他人，认识到人的社会性。让孩子学会主动沟通，培养良好的人际关系，对促进孩子个人心理健康发展大有助益。

[1] 此句出自《易传·系辞传下》第五章，意思是：在交往的过程中，如果你与比自己地位高的人交朋友绝不阿谀奉承，与比自己地位低的人交朋友绝不傲慢，体现了我们与人交往沟通时，待人处世的基本准则，无论面对的人地位是高还是低，都应该保持谦恭的态度，和善待人。

生命的责任·智慧应对危险

安全智多星，急时救自己
怎样提高自我保护能力？

【现象扫描】生生用橡皮筋做了一个弹弓。一天放学后，生生邀上同学华华在小区玩弹弓。他俩用弹弓上的橡皮夹住小石子，对着不远处的一个矿泉水瓶不停地射击。生生在射击时，华华站在他的右前方对他实行指点时，射出的小石子竟击中华华右眼。华华受伤后，在医院住院治疗 26 天，医疗费 3408 元。其伤情医院诊断为：外伤性白内障（右）；眼球视网膜挫伤。经鉴定，华华构成七级伤残。华华父母就儿子的损害赔偿问题与生生父母争议较大，便起诉至法院。法院判决被告生生父母承担主要责任，原告自负一定责任。

【解锁行为密码】上述现象中，孩子们精力充沛，活泼好动，喜欢与同伴嬉戏玩耍。同时，他们的生活阅历浅，对于意外情况的产生缺乏研判的经验，安全意识往往比较薄弱，从而易造成损失。

家长要反思自己是否重视安全教育，反思自己是否认为孩子的任务就是学习，"两耳不闻窗外事，一心只读圣贤书"，忽略了孩子的安全教育；反思自身是否注重安全，比如，自己过马路时闯红灯，游"野泳"，给孩子以负面的影响。

家长作为孩子的监护人，是孩子安全的第一责任人。培养孩子的安全意识，提高孩子的自救自护能力，使孩子能够智慧应对危险，是一项重要的家庭教育内容。

【发展水平】关于儿童安全自护意识、认知与能力的表征。

下表是关于"儿童发展现状"（指儿童安全自护意识、认知与能力的发展水平）和"家庭教育现状"（指当前家庭对相关问题的不同教育表现）的描述。请家长对照、参考，然后再根据自己的实际情况对家庭教育理念、策略、行为做相应的调整。

关于儿童安全自护意识、认知与能力的表征

指　标		内　容	儿童发展行为及家庭教育类型
儿童 发展 现状	安全 意识	具备一定的安全 意识	□ 1. 有一定的自我保护意识。 □ 2. 有一定的维护公共财产安全意识。 □ 3. 有一定的安全纪律知识。
	安全 行为	在日常生活中防患 于未然	□ 1. 有较强的维护自身安全的意识和行为。 □ 2. 能够不玩危险游戏，不碰危险物品，不去危险地方。 □ 3. 能够遵守安全行为规则。
	自护 能力	具备一定的安全自 护自救常识	□ 1. 知晓 110、119、120 等常用求助号码。 □ 2. 掌握一些基本的自护自救常识，如雨伞不要遮挡视线等。 □ 3. 遇到险情能保持沉着冷静，勇敢应对。
家庭 教育 现状	家庭 教育 氛围	孩子是在怎样的家 庭氛围中成长的	□ 1. 冲突型：父母教育理念不合，家庭氛围存在不安全因素。 □ 2. 民主型：家庭成员之间常交流，共同提升安全意识。 □ 3. 包办型：家长大包大揽，使孩子成为温室里的花朵。 □ 4. 放任型：对孩子的安全教育放任不管。
	家庭 教养 方式	家庭主要教养人对 孩子的教育引导 方式	□ 1. 榜样示范式：家庭成员有很强的安全意识，生活工作处处考虑安全因素，按照安全纪律规范行动。 □ 2. 启发引导式：启发引导孩子生活、学习、玩耍时要有安全意识，要学习安全知识，按照安全规范做事。 □ 3. 说教指责式：大多是遇到安全事故才教训、指责孩子没有安全意识、安全知识，不按照安全方法行动。

【我们一起行动】通过系列亲子活动，家长和孩子进一步认识生活中存在的安全隐患、提升安全意识，增强安全自护能力。

在孩子健康成长的过程中，安全问题是家长必须面对的首要问题。安全是保障孩子健康成长的关键和基础，而在我们的生活当中，很多家长由于一时的疏忽和大意，让孩子面临着很多突发的危险状况。由于安全教育不够及时和全面，没有让孩子形成自我防范和保护的安全意识，也是孩子安全事故发生的主要原因。对孩子进行必要的安全教育，需要结合孩子的不同年龄特点和认知程度，适时、适度地科学开展。本章节通过亲子体验活动的开展，就"安全"主题和孩子进行共同学习、体验，让孩子在真实情境中增强安全意识，提高自护能力。

活动一：识别安全风险——了解安全隐患的多样性，提高安全风险识别能力。

（一）活动任务

第一，提高孩子对安全风险的识别能力。

第二，提升孩子的安全意识。

（二）活动步骤与方法

1. 通过下表了解常见的安全风险，明白安全隐患的多样性

小学生常见安全隐患

风险场所	风险内容
家中	线路老化，漏电，超负荷用电；电器老化、发生故障
	煤气泄漏，忘关燃具，不慎点燃易燃物
	从阳台或窗台坠落
	烹饪时受伤，如刀伤、烫伤等
	因父母教育方式不当造成过激行为
学校	文具伤人，如圆规、削尖的铅笔等
	恶作剧或玩闹嬉戏发生意外
	失修的公物导致意外，如被露出铁皮的课桌椅割伤
	校园欺凌（言语、行为等）
	外来人员伤害师生
大自然	因地面湿滑等原因造成摔伤、扭伤
	动物、昆虫造成的伤害
	花粉过敏、误食不可食的野菌等
	极端天气
	自然灾害，如洪水、泥石流、地震等
社会	交通事故
	遭遇坏人恶行，如偷窃、抢劫、拐卖、无差别攻击等
	社会不良现象的侵害，如黄、赌、毒
	网络交友不慎、网络诈骗
	食品安全

2.还可以通过查找资料等方式，对表格进行补充

对生活中的常见安全风险进行梳理，强化安全风险识别意识，提高安全风险识别能力。

小贴士①

> 我们的身体是非常宝贵的，我们是自己身体的主人，要保护好自己的身体，尤其是身体的禁区。要学会识别风险因素，学会自我保护。
>
> ● 侵犯往往发生在熟人之间。
>
> ● 侵犯发生的地点可能在学校，甚至亲友家里。
>
> ● 男孩、女孩都可能遭受侵犯。
>
> ● 侵犯可能以隐秘的方式开始，如以关爱、帮助为幌子，实施侵害。
>
> ● 他人不必要且有意触摸你的身体禁区，属于侵犯。
>
> ● 受他人引导，触摸他人的禁区，也属于侵犯。
>
> ● 他人诱骗你看裸露的视频、照片，也属于侵犯。

活动二：增强安全意识——通过案例，明确安全风险应如何规避。

（一）活动任务

第一，培养孩子增强安全意识。

第二，培养孩子懂得如何规避安全风险。

（二）活动步骤与方法

1.亲子共同观看2022年彭州山洪事故的视频

交流：悲剧发生的原因是什么？

明确：主要原因在于人们安全意识淡漠，对游玩的场所没有进行基本的了解，并不顾当地政府和工作人员的再三提醒，以及对危险存在侥幸心理。

2.创设情境，亲子交流

（1）情境一：晚饭后，天色渐渐暗了下来，邻家小伙伴叫你同他一起去电影院看电影，这时，你应该怎么做？ _____

（2）情境二：当你最好的伙伴邀请你做危险游戏，如玩具枪互射、骑马等，你应该怎么说，怎么做？ _____

_____

① 边玉芳：《读懂孩子——心理学家实用教子宝典（12~18岁）》，38页，北京，北京师范大学出版社，2014。

（3）情境三：炎热的夏天，你和家人去郊外露营，应该选择什么样的场地？＿＿＿＿＿＿＿＿

＿＿

（4）情境四：在路上，有陌生人向你求助，让你到一辆车里帮他取东西，你应该怎么说，怎么做？＿＿

＿＿

活动三：风险评估——亲子一起在家庭、道路、社区等生活场所进行实地评估。

亲子安全行动，共同守护安全之家，共同缔造安全人生。

（一）活动任务

第一，帮助孩子进一步提高安全隐患的识别能力。

第二，引导孩子在实践中懂得常见隐患的解决方式。

（二）活动步骤与方法

1. 做好实地评估的准备

（1）确定相关场所，如家中、××街道、××泳池等。

（2）带好记录工具，如录音、录像设备等。

2. 在家长的带领下进行实地评估并做好记录

在实地评估的过程中，锻炼观察能力、口头表述能力、影像资料的收集能力等。

3. 和孩子一起交流反馈

家长以启发、引导、提问的方式开启讨论，总结亲子共同排查到的安全隐患，共同探讨应怎样解决，并在问题解决后进行结果反馈。

亲子共同排查到的安全隐患	共同探讨应该怎样解决	结果反馈
家中		
××街道		
××泳池		
……		

孩子在亲子活动中进一步掌握了更多的安全防护知识，增强了小主人公的责任感，做智慧应对危险的小达人。

活动四：亲子阅读——和孩子一起阅读书籍，深化安全意识。

【内容简介】

《孩子，你要学会保护自己》

作者张春霞编著的《孩子，你要学会保护自己》系列图书，由《我会应对户外危险》《面对校园风险我会说不》《面对生命威胁学会自救》《潜藏在生活中的危机》四册组成。目前孩子的安全问题成了社会热点问题，备受关注，如何让孩子掌握自救知识是父母义不容辞的责任。本系列图书契合了社会热点，适应市场需求。父母关心孩子的安全，也应该将安全自救知识传授给孩子。本系列图书内容详细，包括了孩子可能会遇到的多种安全问题以及避免方法。

（一）活动任务

第一，帮助孩子在生活情境中洞悉安全隐患。

第二，培养孩子深化安全意识。

第三，提高孩子自护能力。

（二）活动步骤与方法

1. 和孩子一起阅读书籍

家长要与孩子一起阅读，了解材料内容，进一步对材料内容进行讨论。

怎么来爱孩子？

怎么做才算是合格的家长？

答案多种多样，但最关键的有两点：

其一，告诉孩子，你是带着爸爸妈妈的爱来到这个世界的，无论发生了什么事情，爸爸妈妈永远爱你。一旦有意外发生，一定要告诉爸爸妈妈，寻求保护。

其二，告诉孩子，这个世界有时候并不友善，甚至存在危险，必须懂得自我保护。

这两点其实也是一个事情的两个方面，让我们的孩子坚信亲人的爱以及这个世界对他们的爱随时随地与他们同在，才能让他们从最原初的意义上懂得珍惜自己的生命，才能赋予他们面对并战胜人生中的种种不友善和危险的力量。

2. 让孩子陈述材料内容

家长注意提醒孩子陈述的内容包括以下要素：人物、事件、过程、时间、地点、风险原因等，以培养孩子清晰地、完整地、正确地把握材料的能力。

3. 和孩子一起讨论

家长以启发、引导、提问的方式开启讨论，分析风险原因，以及如何应对。

怎样预防校园欺凌？遇到校园欺凌怎么应对？ _____

网络交友一定要注意什么？ _____

在不同的地方遭遇地震怎么应对？ _____

小伙伴溺水应该怎么办？ _____

4.结合自己谈体会

通过阅读完成任务，我们对安全有了新的体会：_____
_____。

【收获与成长】通过回顾总结，家长提升了对孩子安全意识的培养和安全自护能力的指导；帮助孩子进一步树立牢固的安全意识，做智慧应对危险的小能手。

平安家庭需要家庭成员共同创造，家长要有意识地重视安全教育，让孩子进一步树立安全意识，增强安全自护的知识和技能。通过亲子活动与实时反馈交流等，父母与孩子一起创建幸福平安家庭。

作为家长，我要记录下我和孩子的一次特别的安全学习经历：_____
_____
_____

通过这次经历，我们把学习到的家庭安全教育方式与孩子交流，让我们收获了更加融洽的亲子关系。

我（儿童）懂得了更多安全知识，安全自救能力也得到提升，成为一个名符其实的安全智多星。

我（儿童）的安全成长体验收获：_____
_____

生命语录

明者远见于未萌，而智者避危于未形。

——司马相如[1]

———————————

[1] 司马相如，西汉大辞赋家。此句出自司马相如的《上书谏猎》。

本课要点

　　孩子的日常安全教育是要讲策略和方法的，它需要全家参与，家校配合，形式多样。在具体操作上，需要父母关注少年儿童安全形势的发展，及时更新观念，做到学习与演练相结合，亲子相互教育，共同进步和寓教于乐，普及安全知识，学会识别风险，从而培养孩子的安全理念和相关技能。

生命的责任·勇于承担责任

当好人生小主人
怎样养成责任习惯？

【现象扫描】生生已经上五年级了，却从来不愿自己收拾房间，总是要妈妈再三催促，才不得不敷衍两下。家里的垃圾桶塞满了，他也不愿去倒，觉得"那是爸妈的事"，心安理得地看着刚下班的妈妈忙家务，从来不会帮忙……

【解锁行为密码】在很多家庭，孩子们往往吃穿不愁，连收拾书包都由父母包办，所以养尊处优，责任意识淡薄，对自己、对他人、对社会很少想到自己有什么责任，不讲奉献，万事以自我为中心。而责任感是一个人必不可少的。缺乏责任感，做事没有担当，遇事动辄推脱逃避的人，不仅自己做事很难持之以恒，无法完成任务，更难以获得别人的信赖。

五年级的孩子正处于形成正确世界观、人生观、价值观的重要时机，应该抓住这个时机，培养孩子成为对自己、对家庭、对社会负责的人。应向孩子明确一种"我在家中有责任"的观念，同时还要渗透一些社会责任感教育，让孩子从小就知道，"将来的我们，一定是主人"。是主人，就要有主人的责任担当，这种责任担当要从小开始、从点滴小事开始培养。

【发展水平】关于儿童责任感意识、认知与能力的表征。

下表是关于"儿童发展现状"（指儿童责任感意识、认知与能力的发展水平）和"家庭教育现状"（指当前家庭对相关问题的不同教育表现）的描述。请家长对照、参考，然后再根据自己的实际情况对家庭教育理念、策略、行为做相应的调整。

关于儿童责任感意识、认知与能力的表征

指　标	内　容	儿童发展行为及家庭教育类型
儿童发展现状	对自己负责	在成长中努力把自己塑造成一个全面发展、健康发展的人	□ 1. 对自己的学习负责。 □ 2. 对自己的健康负责。 □ 3. 对自己的生活负责。 □ 4. 对自己的品格负责。

续表

指 标		内 容	儿童发展行为及家庭教育类型
儿童发展现状	对家庭负责	关心家人，主动分担家庭责任	☐ 1. 尊重父母，关心父母，孝敬父母。 ☐ 2. 自己的事情自己做，并积极分担力所能及的家务。 ☐ 3. 关心、照顾其他家庭成员，如弟弟、妹妹。 ☐ 4. 外出要向父母汇报，常和家庭成员交流。
	对社会负责	知道自己是祖国未来的建设者，努力做一名负责任的合格公民	☐ 1. 对学校负责：热爱集体，为集体服务，遵守纪律。 ☐ 2. 对社区负责：认识到自己是社区的一分子，在社区的文明建设中，尽到小学生的责任。 ☐ 3. 对社会负责：学法守法，遵守公共秩序，爱护公共财物，保护大自然。
家庭教育现状	家庭教育氛围	孩子是在怎样的家庭氛围中成长的	☐ 1. 弱责任型：父母责任感不强，时常相互推诿、扯皮，经常出现不负责任的行为。 ☐ 2. 强责任型：家庭成员有过强的责任心和行为，常常把其他人的责任一起承担了。 ☐ 3. 职责分明型：家庭成员分工明确，责任清晰，相互配合，勇于承担责任。
	家庭教育方式	家庭主要教养人对孩子的教育引导方式	☐ 1. 榜样示范式：父母以实际行动做负责任的人，并要求、引导孩子明确自己的责任。 ☐ 2. 说教指责式：父母以说教或指责的方式教育孩子要做有责任心的人，不注重事先提醒或明确责任，往往事后指责、教训。 ☐ 3. 放羊式：父母对孩子是否具有责任心或是否对自己负责不闻不问，放任自流。

【我们一起行动】通过系列亲子活动，家长帮助孩子认识责任感，培养责任意识，养成责任习惯，使孩子成为自己人生的主人公。

责任感是个体对完成分内事的自觉、负责态度及产生的情感体验。一个有强烈责任感的人会积极去履行自己的任务，并且在圆满完成任务之后有一种满足感，在没有完成任务时会产生一种自责感。五年级孩子正处在世界观、人生观、价值观的开始形成时期，培养他们的责任感，养成责任习惯，尤为重要。

培养孩子的责任感就是培养他们完成自己分内事的积极性，使他们在完成自己分内事的过程中形成一种道德义务感，并对自己的行为过程和行为结果持一种认真负责的态度。从责任对象上，培养孩子的责任感就是使孩子对自己、他人、家庭、集体、社会承担起自己应有的责任。

活动一：我的责任自查——通过活动，孩子自查过往的责任行为和责任意识，反思内省。

（一）活动任务

第一，提升孩子对责任感的具象认识。

第二，明确现阶段责任感的表现形式。

第三，培养孩子的责任感和责任意识。

（二）活动步骤与方法

1. 完成下表，对责任感现状进行自查

孩子根据自身情况，实事求是地独立完成。

我的责任感自查问卷

指 标	内 容	评 价 （A.能 B.基本能 C.不能）
学习上	自觉起床，积极准备好去上学，并向父母道别	
	自己整理好书包，带齐书本、学习用具及各种资料	
	及时到达学校，不在路上玩耍逗留	
	认真听课，积极投入学习活动中	
	主动、认真、按时完成作业，自觉检查并上交	
	自觉坚持每天半小时左右的阅读	
	自觉坚持锻炼身体	
	自觉参与适宜的劳动	
	老师注意到自己和没注意到自己时，表现一致	
生活上	自己洗衣服、收拾房间	
	自觉做好个人卫生	
	自觉承担力所能及的家务	
	知晓父母的生日、饮食习惯等	
	犯了错主动承认	
	不攀比，不铺张浪费	
	愿意主动帮助他人	
	借他人物品能及时归还	
	集体的事务主动完成，如值日	
	爱护公物，遵纪守法	

2. 根据表格，对自己的责任感进行评估

反思：我能自觉做到的内容多吗？

没有做到的原因是什么？

今后我能改善这样的情况吗？

我可以怎样去改善？

> 家长适时引导，可创设情境，帮助孩子细化责任行为，提升责任意识。如：看见家里地板脏了，你会主动打扫吗？出门的时候，你能主动把垃圾带走扔进垃圾桶吗？及时对孩子做得好的方面进行肯定，如：要带到学校的东西你一直都能自己准备齐全，从不需要耽误爸爸妈妈的时间把东西送到学校，这一点做得非常棒！

3. 反省制订改善计划

经过评估、反省，再制订改善计划。

同样以"我的责任感自查问卷"作为改善计划的执行表。每天再一一对照检查评估。

活动二：家庭责任清单——通过活动，家庭成员加深对责任的认知，明确家庭责任与分工。

在活动中让孩子参与家庭分工，明确每位家庭成员的责任，引起他们心灵上的回应，使他们进一步树立责任感，培养责任习惯，传承优秀家风，共创理想家园。

（一）活动任务

第一，认识家庭成员的责任，明确自身的责任。

第二，进一步培养孩子的责任意识。

第三，在日常生活中履行责任。

（二）活动步骤与方法

1. 家庭成员共同商议分工，划分责任

召开家庭会议，家庭成员共同探讨交流，就家庭生活中的方方面面进行责任分工。

2. 制定家庭责任清单，确认并履行责任

根据家庭责任清单，家庭成员开展责任履行实践行动，家长指导孩子细心观察责任履行情况。（全家根据责任清单进行为期2周的实践行动并观察履行情况。）

家庭成员责任清单

项　目	具体分类	具体内容	负责人	备　注
食为天	准备一日三餐并保证厨房、餐厅卫生	准备菜单、买菜	爸爸／妈妈	周末孩子参与
		洗菜、切菜、烹饪	爸爸／妈妈	孩子视实际情况参与
		准备碗筷，盛饭	孩子	
		收拾碗筷，擦桌子	孩子	
		整理厨房、洗碗	轮流	
外在美	衣服清洗与归置	非贴身衣服	爸爸／妈妈	
		晾衣服、收衣服	孩子	
		洗自己的袜子及内裤	自己洗自己的	
	个人卫生	及时洗头洗澡，刷牙洗脸	个人负责	
		扎头发	孩子（女孩子）	男孩忽略此项
		剪指甲	孩子	
	房屋卫生	整理衣柜	妈妈	
		床铺整理，书桌整理	孩子	
		冲马桶	全家人	每次方便后及时冲洗
		洗厕所	轮流清洗	
		换垃圾袋	爸爸	
		丢垃圾	周一至周五爸妈，周末孩子	
		大扫除	全家人	一周一次
	汽车卫生	按时处理车内垃圾	孩子	
	照顾动植物	喂养动物	轮流	孩子可多承担，父母进行指导
		照顾植物	轮流	孩子可多承担，父母进行指导
内在美	文化学习	按时上学，认真听讲，积累知识	孩子	
		及时完成作业	孩子	
		照顾孩子、教育孩子	爸爸／妈妈	
		辅导学习	爸爸／妈妈	
		看书充电	爸爸妈妈和孩子	

项 目	具体分类	具体内容	负责人	备 注
内在美	孝敬长辈	看望爷爷奶奶、外公外婆	爸爸妈妈和孩子	
	品质培养	学习运用良好礼仪	全家人	爸妈以身作则

备注：以上分工不绝对，可根据每个家庭的实际情况进行调整，但责任明确，一方没有空时或者特殊情况可向对方要求援助。

家庭成员签字确认：

　　家庭责任不仅仅是家务，还应该涉及学习、工作、孝敬老人、人际往来等几大块，应一起纳入商讨、划分的内容。孩子会更明白，父母要在外辛苦挣钱养家，而他应该认真学习、分担家务、提升自己等，这是分内事。

　　3. 共同反思责任履行情况，签订承诺书

　　通过 2 周的实践、观察，全家共同反思责任履行情况，并签订承诺书，力求今后做得更好。

家庭责任承诺书

亲爱的家人们：

　　一直以来，我们都为彼此的存在感到骄傲，为了共同创造更加幸福、和谐的家庭，我们进行了家庭责任的划分，并在此基础上展开了为期 2 周的实践行动，现在我们对自己和家人的实践行为进行评价。

家庭成员	指　标	自　评	家人 1 评	家人 2 评
爸　爸	食为天			
	外在美			
	内在美			
妈　妈	食为天			
	外在美			
	内在美			
孩　子	食为天			
	外在美			
	内在美			

（评价分四个等级：A、B、C、D）

　　根据家庭共同评议，我对家庭责任的履行做得（较好／一般／还有很多不足），今后我将（继续保持／更加努力／全面提升）。　　　　　　　　　　　　承诺人：＿＿＿＿＿

　　根据家庭共同评议，我对家庭责任的履行做得（较好／一般／还有很多不足），今后我将（继续保持／更加努力／全面提升）。　　　　　　　　　　　　承诺人：＿＿＿＿＿

　　根据家庭共同评议，我对家庭责任的履行做得（较好／一般／还有很多不足），今后我将（继续保持／更加努力／全面提升）。　　　　　　　　　　　　承诺人：＿＿＿＿＿

活动三：承担社会责任——使孩子懂得要成为人生的主人，不仅要为自己负责，还要为他人、为社会负责。

（一）活动任务

第一，学会考虑自己日常行为可能带来的后果。

第二，懂得要为他人、为社会负责任。

第三，进一步培养责任意识。

（二）活动步骤与方法

1. 和孩子一起阅读材料

家长要与孩子一起阅读，了解材料内容，对材料内容进行讨论，再根据评价反馈结果，进行亲子交流，讨论改进方法。

【内容简介】

未成年人高空抛物案例①

　　2019 年底的某个午后，曹某正在小区内的指定区域晒被子，突然被一个从天而降的窗户把手砸伤头顶送医。事后经警方上门核实，窗户把手是 10 岁男孩虫虫（化名）从公共走廊窗户扔下的。

　　受伤后，曹某住院 35 天，共花费了医疗费 1 万多元，其中虫虫的家长仅垫付了 1500 元。对高空抛物，《民法典》第 1254 条第 1 款明确规定："禁止从建筑物中抛掷物品。"

　　曹某出院后，便将虫虫和其监护人、小区物业公司告上法院，要求赔偿各项损失，物业公司应对赔偿责任承担连带责任。

　　法院一审判决由虫虫的监护人赔偿曹某 16460.42 元，物业公司在 3592.08 元的范围内承担补充赔偿责任。

---

① 摘自《厦门日报》，2021-04-19。

2.让孩子陈述材料内容

家长注意提醒孩子陈述的内容包括以下要素：人物、事件、责任行动、责任后果等，以培养孩子清晰地、完整地、正确地把握材料的能力。

3.和孩子一起讨论

家长以启发、引导、提问的方式开启讨论，分析事件的原因和后果等。

虫虫犯的错误在于：_____

我们的家庭有没有制造过高空抛物的事件？_____

今后，我们应该怎么做？_____

4.结合自己谈体会

通过阅读完成任务，我们对责任有了新的体会：_____

《中小学生守则》2015年修订版

1.爱党爱国爱人民。了解党史国情，珍视国家荣誉，热爱祖国，热爱人民，热爱中国共产党。

2.好学多问肯钻研。上课专心听讲，积极发表见解，乐于科学探索，养成阅读习惯。

3.勤劳笃行乐奉献。自己事自己做，主动分担家务，参与劳动实践，热心志愿服务。

4.明礼守法讲美德。遵守国法校纪，自觉礼让排队，保持公共卫生，爱护公共财物。

5.孝亲尊师善待人。孝父母敬师长，爱集体助同学，虚心接受批评，学会合作共处。

6.诚实守信有担当。保持言行一致，不说谎不作弊，借东西及时还，做到知错就改。

7.自强自律健身心。坚持锻炼身体，乐观开朗向上，不吸烟不喝酒，文明绿色上网。

8.珍爱生命保安全。红灯停绿灯行，防溺水不玩火，会自护懂求救，坚决远离毒品。

9.勤俭节约护家园。不比吃喝穿戴，爱惜花草树木，节粮节水节电，低碳环保生活。

小贴士

《中小学生守则》中有许多"责任担当"的相关内容，家长可引导孩子在日常生活中去体验，去实践，增强责任意识，培养责任习惯。

活动四：和孩子一起读——了解责任感的体现以及如何在日常生活中培养责任习惯。

【内容简介】

《责任教育：勇于承担的孩子最优秀》

由郑小兰编著的《责任教育：勇于承担的孩子最优秀》一书介绍了：为什么有些孩子总是不能坚持把一件事从头至尾地做完？为什么有些孩子过于任性自我？为什么有些孩子缺少克服困难的毅力？为什么有些孩子对别人漠不关心？……究其原因，是孩子缺少责任感。父母应当要求孩子勇于对自己的言行负责，只要他具备承担责任的能力，就要让他去勇敢地面对，不能让他逃避和推卸，更不能由大人越俎代庖。

（一）活动任务

第一，进一步明确如何在日常生活中培养责任习惯。

第二，培养阅读、理解、表达能力。

（二）活动步骤与方法

建议家长和孩子一起来阅读《责任教育：勇于承担的孩子最优秀》，完成下面两个任务。

1. 完成下表，了解什么是责任

书中提到的困难，哪些我也经历过？	产生这些困难的原因是什么？	可以如何解决这些困难？

2. 补充下面内容，审视自己的责任习惯

对比书中的案例，看看我们可以怎样成为自己人生的主人。

我在生活中还遇到过哪些困难？ _____

我准备如何解决这些困难？ _____

通过阅读完成任务，我们对责任有了新的体会：_____

_____

【收获与成长】 通过回顾总结，家长提升了对孩子家庭责任感培养的指导能力，帮助孩子学会正确认识自己的责任，在家庭生活中践行责任。

幸福家庭需要家庭成员的共同维护，家长要有意识地注重亲子互动，让孩子逐渐担当家庭责任，了解家人感受，表达对家人的关心，拉近与家人的距离，体会家庭幸福。通过亲子之间的聊天，如一起回忆当天或某个事件的过程，解决问题的思考过程，情感体验过程等进行交流。

作为家长，我要记录下我和孩子的一次特别的责任习惯培养经历：＿＿＿＿＿＿＿＿＿＿

＿＿

＿＿

＿＿

通过这次经历，我们把学习到的责任感提升方法、责任习惯培养方式与孩子进行共同体验，让我们收获了更加融洽的亲子关系，营造了更加和谐的家庭氛围。

我（儿童）更加明确了自己身上肩负的责任，我将日益成为自己人生的主人公，成为建设祖国的接班人。

我（儿童）的责任习惯培养收获：＿＿＿＿＿＿＿＿＿＿＿＿＿＿＿＿＿＿＿＿＿＿＿＿

＿＿

＿＿

生命语录

天下兴亡，匹夫有责。

——顾炎武[1]

本课要点

通过本章节的学习和体验，我们要帮助孩子明确成长的责任在于自己，要勇于去做人生的小主人，对自己、对家庭、对社会尽到应有的责任，引导孩子从对自己负责做起，成为有责任心、敢于担当的人。

---

[1] 顾炎武，明末清初思想家。

生命的责任·提升爱的能力

爱如暖阳，照亮心灵
怎样用行动表达爱？

【现象扫描】在一次亲子活动中，有一个环节是让孩子拥抱父母，为平时相互的不理解说声"对不起！"并大声说出"我爱你！"在主持人动情的话语中，在感伤的音乐中，很多孩子和父母相拥哭成了一片……

【解锁行为密码】虽然只是一个小小的活动，却引起了所有人的共鸣，这是因为在生活中，孩子常常理所当然地接受着父母的爱，很多时候都会忽略了他们的感受，没有表白，没有感恩。同样，大多数父母为了让孩子不落后或者更优秀，把自己没有实现的愿望强加于孩子，对孩子寄予了无限的希望，增加了孩子很多学习负担，同样没有顾及孩子的感受。这个过程中，父母和孩子相互道歉，增进了相互的理解与包容，彼此大声说出爱，让相亲相爱的双方内心瞬间融化，就出现了上面描述的情景。这是一个契机，孩子与人交往和情感表达方面正需要家长给予正面积极引导，让孩子懂得去爱，学会去爱，提升爱的能力，形成自身文明素养与"爱"的文化素质。

【发展水平】关于儿童对爱的理解和表达意识、认知与能力表征。

下表是关于"儿童发展现状"（指儿童对爱的理解和表达意识、认知与能力的发展水平）和"家庭教育现状"（指当前家庭对相关问题的不同教育表现）的描述。请家长对照、参考，然后再根据自己的实际情况对家庭教育理念、策略、行为做相应的调整。

关于儿童对爱的理解和表达意识、认知与能力的表征

指　标	内　容	儿童发展行为及家庭教育类型
儿童发展现状	情感交流	能识别家人情感，并做出适宜的反应和表达，交流感受，互相安慰与鼓励	☐ 1. 能够理解与体会父母的爱，他人的爱。 ☐ 2. 能够积极地交流情感、表达情感。 ☐ 3. 根据他人的情感有选择地交流表达。

续表

指　标		内　容	儿童发展行为及家庭教育类型
儿童发展现状	理解他人情感	从交往者的角度出发，理解别人的一些看法和想法	☐ 1. 接纳他人情感的表达。 ☐ 2. 理解他人情感产生的原因。 ☐ 3. 能适当回应他人情感的表达。
	情感表达	能在不同情境下作出大致适宜的情感表达	☐ 1. 根据对象不同，有选择地表达。 ☐ 2. 根据别人的反应，有选择地表达。 ☐ 3. 大胆地表达自我的情感。
家庭教育现状	家庭教育氛围	孩子是在怎样的家庭氛围中成长的	☐ 1. 冷漠型：家庭成员之间不够亲密，缺乏爱的氛围与爱的表达。 ☐ 2. 温馨型：家庭成员之间关系亲切，家庭气氛温馨，爱的表达丰富。 ☐ 3. 冲突型：家庭成员缺乏爱与爱的表达，家里经常产生冲突。
	家庭教育方式	家庭主要教养人对孩子的教育引导方式	☐ 1. 榜样示范式：家庭成员以实际行动相互爱恋，有恰当、丰富的情感交流与表达，并引导孩子感恩与表达。 ☐ 2. 说教指责式：父母指责孩子没有爱心，不会感恩；或者絮絮叨叨，喋喋不休。 ☐ 3. 启发引导式：晓之以理、动之以情，启发引导孩子知恩图报，积极主动交流表达爱。 ☐ 4. 忽略放羊式：对孩子不冷不热，也不管不问，既没有爱的行动，也没有爱的表达，放任自流。

【我们一起行动】通过系列亲子活动，帮助家长和孩子深刻地了解爱、体会爱、表达爱，提升爱的能力。

开展亲子体验活动，教孩子了解爱、感受爱，对爱的学习和爱的表达是一种非常有效的方式。活动过程可以让孩子感受到、体会到爱，建立起良好的亲子关系，愿意向家人敞开心扉，自然地流露出对亲人朋友的爱，学会表达爱，成为一个充满爱、充满正能量的人。阿基米德说："给我一个支点，我就能撬动地球。"让我们一起发现爱的支点，让孩子的心灵插上爱的翅膀。

活动一：家人的爱——爱的表达，通过记录平时生活中家人爱的表达，理解爱的含义，感受爱的存在，理解家人，爱护家人。

（一）活动任务

第一，让孩子认识爱、理解爱、感受爱。

第二，记录家人的爱，领悟家人爱的表达。

第三，学会感恩，回应爱的表达。

第四，让爱升华，提升对社会、对祖国的爱的理解与表达能力。

（二）活动步骤与方法

1. 家长找出有关爱的视频

例如：动物界的母爱、人类的母爱、爱国等与爱相关的视频。

2. 和孩子一起观看有关爱的视频

观看有关爱的视频

有关爱的视频	认识爱、理解爱，体会爱
1.《雌章鱼的爱》 雌章鱼受精后，一次可产下数十万个卵。它会把像葡萄般的卵成串地悬挂在洞穴中的岩壁上。雌章鱼会不辞辛劳地对着受精卵喷水，使富含氧气的海水流过，帮助受精卵交换气体，并保持受精卵的清洁。为了保护受精卵的安全，雌章鱼更是寸步不离地守在它们身边，甚至不愿外出觅食。当受精卵孵化后，雌章鱼就会死去。	雌章鱼爱的表达：用尽一切力量来保护孩子的周全。 动物界自然、原始的母爱。
2.《生命的呵护》 2008 年汶川地震来临时，一位母亲用身体挡住垮塌的钢筋水泥，临死都还保持着弓着腰的姿势，保护着怀里年幼的孩子。	母亲爱的表达：在灾难来临时，用自己的身躯保护孩子。 人类母爱的伟大。
3.《战狼 2》 影片讲述的是很多中国公民在遭遇非洲战乱后，被解放军护送回国的故事。影片的背景是也门撤侨事件。在电影最后一刻，画面上与中华人民共和国护照一起出现了一段文字："无论你在海外遇到了怎样的危险，请你记住，你的背后有一个强大的祖国！"	来自祖国爱的表达：无论在海外遇到了怎样的危险，背后有一个强大的祖国！ 强大的祖国，祖国的大爱。

家长在和孩子观看完一个视频后和孩子讨论，更深入地认识爱、理解爱，体会不同层次爱的表达。

3. 孩子认真记录家人对自己说的话，用心理解和感受他们的爱

4. 学会感恩，心存感激，懂得回应

记录来自家人爱的表达，心存感恩并回应

来自家人的爱	用心理解和感受爱	心存感恩，回应爱
爷爷每天送我到校门口，总要说一句："课间要多喝水！"	希望我们身体健康。	"谢谢爷爷！我知道啦！"（回应爷爷的爱，向爷爷点点头。）
妈妈时常挂在嘴边的话："抓紧时间完成作业！"	希望我们管理好时间，养成良好的学习与生活习惯。	"谢谢妈妈，我一定抓紧时间做。"（回应妈妈的爱，回家就开始写作业。）

续表

来自家人的爱	用心理解和感受爱	心存感恩，回应爱
爸爸总是说："上课要认真听讲。"	希望我们懂得课堂上的学习效率最高。	"谢谢爸爸的提醒，我会认真的。"（回应爸爸的爱，上课认真听讲。）
奶奶每一天都会叮嘱："上学过马路时注意来往车辆，红灯停，绿灯行，注意交通安全。"	希望我们平安健康。	"谢谢奶奶，我记住了，我会遵守交通规则，安全到校，您放心！"（回应奶奶的爱，拥抱奶奶。）

爱的升华

大爱无疆	用心理解和感受爱	心存感恩，回应爱
国家关心儿童的发展，不断改善教育条件和环境。	为了儿童能在更好的环境里学习，不断改善教学环境，增设现代化教学设施，用政策、用行动加大教育的投入。	成长在强大幸福有爱的国度，我们心存感恩，遵纪守法，从小事做起，努力学习，奋发有为，为中华崛起贡献出自己的力量。

活动二：爱的包容——"友谊的小船"，让孩子知道友谊是建立在人们长期的相互了解、相互信任、相互坦诚和相互谅解的基础之上的，需要的是相互的包容与理解。

友谊总是给我们温暖与快乐，友谊是以诚相待，更是相互包容。包容是一种美德，是一种海纳百川的大度，是对他人的释怀，也是善待自己，只有爱的理解与包容，才能让友谊长久。

（一）活动任务

第一，培养孩子自觉地理解他人，包容他人的优秀品质。

第二，让孩子用行动表达爱，提高孩子的交往能力。

（二）活动步骤与方法

1. 学习管鲍之交①，学会包容对方缺点，学会换位思考

2. 反思同学之交，学会包容与忍让，表达对同学的爱

---

① 见本书第291至292页的解释。

爱的包容——"友谊的小船"

友谊的小船	站在对方的立场（换位/同理）		承载的温暖
管鲍之交	管仲感慨地说："生我者父母，知我者鲍子也。"这既包含着管仲对鲍叔牙的感激之情，亦洋溢着对真挚友情的礼赞。	管仲曾替鲍叔牙办过几件事，可是事情没办好，反而弄得更糟糕，鲍叔牙也并不认为管仲无能，因为他知道事情总有不顺利的时候。后来，鲍叔牙向齐桓公推荐管仲做宰相，齐桓公在管仲的辅佐下，带领齐国迅速强大起来。	在长期交往中，管仲和鲍叔牙结下了深厚情谊。"管鲍之交"后来更成为历史的佳话，用来形容朋友之间交情深厚、彼此信任、相互成就的关系。
同学之交	小凯和小强在学习上、生活上都是无话不谈的好朋友。	但作为班长和副班长，小凯和小强总是在一些班级问题上产生分歧，通过老师的帮助和他俩自己的坦诚相待、相互协调、换位思考后，在很多问题的看法上都能逐渐达成一致。	小凯和小强共同参加完足球赛后，体会到了集体的力量和相互协作的意义，他们的友谊更加深厚了。

你和朋友在哪些方面要好？当和朋友遇到了困难或者发生了矛盾，你怎样表达关心或者怎样解决？最后的感受如何？

小贴士

●在心理学上，有一个著名的社会心理效应——海格力斯效应[1]，即"无视仇恨，仇恨就会无视你"——生活中，当两个人产生矛盾，如果一方试图报复，最终必然加深对方的仇恨，而导致双方报复越来越狠毒。

●海格力斯效应：海格力斯是一位英雄大力士，有一天，他看到一个像鼓起的袋子一样的东西，他觉得很难看，便上前踩了那东西一脚。没想到，那个东西竟然加倍地膨胀起来。他被激怒了，便拿起一根木棍使劲打那个东西。但是，那个东西已经膨胀到把路都给堵死了。这时，一位圣者对他说："它叫仇恨袋，你不惹它，它还是那么小。你要是侵犯它，它就会膨胀起来和你敌对到底。你快不要动它了，还是离它远去吧。"

●在人际交往中，以宽容对仇恨，仇恨就会消失，有益他人，也有益于自己。只有以一颗包容心去面对交往，才能化解矛盾，才能使前进的道路越来越宽广、越来越顺畅。

活动三：爱的表达——通过活动，家长帮助孩子学会表达爱，增进家人、同学、朋友之间的感情，也有利于孩子的社会性发展，从利己向利他转变，锻炼孩子的表达能力。

关爱他人，关爱亲人，关爱朋友、同学等都属于社会交往活动。让孩子进一步表达爱，在一周

---

[1] 窦峥：《六尺巷与海格力斯效应》，载《初中生必读》，2016（Z2）。

中通过帮助同学、关心同学、帮助家人、爱护家人等日常生活中的小事勇于表达自己的爱，并记录下来。特别是在家庭中，用行动表达对家人的爱与关怀，减少家人间的冲突，强化家庭凝聚力，营造家庭幸福的互动基础。

（一）活动任务

第一，学会理解、体验、感受爱。

第二，学会用语言、用行动表现出爱，真正体现出"爱如暖阳，照亮心灵"。

（二）活动步骤与方法

1. 活动准备

从星期一到星期五，让孩子每天向父亲、母亲、老师、同学、朋友用行动和语言表达爱，并记录下来。

一周爱的打卡

时间	项目维度									
	父　亲		母　亲		老　师		同　学		朋　友	
	行　动	语　言	行　动	语　言	行　动	语　言	行　动	语　言	行　动	语　言
星期一										
星期二										
星期三										
星期四										
星期五										
星期六										
星期日										

2. 用心去关怀，做到认真倾听，学会赞美

家长听一听一周以来孩子爱的行动与语言表达的情况。孩子汇报每天是否坚持做了，是用什么方式表达的，对方给予的反馈是什么，自己的感受是什么。

3. 总结评价

通过关注对方的反馈和自己的感受，暗示孩子，用爱能唤醒爱。有爱心的人更美丽，有爱心的人更愉快。

活动四：亲子阅读——通过阅读传递爱的书籍，让孩子明白表达爱的方式有很多种，思考怎样表达爱。

【内容简介】

《亲亲我的妈妈》

《亲亲我的妈妈》作者为黄蓓佳。书中的安迪是一个男孩，是一个被老师唤作"赵安迪"、被爸爸叫成"安宝儿"、被妈妈称作"弟弟"的十岁男孩。在十岁之前，男孩赵安迪从来没见过他的妈妈。在爸爸葬礼那天，他的妈妈从天而降，而赵安迪也从被爸爸、姑姑宠爱的"安宝儿"，变成了妈妈口中的"弟弟"，并跟随她离开家乡的小城，来到繁华的南京城，开始全新的生活。渐渐地，弟弟发现妈妈有很多秘密：除了"舒一眉"，她还有一个神秘的名字"心萍"；她是一个电台的主持人，却从来不让弟弟听她的节目；她总是晚上上班，白天睡觉；她的心情时好时坏，自己常常对着窗外流泪……弟弟一点一点地揭开了妈妈的秘密，也慢慢走进了妈妈的心。他用爱化解了隔在两人之间的冰山。因为爱，妈妈终于从阴影里走出来了，一室阳光；因为爱，一个温暖的小家庭出现了。只有爱，能创造奇迹。

（一）活动任务

第一，感受亲情。

第二，通过语言、行动等方式进行爱的表达。

第三，培养阅读、理解、表达能力。

（二）活动步骤与方法

1. 和孩子一起阅读材料

建议家长和孩子一起来阅读《亲亲我的妈妈》，完成下面两个任务。（建议家长和孩子用2天时间阅读绘本，完成下面两个任务。）

2. 和孩子一起阅读讨论并完成表格中的任务

赵安迪是如何表达自己对妈妈的爱的？	赵安迪是怎样帮助同学的？	表达爱的方式有哪些？	当你感受到别人对你的爱的时候，你的感受是怎样的？

3. 感受什么是爱

让我们一起再次走进《亲亲我的妈妈》，向小说中小主人公学习，每天为妈妈做一点儿力所能及的事情。通过"今天我来当妈妈"情景设置，学一学妈妈的样子，像平时妈妈照顾自己一样照顾妈妈，让妈妈切实地感受到来自孩子的爱。

今天我来当妈妈

情　景	星期一	星期二	星期三	星期四	星期五	星期六	星期日
我做的事情	如：为妈妈冲牛奶						
妈妈的感受	如：妈妈很感动						

通过每天为妈妈做一点儿力所能及的事，让孩子学会感恩、学会爱的表达，同时也增进家庭的感情。

通过阅读完成任务，我们对爱的表达有了新的体会：_____

_____

小贴士

关于本阅读作品

在《亲亲我的妈妈》这本书中，作者把景物描写得栩栩如生，给人身临其境的感觉。人物描写得淋漓尽致，活灵活现。一个有轻微孤独症的孩子——赵安迪，沉默寡言，和爸爸生活了十年，记忆中的妈妈只是藏在硬纸盒中的一张照片。一次意外的车祸，他失去了心爱的爸爸。爸爸的离世让赵安迪跟随妈妈离开家乡的小城，来到繁华的南京城，开始全新的生活，从此和一个有抑郁症的母亲生活。妈妈原来是电台深夜成人节目"星夜心语"的主持人，替听众解答难缠的感情问题，分担他们的痛苦和烦恼，这是一个充满破碎、失败、苟且和伤感的节目，妈妈必须解释着一个又一个头疼的问题……妈妈也因此患上了抑郁症。赵安迪心疼妈妈，他在网上帮妈妈查抑郁症的资料，帮妈妈克服了重重困难，不断用行动表达对妈妈深深的爱，也慢慢走进了妈妈的心里。在孩子的帮助下，妈妈变得开心快乐，一家人也变得其乐融融。《亲亲我的妈妈》这本书阐述了许多道理，懂得感恩，知道付出，心中有爱，很多问题就会迎刃而解。在成长过程中，孩子要学会和妈妈共同解决矛盾，注意不带情绪地与妈妈沟通交流，主动和解，解决问题。孩子迈出的第一步，往往会冲淡妈妈心中的气与不满，便不再会跟孩子怄气，这样有助于彼此的正常交流。学会检讨自己的行为，检讨不是认输，是给自己一个和解的契机，从而让彼此敞开心扉，不再敌对，聊天的氛围也会变得和谐，而不会一上来就剑拔弩张，两个人水火不相容。适当地阐述自己的观点，把矛盾摆在明处，说出来，对方才会知道你的想

法，才会明白你为什么要如此做。生活中，孩子的行为不被理解、认可，经常是因为妈妈不了解孩子的真实目的，因此，要大胆地表达自己的想法，只有相互理解了，才会进一步走进对方的心灵。所有的妈妈都是爱孩子的，所有的孩子也是爱妈妈的，只要能把彼此心中的爱大胆地表达出来，我们的家庭就会更加和谐，我们的生活也会更加美好。

【收获与成长】通过回顾总结，家长引导孩子加深对爱的理解，让孩子学会感恩、学会爱的表达；同时让孩子体会到亲情的重要性，更好地融入家庭和社会。

作为家长，我要记录下我和孩子的一次特别的情感交流经历：＿＿＿＿＿＿＿＿＿

＿＿＿＿＿＿＿＿＿＿＿＿＿＿＿＿＿＿＿＿＿＿＿＿＿＿＿＿＿＿＿＿＿＿＿＿＿＿＿

＿＿＿＿＿＿＿＿＿＿＿＿＿＿＿＿＿＿＿＿＿＿＿＿＿＿＿＿＿＿＿＿＿＿＿＿＿＿＿

通过这次经历，我们把学习到的对爱的理解和表达的能力，与孩子交流，让我们收获了更加融洽的亲子关系。

我（儿童）在家里、在学校、在社会中都能和谐地与人相处，懂得感恩，懂得爱的表达，是一个受欢迎的人。

我（儿童）的成长体验收获：＿＿＿＿＿＿＿＿＿＿＿＿＿＿＿＿＿＿＿＿＿＿＿

＿＿＿＿＿＿＿＿＿＿＿＿＿＿＿＿＿＿＿＿＿＿＿＿＿＿＿＿＿＿＿＿＿＿＿＿＿＿＿

＿＿＿＿＿＿＿＿＿＿＿＿＿＿＿＿＿＿＿＿＿＿＿＿＿＿＿＿＿＿＿＿＿＿＿＿＿＿＿

生命语录

谁言寸草心，报得三春晖。

——孟郊[1]

本课要点

引导孩子理解爱、感受爱，学会用行动表示爱，培养孩子爱的意识和能力，让孩子学会爱自己、爱家人、爱他人、爱国家，提升爱的能力，更好地融入家庭和社会，成为一个充满爱心和正能量的人，进而鼓励孩子树立远大的志向，将来更好地回馈社会，报效祖国。

[1] 此句出自唐朝诗人孟郊的《游子吟》。

六年级　生命的价值

生命的价值·创造生命美好

谁说站在光里的才是英雄
怎样培养自信心？

【现象扫描】妈妈读着班级群里的信息："我校将举办英语演讲比赛，欢迎各位同学积极报名！"爸爸说："给咱铭铭报名，她英语好。"铭铭斜眼看着爸爸说："我不去，我英语表达不好。"妈妈不解地说："你的语音那么纯正，去吧！"铭铭"噌"的一声从沙发上站起来，踩着脚说："天外有天，人外有人，不去！"妈妈爸爸无奈地摇摇头……

【解锁行为密码】上述现象中，父母鼓励女儿去参与活动，而女儿却认为，比她优秀的人还有很多，自己的能力一般。此时，父母继续劝导女儿参与，引起了女儿强烈的抵触和不满。父母和女儿之间对英语表达能力存在认同差异，孩子随着年龄增长，自信心会因为环境变化、事件发展等受到冲击，铭铭就出现了对自己能力评估不准确，对自己整体价值的肯定不足，造成了父母和女儿亲子关系紧张。

自信不仅影响孩子的行为和心理健康，还会给亲子关系的建立带来一定影响。自信是孩子对自己和自己的能力有信心，是对自己整体价值的肯定。自信能促进社交能力、增强学习动力、提高适应能力、培养独立性格、增强抵抗挫折的能力、增进心理健康、塑造积极人格……对孩子的成长和发展具有极其重要的影响。因此，对孩子自信心的关注与培养很重要。

【发展水平】关于儿童自信意识、认知与能力的表征。

下表是关于"儿童发展现状"（指儿童自信意识、认知与能力的发展水平）和"家庭教育现状"（指当前家庭对相关问题的不同教育表现）的描述。请家长对照、参考，然后再根据自己的实际情况对家庭教育理念、策略、行为做相应的调整。

儿童自信意识、认知与能力的表征

指　标		内　容	儿童发展行为及家庭教育类型
儿童 发展 现状	重要感	在日常生活中能从自我及他人处获得被人关注及肯定的情感体验，认为自己很重要、有价值	□ 1. 认为自己在家里、班级里、朋友中……很重要、有价值。 □ 2. 在日常生活中能给予自己积极的自我肯定。 □ 3. 乐于接受他人赞美、表扬或鼓励。
	自我 胜任感	在日常生活或活动的参与过程中通过自己的行为和能力获得积极的自我价值感体验	□ 1. 在日常生活中能客观认识自己的优点和价值。 □ 2. 在家庭生活和校园生活中，能通过主动做事来展现出自己的能力。 □ 3. 在日常生活中具有协调、解决、化解冲突事件的意识和一定的能力。
	外表感	从身体、外貌方面获得积极的自我价值体验	□ 1. 正确看待自己的身材和外貌。 □ 2. 能适当修饰自己的外表和穿着。 □ 3. 开始关注外表之外的内在修养。
家庭 教育 现状	家庭 教育 氛围	孩子是在怎样的家庭氛围中成长的	□ 1. 自我型：家庭成员对自我的认知过高，时常表现出认为自己的言语和行为才是正确或合适的。 □ 2. 自卑型：家庭成员对自我的认知偏低，时常否定自己的外貌、做事能力等。 □ 3. 健康型：家庭成员对自我的认知清晰、准确，能正确并恰当地反馈出家庭成员的优劣势。
	家庭 教育 方式	家庭主要教养人对孩子的教育引导方式	□ 1. 榜样式：家庭成员能正确认识自己，参与丰富多彩的生活活动，生活意义感强。 □ 2. 说教式：经常骂子女不争气，常常是一种恨铁不成钢的态度。 □ 3. 激励式：能够发现孩子的优点、优势，结合具体行为给予肯定。

【我们一起行动】通过系列亲子活动，家长帮助孩子认识自信、掌握建立自信的方法。

开展亲子体验活动，就自信主题与孩子进行真诚、平等对话，平等的谈话氛围不仅能促进良性深度的沟通，更利于寻找影响孩子不自信的因素，引导孩子有效地提高自信。以下亲子体验活动从寻找自信的来源、建立自信的方法、肯定自我的价值三个方面展开。活动体验过程中，家长注意避免使用权威主导，要更多平等沟通与对话，更多结合具体行为中的优势、优点，从精神上激励。

活动一：开展家庭夸赞会——通过对活动及其结果的认知，帮助孩子寻找自信，树立自己很重要、有价值的意识。

（一）活动任务

第一，发现自己的优点，对优点有正确的认知。

第二，乐于接受他人赞扬，获得被人关注及肯定的情感体验。

第三，树立自己很重要、有价值的意识。

（二）活动步骤与方法

1. 关于自信的观察与整理

（1）家庭成员各自用一段时间对孩子的自信情况进行观察，并做好较详细的记录。（观察时间至少一周。）

（2）观察后，从重要感、自我胜任感、外表感三方面对孩子的自信情况进行客观的评价。

（3）家庭成员各自整理评价，并用彩笔将观察所得一条一条地写在卡片上。在书写评价时要注意：一要真实、客观地描述孩子做得好的地方；二要具体，描述越具体越有说服力（如具体到某一个表情、眼神、某一句话、某一个行为等）；三要多关注后天形成的品质，如认真专注的态度、不怕困难的勇气、乐于帮助别人的善良、敢于负责任等。

示例1：你走路总是昂首挺胸的，你很自信！

示例2：遇到熟人，你总会微笑着热情地打招呼，有礼貌！

示例3：接力赛时，你全力以赴，坚定的眼神、紧蹙的眉头、咬紧牙关的样子很动人，你能行！

2. 关于自信的表达与倾听

（1）选择一个家庭成员均能参与并不会被外界随意打扰的时段和地点，开展"你真棒"家庭夸赞会。

（2）家长将制作好的写有关于孩子自信表现的卡片，郑重地一条一条读给孩子听。

（3）将写有自信内容的卡片郑重地交于孩子手中。

（4）孩子在接受赞扬后，结合下表说一说、写一写获得关注及肯定后的情感体验。

听了家人对你的夸赞，你的心情如何？（可以用文字、图画或实时拍摄的表情照片表达。）
这些夸赞，给你带来了怎样的情感体验？（自主选择你喜欢的方式表达。）

3. 关于不自信的疏导方法

不自信 的来源	疏导方法
对自己的 评价不佳	1. 与孩子一起分析事情的原因，引导孩子正确、客观分析事情的原因。 2. 引导孩子不总是把责任往自己身上揽，尤其是那些经常将成功归因为运气、把失败归因为自身问题的孩子。 3. 在家庭中适时地多开展"找优点"等活动，通过正向激励让孩子看到其身上的闪光之处。
不愿独立 和尝试	1. 多鼓励孩子，对于小学阶段的他们来说，面对新挑战或新环境容易有挫败感，此时父母的鼓励和肯定很重要。 2. 尊重孩子，给予孩子充分的支持和一定的独立空间，不过分干涉孩子的生活，不过分保护孩子；合理满足孩子的需求，对于不合理的要求不能简单拒绝，要跟孩子解释清楚。 3. 让孩子做力所能及的事情，当孩子成功完成一件事时，会体会到成功的喜悦，发现自己有能力把事情做好，父母主动分享喜悦，夸赞孩子的能力和付出的努力。 4. 帮助孩子树立正确的目标，如果孩子一直实现不了目标就容易失去自信；而如果孩子总是毫不费力气就能实现目标，则容易变得自负。
不愿参与 集体生活	1. 鼓励孩子交朋友，从与小伙伴玩耍、交换礼物、共同参与游戏或活动等孩子喜欢的方式入手，带动孩子多与同伴交流、合作，让孩子在同伴参与中感到被喜欢、被接纳。 2. 鼓励孩子积极参与到集体活动中，可以从小的集体如小组等，从亲近的集体如家庭等，从同龄的集体如年龄相仿的小伙伴等开始，在大小集体生活中展现孩子的能力，体验被需要的感觉。
肢体语言 表达不佳	1. 与别人说话的时候眼睛自然大方看着他人，不随意打断别人说话，想表达需等候他人表述完毕后再有礼貌地陈述自己的看法。 2. 经常微笑，不仅能给他人留下好印象，还能吸引对方，赢得对方的好感和尊重。 3. 站立和行走时，保持抬头挺胸，这样传递的信息是我对自己很满意，同时也是对自己形象气质的提升。
不能正确 看待外表	1. 引导孩子正确看待身材和外貌，自己的长相与遗传基因有关，是独一无二的，要欣赏，重要的是要知道除了外貌之外还有很多重要的东西。 2. 引导孩子知道自信的气质比外貌更能提升人的魅力。

小贴士

孩子的自信来源于重要感、自我胜任感、外表感三方面[1]

　　有研究者对我国小学阶段孩子的自我评价结构进行了研究，发现孩子主要从重要感、自我胜任感和外表感三方面来评价自己，获得对自己的自信。

---

[1] 边玉芳：《读懂孩子——心理学家实用教子宝典（6~12岁）》，95页，北京，北京师范大学出版社，2014。

名　称	定　义
重要感	孩子想获得他人关注及肯定的情感体验。例如，经常得到家长的表扬和鼓励，孩子就会觉得自己很重要、有价值。
自我胜任感	孩子在各种活动中，通过表现出成功的行为和能力所获得的一种积极的自我价值感体验。例如，孩子考试名列前茅，得到同伴、老师的认可，孩子会觉得自己有能力完成一些事情。
外表感	从身体外表方面获得的一种自我价值体验。例如，孩子认为自己长得好看或认为穿得漂亮而有一种优越感，对自己更加自信。

活动二：寻找积极归因——通过游戏，家长帮助孩子提高在自信方面的反思能力，对于出现的问题积极归因。

（一）活动任务

第一，提高孩子在自信方面的反思能力。

第二，积累自信的经验，掌握一定的增强自信的方法。

第三，面对结果时会选择并运用积极归因的方式。

（二）活动步骤与方法

请注意，笔者在"生命的责任"中解决"如何看待和应对挫败？"这个问题时，明确了关于"积极归因"的认知，家长可以带着孩子一起回看和回忆，给面对的困难、出现的问题找到解决的突破口，最终得到收获，提升自信。

1.选择、回忆

（1）孩子自主选择一个让自己印象深刻的与自信或自负相关的真实事件。

（2）回忆事件发生的真实过程并坦诚地向家长讲述。

（3）家长认真倾听，在孩子讲述过程中不打断、不评述。

（4）讲述结束后为此事件取一个题目填写在下表 A 栏中。

2.分析、思考

（1）说一说此事件发生后你的感受。（填写在下表 B 栏中。）

（2）面对这样的感受，分析获得此感受的原因。（填写在下表 C 栏中。）

（3）针对所寻找的原因，思考运用了积极的归因方式还是消极的归因方式。（填写在下表 D 栏中。）

3.感知、体验

（1）再次感知，采用积极归因的思维进行原因分析。（填写在下表E栏中。）

（2）深化体验，对比C栏和D栏，谈谈你的感受。（填写在下表F中。）

A	印象深刻的事件：
B	当时的感受：
C	分析获得此感受的原因：
D	思考归因方式：（在对应选择前打√） □积极归因：将自己的成功归因于自己有能力，把失败归因于自己努力不足。 □消极归因：把失败归因为自己能力不足，把成功归因为外部不可控因素引起。
E	运用积极归因再分析原因：
F	对比C栏和D栏谈感受：

活动三：知道每个人都有特殊使命——帮助孩子懂得每一个生命都有他的人生使命，让孩子了解自己的优势，肯定自我的价值，知道自己能创造生命的美好。

（一）活动任务

第一，通过鼓励孩子独立和尝试，让孩子体验成功。

第二，通过体验成功了解自我价值，提升自信。

第三，通过实践活动感知融洽亲子关系。

（二）活动步骤与方法

1.我想，我可以

家长指导孩子自主选择一个想去做、愿意做但又没有去体验过的任务。例如：学习某一项新技能；接受某一个挑战……

2.我思，我能行

选定项目后，为能成功完成任务，家长带领孩子从孩子的优长、特点出发，做深入的、民主的探讨分析，让孩子在实践中更好、更有价值地完成任务，获得成功。

我是有价值的	
我可以成功完成的任务名称	
成功完成需要做的准备	
成功完成需要的支持	
成功完成可能遇到的困难	
预设解决困难的办法	

3. 我做，我不怕

让孩子在充分地思考后去完成任务。告诉孩子真正遇到困难时不要怕，根据具体情况分析事先预设的办法是否能用，再积极想办法，心里不断暗示自己，只要努力，定会有收获、有进步的，一定要想办法成功完成。同时，还要想到可以寻求家长或生命中重要他人的帮助。

4. 我赞，我能行

我是有价值的
成功完成了吗?
我成功完成了＿＿＿＿＿＿任务，我的心情＿＿＿＿＿＿，我真棒! 　虽然我最终没有取得最好的成绩，但在我努力达成目标的过程中，我已经比之前＿＿＿＿，还获得了＿＿＿＿＿＿，我还发现自己具有＿＿＿＿＿＿的潜质，我的心情＿＿＿＿＿＿，我自信，我能行!
贴上一张你成功或过程中努力的照片吧!
成功（或收获）的因素有哪些?

活动四：亲子阅读——了解鼓励对孩子自信培养的重要性。

【内容简介】

《明亮的日子》

本书作者是儿童文学作家郭姜燕。小说讲述了一个卑微、敏感、身心都有不小创伤的女孩高如艾，在哥哥、同学的亲情和友情的滋润下，逐渐摆脱心里的阴影，正直、善良的种子开始在心中悄悄发芽生长，最终成为一个品学兼优、阳光开朗的自信女孩，成功地得到同学们的肯定和喜爱。正如小说所描述的，童年的阴影使如艾孤僻自卑，"烧饼女孩"的绰号更触痛了她敏感的心灵。后来，哥哥回归故乡重建事业，给予家人更多陪伴；爸爸开始戒酒，回归生活；好朋友的信任，同学们的理解……让高如艾从自卑转变为自信。透过小说，相信家长、孩子能意识到亲人朋友的爱与鼓励，能浸润、滋养人的心灵，给予人不断成长的强大力量，有效培养人的自信品质。

（一）活动任务

第一，引导孩子能从阅读中感知自信对人的影响。

第二，引导孩子能正确地判断外界评价。

第三，培养孩子阅读、理解、表达能力。

（二）活动步骤与方法

1. 和孩子一起阅读材料

家长和孩子一起来阅读书籍《明亮的日子》，完成下面两个任务。（建议家长和孩子用2~3天时间阅读书籍，完成下面两个任务。）

2. 和孩子一起讨论

（1）亲子讨论，从探讨中了解自信的重要性。

讨论话题：曾经那个寡言少语很少笑的高如艾，跟周围人之间好像隔着一层透明玻璃的高如艾，而今这个笑得灿烂的高如艾，跟同学们有说有笑的高如艾，是同一个女孩吗？为什么？	
孩子的观点	家长的观点

（2）用你喜欢的方式，可以是文字、绘画等来表达，感知爱与鼓励的力量。

哥哥的爱与鼓励	
好朋友周涵一的爱与鼓励	
你的生活中有哪些人给予过你爱和鼓励？他们的哪些行为或言语是能让你感到温暖的？	

小贴士

1. 关于本书的阅读

该书聚焦如艾的转变——从最初的卑微敏感、伤痕累累蜕变为最后的阳光开朗、自信明媚！在阅读时可从不同的人对如艾的态度和评价给如艾带来的不同行为表达和心理变化为线进行思考。认真品读书籍中的这些情景：当杨梓桐无理取闹骂自己是"丑八怪"时，她适时回击："我丑在外。有些人呢，丑在骨子里，那才是真正的丑。"她一改往日怯懦，上台唱出哥哥最喜欢的一首歌："……接受所有的嘲讽，向着风，拥抱彩虹，勇敢地向前走……"如艾或许是不幸的，那伤疤时刻提醒着她童年的遭遇；如艾更是幸运而幸福的——她坚强勇敢，化茧为蝶，最终成为一个开朗自信的女孩，她的自信源于爱与鼓励。

2. 关于自信

越来越多的研究表明，自信将影响孩子的行为和心理健康。自信的孩子未来的生活品质更高，心理更健康；而不自信的孩子，未来出现抑郁和问题的可能更高，对生活的满意度也较低，只有积极关注、引导，孩子才能增强自信，从而改善不自信造成的负面影响。

【**收获与成长**】通过回顾总结，家长帮助孩子学会正确认识自己，肯定自己的能力和价值，学会提升自信的方法。同时促进家长对自信的深入了解，在实践中形成对孩子自信培育的指导能力。

自信是一个孩子成长过程中极佳的养分，会成为孩子现在及未来最好的装扮。自信的孩子愿意不带一丝怯弱地展现自我，因而也更容易收获成功与喜悦。孩子自信的养成过程，家长要有意识地参与其中，采用温暖积极的教养方式，帮助孩子正确认识自己、学会积极归因、鼓励孩子多与同伴交流……成长是动态的、是变化的，唯有家长持续地关注和引导，唯有家长和孩子不断地总结和思考，孩子在自信方面的成长才更具生命力，家庭自信的氛围才更浓郁。

作为家长，我要记录下让我难忘的提升孩子自信的经历：＿＿＿＿＿＿＿＿＿＿＿＿＿

＿＿＿＿＿＿＿＿＿＿＿＿＿＿＿＿＿＿＿＿＿＿＿＿＿＿＿＿＿＿＿＿＿＿＿＿＿＿＿

＿＿＿＿＿＿＿＿＿＿＿＿＿＿＿＿＿＿＿＿＿＿＿＿＿＿＿＿＿＿＿＿＿＿＿＿＿＿＿

＿＿＿＿＿＿＿＿＿＿＿＿＿＿＿＿＿＿＿＿＿＿＿＿＿＿＿＿＿＿＿＿＿＿＿＿＿＿＿

通过这次经历，我们把学习到的识别孩子是否自信的方法运用到了实践中，在陪伴孩子、引导孩子自信养成的过程中与孩子积极交流，不仅让我们收获了培养孩子自信的愉悦感，还融洽了亲子关系。

我（儿童）在家庭、在学校、在社会中，能主动做事展示自己的能力，能充分感受到自己是有价值的，我成了一个阳光、自信的人。

我（儿童）的自信成长体验收获：＿＿＿＿＿＿＿＿＿＿＿＿＿＿＿＿＿＿＿＿＿＿＿

＿＿＿＿＿＿＿＿＿＿＿＿＿＿＿＿＿＿＿＿＿＿＿＿＿＿＿＿＿＿＿＿＿＿＿＿＿＿＿

＿＿＿＿＿＿＿＿＿＿＿＿＿＿＿＿＿＿＿＿＿＿＿＿＿＿＿＿＿＿＿＿＿＿＿＿＿＿＿

生命语录

只有满怀自信的人，才能在任何地方都怀有自信沉浸在生活中，并实现自己的意志。

——［苏］马克西姆·高尔基[1]

本课要点

做一名自信少年的行为解锁密码是：能肯定自己、能正确肯定自己的能力和价值、拥有积极的归因方式。你很重要，你独特的外表，你对家庭、学校、社会的重要度，以及你的自我胜任力都能创造自己生命美好的价值。

如果产生强烈的不自信表现，且无法自我调节时可以向专业人士寻求帮助。

---

[1] 马克西姆·高尔基，苏联作家、诗人，著有《母亲》《童年》《在人间》等。此句出自《高尔基论儿童文学》，中国青年出版社，1956。

生命的价值·找到生命价值

让生命在成长中绽放精彩
活着的意义是什么？

【现象扫描】家人们围坐在一起观看 2022 北京冬奥会短道速滑男子 1000 米的决赛，当中国"威""龙"摘金夺银时，全家人都兴奋地跳了起来，爸爸随后感慨道："唉，可怜的武大靖名列第四，太可惜了！"妈妈说："这孩子不仅帮任子威卡住位置，还碰了碰任子威的手示意他走！他为中国短道速滑队能够在这个项目上包揽金银牌付出了自己最大的努力。"生生疑惑地问："武大靖为什么要付出自己最大的努力帮助队友争金夺银呢？"

【解锁行为密码】上述现象中，孩子说出了心中的疑惑"武大靖为什么要付出自己最大的努力帮助队友争金夺银呢？"他之所以这样问，可能他认为，保证自己获得好的名次或成绩，实现自我价值是最重要的。爸爸认为只要是中国队的队员获奖，就如同自己获奖一样，因为此时的每一个队员不仅代表个人，最重要的是代表国家在参赛，这是一种爱国情怀；同时，每一个队员都将个人理想与国家发展、民族复兴和人类命运结合起来了，这又是一种理想信念！爸爸妈妈的观点和孩子的观点在自我成就与超我成就之间有差距。孩子的疑问，看似是一个指向表象的小问题，实则却是指向生命价值的大问题，而此类问题常被家长、被大家忽视，大多数家庭也未曾有意识地与孩子一起探讨过其中之由。

回望日常生活，很多时候我们过度关注孩子的物质满足、智力开发……然而，如果忽略了生命价值的关注，孩子的生命观会变得模糊，成长会迷失方向。生命价值与个体的幸福感、心理健康、心理复原力有显著的正相关；与自杀意念、无聊感有显著的负相关。可见，帮助孩子提升价值感，在当今社会是非常必要和非常重要的。创造生命价值的因素有很多，如珍惜时间、勇于创造、乐于奉献等。因此，关注孩子的成长，必须引导孩子找到生命的价值，这才是促进孩子持续健康发展的源动力，是引领孩子过有品位的精神生活的基础。

【发展水平】关于儿童生命意义意识、认知与能力的表征。

下表是关于"儿童发展现状"（指儿童生命意义意识、认知与能力的发展水平）和"家庭教育现状"（指当前家庭对相关问题的不同教育表现）的描述。请家长对照、参考，然后再根据自己的实际情况对家庭教育理念、策略、行为做相应的调整。

关于儿童生命意义意识、认知与能力的表征

指 标		内 容	儿童发展行为及家庭教育类型
儿童发展现状	生命意义	在生活中能找寻到生命的意义	□ 1. 在日常生活和学习的过程中能找寻到意义或乐趣。 □ 2. 认为自己在家庭、朋友群体中是有价值的。 □ 3. 有做不完的能让自己快乐的事情。
	珍惜时间	感受生命是有限的，在生活中能合理规划时间，有目标、有追求地生活	□ 1. 能将自己的日常生活安排得井井有条。 □ 2. 在日常生活中能合理安排好时间，不浪费一分一秒。 □ 3. 能体验到学习、生活有效率带来的快乐。
	勇于创造	在生活中不断挖掘自己潜能，展现生命的价值	□ 1. 在生活、学习中愿意去尝试新的方法。 □ 2. 乐于参加具有一定挑战性的学习或活动。 □ 3. 能用创造性的方式去学习、游戏、烹饪、清洁、观察世界……给生命增添价值。
	乐于奉献	在生活中积极向他人奉献自己力所能及的关爱	□ 1. 在生活、学习中愿意付出，乐于付出。 □ 2. 在日常生活中能主动关心他人，主动、积极参与社会公益活动。
家庭教育现状	家庭教育氛围	孩子是在怎样的家庭氛围中成长的	□ 1. 积极型：家庭成员对生命尊重、对生命的意义有追求，有积极地追求生命价值的行为表达和氛围营造。 □ 2. 平淡型：家庭成员各自对生命尊重，无主动营造家庭集体追求生命意义的氛围的意识，喜好顺其自然。 □ 3. 消极型：家庭成员认为人生是无价值的，人生是痛苦的、无意义的……对生命表现出消极无为的态度。
	家庭教养方式	家庭主要教养人对孩子的教育引导方式	□ 1. 说教式：父母采取唠叨、说教甚至教训的方式，教育孩子如何生活才是有价值和意义的。 □ 2. 放羊式：父母既不关心，也不教育孩子什么样的生活才是有意义的，放任自流。 □ 3. 启发式：父母能与孩子共同探讨与生命意义相关的事情，能积极引导和合理疏导，形成积极的生命意义观。

【我们一起行动】通过系列亲子活动，家长帮助孩子认识到人类为什么要创造生命价值，知晓创造生命价值的因素，以及创造生命价值的具体行为，让生命更精彩。

开展亲子体验活动，就"生命价值"这一话题和孩子进行真诚对话。引导孩子探寻生命的价值，知道要活出自己的人生，实现自我价值，这样的一生是值得的；当别人需要帮助时，付出自己的爱心，无论大小自愿承担，帮助他人，这也是自我价值的体现；将个人信念、国家前途和人类命运共同体紧紧连接在一起，这更让生命活出了最大的价值。活动体验过程中，注意规避不理性、无原则

的情感流露，平衡好家庭教育的理性和情感。

活动一：生命的长度——通过用"纸条度量生命"的游戏体验，让孩子感知时间的宝贵，生命有限，值得珍惜。

（一）活动任务

第一，感知生命是有限度的。

第二，激发合理规划时间的动机。

第三，能运用时间矩阵图学做一个时间管理表。

（二）活动步骤与方法

1. 参与人员

家庭所有成员。

2. 地点要求

相对私密、安静、不被打扰的地方。

3. 物品准备

对应家庭成员人数准备下表材料，按 1~100 的顺序将其裁剪粘贴成一行。如表所示：

1	2	3	4	5	6	7	8	9	10	11	12	13	14	15	16	17	18	19	20
21	22	23	24	25	26	27	28	29	30	31	32	33	34	35	36	37	38	39	40
41	42	43	44	45	46	47	48	49	50	51	52	53	54	55	56	57	58	59	60
61	62	63	64	65	66	67	68	69	70	71	72	73	74	75	76	77	78	79	80
81	82	83	84	85	86	87	88	89	90	91	92	93	94	95	96	97	98	99	100

4. 人员分工

家庭成员中 1 人担任引导者，根据以下流程指导其他家庭成员参与。

5. 指导、参与过程

引导者的话：这张纸条的长度代表我们每个人从 1 岁到 100 岁的生命。

引导者的话：每天 24 小时，通常睡觉时间 8~10 小时占了 1/3，吃饭、休息、聊天、玩游戏、看电视、锻炼……又占了 1/3，其实真正做有意义的事的时间只剩 1/3。

问题1：请问你现在几岁？（撕掉前面的纸条，如 11 岁，那就撕掉 1~10 的纸条。）

问题2：请问你想活到几岁？（把活到几岁后面的纸条撕掉，如 80 岁，就把从 80 岁后面的纸条撕掉。）

问题3：请问你一天 24 小时会怎么分配？（将所剩下的纸条折成三等份。）

问题4：看看手中的纸条你有何感想？

问题5：你会如何看待你的未来？

问题6：你能用时间矩阵图做一个周末时间管理安排吗?

引导孩子感受生命的长度，感悟时间的短暂。在孩子的生活中注入时间管理的意识，培养孩子时间管理的能力，是孩子未来实现人生价值的重要基础。

小贴士

时间矩阵是美国管理学家史蒂芬·科维提出的，他把工作按照重要和紧急两个不同的程度划分为四个"象限"：

紧急 → 不紧急

	紧急	不紧急
重要	A. 重要 紧急	B. 重要 不紧急
不重要	C. 紧急 不重要	D. 不紧急 不重要

按照我们在学习、生活、工作中的处理顺序：先是处理 A，既紧急又重要的，接着是 B，重要但不紧急的，再到 C，紧急但不重要的，最后才是 D，既不紧急也不重要的。

活动二：生命的抉择——通过活动让孩子理解生命中很多时候都会面临选择，只要选出适宜的答案，就会活得快乐和拥有幸福感。

（一）活动任务

第一，认识到生命中会面临各种各样的选择，是很正常的。

第二，面对选择时能选出适宜（不违背相关法律法规）的答案。

第三，能坦然面对选择后遇到的一切问题。

（二）活动步骤与方法

1.在日常的选择中，感受生命的价值

在做完前面活动后，自然把话题过渡到日常生活、学习中，表扬孩子很多时候、很多事情做出的选择都非常棒，是有价值的，一起与孩子回顾更多有价值的行为。

根据孩子日常生活中所经历的真实情况，让孩子来填写。

当_____，我选择_____，这样我感到自己的生命是有价值的。

当_____，我选择_____，这样我感到自己的生命是有价值的。

当_____，我选择_____，这

样我感到自己的生命是有价值的。

2. 当遇见选择时，体现生命的价值

为使我的生命更有价值，当父母很辛苦时，我会＿＿＿＿＿＿＿＿＿＿＿＿＿＿＿＿＿＿。

为使我的生命更有价值，当朋友很烦恼时，我会＿＿＿＿＿＿＿＿＿＿＿＿＿＿＿＿＿＿。

为使我的生命更有价值，当同学遇到困难时，我会＿＿＿＿＿＿＿＿＿＿＿＿＿＿＿＿。

为使我的生命更有价值，在家里，我会＿＿＿＿＿＿＿＿＿＿＿＿＿＿＿＿＿＿＿＿＿。

为使我的生命更有价值，在学校，我会＿＿＿＿＿＿＿＿＿＿＿＿＿＿＿＿＿＿＿＿＿。

为使我的生命更有价值，在社区，我会＿＿＿＿＿＿＿＿＿＿＿＿＿＿＿＿＿＿＿＿＿。

为使我的生命更有价值，在＿＿＿＿，我会＿＿＿＿＿＿＿＿＿＿＿＿＿＿＿＿＿＿＿。

3. 反省分享已经做过的选择

家长与孩子一起回忆过去曾经做过的重要选择，注意家长、孩子每人分享一个，然后回答以下几个问题，力求真实，千万不要说的与实际做的不一致。

当我遇到＿＿＿＿＿＿＿＿＿＿＿＿＿＿＿＿＿＿＿＿＿＿＿＿（此处空白填写遇到什么样的情况）的时候，选择了＿＿＿＿＿＿＿＿＿＿＿＿＿＿＿＿＿＿＿＿＿＿＿＿＿＿。

理由是＿＿＿＿＿＿＿＿＿＿＿＿＿＿＿＿＿＿＿＿＿＿＿＿＿＿＿＿＿＿＿＿＿＿＿＿＿。

标准是＿＿＿＿＿＿＿＿＿＿＿＿＿＿＿＿＿＿＿＿＿＿＿＿＿＿＿＿＿＿＿＿＿＿＿＿＿。

此项活动在于教给孩子做出选择行动的时候要清楚自己的价值观，使其选择行为更具有理性，不需要教条式地直接告诉孩子什么是正确的，什么是高尚的，最好是通过自己的示范来暗示或形成一种思维范式，从而形成价值判断和价值选择能力。

活动三：生命的美好——帮助孩子找到自己的价值所在。

（一）活动任务

第一，帮助孩子找到自己于己、于他人、于社会的价值。

第二，引导孩子体验因自己价值体现所带来的幸福感。

第三，引导孩子学会运用一定的方法给自己、他人、社会创造价值。

（二）活动步骤与方法

1. 关注生活事件

家长引导孩子关注日常生活，从日常的真实生活中寻找孩子亲历的事件，帮助孩子学会从真实事件中去思考。

2.记录生活事件

选择一周或一个月的时间，记录这一段时间里孩子做的事情，引导孩子从于自己、于家庭、于他人、于社会这四个维度去思考这些事的价值。

有意义的事件	时　间	地　点	于自己	于家庭	于他人	于社会	情绪体验
辅导同学作业	放学后	家里	提高对知识的理解	增进了两个家庭的友谊	同学的问题得到了解决		愉快

3.总结讨论

一段时间以后，父母与孩子一起总结记录表，引导孩子体验意义，正确地认识对自己的意义与对他人的意义之间的关系，树立科学的、积极的价值观。

> **温馨提示**
>
> 可以从这样几个方面来引导孩子的意义感和对意义的认识：（1）做一件有意义的事情，是一件愉快的事。（2）自己的能力是在做有意义的事情中锻炼提高的。（3）做一件既对自己有意义，又对他人有意义的事情，是更有价值的。（4）凡事有意义于他人、社会的时候，都直接或间接地有益于自己。

活动四：亲子阅读——了解人到这个世界上是为什么，人生的意义究竟在哪里。

> 【内容简介】
>
> **《钟南山：生命的卫士》**
>
> 本书作者是儿童文学作家李秋沅。本书讲述了中国工程院院士、呼吸病学专家钟南山的成长历程和他抗击病毒的故事。2020年年初，抗击非典型肺炎战斗过去17年后，新型冠状病毒汹涌来袭。中国工程院院士、呼吸病学专家钟南山再次临危受命，在呼吁"全国人民没事不要去武汉"时，自己登上了开往武汉的列车。以诚信做骨架，以大爱为经纬，为天地立心，为生民立命，完美诠释了院士的职责、战士的勇猛、国士的担当。透过本书，相信家

长和孩子都能感受到钟南山院士有意义的人生，体会到做让世界变好的事情是多么的美好和有意义。

（一）活动任务

（1）体味人生是有意义的；

（2）体会追寻人生价值是不断激励、奋进的过程；

（3）感知精神动力是人们生存、生活最好的支撑。

（二）活动步骤与方法

1. 和孩子一起阅读材料

建议家长和孩子一起来阅读书籍《钟南山：生命的卫士》，完成下面两个任务。（建议家长和孩子用2~3天时间阅读书籍，完成下面两个任务。）

2. 回顾书籍内容，和孩子一起讨论并完成下表（可自主选择采用书面表达或口头表达的方式）

钟南山的理想是什么？	
为了成为好医生，他是怎么做的？	
作为好医生，他是如何服务社会的？	

3. 细品书籍，结合自身实际再思考

角　度	思　考
关于理想	你的理想是什么呢？
关于执着	你愿意为一件重要的事情执着到底吗？
关于美好	你打算做些什么事情让世界更美好呢？

小贴士

1. 关于本书阅读

在初读本书之后，家长要带领孩子从梦想、执着、美好三个角度再次细品本书。重点感知钟南山从一个撑着大伞敢从三楼跳下验证空气阻力的莽撞少年，到中学时期获得各项田径奖项的运动健将，再到面对抉择，从医济世。在那个特殊年代，钟院士的经历也和我们普通人无异，一切并非水到渠成，他当过报刊编辑、下放过农村种地……但无论何时，他都始终没有放弃梦想和信仰，为所钟爱的事业奉献全心。正是有了当医生的梦想，他才会在人生的旅途上有了生活的信念和努力的方向。对

于任何一个人来说，梦想都蕴含着强大、向上的力量。钟南山当医生，不但造福了别人，也完成了对自我的追寻。而我们也可以选择力所能及的事情，无论事情大小，为他人服务就是一件美好的事情。人的一生应该是以追求和传播爱为主，要热爱生活，关爱他人。

2.关于生命的价值

人对生命价值的追求，会让人的内心产生一股强大的精神动力。精神动力是人们生存、生活最好的支撑。它不仅能促进个体的独特性与主观意识得到充分的发挥，激励个体创造属于自己的人生，还能激发个体温暖服务于他人、社会、国家。

每一个人的成长过程就是不断追求生命价值的过程。青少年时期是孩子走向成熟的过渡期，他们的生理和心理特点决定了他们对自己、对他人、对事物的认识、评价和感悟不深刻、不全面、不透彻。因此，在家庭生活中有意识地浸润关于生命价值的教育，对孩子的成长来说益处很多。首先，建立良好的家庭心理环境。引导孩子以豁达的胸怀学会包容、学会感恩、学会生活，才能尽情地享受生命的精彩。其次，放手让孩子实践。人的成长都是在犯错、反思、学习、成长这几个过程中体验生命的过程的，家长要舍得放手让孩子自己去实践，锻炼孩子面对挫折的承受力，孩子才更能理解别人的需求和处境，进而学会体谅别人，学会与人共处。最后，引导孩子早立志。家长要引导孩子树立自己的志向，鼓励孩子追求自己的梦想，在享受生命的过程中体现、创造生命的价值。

【收获与成长】通过回顾总结，家长提升了孩子对生命价值的认识与理解，知道创造生命价值的因素有珍惜时间、勇于创造、乐于奉献等，家长自身提升了对孩子生命价值培育的指导能力，帮助孩子在实践中感知生命的限度，学会做出适宜的选择提升幸福感，感知生命的精彩。

孩子幸福的人生需要家庭成员的共同协作，家长要有意识地注重对孩子生命价值的教育，让孩子逐渐认识到自己的重要性，感受自己的价值所在，在孩子的成长过程中不断地注入时间管理、创意创造、乐于奉献等思想，并将其融入孩子的日常生活之中，进行无声的浸润。唯有这样，才会给孩子带来源源不断的生命力和稳定持久的韧性。

作为家长，我要记录下我和孩子的一次特别的关于"生命意义"的交流经历：＿＿＿＿＿＿＿

＿＿＿

＿＿＿

通过这次经历，我们学会了在日常生活中如何更加有意识地关注孩子珍惜时间、勇于创造、乐于奉献等创造生命价值的因素，并将其融入孩子的日常生活之中、家庭氛围的营造之中。在与孩子的交流中，不仅提升了孩子的生命意义感，更让我们收获了更加融洽的亲子关系。

我（儿童）在日常生活中找到自己于自己、于他人、于社会的价值；能感受到因自己价值体现所带来的幸福感；会运用一定的方法给自己、他人、社会创造价值，我成了一名有生命价值追求的少年！

我（儿童）的生命意义感成长体验收获：_____

_____

_____

生命语录

生命的多少用时间计算，生命的价值用贡献计算。

——[匈] 裴多菲·山陀尔①

本课要点

你的生命会很精彩！精彩的生命需要创造出价值，有价值的生命总能在珍惜时间、勇于创造、乐于奉献中散发光芒，在于自己、于他人、于社会中绽放精彩。从小事中去感知自己的价值，从生活中去感受活着的丰富滋味，从创造中去缔造生命的精彩，从奉献中成就生命的价值。

如果儿童产生强烈的对生命的漠然，家长一定要多关注，必要时向专业人士寻求帮助。

---

① 裴多菲·山陀尔，匈牙利爱国诗人。此句出自裴多菲·山陀尔的《在人生的斜坡上》。

生命的价值·适应人生变化

正确看待人生中的顺境、逆境、绝境
怎样适应生活的变化?

【现象扫描】客厅里,妈妈拉着铭铭的手郑重地说:"孩子,爸爸妈妈离婚了,我们要分开住了。"话音刚落,铭铭的眼泪就大颗大颗地往下掉,身体不由得抖动了起来。此时看到爸爸拉着行李箱往门外走,铭铭突然大喊道:"走,都走,我就是一个没人要的小孩!"说着冲进自己的房间,重重地关上房门,一个人大哭起来……

【解锁行为密码】上述现象中,铭铭因为爸爸妈妈离异而出现了较大的负性情绪表达,如掉眼泪、身体抖动……而此时父母并没有做进一步的引导,反而爸爸拉行李箱出门的画面虽无声但强烈地刺激到了铭铭,导致铭铭出现了大哭、摔门、大喊等行为表现。自然,此时家庭氛围凝重、亲子关系紧张、父母孩子情绪低落……

环境(自然、家庭、社会)变化是我们无法避免的,生活从来不是十全十美的,当孩子遇到因环境变化而带来的负性情绪时,要给予他们足够的宽容和积极的引导。如果关注不到位、引导不到位,孩子会在学业(如成绩下降)、行为(如上学迟到、旷课)、心理(如抑郁、焦虑)及同伴关系(如被欺负、自卑)等方面出现问题。在父母给孩子提供越来越丰富的物质条件、越来越大的生活空间的今天,更应该关注孩子面对环境变化的适应能力培养,给予孩子正确面对和积极应对的能力,帮助其顺利地走出不适阶段。因此,当遇到不可避免的环境变化,孩子出现负性情绪时,家长应该引导孩子以积极的心态去看待、以积极的行为表达去实践、以积极的思想去牵引自我前行。唯有如此,孩子才能获取积极的前行动力,让人生更美好。

【发展水平】关于儿童适应生活变化意识、认知与能力的表征。

下表是关于"儿童发展现状"(指儿童适应生活变化意识、认知与能力的发展水平)和"家庭教育现状"(指当前家庭对相关问题的不同教育表现)的描述。请家长对照、参考,然后再根据自己的实际情况对家庭教育理念、策略、行为做相应的调整。

关于儿童适应生活变化意识、认知与能力的表征

指　标		内　容	儿童发展行为及家庭教育类型
儿童发展现状	人际关系因子	在家庭、学校、社会生活中与他人交往情况	□ 1. 拥有好朋友，能与陌生人交流，能顺利融入或发展新的朋友圈。 □ 2. 与家人、朋友、同学发生冲突后，能积极主动地去和解。 □ 3. 与亲人、朋友、同学的关系和谐并有进一步的深化。
	学习压力因子	在家庭、学校、社会的学习生活中所对应的学习压力情况	□ 1. 正确看待家庭的变化，能以行动积极维护家庭的稳定。 □ 2. 在学习遇到挫折时，能承受一定压力，积极应对。 □ 3. 持开放的态度走向社会，积极适应社会变化。
	受惩罚因子	在家庭、学校、社会中受惩罚的情况	□ 1. 在日常生活中能正确接纳他人的教育和指导。 □ 2. 能正确面对因违反规则、纪律或约定而受到的适度的批评和惩罚。 □ 3. 在被惩罚后能用适当的方式宣泄自己的消极情绪。
	丧失因子	面对亲人、好友等的重病或离世所带来的心理感受	□ 1. 在日常生活中能正确面对生老病死这一自然规律。 □ 2. 能理性面对生活中亲人、好友等重病或离世所带来的心理感受，并能通过恰当的方式调适。 □ 3. 面对失去，能运用哭出来、说出来等适当的方式来表达自己的情绪，或采用转移注意力的方式调整自己的状态。
	健康适应因子	个人健康、饮食习惯等情况	□ 1. 在日常生活中关爱自己及家人的身体健康。 □ 2. 身体出现健康问题能积极面对，配合治疗。 □ 3. 有良好的饮食、睡眠、运动的习惯，坚持吃健康食品，保障睡眠时间，每日坚持运动。
家庭教育现状	家庭教育氛围	孩子是在怎样的家庭氛围中成长的	□ 1. 脆弱型：家庭成员经不起打击、挫折，遭遇负面事件时，表现出强烈的负面情绪，没有积极的应对措施，常常逃避、抱怨、过度悲伤。 □ 2. 坚强型：家庭成员在遭遇负面事件时，表现出坚强、积极应对的态度，努力寻求应对解决的措施。 □ 3. 暴躁型：家庭成员遭遇负面事件时，不冷静，表现出非理性的反抗情绪和行为。
	家庭教育方式	家庭主要教养人对孩子的教育引导方式	□ 1. 榜样示范式：家庭遭遇负面事件时，采取实际行动沉着、冷静、理性应对，积极寻求解决的办法、措施，并引导孩子积极参与其中。 □ 2. 启发引导式：孩子遭遇负面事件时，关心、共情，并启发、引导孩子寻求积极的措施、办法解决问题。 □ 3. 放羊式：孩子遭遇负面事件时，相互之间不管不闻，放任自流。 □ 4. 说教指责式：孩子遭遇负面事件时，事后诸葛亮般嘲讽、打击、指责、教训，既不关心，也不帮助解决问题。

【我们一起行动】通过系列亲子活动，帮助家长和孩子正确看待人生中的顺境、逆境与绝境，学会积极地面对变化，找寻到适合的调适方法，树立正确的人生观。

每个人都有适应环境、挑战困难、完善自己能力的本领。家长应围绕生活适应性开展亲子活动，引导孩子正确看待人生中的顺境、逆境和绝境，学会面对变化和调适的方法，树立积极应对各种环境（自然、家庭、社会）变化的进取精神。活动体验过程中，家长注意规避不理性的言行，以平等的姿态与孩子对话、交流，充分地倾听、共情。

活动一：野外生存体验——体验生活或生活环境的变化，建设积极的心态。

（一）活动任务

第一，能接受和适应生活或环境的变化。

第二，面对变化时能采用积极的态度应对。

第三，能运用一定的方法解决困境中的问题。

（二）活动步骤与方法

1. "野外生存体验" 地点选择

家长与孩子一起通过资料查阅等方式选择感兴趣的地点，并经协商后确定 "野外生存体验" 的地点。

2. "野外生存体验" 准备

家长与孩子一起讨论完成下表。

"野外生存体验" 准备篇	
出行时间	
出行人员	
目的地	
物品准备	
目的地相关条件分析（如天气、地理环境、设施设备条件等）	
预设可能遇到的挑战	
预设应对方法（针对一个问题要想两种以上应对方法）	

3. "野外生存体验" 实践

家长与孩子一起参与实践，在过程中要引导孩子感知环境变化是生活中无法避免的事情，当孩子在体验时遇到危险、困难、恶劣的情况，要引导孩子将这些不利因素的负面影响降至最小。不少孩子很容易被负面情绪冲击，沉迷于沮丧、后悔等负面情绪之中，并任由情绪蔓延而无法自拔。此时家长要有意识地引导孩子认识到调节负面情绪的好处，通常可以有以下做法：转移注意力，去想些别的事；给自己打气，"坚持一下就好了"；用"没什么大不了""今天运气不好"等归因或借口缓解负面情绪。

4. 记录野外生存过程

用照片、录像、文字等记录野外生存过程。制作有趣或惊险事件的相关作品。

5. "野外生存体验"思考

当发现野外的现实环境是你无法改变的，你的真实想法是什么？你又是怎么做的呢？
选取野外生存中给你印象最深刻的面对危险、困难或恶劣条件的事件，说说你的具体做法。
你挑战成功了吗？你觉得挑战成功或失败最关键的因素是什么？

6. 发布

将野外生存过程的创作作品，经过修改完善后，在自媒体上发布，可以增添乐趣，提高今后积极解决困难的动机和兴趣。

活动二：忆过程，思成长——通过对生活中经历过的顺境、逆境、绝境事件的回顾，找寻到积极的心态。

（一）活动任务

第一，引导孩子面对生活、学习境遇发生变化时能泰然处之。

第二，培养孩子面对变化时的处理能力。

第三，提升孩子积极的应对态度。

（二）活动步骤与方法

1. 回忆生活

家长与孩子一起回忆真实的生活，在顺境、逆境、绝境三个维度中各选一件真实经历的难忘事件，并将其填写在下表 A 栏中。

2. 感知思考

家长与孩子一起针对所写的真实事件，想一想当时的情绪，并用关键词或绘制表情包的方式填写在下表 B 栏中，思考当时为什么有这样的情绪产生，分析当时情绪产生的原因。

3. 积极心态

家长与孩子一起经过讨论后运用积极的心态思考未来在面对顺境、逆境、绝境时可能的做法，越具体越好。

忆过程 思成长				
A	真实的生活现状回顾	顺境：	逆境：	绝境：
B	当时的情绪			
C	为什么会有这样的情绪			
D	积极心态	顺境时，谨慎的我这样做：	逆境时，拼搏的我这样做：	绝境时，超脱的我这样做：

活动三：面向未来——学习积极规划自己的人生理想，预测将面临什么样的困难，如何去想办法解决。

（一）活动任务

第一，能综合运用所学的知识来解决可能出现的问题。

第二，对未来可能出现的现象能理性面对、分析和畅想。

第三，学会在面对各种情况时都能有正确积极的情感态度。

（二）活动步骤与方法

1. 展望未来，确定理想

家长与孩子一起，选择某个理想目标。目标可以以三年、六年、十年为周期，也可以以孩子的年龄二十岁、三十岁等为一个阶段。目标可以是学业，也可以是事业，还可以是某一项技能或素养。

2. 展望形象与情景

确立某个理想、目标以后，让孩子描述一下未来的景象：第一，在心里想象一下自己的形象；第二，在心里想象一下某种情境。

对照现在的形象，展望今后的形象；对照现在的情境，展望今后的景象，可以给理想一个清晰的轮廓，能够把理想通过一步一步的具体措施具象化、情境化。这样才能够真正让理想变成实际的行动。

3. 规划理想

确立具体目标，比如：小学毕业上初中达到什么目标；到二十岁达到什么目标；十年后应该达到什么目标。

为了实现理想，现在应该从什么开始做起。

（1）以学业为例：三年初中学习后考上哪一所高中，需要提高什么素养，拓展什么知识面、坚持克服哪些困难（针对自己目前的弱项）。

（2）以兴趣爱好打篮球为例：六年以后要达到什么水平，如针对体能、技能、体质、身体营养、兴趣培养、精神精进等状况，展望达到什么水平、境界，有哪些困难要克服。

（3）以某种事业为例：三十岁要达到什么程度，需要什么学识、素养、技能、精神；针对当前状况需要克服哪些困难，未来还需要克服哪些困难。

要让孩子明白一个道理：每一个人都要发展，发展都会面临困难，有的人是乐于克服困难，有的人是害怕困难，有的人是在乐于克服困难中发展前进，有的人是在害怕困难中发展滞后、停滞、甚至退化，十年、二十年，不同人之间，就会产生很大的差距。

4. 克服困难清单

制定需要克服的困难清单。清单制定好以后，可以放在孩子最显眼的地方，时时提醒孩子。这是一个动态的表格，经过一段时间的实践，可以根据实际情况调整，并说明原因。

理想面前的拦路虎

时　间	与理想相关的现状	与理想之间的差距	需要克服的困难	调整内容	原因说明

　　活动四：亲子阅读——每个人在生活中总会遇到各种各样的困难、挫折、打击，生活也会因为环境改变而发生变化，然而乐观的心态能够使人正确面对，还能积极地应对，更加容易顺利渡过难关。

> 　　**【内容简介】**
>
> 《梦想是生命里的光》
>
> 　　本书作者是舒辉波，获得 2017 陈伯吹国际儿童文学奖年度图书（文字）奖。本书关注的是一群有着特殊成长背景的孩子：在他们的童年时期，他们或是留守儿童，或曾遭遇家庭变故，或是自身有残疾……他们的成长比一般孩子更加艰辛。这是一部非虚构的作品。十年前，本书作者曾对他们当时的境况以及梦想等有过深入的采访。今天，当年的这些孩子有的正在大学深造，有的已经踏入社会……十年后的跟踪采访，关注的是当年的"梦想"与今天的现实，讲述的是十年来这样一群特殊孩子的成长。在成长过程中，他们与厄运抗争，微笑面对挑战，向往阳光，追逐梦想，虽历经困境甚至是绝境但依旧奋力前行。

　　（一）活动任务

　　第一，引导孩子能正确面对生活中遇到的困难、挫折、打击。

　　第二，引导孩子在面对令人难过的突发事件时能保持乐观的心态。

　　第三，引导孩子能综合运用所学知识，积极应对。

　　（二）活动步骤与方法

　　1. 和孩子一起阅读材料

　　家长和孩子一起来阅读书籍《梦想是生命里的光》，完成下面两个任务后也许孩子会对乐观面对生活的顺境、逆境、绝境有一些新的认识。（建议家长和孩子用 2~3 天时间阅读书籍，完成下面两个任务。）

　　2. 和孩子一起阅读，讨论并完成表格中的任务

选择书中的一个令你印象深刻的故事，试着用图画或思维导图的方式描绘故事主人公的经历。
思考：当身处困境或绝境时，故事中的他是如何面对的？

3.结合上表联系你在生活中的经历，谈谈你对乐观的理解，用喜欢的方式表达出来吧！

小贴士

1. 关于本书阅读

即使面临天灾，也要乐观积极面对，这正是书籍最明显的一大主题。书籍真实、细微地追溯主人公成长的苦难、人生的风浪、命运的转换，书中的每一个故事、每一个人物、每一段回忆、每一段对话，都给人带来心灵的震撼。一群普通孩子的成长之路，一个个苦难童年的成长经历，是如此不普通，如此不平常！他们每个人的心里都藏着一个了不起的自己。这也告诉了我们只要不颓废、不消极，一直悄悄酝酿着乐观，培养着豁达，坚持着善良，始终朝着梦想前行，就没有到达不了的远方。乐观的人，总是能够给别人带来希望，所以周围的人也受到这种正能量的感染，也会勇敢地面对挫折与挑战。

2. 关于乐观

"乐观"与"悲观"相对，是指在面对挫折和逆境时相信事物总会向着对自己有利的方向发展，它是人的一种主观心境或态度，这种心境或态度和一个人的期望紧密相关。同样的客观事实，不同的人由于期望不同往往就具有不同的认知和评价，如果评价对自己有利则产生乐观情绪，反之就产生悲观情绪。研究者普遍认为乐观与个体积极的心境、持之以恒的毅力和问题解决能力相关，与个体在学业、职业等领域的成功、良好的健康，甚至是长久的生活密切相关。乐观是指向未来的，它是建立在假设基础上的推测，既是一种认知判断，更是一种主观愿望，影响着我们现在和今后的行为。乐观者会对未来充满信心和期望，这是其最核心的特质。

心理学研究有"皮格马利翁效应"，也可以叫作自我实现的预言，即人在期待某一结果的时候，他的态度、思维和行为方式都会受到影响，会以一种有利于目标实现的方式思考和行动。当孩子遇到环境变化或不利事情而悲观时，家长应带领孩子对问题进行多方面的思考和衡量，培养孩子乐观的品性，培养孩子积极的思维，鼓励孩子凡事往好处想，多给自己积极的心理暗示。

【**收获与成长**】通过回顾总结，家长提升对孩子正确看待人生中的顺境、逆境和绝境的指导能力。教会孩子学会面对变化和调适的方法，树立积极应对各种环境变化的进取精神，帮助孩子学会面对变化时正确认识、积极调适。同时家长自己也在其中与孩子一起成长。

在孩子的成长过程中，需要面对许多变化。每个变化都可能影响孩子的发展，或拖慢发展速度，或将正向发展变为"负发展"。而环境适应力就像孩子自身配备的保护罩，可以帮助孩子抵制不良因素的影响，保证孩子的健康成长，帮助孩子积极适应。

作为家长，我要记录下令我难忘的与孩子一起面对的一次顺境、逆境或绝境的经历：＿＿＿＿＿

＿＿＿

＿＿＿

通过这次经历，我们把学习到的识别和调节孩子适应生活变化的方法运用到了真实的家庭教育之中，不仅提升了孩子面对变化时的进取心，还收获了更加融洽的亲子关系。

我（儿童）日常生活中无论是面对顺境、逆境还是绝境，都能正确看待，并用积极的心态和行为去面对、调适，我成了一个能适应环境变化、能积极进取的人。

我（儿童）的适应人生变化的成长体验收获：＿＿＿＿＿＿＿＿＿＿＿＿＿＿＿＿＿＿＿＿

＿＿＿

＿＿＿

生命语录

真正乐观主义的人是用积极的精神向前奋斗的人，是战胜愁虑穷苦的人。

——邹韬奋[1]

本课要点

变化是生命给予我们的雨露，面对变化时唯有积极适应，在顺境中谨慎、在逆境中拼搏、在绝境中超脱……主动调适自己积极适应人生变化，才能持续保持积极乐观的状态，这样你的人生才将充满无限的宽度和厚度。

[1] 邹韬奋，近代中国出版家，2009 年被评为 100 位为新中国成立作出突出贡献的英雄模范之一。此句出自《韬奋文集》，生活·读书·新知三联书店，1956。

生命的价值·贡献生命温暖

成为那一束光——照亮别人温暖自己
亲社会行为对成长的价值是什么？

【现象扫描】放学时下起了雨，铭铭没有带雨伞，生生毫不犹豫地选择拿伞先送铭铭回家。等生生到家时，天都黑了，妈妈既心疼又骄傲地说："在同学有困难的时候，及时伸出援助之手，你做得好，妈妈为你骄傲，但同时也要照顾好自己。"妈妈用赞许的眼光看着儿子，同时赶紧让儿子去冲个热水澡，喝碗热姜汤，以免感冒。

【解锁行为密码】是自己及时回家还是先送没带伞的同学回家，在这个问题面前，事件中的生生毫不犹豫地选择了后者，这是友善待人的一种表现。生生的行为也让妈妈内心觉得很骄傲，自己的儿子在生活中总是愿意这样友善地帮助别人，给予他人温暖。这样的亲社会行为能促进孩子与他人形成和维持良好的关系，值得我们赞扬和学习。

人从一出生就存在人与人之间的关系，人的社会性决定了我们在生活中必然会与他人产生关系。亲社会行为是人与人之间形成和维持良好关系的重要基础，是一种积极的社会行为。亲社会行为有助于孩子更好地适应社会，为孩子的终身发展奠定坚实的基础。

【发展水平】关于儿童亲社会行为意识、认知与能力的表征。

下表是关于"儿童发展现状"（指儿童亲社会行为意识、认知与能力的发展水平）和"家庭教育现状"（指当前家庭对相关问题的不同教育表现）的描述。请家长对照、参考，然后再根据自己的实际情况对家庭教育理念、策略、行为做相应的调整。

关于儿童亲社会行为意识、认知与能力的表征

指　标	内　容	儿童发展行为及家庭教育类型
儿童发展现状	利他性亲社会行为	使他人受惠的行为，甚至还可能需要行动者付出一定的代价	☐ 1. 看到他人有困难时主动提供帮助。 ☐ 2. 倾向于帮助那些真正遇到麻烦急需帮助的人。 ☐ 3. 更愿意在匿名的情况下捐款捐物。

续表

指 标		内 容	儿童发展行为及家庭教育类型
儿童发展现状	公益性亲社会行为	遵守社会规则，关心公众利益行为	☐ 1. 不随地乱扔垃圾、吐痰，不做不文明的事情。 ☐ 2. 看到随地乱扔的垃圾能主动捡起来。 ☐ 3. 看到不文明的社会现象，能主动制止并维护公共秩序。
	关系性亲社会行为	建立和维护社会交往中积极关系的行为，促进人际关系和谐	☐ 1. 主动和邻居、老师、同学等人打招呼。 ☐ 2. 主动和邻居、老师、同学等人打招呼并能保持融洽的关系。 ☐ 3. 当别人遇到麻烦时挺身而出，施以援手。
	特质性亲社会行为	塑造个体自身优良品质的行为，指向儿童的自我提升	☐ 1. 能虚心接受别人的意见，发现自己的缺点。 ☐ 2. 有意识地改正自身缺点。 ☐ 3. 为了改正自身缺点，制定了具体可行的措施。 ☐ 4. 能主动承认错误并及时改正。 ☐ 5. 能努力学习，积极参与活动，为班集体争得荣誉。
家庭教育现状	家庭教育氛围	孩子是在怎样的家庭氛围中成长的	☐ 1. 抵制社会型：家庭成员对社会性事务、他人的事情持有抵制或仇恨的心理或行为。 ☐ 2. 亲近社会型：家庭成员具有亲社会行为，对社会事务、他人的事情持积极热情帮助的态度和行为。 ☐ 3. 封闭疏远型：家庭成员对社会性事务、他人的事情漠不关心，只关心自己的事情，与社会、他人保持距离，封闭自我。
	家庭教育方式	家庭主要教养人对孩子的教育引导方式	☐ 1. 说教式：父母经常把大道理挂在嘴边，无论孩子是否具有亲社会行为，父母都要说教一番。 ☐ 2. 榜样式：父母对亲戚朋友热情，对社会公益热心，对他人遇到的事情积极、热情、真心帮助。 ☐ 3. 引导实践式：父母引导孩子去亲社会，友善待人，热心公益。

【我们一起行动】通过系列亲子活动，帮助孩子养成乐于分享、友善待人、关爱生命等亲社会行为。

生活中，家长往往会遇到孩子"以自我为中心"的尴尬时刻，孩子不愿和他人分享，不愿帮助他人，总认为全家应该围着他转。这个时候，家长就要引导孩子乐于分享、友善待人，用实际行动友善地帮助他人，让孩子领悟与人分享是一种良好的美德。当然，这些品德的习成不是一蹴而就的，需要逐步练习且多管齐下。

活动一：分享亲社会行为——以家庭成员间分享亲社会行为为载体，感受关系性亲社会行为带来的好处，懂得帮助他人是一件很快乐的事情。

（一）活动任务

第一，分享亲社会行为的体验。

第二，感受亲社会行为带来的快乐。

（二）活动步骤与方法

1. 分享帮助别人的行为

全家人坐在一起，爸爸妈妈和孩子分别说说自己曾经有过的助人、分享、合作、安慰他人的行为以及做过的公益活动。

2. 体验帮助别人的感受

家长和孩子分别想一想，帮助他人时，当时对方的反馈是什么，自己的感受是什么。

3. 想象自己接受帮助的感受

每个人肯定都接受过别人的帮助，分别想一想自己接受别人的帮助时，是什么感受，有什么反馈，别人是什么表现。

4. 简要分析自己亲社会行为的因果关系

通过双向的体验，我们得出什么样的结论？这样的分享，不仅能促进亲子之间的关系更加亲密，也会让孩子逐渐懂得帮助他人是一件快乐的事情。在分享、体验中，孩子也会不知不觉地学习父母这种亲社会的行为，变得越来越友善，成为一束照亮别人、温暖自己的光。

活动二：家事达人——记录每天完成的家务劳动，形成关爱家人的品质，培养孩子利他性亲社会行为。

（一）活动任务

第一，形成关爱家人的品质，培养孩子利他性亲社会行为。

第二，体验参加家务劳动的快乐。

（二）活动步骤与方法

孩子要学会友善待人，首先要在家里培养孩子体谅父母，关心家人的品质。帮助家长做家务可以培养一个人的爱心、孝心，让孩子了解家长的辛苦，体会当家的不易。家长可以让孩子每天动手完成1~3项家务劳动，每天把做过的家务进行勾画打卡，养成自理、自立的生活习惯，培养为家人着想的品质。开展家庭事情大挑战，让亲社会行为从爱家人和家庭开始。具体活动步骤建议如下：

1. 让孩子自己根据实际情况制订一份劳动计划。

2. 根据计划每天选择 1~3 项家务劳动完成。

3. 坚持三周后，让孩子说说自己参与家务劳动的感受。

4. 父母引导孩子分析自己为什么会有这种感受，该不该有这种感受，在今后的家庭生活中，应该怎么做。

家务劳动记录卡

	星期一	星期二	星期三	星期四	星期五	星期六	星期日
第一周	( )洗碗 ( )拖地 ( )整理客厅 ( )洗衣服 ( )养护花草 ( )整理衣柜 ( )独自去买菜 ( )清洗马桶 ( )自己换、洗床单和被套 ( )为家人做一顿饭	( )洗碗 ( )拖地 ( )整理客厅 ( )洗衣服 ( )养护花草 ( )整理衣柜 ( )独自去买菜 ( )清洗马桶 ( )自己换、洗床单和被套 ( )为家人做一顿饭	( )洗碗 ( )拖地 ( )整理客厅 ( )洗衣服 ( )养护花草 ( )整理衣柜 ( )独自去买菜 ( )清洗马桶 ( )自己换、洗床单和被套 ( )为家人做一顿饭	( )洗碗 ( )拖地 ( )整理客厅 ( )洗衣服 ( )养护花草 ( )整理衣柜 ( )独自去买菜 ( )清洗马桶 ( )自己换、洗床单和被套 ( )为家人做一顿饭	( )洗碗 ( )拖地 ( )整理客厅 ( )洗衣服 ( )养护花草 ( )整理衣柜 ( )独自去买菜 ( )清洗马桶 ( )自己换、洗床单和被套 ( )为家人做一顿饭	( )洗碗 ( )拖地 ( )整理客厅 ( )洗衣服 ( )养护花草 ( )整理衣柜 ( )独自去买菜 ( )清洗马桶 ( )自己换、洗床单和被套 ( )为家人做一顿饭	( )洗碗 ( )拖地 ( )整理客厅 ( )洗衣服 ( )养护花草 ( )整理衣柜 ( )独自去买菜 ( )清洗马桶 ( )自己换、洗床单和被套 ( )为家人做一顿饭
第二周	( )洗碗 ( )拖地 ( )整理客厅 ( )洗衣服 ( )养护花草 ( )整理衣柜 ( )独自去买菜 ( )清洗马桶 ( )自己换、洗床单和被套 ( )为家人做一顿饭	( )洗碗 ( )拖地 ( )整理客厅 ( )洗衣服 ( )养护花草 ( )整理衣柜 ( )独自去买菜 ( )清洗马桶 ( )自己换、洗床单和被套 ( )为家人做一顿饭	( )洗碗 ( )拖地 ( )整理客厅 ( )洗衣服 ( )养护花草 ( )整理衣柜 ( )独自去买菜 ( )清洗马桶 ( )自己换、洗床单和被套 ( )为家人做一顿饭	( )洗碗 ( )拖地 ( )整理客厅 ( )洗衣服 ( )养护花草 ( )整理衣柜 ( )独自去买菜 ( )清洗马桶 ( )自己换、洗床单和被套 ( )为家人做一顿饭	( )洗碗 ( )拖地 ( )整理客厅 ( )洗衣服 ( )养护花草 ( )整理衣柜 ( )独自去买菜 ( )清洗马桶 ( )自己换、洗床单和被套 ( )为家人做一顿饭	( )洗碗 ( )拖地 ( )整理客厅 ( )洗衣服 ( )养护花草 ( )整理衣柜 ( )独自去买菜 ( )清洗马桶 ( )自己换、洗床单和被套 ( )为家人做一顿饭	( )洗碗 ( )拖地 ( )整理客厅 ( )洗衣服 ( )养护花草 ( )整理衣柜 ( )独自去买菜 ( )清洗马桶 ( )自己换、洗床单和被套 ( )为家人做一顿饭
第三周	( )洗碗 ( )拖地 ( )整理客厅 ( )洗衣服 ( )养护花草 ( )整理衣柜 ( )独自去买菜 ( )清洗马桶 ( )自己换、洗床单和被套 ( )为家人做一顿饭	( )洗碗 ( )拖地 ( )整理客厅 ( )洗衣服 ( )养护花草 ( )整理衣柜 ( )独自去买菜 ( )清洗马桶 ( )自己换、洗床单和被套 ( )为家人做一顿饭	( )洗碗 ( )拖地 ( )整理客厅 ( )洗衣服 ( )养护花草 ( )整理衣柜 ( )独自去买菜 ( )清洗马桶 ( )自己换、洗床单和被套 ( )为家人做一顿饭	( )洗碗 ( )拖地 ( )整理客厅 ( )洗衣服 ( )养护花草 ( )整理衣柜 ( )独自去买菜 ( )清洗马桶 ( )自己换、洗床单和被套 ( )为家人做一顿饭	( )洗碗 ( )拖地 ( )整理客厅 ( )洗衣服 ( )养护花草 ( )整理衣柜 ( )独自去买菜 ( )清洗马桶 ( )自己换、洗床单和被套 ( )为家人做一顿饭	( )洗碗 ( )拖地 ( )整理客厅 ( )洗衣服 ( )养护花草 ( )整理衣柜 ( )独自去买菜 ( )清洗马桶 ( )自己换、洗床单和被套 ( )为家人做一顿饭	( )洗碗 ( )拖地 ( )整理客厅 ( )洗衣服 ( )养护花草 ( )整理衣柜 ( )独自去买菜 ( )清洗马桶 ( )自己换、洗床单和被套 ( )为家人做一顿饭

活动三：公益达人秀——通过参加公益活动，培养孩子公益性亲社会行为，形成关爱他人的品质，向他人传递温暖。

（一）活动任务

第一，培养关心、热爱公益活动的意识。

第二，培养孩子亲社会行为品质。

（二）活动步骤与方法

一个善意的举动，一句真诚的关心，一个会心的微笑，一双有温度的手，将温暖传给别人，让别人温暖起来，同时将温暖继续传递。公益活动就是这样一片沃土，它孕育着温暖的力量。参加公益活动可以培养孩子关心社会的兴趣和情感，引导孩子在社会交往中善待其他社会成员，培养孩子关心社会发展、自觉服务社会、奉献社会的意识。

1. 选题

父母与孩子一起选择一个孩子愿意做的、能够完成的项目来做公益活动。

比如：去风景区或公众活动场所捡垃圾，到森林去为鸟搭建房子，在大型社会活动中当志愿者，制作公益宣传品等。

2. 制定活动方案

项目选定后，父母与孩子一起制定实施方案。

方案要素：活动时间、活动地点、活动人物、活动内容、活动目标、活动效果、活动感受（活动目标达成评价）等。

★注意：家长要引导孩子来做，不要代替孩子做。

3. 活动实施

和孩子进行合理的分工，按照方案执行实施。

4. 完成公益活动后，请在下表中填一填进行评估

公益达人秀

活动时间	活动地点	活动人物	活动内容	活动目标	活动效果	活动感受

5. 总结与反思

父母和孩子分别反思过程、效果如何，谈感受。让孩子写一篇600字左右的文章（文章的内容、思路、中心思想，在填表格的地方就暗示了）。

活动四：和孩子一起读——了解乐于助人、友善待人的意义。

【内容简介】

《雷锋的故事》

本书由刘敬余主编。本书以雷锋的成长经历为线索，讲述了雷锋短暂一生的感人事迹。雷锋的命运很坎坷，但新中国成立后，他的生活发生了翻天覆地的变化。雷锋非常珍惜和感恩这来之不易的生活，他学习刻苦，生活简朴，工作兢兢业业，干一行爱一行。他乐于助人，扶贫济困，善待他人。他甘于奉献，为社会主义事业奋不顾身，他把祖国和人民的利益看得高于一切。让我们跟随书中一个个故事，去认识那个充满干劲、满心装着他人的雷锋，重拾那些感动人心的记忆。

（一）活动任务

第一，培养友善的品质。

第二，培养阅读、理解、表达能力。

（二）活动步骤与方法

1. 和孩子一起阅读材料

家长和孩子一起来阅读《雷锋的故事》，完成下面两个任务。（建议家长和孩子用5~10天时间阅读故事，完成下面两个任务。）

2. 和孩子一起讨论并完成表格

雷锋同志原名叫什么？	
书中哪一个故事给你留下了深刻的印象？你为什么对它印象深刻？	
读完这本书，你对"雷锋精神"的理解是什么？	

3. 引导体验

家长可以在读完这本书后赞美书中主人公的品质，同时，请孩子对照自己的表现看一看，是不是做得不够好，思考在今后应该如何改进和落实。

4. 结合自己谈体会

通过阅读完成任务，我对亲社会行为有了新的体会：_____

在今后的生活中我会_____

1. 关于故事阅读

《雷锋的故事》选取了雷锋从童年到少年、再到青年的一些有代表性的故事，从中我们可以看到一个真实的雷锋，一个有血有肉的雷锋，一个乐于助人、甘于奉献的雷锋。雷锋的故事和精神激励着一代又一代人。

2. 关于友善

科学研究发现：当人心怀善念、积极思考时，人体内会分泌出令细胞健康的神经传导物质，免疫细胞也变得活跃，人就不容易生病；反之，负向系统被激发启动，身体机能的良性回圈会被破坏。因此，当我们自己得到益处时，要懂得与身边的人分享快乐和好处；当对方遇到苦难时，我们要友善地去搀扶对方一把，帮他分担忧愁和不幸。友善是一种待人接物的美好品德。与朋友友善相处，可以使你们的友谊更加长久；与邻居友善相处，可以使邻里更加和睦；与他人友善相处，可以让社会更加和谐。抱有一颗友善的心与人分享的时候，我们就打开了自己狭隘的心，走出了封闭的世界，与他人共同分享阳光和快乐，自己也会感到温暖。

3. 关于奉献

奉献是给予，是把爱、财富、知识等无私地、毫不保留地拿出来献给人类、社会、国家，用之于民、造福于民。奉献是走出自我，给他人多一份关爱，为人民服务，不顾个人的利益得失。奉献是走出自我，为社会奉献价值。小草无私地为大地装点着绿色，大树为人们带去阴凉。每个人都奉献一点儿爱，最终将汇成爱的海洋。有了奉献，社会会变得更加和谐。

【收获与成长】通过回顾总结，家长提升了孩子学会助人、分享、合作等亲社会行为的能力；帮助孩子养成友善待人、乐于分享、付出奉献的品格，同时家长也在此过程中与孩子一起成长，收获颇丰。

在当今社会，与人为善的理念格外让人感动。与人为善，关爱生命，让我们一切从爱出发，将爱的种子撒遍人间，愿善良的人、温暖的手、真诚的心布满我们的世界。让我们努力做一个善于分享、友善待人、关爱生命的温暖的人。

作为家长，我要记录下我和孩子一次特别的亲社会行为交流经历：＿＿＿＿＿＿＿＿＿＿＿＿

＿＿

通过这次经历，我们把学习到的亲社会行为的意义与孩子交流，让我们收获了更加融洽的亲子关系。

我（儿童）在生活中能做到善于分享、友善待人，我成了一个受欢迎的温暖的人。

我（儿童）的亲社会行为体验收获：_____

_____

_____

生命语录

闻徵音，使人乐善而好施；闻羽音，使人整齐而好礼。

——《史记》①

本课要点

亲社会行为是人与人之间在交往过程中维护良好关系的重要基础，对个体一生的发展意义重大。家长可以引导孩子主动融入社会、融入社区、融入班级，培养孩子的亲社会行为，同时做孩子的榜样，对朋友、对他人热情，对社会公益热心。良好的亲社会行为会让家庭关系更加融洽，让社会更加和谐。

---

① 此句出自《史记·乐书二》。"乐善好施"指的是喜欢做善事，乐于拿财物接济有困难的人，强调了贤德之人以善行和美德赢得他人尊重和信任的道理。

生命的价值·规划人生蓝图

规划人生，铸就未来
怎样找到人生目标？

【现象扫描】最近，因为工作原因，生生、铭铭的父母都在加班，生生和铭铭各得到了父母给的300元钱，让他们放学后自己安排晚餐。生生拿到钱后给自己制订了一个计划表，详细列出了星期一到星期五的晚餐吃什么以及大概的花费。而铭铭拿到钱后就去炸鸡店大吃了一顿，第二天又去光顾了牛排店。到了星期三，铭铭的钱已经所剩无几了，她只好又找妈妈要晚餐钱了。

【解锁行为密码】上述现象中，铭铭大吃了两顿晚餐，就把300元花光了，而生生却能用这300元安排好一周的晚餐，造成这一差别的原因在于两人对于如何花这300元的安排不同。生生目标清晰，他知道这300元是一周的晚餐钱，所以在使用前就进行了合理的规划，列出了每日的具体安排，而铭铭却目标模糊，随心所欲，想吃什么就吃什么。

提前做好计划，能够让我们在推进目标的过程中变得更加有条理，它是实现自己目标的一个重要环节。人生的每个阶段都要有一个计划来引导人的生活，这样人生才是美满的，也是很充实的。合理规划未来，制定目标，才会有明确的前进方向。如果不进行规划，没有目标和方向，人生将会是虚度。

【发展水平】关于儿童规划意识、认知与能力的表征。

下表是关于"儿童发展现状"（指儿童规划意识、认知与能力的发展水平）和"家庭教育现状"（指当前家庭对相关问题的不同教育表现）的描述。请家长对照、参考，然后再根据自己的实际情况对家庭教育理念、策略、行为做相应的调整。

关于儿童规划意识、认知与能力的表征

指　标	内　容	儿童发展行为及家庭教育类型
儿童发展现状	认知自我	明晰自己的特点、优势、技能、兴趣爱好等	☐ 1. 对自己的特点、优势、兴趣爱好有一定的认识。 ☐ 2. 不断地努力，将自己的兴趣爱好做得更好。

续表

指　标	内　容	儿童发展行为及家庭教育类型
儿童发展现状 职业认识	对不同职业的了解、认识	☐ 1. 对周围人的职业有一定的认识。 ☐ 2 了解周围人的工作内容。 ☐ 3. 将某种职业设定为人生目标。
合理规划	了解规划的重要性	☐ 1. 有一定的规划意识。 ☐ 2. 具有规划能力，能够制订计划。 ☐ 3. 能够按照计划有条不紊地完成事情。 ☐ 4. 当遇到特殊情况时，能适时调整计划。
家庭教育现状 家庭教育氛围	孩子是在怎样的家庭氛围中成长的	☐ 1. 科学规划型：父母在财务、时间、任务完成等方面有规划有秩序，且能按照规划来执行。 ☐ 2. 完全随意型：父母在财务、时间、任务完成等方面随意应付。
家庭教育方式	家庭主要教养人对孩子的教育引导方式	☐ 1. 说教式指责：父母经常把大道理挂在嘴边，对孩子在规划方面的表现任意批评。 ☐ 2. 榜样示范式：父母做事有条不紊，给孩子做好榜样示范作用。 ☐ 3. 引导实践式：父母和孩子一起制订计划，带着孩子执行。 ☐ 4. 放任自流式：父母对孩子的行为不闻不问，放任自流。

【我们一起行动】通过系列亲子活动，帮助家长和孩子认知、确定人生目标，并合理规划人生目标，学会根据自己的特点、优势与兴趣等积极规划人生，形成对自己人生负责的自我发展能力。

家长是孩子的第一任老师，其为孩子创造的"微环境"在教育中的作用比学校、社会更重要。因此，家长应该和孩子进行良好的沟通，让孩子认知、确定人生目标，并合理规划人生目标。活动体验过程中，注意规避不理性、无原则的爱，以平衡好家庭教育的理性和情感。

活动一：家庭畅聊吧——通过家庭成员之间的聊一聊，认识规划的重要性。

（一）活动任务

认识规划的重要性。

（二）活动步骤与方法

俗话说："凡事预则立，不预则废。"人生规划就像是个主心骨，当自己摇摆或者偏颇的时候，它可以让人迅速回到航道上，会让自己不容易虚度光阴，时时审视当下的自己，也能目标明确地去生活。而且当一个个目标达成的时候，能给人带来巨大的成就感。

1. 回顾过去

六年级的孩子即将升入中学，这个年龄段的孩子自主意识逐渐强烈。家长可以和孩子一起回顾过去，分别说说自己过去一件有规划、一件没有规划的事情。

2. 和孩子一起对比分析，填写表格

事 情	群 体	带来的好处／优势	带来的不良后果／劣势
有规划的事情	爸爸／妈妈		
	孩子		
没有规划的事情	爸爸／妈妈		
	孩子		

3. 列举事例，引导体验规划的生命价值

家长要以真诚的态度反思自己没有规划的事情，孩子才会被感动，这样更能促进孩子规划能力的习得与养成。

活动二：认知自我大搜查——家长帮助孩子认知自己的特点、特长、优势、技能、兴趣爱好等，懂得合理规划，制定自我发展规划。

（一）活动任务

第一，认知了解自我，明晰优势。

第二，根据自身特点制订自我发展规划。

（二）活动步骤与方法

1. 认知自我

家长可以引导孩子围绕自身特点、特长、兴趣爱好等方面进行梳理，填写下面的表格。

认知自我大搜查			
	认知自我	分析优势	需要提升的地方
我的特点			
特 长			
兴趣爱好			

2. 比较分析

以梳理的结果为基础，和孩子一起比较分析自身的优势和需要提升的地方。

3. 讨论规划

根据自身特点和优势，和孩子一起讨论近期、中长期目标，指导孩子对自己的人生做出初步的规划。讨论后，家长可以让孩子试着提前对接下来的学习和生活进行合理的规划，写出一份近期发展规划。

（　　　　　）成长初步规划			
时　间	重要事件	预期学习目标	生活规划
近期			
三年			
六年			
今后			

4. 监督实施

家长监督孩子按照制订的近期发展规划实施行动，努力朝着目标奋进，让孩子体验有规划的生活带来的成功和乐趣。

活动三：我是小小规划师——通过规划一个具体的实践活动，体验规划的意义与价值。

（一）活动任务

规划一次活动，感受规划的意义与价值。

（二）活动步骤与方法

1. 选择一个自己感兴趣的活动

例如：100元怎么用更有意义？怎样度过一个有意义的星期六？（活动主题不限，只要是孩子感兴趣可操作即可。）

2. 思考为了达成目标可以怎么做，必要时可以和家长一起讨论

3. 商讨制订活动方案

4. 按照方案实施活动

5. 活动结束后和家长一起分析总结

是否达成了目标？对照实际选择一种情况填一填。

●因为我＿＿＿＿＿＿＿＿＿＿＿＿，所以我达成了我的目标。

●因为我＿＿＿＿＿＿＿＿＿＿＿＿，所以我没有达成我的目标。我想，问题出在＿＿＿＿＿＿＿＿＿＿，下一次我可以这样改进＿＿＿＿＿＿＿＿＿＿

活动四：和孩子一起读——了解细化目标与合理规划对于人的一生的影响。

【内容简介】

《三组行进的队伍》

《三组行进的队伍》出自《越读越有道理的管理故事与哲理》一书，该书作者为叶舟。故事主要讲的是有人做过一个实验：组织三组人，让他们分别步行到十公里以外的三个村子。

第一组的人不知道村庄的名字，也不知道路程有多远，没有任何的规划，只告诉他们跟着向导走就行了。这些人中有的刚走了两三千米就叫苦连天，有的走到一半时几乎愤怒了，有的甚至坐在路边不愿走了。最终他们只有一半人走到了目的地。

第二组的人知道村庄的名字和路段，但路边没有里程碑，他们只能凭经验估计行走的时间和距离。走到一半的时候，大多数人就想知道他们已经走了多远，队伍中比较有经验的人解答了大家的困惑。当走到全程的四分之三时，大家情绪低落，想要放弃。当听到有经验的人说快到了时，大家又振作起来加快了步伐，走向了目的地。

第三组的人不仅知道村子的名字、路程，而且公路上每一公里就有一块里程碑。大家在出发前做好了规划，边走边看里程碑。行程中他们用歌声和笑声来消除疲劳，情绪一直很高涨，所以很快就到达了目的地。

（一）活动任务

第一，了解目标与规划的意义与价值。

第二，培养阅读能力。

（二）活动步骤与方法

1. 和孩子一起阅读材料

家长和孩子一起来阅读这个故事，完成下面这些任务，也许你和孩子对目标与规划会有一些新的认识。（建议家长和孩子用1天时间阅读，完成下面这个任务。）

2. 和孩子一起讨论并完成表格中的任务

类　型	行进中的表现	行进结果
第一组：不知道目的地的人		
第二组：知道目的地但路边没有里程碑的人		
第三组：知道目的地且路边有里程碑的人		

3.结合自己谈体会

读了这个故事，我获得的启发是：_____

_____

反思自己，今后我打算这样做：_____

_____

小贴士

1. 关于阅读材料

《三组行进的队伍》将目标与规划这个主题进行了放大，让人们可以更加清晰地看到有目标、有规划的行进和没有目标、没有规划的行进的区别。人们如果清晰地了解自己行动的目标和速度，进行合理的规划，就会自觉地克服一切困难，努力达到目标。目标设计得越具体越细化，越容易实现。目标的导向作用是巨大的，未来的人生道路一片空白，需要人们自己去填充。灿烂与否，绚丽与否，取决于每一个人生规划和选择。

2. 关于合理规划

家长要尊重孩子的兴趣，尊重孩子的独立人格，做孩子成长过程中的引导者与陪伴者。不要把自己的意志强加给孩子，让孩子逐渐失去自我，进而渐渐失去活力。家长应该指导孩子看清自我，引导孩子分析自己的特点和优势，适时帮助孩子为自己的人生制定合理的规划。合理的人生规划能够让孩子真正实现自己的人生目标，活出意义和价值。

【**收获与成长**】通过回顾总结，家长提升了对于孩子合理规划的指导能力；帮助孩子学会正确认识自身优势，合理规划人生。

家庭，是孩子成长的第一环境。孩子的健康心理、良好个性和行为的形成以及智力的开发都在这个环境中进行。孩子的规划意识，不仅是家庭民主的表现，更重要的是孩子养成独立习惯的起跑线。家长应该指导孩子对自己的成长进行合理的规划，并付诸努力，让孩子自己创造亮丽的人生。

作为家长，我要记录下我和孩子的一次关于人生规划的交流经历：_____

_____

_____

通过这次经历，我们把学习到的合理规划的知识与孩子交流，让我们收获了更加融洽的亲子关系。

我（儿童）现在做事情前能主动制订计划，按计划完成任务，我成了一个有规划、有目标的人。

我（儿童）的规划意识成长体验收获：＿＿＿＿＿＿＿＿＿＿＿＿＿＿＿＿＿＿＿＿＿＿＿

生命语录

凡事豫则立，不豫则废。

——《礼记·中庸》①

本课要点

规划有助于我们按照自己的计划和安排来实现目标，有规划的人生更容易活出价值。我们要学会根据自身的特点、优势、兴趣爱好、资源等确定目标，制订计划，并付诸行动。同时，学会根据具体情况对计划做出适当的调整。合理规划人生，更有利于我们坚定地实现自己的目标。规划人生，发展自己，创造美好的未来。

---

① 此句出自《礼记·中庸》。意思是：做任何事情，事前有准备就会成功，没有准备就会失败。说话先有准备，就不会理屈词穷，站不住脚；行事前计划先有定夺，就不会发生错误。哲学上反映的是原因和结果的关系。

生命的价值·守护生命家园

一起携手，守护生命
怎样守护生命的环境？

【现象扫描】周六，生生一家去公园郊游野炊。他们带上了帐篷以及一堆零食，生生还想带上烤炉去公园烧烤，妈妈阻止了生生。她告诉生生，在草坪上烧烤很容易引起火灾。生生听了，闷闷不乐地来到公园。一进公园，映入眼帘的便是草坪上摆满的烤炉以及人们随地扔的食品包装袋。生生见状，和妈妈大吵一架，他想反正已经有那么多人在草坪上烧烤了，不差他一个。

【解锁行为密码】在公园野炊烧烤是一种非常舒适的休闲方式，近年来受到许多人的追捧。上述现象中的生生也想随大流在草坪上烧烤，但是他却忽视了对我们生存环境的保护。生生没有意识到在草坪上烧烤很容易引起火灾，造成对草坪的破坏。所以在妈妈制止他的行为时，他闷闷不乐，当看到很多人在草坪上烧烤时，他更是生气得和妈妈吵了起来。

在公园游玩时，我们在享受了踏青乐趣的同时，应该拿出基本的文明素养，随手带走垃圾，不在草坪上烧烤，共同呵护好这些宝贵的公共绿地资源。尊重环境，保护环境，是每位公民应尽的义务，更是我们的责任。我们的生活与成长离不开社会、环境，我们要用自己的实际行动守护我们的生命环境，从爱中实现生命价值。

【发展水平】关于儿童守护生命环境意识、认知与能力的表征。

下表是关于"儿童发展现状"（指儿童守护生命环境意识、认知与能力的发展水平）和"家庭教育现状"（指当前家庭对相关问题的不同教育表现）的描述。请家长对照、参考，然后再根据自己的实际情况对家庭教育理念、策略、行为做相应的调整。

关于儿童守护生命环境意识、认知与能力的表征

指 标		内 容	儿童发展行为及家庭教育类型
儿童发展现状	自然环境	保护动植物，关爱大自然	☐ 1. 具有保护动植物关爱大自然的意识。 ☐ 2. 在日常生活中践行保护动植物关爱大自然的行为。 ☐ 3. 不践踏花草树木，不伤害野生动物。
	资源环境	保护水、土壤、岩石、生物等资源	☐ 1. 了解地球资源的珍贵，具有保护资源环境的意识。 ☐ 2. 节约资源，低碳生活。 ☐ 3. 积极宣传保护地球资源环境的理念。
	生活环境	保护居住区域的周边环境	☐ 1. 对自己生活的周围环境(小区、校园等)有一定的了解。 ☐ 2. 在公共场所不乱扔垃圾，具有垃圾分类意识。 ☐ 3. 生活中遇到不文明的行为能够主动劝告、制止。
家庭教育现状	家庭教育氛围	孩子是在怎样的家庭氛围中成长的	☐ 1. 冷漠型：没有环保意识，日常生活中经常使用一次性物品，没有做到节约使用生活资源。 ☐ 2. 平淡型：环境和资源保护意识淡薄，认为可有可无。 ☐ 3. 积极型：父母在生活中注重引导孩子关注生活，保护环境，节约资源，并积极做孩子学习的榜样。
	家庭教育方式	家庭主要教养人对孩子的教育引导方式	☐ 1. 说教式：父母经常把大道理挂在嘴边，对孩子在守护环境方面的表现任意批评。 ☐ 2. 榜样式：父母具有环保意识，拥有低碳健康的生活方式和习惯，给孩子做好榜样示范作用。 ☐ 3. 引导实践式：父母带领孩子一起践行节约资源、保护环境的意识，日常生活低碳健康。 ☐ 4. 放羊式：父母对孩子环保意识不问不管，放任自流。

【我们一起行动】通过系列亲子活动，家长帮助孩子认知每个生命都有责任营造健康的生活环境，学会成为公共价值的传播者，守护生命环境。

美好健康的生活环境，需要每一个人做出努力。每一寸土地、每一株植物、每一个生命，都需要人类的守护。善待动物，保护植物，维护生态平衡，守护我们共同的家园，是每个人义不容辞的责任与义务。

活动一：小小观察员——走进大自然，观察环境污染的现象，明晰保护环境的重要性。

（一）活动任务

第一，引导孩子明白保护环境的重要性。

第二，培养孩子留心观察身边事物的习惯。

（二）活动步骤与方法

1. 取样

家长可以利用闲暇时间，带着孩子到城市里的河边和乡村的溪边，各取一瓶水回家观察。（如果条件不允许，可以随意选择两处水源，一处污染了的，一处没有污染的。）同时，提醒孩子注意观察环境，有疑惑或不清楚的地方，可以寻访当地居民，以便后期分析原因。

2. 对比

给这两瓶水贴上标签做好标记，观察两瓶水的颜色有何不同，闻一闻两瓶水的气味有何不同，做好记录。

3. 静置两瓶水，24 小时后观察是否有沉淀物

4. 填写下面的表格

水　样	来　源	颜　色	气　味	是否有沉淀物
A				
B				

5. 分析两处水源呈现不同结果的原因

_____

_____

_____

6. 反思

家长可以和孩子一起反思平时是否也有过这样破坏环境的行为，今后应该如何做。

活动二：守护家园行——探寻地球变暖的原因，撰写研究报告，倡导低碳生活，形成保护地球就是守护人类自己家园的意识。

（一）活动任务

第一，探寻地球变暖的原因。

第二，撰写研究报告，习得一定的研究能力。

第三，形成守护环境的意识。

（二）活动步骤与方法

为什么夏天极端高温天气越来越多？为什么冬天越来越暖和？这些都是全球变暖带来的影响。

1. 全球变暖：原因知多少

家长可以和孩子聊一聊，在不查资料的情况下，你感觉到今年比去年热吗？今年冬天比去年冬天更暖和吗？你了解全球变暖的原因吗？

2. 全球变暖：科学的解释

收集全球变暖的原因以及带来的危害的相关资料，进行整理。

对于全球变暖的解释，有多种科学理论。各种研究对于变暖的原理分析不同，关于造成原因的分析不同，给人类造成的危害分析也不同。阅读收集的资料后，你更认同哪一种理论，为什么？依次填写在下面的表中。

几种科学理论关于全球变暖的原因及危害分析

科学理论	原理分析	原因分析	危害分析	你是否认同	为什么认同 / 不认同

3. 综合分析，给出自己的结论

父母与孩子一一分析、讨论，得出自己的结论。

4. 反思与建议

反思自己在日常生活中存在哪些对环境有害的行为，思考在今后的生活中应该如何改进，努力践行低碳生活的理念，撰写一份不少于700字的研究报告（报告的内容、思路在上表中已经有部分暗示）。

活动三：小小宣传员——通过设计保护动植物或空气的标语、海报、视频等，宣传保护环境的理念，在具体的行动中形成守护生命环境的意识。

（一）活动任务

第一，设计标语、海报、视频等，形成物化成果。

第二，宣传保护环境的理念。

（二）活动步骤与方法

1. 选择主题

选择一个自己感兴趣的主题，例如保护野生动物、保护母亲河、告别雾霾、救助小动物等。

2. 围绕主题，收集资料

了解现状以及被破坏的原因。

3. 制作物料

设计一个宣传标语、录制宣传视频，或制作小资料、宣传海报、小手工等，也可以撰写演讲稿。

4. 将制作出来的成果，利用各种途径进行宣传

可以在父母和其他家庭成员手机上发布视频号，可以在社区里张贴制作的海报，可以在学校里进行演讲，还可以走上街头，向市民发放制作的小资料等。

5. 总结得失

家长可以和孩子一起总结这次活动过程中的得与失，思考需要改进的地方。

6. 家庭讨论

家庭成员围坐在一起，就守护环境这个话题进行讨论，在日常生活中，我们的家庭今后可以怎么做。

活动四：亲子阅读——了解保护环境、善待动物的重要性。

【内容简介】

《动物映象》

本书作者为中国散文学会会员祖克慰。这是一部有关人与动物、人与自然的散文精品。祖克慰是专门从事动物散文写作的作家，生活在他家乡的各种动物依次出现在他的笔下。那是他亲身经历的一个个震撼心灵的有关动物的故事：一支猎枪，一个陷阱，一支麻药，让豹子、野猪、狼、獾子、野兔、黄鼠狼等动物悲鸣着倒下，让我们在哑然之后，欲哭无泪。曾经的伤害，让许多与人类和睦相处的动物变得陌生，远离了我们。于是，作者用泣血的文字呼吁：关注动物，关注大自然，保护大自然！

（一）活动任务

第一，养成守护生命环境的意识。

第二，培养阅读、理解、表达能力。

（二）活动步骤与方法

1. 和孩子一起阅读材料

家长和孩子一起来阅读散文《动物映象》，完成下面两个任务，也许你和孩子对守护生命环境

会有一些新的认识。（建议家长和孩子用 10～15 天时间阅读散文，完成下面两个任务。）

2. 和孩子一起讨论并完成表格中的任务

书中哪个故事让你印象最深刻？为什么？	
这些动物面临的生存威胁有哪些？为什么会存在这些威胁呢？请罗列至少两点。	

3. 引导孩子思考我们应该如何保护身边的动物

为了保护动物，我们可以这样做：

（1）_____

（2）_____

（3）_____

（4）_____

小贴士

1. 关于散文阅读

《动物映象》是一部让人重新审视人与动物的关系的特色之作。作者从动物的灵性、动物的真善美、动物的悲惨处境、人类的残忍、人类与动物的关系等诸多角度直击人的灵魂，拷问人类的罪与罚、责任与义务、道德与良知。同时，作者以其对动物的深刻理解，在文学、哲学和科学的三维空间里，建构起自己的动物理想国。

2. 关于动物保护

野生动物是人类赖以生存的生态系统的重要组成部分。它们是人类的朋友，是大自然生态圈的重要组成部分。由于人类不加节制地开发利用，导致了大量物种灭绝、生态环境退化，人类的生存环境日趋恶劣。为此，国际上将每年的 4 月 8 日定为国际珍稀动物保护日。我们要积极宣传保护野生动物的重要意义，从个人做起，从家庭做起，培养孩子尊重一切生命的道德观。

【收获与成长】通过回顾总结，家长提升了对于孩子善待动植物、守护生命环境的指导能力；帮助孩子养成营造健康生活环境的意识，明晰守护生命的意义和价值。

一个和谐的生命环境，是由人类、动物和植物联手搭建的，所以我们要像保护自己一样保护它们。对动植物最好的保护，就是不干扰它们的自由生活，给予它们一个温暖的家。万物有灵且美，我们要时刻对自然保持敬畏，对动植物心存怜悯，守护好我们的生命环境。

作为家长，我要记录下我和孩子一次特别的守护生命环境的交流经历：_____

_____

_____

_____

通过这次经历，我们把学习到的守护生命环境的能力与孩子交流，让我们收获了更加融洽的亲子关系。

我（儿童）能尊重环境、保护环境了，我成了一个低碳环保的人。

我（儿童）的守护生命环境成长体验收获：_____

_____

_____

生命语录

当悲悯之心能够不只针对人类，而能扩大涵盖一切万物生命时，才能达到最恢宏深邃的人性光辉。

——[德] 阿尔伯特·史怀哲①

本课要点

地球是人类唯一的家园，我们的生活与成长离不开社会、环境，守护生命环境，就是守护我们人类自己。我们应该保护动植物，关爱大自然，节约资源，践行低碳生活，做一名合格的生命守护者。只有当生命环境处于一种生态平衡的和谐状态时，人类的前景才是乐观有希望的。

① 阿尔伯特·史怀哲，德国著名哲学家、音乐家、神学家、医学家、人道主义者，被称为20世纪最伟大的精神之父。此句出自阿尔伯特·史怀哲的《行走在非洲丛林》，外语教学与研究出版社，2016。